●跨世纪传播研究丛书

媒介经营管理学

邵培仁 刘 强 著

浙江大学出版社

内　容　提　要

这是中国大陆第一部媒介经营管理学专著。

该书主要以报社、杂志社、出版社、广播台、电视台、电影公司、广告公司等大众传媒组织的经营管理活动为研究对象。作者从阐释媒介经营管理学的基本概念入手，点面结合，中外并举，既全面论述了这门新兴学科的基本原理、理论框架和媒介经营管理的职能及原则，又系统分析了媒介产业、媒介公司、媒介市场、信息营销、人事和财务管理、广告公司和六大媒介管理等许多重要问题；同时，还注意将西方媒介经营管理理论与中国具体实践结合，着重探讨了中国媒介经营管理活动的本质、规律和特色。

全书视野开阔，观点新颖，信息量大，具有科学性、前导性、实用性和可读性的特点。

前　言

　　世纪之交,中国的大众传媒将走向怎样的未来?历史期待着新世纪的回答;百年梦想,中国的传媒文化能否再造往日的辉煌? 人们期盼着学术界的预言。

　　信息社会已悄然来临,知识革命正迅猛兴起。高举邓小平理论的伟大旗帜,运用科学的媒介经营管理理论,把建设有中国特色的大众传播事业推向 21 世纪,使其真正成为人民的幸福事业。这是中国传播学界的美好祝愿,也是世纪之交中国大众传媒向何处去的历史性回答。

　　今天,世界各国都在为即将到来的 21 世纪作准备,不论是发达国家还是发展中国家,都面临着新的发展机遇和挑战,都有不同程度的危机感和紧迫感。展望 21 世纪,一场综合性的、全方位的国际竞争已迫在眉睫。但是,不论是经济战、政治战、军事战,还是科技战、文化战,其竞争的焦点都将集中在信息与传媒上。因此,作为走向现代化进程中的中国传媒,必须抓住机遇,勇于面对各种挑战,自觉地担负起参与国际传媒竞争和"两个文明"建设的历史责任,为中华民族的全面振兴贡献力量。

　　但是,现状不容乐观。首先,我们的媒介经营管理缺乏成效。在很长时间内,金钱好像是一朵不祥的乌云,笼罩在媒介组织的上空。人们害怕谈钱,羞于谈钱;谈政治,讲奉献,是恒久不变的话题。选用媒介领导,既不看专业也不看经历,只看政治素质,是否具有媒介经营管理的知识和经验,通常不被重视。今天,不论是思想观念还是具体操作,都已发生根本转变,但我们媒介的经营管理水平和成效同发达国家的同行相比,仍有很大差距。

其次,在大众传播的众多研究中,媒介经营管理研究不仅大大滞后于实践活动,而且远远落后于企业经营管理等研究。正确的理论是实践的向导。媒介经营管理理论来源于实践活动,是实际经验的总结和概括,因而可以反作用于实践活动,对具体的经营管理活动产生较大的指导作用。但是,以往那种滞后的理论是很难正确指导媒介经营管理的实践活动的。

第三,在新闻与传播教育中,媒介经营管理课程往往不被学生和院系领导重视。不论是新闻、广播电视专业,还是编辑出版、电影专业,人们最重视的是实务教育,偏重于新闻或信息的采、写、摄、制、编、评等课程,不愿讲授或学习媒介经营管理方面的课程,以致于在媒介企业从事具体经营管理活动的大多为非新闻与传播专业的人士,而这些人往往又要重新学习媒介与传播方面的知识。其实,真正了解媒介现状和趋势、切实关心媒介质量和学生就业的人,都力图使新闻与传播专业的师生们相信:掌握有关新闻与传播的全面知识,不论是对媒介发展还是对个人前途,都是必不可少的。也许正是在这种意义上,才有人一针见血地指出:"如果只教导学生如何制作,那等于教导他们将来如何失业。"美国报纸发行人协会主席理查德·约翰逊(1986)曾深有体会地说过:"我搞过报纸推销,并与出身编辑、发行、广告、印刷、经营等工作的许多报纸发行人打过交道。我们的共同点不在于都有第一线工作的经历,而在于都对报纸运转要素之间的相互作用表现出了浓厚的兴趣。只有那些巧妙协调这些要素,从而向读者提供高质量信息,树立良好形象,并赢得一定利润的管理者,才能带领自己的报纸成功地走向21世纪。反之,则不行。"

作为媒介经营管理的研究者,我们面对的首要任务就是阻止上述现象形成恶性循环。但是,一味地批评和指责我们的媒介管理者,或者盲目地吹嘘和夸大西方媒介业主的管理业绩,都是无济于事的。过去的已经过去,最重要的是着眼现实、面向未来,向人们注入新的观念,使人们对媒介经营管理学形成一个正确的科学的认识。

接下来,我们要竭尽全力为已经在媒介经营管理中作出业绩的或正在走向改革历程的媒介排头兵画一张速写。改革开放20年来,中国大众传媒遇到了前所未有的发展机遇,许多媒介领导者解放思想、深化改革、扩大开放,了解市场、熟悉市场、驾驭市场,为建立起适应社会主义市场经济的媒介经济体制作出了开拓性的贡献。有不少媒介主动投身市场,不要政府财政补贴,靠自主经营来筹措资金、增加利润、谋取福利、更新设备、扩大规模。对此,我们不应该无动于衷,而应该报之以掌声和喝彩,并把他们最靓丽的一瞬定格。

同时,我们要向那些已经、正在或希望加入媒介经营管理实践、研究和教育领域的朋友们抛一块"引玉"之"砖"。这块"砖",由媒介经营管理实践界、理论界、教育界的各种各样的相关信息整合、揉搓、制作、焙烧而成,它是众人思维的产品。它分为八大块十七章,分别论述了媒介经营管理学的一般问题、管理过程中的主要因素、人财物和信息的管理、不同媒介的经营、媒介经营管理的趋势等方面的问题。制砖者在生产过程中缺乏原料和参照,因而粗糙将在所难免,好在一大批探索者将踏着这块粗糙的"砖"继续前进。我们衷心地希望他们运用新的信息、新的手段制作出美丽珍贵的"玉"来。

当然,我们必须对这本书的最终结果负有责任。正是在这种意义上,我们认为有必要对下述观点予以强调:

1. 我们认为,中国的大众传媒正处在一个千载难逢的大变化、大发展的非常时期。机不可失,时不再来。认清形势、抓住机遇、深化改革、扩大开放、提高效率、促进发展,应是所有媒介的共同抉择。

2. 我们相信,媒介经营管理理论可以为今天的许多低迷、混乱、低效的媒介注入生机与活力,使其驶上飞速发展的经济高速公路。

3. 我们相信,没有一批善经营懂管理的媒介领导,媒介既不能赢得经济效益,亦不能获得社会效益,因为经济效益与社会效益历来都是互动互助、相辅相成的。

4. 我们相信,当今的媒介主管必须既懂政治又懂经济、既懂传播业务又懂经营管理。否则,他所领导的媒介将难有起色。

5. 我们相信,媒介经营管理要取得最佳效益,离不开传播者与经营者、编辑部与经理部两者之间的有机协调、密切配合。

6. 我们认为,无论是传统的宣传中心论,还是西方的赢利中心论,都不是解决我国媒介今天所面临的经营管理问题的有效之道,媒介经营管理也应探讨新时期的中国特色。

7. 我们认为,媒介经营管理中的任何改革举措,都必须遵循两个规律和八项原则:受众市场规律和媒介传播规律;导向性原则,整体性原则,互动性原则,民主性原则,法制性原则,秩序性原则,专业性原则,发展性原则。

8. 我们认为,媒介经营管理要真正卓有成效,就必须充分发挥人、财、物、讯(息)四大要素的效能,但要切记:人是第一要素,是拉动其他要素的动力。这就要求充分调动人的积极性和创造性,打破大锅饭、铁饭碗,减员增效,让所有媒介员工接受受众市场、人才市场和媒介市场、广告市场的考验与挑战,做到能者上庸者下,能者留庸者走。

本书酝酿写作、修改,前后花费四年时间,有不少章节几易其稿。在写作上,具体分工是:邵培仁撰写大纲、绪论、第一章、第二章、第三章、第四章、第五章、第六章、第十章、第十五章;刘强撰写第七章、第八章、第九章、第十一章、第十二章、第十三章、第十四章、第十六章。由于媒介经营管理学尚是一门新兴的学科,有很多未知领域有待人们进一步探讨,加之资料匮乏,偏颇和不足之处在所难免,我们期待着读者的批评和指正。

最后,我们要向接受我们调查和访问的、向我们提供材料和数据的媒介领导者表示衷心感谢! 向关心本书写作的新闻与传播学界的朋友们表示衷心感谢!

浙江大学新闻与传播学院
邵培仁
1998 年 9 月 18 日于杭州西溪河畔寓所

目　　录

绪论　媒介经营管理学:一门新兴学科

在古希腊有一则关于管理的神话:宇宙之王宙斯和"记忆"女神曼摩辛生了九个女儿,她们就是掌管文艺、历史和天文的女神缪斯们。太阳神阿波罗是她们的领袖。这九个女神各有分工,如手执笛子、头带鲜花圈的伏脱卜管音乐;头带桂冠的卡丽奥卜管叙事诗;手中拿着一只琴的爱莱图专管抒情诗;头带金冠、手执短剑与帝杖的美尔鲍明专管悲剧;头带野花冠、手执牧童杖与假面具的赛丽亚专管喜剧;双脚轻盈敏捷、手操七弦琴的脱西库则专管舞蹈……她们经营管理着天上人间的一切文化艺术的传播。太阳神阿波罗和缪斯女神们,也许是古代文献记载中最先出现的一批最高明的经营管理者。

如果我们可以据此说经营管理现象以及经营管理学古已有之,那么媒介经营管理学则是一门建立在管理学、营销学、经济学、传播学、广告学、组织行为学、广播影视学等学科基础上的新兴交叉学科。目前,它的学科特点、研究内容、理论体系尚未形成和明确,其研究对象和研究意义亦未得到充分阐释和论述,需要我们一一加以讨论和分析。

一、媒介经营管理学的学科特点

媒介经营管理学是一门系统地研究大众传媒经营管理活动的基本规律和一般原理的科学。它的学科特点主要有:

1. 整体性和复杂性

媒介经营管理学科要研究的不只是管理活动中的几种要素和一些单纯的信息传播现象,而是一个复杂的相互联系的整体的社会次系统。它上延到党和政府的方针、政策,主管部门的指令、计划,传播活动前的市场调研、信息采集,传播活动中的宣传发动、策划组织,下伸到传播活动后的搜集反馈、产品的售后服务和咨询以及受众研究等;既要研究信息产品的市场、生产、传播和接收问题,又要研究媒介产品、广告产品的市场、生产、销售和消费现象;既要研究加强内部营销管理的方案,又要探讨适应外部市场环境的对策。如果把媒介经营管理学的研究对象局限于信息传播,或者限定在广告、推销等方面,那就把它混同于传播学或广告学、销售学了,从而也失去了自身的特点。

2. 互动性和联系性

媒介经营管理学研究的是媒介与社会,媒介内部人财物讯等各种因素之间的相互影响、相互作用、相互联系的复杂情状和动态关系。在研究媒介组织内部的人事、财务、规章、计划、讯息、设备等问题时,必须联系媒介以外的政策导向、社会趋势、受众需求、市场走向、新科技的发展等现象,因为它们之间有复杂的互动关系。如果孤立地静止地看待和分析管理中单一因素,割断它与其他因素之间的联系与互动关系,那么这种研究通常是没有价值和意义的。同样,在具体的经营管理中也必须注意考虑各种因素之间的相互作用、相互影响的关系,如果经理部只顾抓经济效益,不顾编辑部的任务目标,最终也是难以获得最佳的经济效益的。

3. 综合性和多科性

媒介经营管理活动是很复杂的活动,影响这一活动的因素是多种多样的。因此,人们在分析、研究它们时,就不能局限于只使用一两种方法、手段和相关学科知识,而必须灵活地综合地运用多种方法、多种手段和多门学科的知识对它们作多变量、多层面的立体观照和分析;否则,是很难得出规律性的认识的。事实上,媒介经营管理学在发展中已显示出吐故纳新、兼容并蓄的特性,正日益成为综合性的边缘学科和交叉学科。它以经济学、管理学为理论基础,吸收、借鉴了社会学、传播学、心理学、广告学、领导学、行为科学等学科的理论和研究方法,自成一体,显示出特有的生机与活力。

4. 应用性和实践性

无用的理论有时比没有理论更糟。媒介经营管理学具有很强的实践性和应用性。一方面,它的基本原理、知识是对于具体的经营管理实践经验的总结和提炼;另一方面,它的基本原理、规律又对媒介经营管理活动具有指导意义和实用价值。为了增强应用性和实践性,研究者在大胆借鉴、吸收国外媒介经营管理理论与经验的基础上,还密切结合中国国情,联系中国实际,注意总结我国自己的经验,使理论与实践结合、外来学术植根于中国的文化土壤,这样才能使媒介经营管理学更好地为我国大众传播事业服务。

二、媒介经营管理学的研究内容

媒介经营管理学的研究对象是媒介经营管理现象,它既包括媒介经营管理活动现象,也包括媒介经营管理意识现象、媒介经营管理关系现象和媒介经营管理规范现象。

媒介经营管理学的研究目的,就是从媒介经营管理的各种现象和要素的相互关系中探索和揭示媒介经营管理的原理和规律。

菲利普·科特勒(Philip Kotler,1987)认为,一门学科就应该有一个核心概念(Core Concept)。如果说政治学的核心概念是权力,经济学的核心概念是短缺,人类学的核心概念是文化,社会学的核心概念是群体,那么媒介经营管理学的核心概念就是交换。作为核心概念,交换不只是有形物质的交换,也包括无形信息的交流与沟通;交换也不只是定位于市场,它上连传播和生产过程,下接接受与消费过程,外部涉及政治、经济、文化、社会等各个方面。因为,与交换相连的各个环节和相关的各种因素,都是相互联系、相互制约、相互作用的一个有机整体,而非一个孤立的存在。

从上述基本思想出发,媒介经营管理学的主要内容大体可以归纳为八个部分:

1. 媒介管理分析

这一部分主要探讨媒介经营管理学的研究对象、研究目的、研究内容、学科特点,分析媒介的含义、媒介经营管理的性质、功能、原则和趋向等。这是一种宏观的分析与认识,意在展现媒介经营管理学的大体形貌、科学研究的基本思路和媒介经营管理的现状和走向。

2. 媒介组织分析

这一部分主要分析媒介产业的双重性和基本特点,以及它与市场经济之间互动共荣的关系;论述媒介组织和媒介公司的区别以及组织的设计、管理和公司的组建、构成、运作、职权;研究媒介领导的本质、特点、权威、原则和媒介领导者的职责、素质以及选聘、组合等问题;分析媒介组织制订经营计划、战略规划的过程、关键、原则、策略与作出管理决策的制约因素等问题。这一部分的论述意在说明,一个高效的媒介组织和精明的媒介领导者对媒介公司的生存与发展起着十分重要的作用,必须切实加强建设和管理。

3. 人事管理分析

人力资源管理是媒介管理的重要组成部分。这一部分着重研究人力资源形成竞争优势的条件、特色、生命周期、管理策略和管理原则;论述媒介人员培训与发展的原则和形式;分析对媒介人员进行实绩考核的意义及方法;介绍如何发现和任用、驾驭和用好优秀媒介人才的策略和技巧。通过分析,试图证明,媒介人力资源的质量、管理水平和管理效率如何,直接关系到媒介企业的生存、发展和兴衰、成败,也关系到媒介辐射范围内的政治稳定、社会进步和经济发展。

4. 产销过程分析

媒介产品是媒介组织一切活动的中心。围绕媒介产品的生产和销售,这一部分将着重分析媒介产品的特殊性和新进展,研究媒介产品开发、设计、定位、生产、定价、营销的策略和原则,讨论媒介产品营销网络的建设和营销计划的制订,进而证明媒介组织竭尽全力开发、生产高质量的媒介产品,其目的就是占领市场、争夺受众、传播信息、谋取利润、影响社会。

5. 媒介市场分析

消费者、受众是媒介市场的主体,没有他们即没有媒介市场。受众是上帝!不给予消费者或受众以应有的重视,任何媒介企业都不可能在市场上生存下去。这部分着重分析信息市场、受众市场、广告主市场、投资者市场等媒介市场的基本特点、运作规律和科学配置,研究媒介市场细分的目的、方法、原则以及如何进行市场定位,探讨消费者的特质、权利和动机、需要,进而论述不关注媒介市场变化,也不进行市场分析的媒介领导者,其媒介企业就有可能导致亏损甚至关门的观点。

6. 财务管理分析

媒介企业的财务管理是对媒介产品产销过程中的成本、投资、利润进行核算,对资金、资产的使用进行预算、组织、分配和监控的过程。对于这一过程,除了研究媒介财务管理的一般特点、原则和策略之外,将着重研究媒介财务管理中重要概念和关键问题,分析财务预算的作用、要求和步骤、方法。媒介领导者对媒介的经济盈亏负有责任,尽管他们中有不少人对财务账目敬而远之,而对传播业务充满兴趣,因为是亏是赚最能证明一个人的领导水平和管理能力。

7. 法律事务分析

法律如同母亲和国旗一样受到举国上下的尊敬。但是,法律毕竟是一柄双刃剑。尊敬它,它给你以呵护;蔑视它,它给你以惩罚。这一部分所论及的媒介经营管理问题都存在法律上的牵连,它包括对新闻部和编辑部中的诽谤行为、泄密行为和著作权、隐私权侵犯的法律分析，也包括对广告部和经营部欺诈行为、偷税漏税、误导行为的法律分析，以及对媒介如何依法经营、依法保护企业和员工的利益和权利、正确处理法律纠纷等问题进行探讨。这些都是媒介从业人员在日常工作中必须掌握的法律方面的基础知识，以及遇到法律纠纷解决问题的基本技巧。

8. 实务管理分析

这一部分主要分析广告公司、印刷媒介、电子媒介在经营管理中经常碰到的具体问题。首先要对广告公司的历史、形貌、市场开发、经营策略、运作管理进行分析研究；接着要分析探讨印刷媒介的产业性质、经营特点、市场构成、产品定位、发行、销售以及报纸、杂志、图书的不同管理特点和经营方式；然后是对电子媒介企业管理的一般分析，和对广播台、电视台、电影公司等媒介的产品开发、设计、生产、营销过程及其策略、手段的描述和分析。这种地毯式信息轰炸，目的在于让不同媒介的从业人员在"短、平、快"的信息接受中，迅速抓住适合自己的、最有效用的经营管理要点和原理。

三、学习和研究媒介经营管理学的意义

媒介经营管理学是一门实践性很强的新兴应用科学，认真学习和研究这门科学，对于借鉴他国媒介经营管理的经验和方法，总结我国在这一方面的经验和教训，提高媒介管理者的综合素质，增强媒介在信息传播和产品营销方面的竞争力，争取在激烈的市场竞争和传媒大战中站稳脚跟、赢得胜利，有效地发挥和执行媒介的传播功能和管理职能，具有重要的现实意义。

1. 媒介"企业经营"的客观要求

"事业单位，企业经营。""政治家办报，企业家经营。"这是改革开放之后，党和政府对媒介性质的重新界定和要求。这意味着媒介既要承担宣传任务、社会责任，追求社会效益，又要独立核算、自负

盈亏,追求经济效益。媒介管理者必须具备"上岸能驾车,下海能行船"的特殊本领。但是,我们以往的媒介体系所需要的和教育体系所培养的都是传播人才,而不是管理人才。如今,面向市场经济的大众传播媒介,迫切需要大批懂经营善管理的媒介管理人才,也需要人们加强对媒介经营管理知识和原理的学习和研究。

在管理实践中,许多媒介组织提出了"向管理要质量"、"向管理要效益"的口号,要求通过提高媒介经营管理水平来获取较大的经济效益。事实证明,在媒介生存环境、地理位置、地位、规模、人员、设备等条件基本相同的情况下,由于经营管理水平的差别,所导致的媒介社会效益和经济效益是大不相同的,管理不佳的媒介甚至面临生存危机,优秀人才纷纷"跳槽"。

随着市场经济的日益深入和加入世贸组织后西方媒体帝国参与竞争,中国大众传媒面对的形势和局面将十分严峻,加强媒介管理,提高管理水平,壮大管理队伍,认真学习和研究媒介经营管理学,可能是我们应付这一挑战的最佳抉择。

2. 媒介经营管理者的迫切需要

媒介经营管理学,是人类从事媒介经营管理实践经验的概括和总结。理论是指导实践的。掌握正确的理论,才会有正确的实践。媒介经营管理理论的指导意义,在任何情况下都是无法否认的。试图否认的人,无非是想标榜自己是个天才,但这样的天才是不存在的。因此,学习和研究媒介经营管理学,是做好媒介经营管理工作的必由之路。

列宁曾经说过:"任何管理工作都需要有特殊的本领,有的人可以当一个最有能力的革命家和鼓动家,但完全不适合作一个管理人员。凡是熟悉生活、阅历丰富的人都知道:要管理就要内行,就要精通生产的一切条件,就要懂得现代高度的生产技术,就要有一定的科学修养。"① 在研究和写作中,我们曾做过许多调查,与许多媒介管理者交谈过,不论是长期从事媒介管理工作的老领导,还是新提拔到媒介领导岗位的年轻人才,他们都为我国至今没有一本系统、全面论述媒介经营管理的著作而深感惋惜,急切希望能有一本把西方媒介经营管理理论与中国实践结合起来的适合中国国情的、又有很强实践性的著作面世。可见,学习和研究媒介经营管理学,已成为媒介经营管理者的迫切需要和紧迫任务。

3. 大众传播者的最新需求

过去的新闻与传播教育,不论是新闻、广告、出版专业,还是广播、电视、电影专业,大都只重视理论与业务方面的教育和训练,其中特别偏重采、写、摄、制、编、导、评等课程,不太重视媒介经营管理知识的讲授与学习。结果,学生的就业去向大多只能局限在新闻与传播媒介的讯息制播范围。

随着市场经济的强力渗透和全面拓展,只掌握一种"制播本领"的大众传播者,在市场经济的汪洋大海中已经手忙脚乱、频频呼救。在计划经济时代,大众传播者可以只顾"生产"不顾"市场",但今天的大众传播者必须根据"市场"组织"生产",必须既有"制播本领"又有"管理知识"。否则,一些人将在下一轮更加激烈的媒介人才市场竞争中惨遭淘汰。

所以,如果说只教学生如何制播即等于教他们将来如何失业,那么正在工作岗位上的专业传播者若不掌握媒介管理知识,同样亦有丢掉饭碗的危险。

总之,不论是正在大学新闻与传播学院(系)读书的学生,还是报刊、出版、广告、广播、电视、电影等媒体的从业人员,要想从容应付未来复杂多变的竞争,就必须学习和研究媒介经营管理学。学习和研究媒介经营管理学,应该成为大众传播者的最新需求。

---

① 《列宁全集》第33卷,第394页。

此外,学习和研究媒介经营管理学,有利于媒介公司或媒介组织有针对性地策划、生产媒介产品,解决媒介产品市场实现问题;有利于媒介组织积极引进、罗致优秀人才,提高媒介产品质量,增强市场竞争力,赢得"两个效益";有利于媒介进一步发展壮大、开拓国内国际市场,组成媒介集团,形成优势经营和规模效益。

第一章　媒介经营管理概述

美国著名学者彼德·德鲁克(Peter F. Drucker, 1989)写道："在人类历史上,管理的出现之快及其影响之大是其他体制所无法比拟的。在不到150年的时间里,管理已改变了世界上发达国家的社会与经济的组织形式。它创造了一种全球经济,并为各个国家平等参与这种经济制订了新规则。它本身也发生了变化,在经理中很少有人意识到管理所具有的巨大影响力。"同样,在今日的中国媒介领域,很多经营管理者都像莫里哀《贵人迷》剧中的主人公汝尔丹先生那样,尚未发现自己已有高雅的谈吐。他们没有感觉到自己正在遵循或违背媒介经营管理的规律和原则,也没有意识到自己正面临着一系列的巨大挑战,更没有意识到能够让媒介经营管理释放巨大能量的"闸刀"正抓在自己的手中。

第一节　什么叫媒介经营管理

要让"汝尔丹先生"充分认识自身的行为、处境和潜能,就必须先从媒介经营管理的最基本概念谈起,然后才能登堂入室,获得经营管理的智慧。

一、媒介:内涵不断扩大的概念

"媒介"一词,最早见于《旧唐书·张行成传》:"观古今用人,必因媒介。"在这里,"媒介"是指使双方发生关系的人或事物。其中,"媒"字在先秦时期是指媒人,后引申为事物发生的诱因。《诗·卫风·氓》:"匪我愆期,子无良媒。"《文中子·魏相》:"见誉而喜者,佞之媒也。"而"介"字则一直是指居于两者之间的中介体或工具。

在英语中,"media"(媒介)系"medium"的复数形式。它大约最先出现于19世纪中期,当时在伦敦街头佩带标志或散发传单的儿童被人们称为"广告媒介"。1909年版的《韦伯斯特辞典》解释"媒介"一词是:"工具,例如广告媒介"。第一次世界大战期间,英国的一些广告机构开始设立"媒介部",以挑选、比较各种媒介,将广告信息传播给它们的"顾客"。后来,传播公司的专业人员则称自己在从事"媒介业",而传播学者们则将书籍、报纸、杂志、广播、电视、电影等统称为"传播媒介"。

吴东权在《中国传播媒介发源史》(1988)一书中认为,将"media"翻译成"媒介"不太稳妥,不如译成"媒体"。因为"体"字本身含有身体、本体、形质、形状的意思,多少是有实体的感觉,并且作为一种"媒"之"体",也应该含有一种实体的意义,即它是有形状存在而构成传播功能的实体。因此,"媒体是一个电视台、报社、广播电台、或通讯卫星地面接收台……能够发挥传播功能者。"但是,吴东权最终还是向"约定俗成"屈服了,仍采用了"媒介"一词。

我们认为,所谓媒介,就是指介于传播者与受传者之间的用以负载、传递、延伸特定符号和信息的物质实体,它包括书籍、报纸、杂志、广播、电视、电影等及其生产、传播机构。①

其实,人们不仅对"媒介"这个概念的认识和采纳十分缓慢,而且媒介作为一个实体其变化也是缓慢的。在大约100多年的时间里,人们一直将媒介当作一个微型实体理解,直到电视事业获得惊人发展,人们才意识到仍用"报业"这一概念来描述他们为之工作

---

① 邵培仁:《传播学导论》,杭州:浙江大学出版社,1997年,第227～264页。

的报社、杂志社、广播台、电视台等机构并不准确,而且还有误导之嫌,于是新闻记者们找到了"媒介"这一可以作为一种普通类别而非分类形式的通用术语。随着电视的到来,然后是有线电视和卫星广播、卫星电视的出现,报业集团与广播公司、电视公司、唱片公司、电影公司的合并与联营,跨媒介所有制的普及与推广,人们理解媒介已不只是一个大型实体,还是一类或多媒体联合的实体。对此,美国媒介研究专家利奥·博加特(Leo.Bogart,1991)写道:对于媒介"传播形式的传统划分,已不再适用于一个由于电脑技术的出现,而使广播电视与印刷媒介界限变得模糊的世界。""媒介联合企业的发展表明,现在,创造性的产品已能从一种媒介形式转换到另一种媒介形式,而且会继续转换成玩具、装饰品甚至食品类的非媒介形式。它们的基本原则是:象征性讯息跨越媒介疆界而进行转移时,可以发挥'协同'作用,从而使整体较之个体的总和更大,更能赢利。此刻,'媒介'这个词精确地描述了一种现实,而不是一种政治概念。由于单个媒介只适应各自的技术与历史状况,因此它们的特点、内部经济和功能都各有差异,而且明晰可辨。但是,现在单个媒介更多的是作为系统的组成部分进行运作。这种系统必须被视为不可分割的实体(indivisble entity),而且拥有共同所有权、管理机构和才华出众的合伙人,无论我们将报纸、连环漫画中的英雄故事改编成一部电影,亦或根据一部电视剧改编成小说,还是建议观众把一部电视商业片当成报纸广告来收看,都表现了媒介的相互渗透和内涵的不断扩大。"

二、经营管理的实质

"经营"最早出自《诗·大雅·灵台》:"经始灵台,经之营之。"这里是指经度营造,后引申为筹划营谋。《史记·项羽本纪赞》:"谓霸王之业,欲以力征经营天下。"今天,《现代汉语词典》解释"经营"为"筹划并管理(企业等)"。从字面上看,"经"是"规范"、"治理",

"营"是"建设"、"谋求",而"经营"就是依据一定的原则经营治理并谋求利益、实现目的。

"管理"是个现代词汇。但从一般意义上看,"管"如锁孔,通过一定管道即可对人、事、物进行"管辖"、"约束","理"如治玉,是指通过"整治"、"处理"使事物具有"条理"和"秩序",亦即主其事者为"管",治其事者为"理"。因此,"凡处理事物及对人的指导,使其循序进行,以达到预期之目的者,统称之为管理。"(樊志育,1983)

我们之所以将"经营管理"混合连用,是因为:(1)这两个词所代表的概念既十分相近又不尽相同,所谓义位相同、义象各异;(2)两个词的不同义象正好反映了中国媒介的"事业单位、企业管理"的特殊形貌;(3)混合连用也为本书的研究和写作带来许多便利;(4)许多同类著作也都混合连用。

那么,何谓经营管理?日本学者前川良博等人(1988)写道:"以达到组织目的为目标,有计划有组织地付出努力的有系统的行动称之为经营管理(management,admistration)。"通常,经营管理是经济意义上的主要针对企业的行动。作为企业,在经营管理中总会有一个目的,并且会经常而有效地为达到其目的而努力。彼德·德鲁克(1989)认为:"每一个企业都应坚定不移地认定一个共同目标和价值观,没有这种承诺,企业就会成为一盘散沙。企业必须拥有简明扼要、清晰明了而又毫无二致的宗旨或目的。"毋庸讳言,企业的组织目的,就在于通过企业活动增加收益、获得利润。追求利润,这是企业永恒的主题、稳固的目标和不变的逻辑。因此,企业在经营管理中的首要任务就是思考、制订和说明这个目的和价值观,同时要经常集中组织的全部力量,最大限度地运用它所拥有的有形、无形的资源来增加收益。也就是说,企业对生产、销售、消费过程中各个环节的运动进行决策、计划、指挥、监督、组织、核算和调节,目的就是为了获得最大利润,而这就是企业经营管理的实质所在。

虽然企业经营管理的目的是获得利润,但并不意味着它可以把追求利润的最大化作为唯一目的,而无视社会性、公益性和伦理性,毫无限制地为所欲为地去追求利益。因为,企业也是构成社会的一个组成部分,是只有为社会服务、对社会有益并得到社会支持才能允许存在和发展的组织机构。因此,作为社会组织的企业,它不仅要严格地按照市场规律和国家一系列方针政策、原则、规定办事,还要承担一定的社会责任,并自觉接受社会监督,将尽社会责任看作是企业经营管理的第二个目的。

这就要求企业在经营管理中将追求利润与承担社会责任两个目的有机结合起来,使两者能够得到兼顾,有时为了为社会服务、为顾客利益甚至不惜牺牲一部分企业利益,但绝不能为了企业利益而不顾消费者的权益和社会责任。随着社会主义市场经济的日益完善和社会的日益文明进步,企业经营管理也日益复杂、艰难和富有挑战性,这不但要求比过去更加有效、严格地进行经营管理,而且要求经营管理者有更高和更全面的素质和知识;否则,这两个目的都有可能落空。

三、媒介经营管理的构成与框架

中国的媒介经营管理不仅要将承担社会责任、追求经济利益有机结合、互相协调起来,并将承担社会责任置于首位,而且还要将完成宣传任务纳入自己的目标系统,并予以优先考虑。这是与企业经营管理的一个最重要的区别。因为,任何大众传播媒介都隶属于一定的阶级、政党和集团,其领导者、经营者、传播者也都持有一定的阶级立场、政治倾向和世界观。作为社会主义国家的大众传媒,它应该把党的利益、国家的利益和人民的利益放在首位,应该成为它们的工具和喉舌,坚持四项基本原则,维护社会主义制度,正确地实事求是地宣传党和国家的路线、方针、政策,反映人民群众的呼声和要求,满足人民群众多方面的需要,努力完成党和政府交给的各项宣传任务,积极地为社会主义的物质文明和精神文明的建设作出贡献。其实,西方传媒经营管理的基本态度也总是为资本主义制度辩护,为资产阶级的利益服务,反映和传播资产阶级的世界观、方法论和立场、观点,尽管他们矢口否认。这是第一。

第二,媒介经营管理不同于企业经营管理的地方,是它不只是人、财、物的管理,而更重要的还有信息资源的管理。过去人们在论述构成媒介企业的基本要素时,总是套用企业的构成要素,即三个M(人、物、财)。他们认为:媒介企业经营的主体(生产者)并成为对象(消费者)的是人(man)、生产、销售、库存、物资流通等的对象是物(material),以及用货币表示的财务、会计、资金等的财(money)是媒介企业构成的基本要素,因而也是构成媒介企业经营管理的主要因素。实际上,在媒介经营管理中,信息(message)是仅次于人、物、财的第四要素。试想,大众传播媒介若不传播信息,受众也没有信息的需求,那将会是一种什么样的情形,至少媒介已没有存在的必要了。在传播学中,信息是由一系列有序性符号组成的表达特定信息或意义的符号系统。这个系统包括信息和符号两个部分。媒介经营管理中的媒介物(书籍、报纸、杂志、唱片、碟片等)之所以可以销售、流通、传递,正是因为传播者和生产者在上面负载了对受众或消费者具有意义的信息。其实,即使是人、物、财的管理,其中也必然涉及人事信息、物资信息和财务信息等经营信息(management information),并且也要对这些信息加以管理。

第三,媒介经营管理是一种科学,也是一种艺术。作为一种科学,"它是充满技巧与智谋的锦囊,是装有商学院教授的那些分析工具的宝袋",是媒介业者追求生存、发展和进步的一种有效的途径和手段,也是一系列系统、全面的知识和技能,它主张通过规划、组织、协调、指挥、控制等基本活动顺利实现媒介组织的目标。作为一种艺术,它是媒介管理者发挥决策智慧、提高应变水平、增强领导能力的一种难以传习的天赋,也是提升员工工作动机、鼓舞员工士气、调动员工情绪和工作积极性的一系列技巧和方法,也就是充分挖掘有利于实现媒介组织目标的"人性因素",努力使经营管理"人性化"。媒介管理涉及的是人的智慧与行为,人的成长与发展,人的价值观与世界观,因而它就是传统意义上的"人文""艺术"。总之,媒介经营管理是由媒介业的经营管理者有意识地通过合理的规划、健全的组织、有机的协调、正确的指挥和严格的控制等管理机能,运用人、财、物资、信息等媒介资源,以实现媒介组织目标的活动(见图1-1)。随着媒介的发展和时间的推移,媒介经营管理将越来越成为一门科学和艺术;通过这门科学和艺术,它将会像企业经营管理一样获得人们的认可和社会的重视。

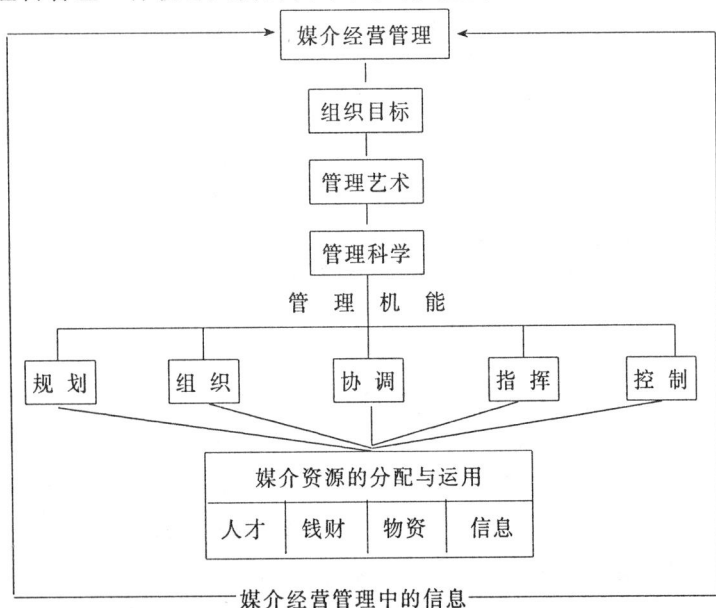

图1-1 媒介经营管理活动

第四,不仅媒介组织在管理上有其独特性,而且在组织机构的设置和构架上也有自己的特殊性,并且各个媒介组织(报社、广播台、电视台、出版社、杂志社等)还不尽相同。因此,我们如果试图把一切媒介组织的机构及其管理活动统一加以详细叙述,那肯定是非常困难的。这里,我们以某一报社为例,运用系统处理方法将其主要部门及其管理活动加以模式化,从而获得一目了然的传播效果(见图1-2)。这种"壹"字型模式意在描述和阐释:为了实现组织目标,报社在以社长、总编辑、总经理这"三驾马车"为核心的社委会领导下,合理分工,各司其职;社长抓总,承担整体协调的责任;总编辑负责新闻和信息的采集、整理、写作、编辑、评论、刊发;总经理负责广告的招揽和媒介产品印刷、发行、销售以及各项多种经营项目的管理;这些不同项目的管理以及具体的经营管理、作业管理、事务处理和档案、资料、数据管理,都在社委会成员和12个部门工作人员的工作中体现出来,从而形成了一个由上到下、由宏观到微观、多部门有机协调、各种资源(人、物、财、信息)有序流动的经营管理系统。这一模式对该报社组织机构和管理框架的主要特征作了十分简洁明了的呈现,反映出了经营管理的整体形貌和基本过程,具有一定的启发性和实用性。至于其他大众传播媒介(如广播台、电视台、出版社等)的构成与形制,基本上与此大同小异、相去不远,故也可以据此构想和建立起适当的模式,以作为描述、分析和解决经营管理中所遇现象和问题的途径和方法。

第二节　媒介经营管理的职能

媒介经营管理的职能,是指媒介经营管理者在经营管理活动中应该承担的职责和必须具有的功能。在讨论、分析时,主要围绕下列关键性问题进行:如何为媒介组织的未来制订更好的计划?如何激励媒介员工的积极性和提高他们的工作热情?如何组织、运作才能提高媒介效能和效率?如何更有效地管理媒介企业的财政?如

组 织 目 标

社 长

| 总 编 辑 | 社 委 会 | 总 经 理 |

新闻部 | 副刊部 | 编辑部 | 办公室 | 人事处 | 财务处 | 后勤处 | 印刷厂 | 市场部 | 广告部 | 经营部 | 发行部

经 营 管 理

| 计划 | 组织 | 协调 | 指挥 | 控制 | 革新 |

作 业 管 理

事 务 处 理

档案、资料、数据管理

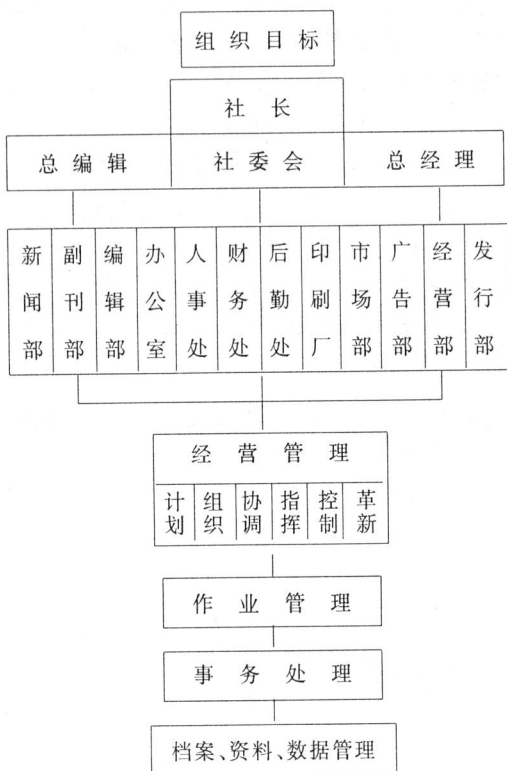

图1-2　某报的组织构架及管理模式

何使媒介企业保持良好的发展势头?对这些问题认识得愈清楚、愈正确,媒介经营管理的方向就愈明确,措施就愈得力,社会效益和经济效益就愈显著。

一、媒介经营管理职能的探索

媒介经营管理的职能,对将要进行经营管理活动的方向性、连续性和整体性起着重要的维护作用。

媒介经营管理职能在社会发展的不同历史时期和在同一时期

的不同发展阶段,会有不同的变化;人们对它的认识和分析,也会呈现出多样性。在过去的近一个世纪中,人们对工商业管理提出了一系列职能理论,为我们今天的媒介经营管理职能研究提供了十分有益的启迪。科学管理理论的创始人泰罗(F. W. Taylor)在《科学管理原理》(1912)一书中,最先主张实行"职能管理",即将管理的工作予以细分,使所有的管理者只承担一种管理职能。同时,他主张将计划职能与执行职能分开,予以管理控制,变原来的经验工作法为科学工作法。早期的计划、执行、控制三大基本职能,经过法国亨利·法约尔(Henry Fayol)的改进,他在《工业管理与一般管理》(1916)一书中提出了五项基本职能:(1)计划职能;(2)组织职能;(3)指挥职能;(4)协调职能;(5)控制职能。后来,厄威克(L. Uwick)在《管理的要素》(1956)一文中认为,行政或管理是一门艺术,并可以分解为九大管理要素或职能:一是事实的"考察";二是根据考察的结果以作"预测";三是依据考察和预测制订"计划";四是根据计划而做人、财、物的"调配";五是把各种资源做适当的"组织";六是对组织使用资源进行"协调";七是一切活动均需遵循"规章";八是对工作进程作有效的指挥"督策";九是对工作成果进行必要的"考核"。此外,其他管理学家还加上了诸如领导、命令、监督、指导、人事、财政、预算、授权、变革等相关的管理工作项目或职能因素。

上述管理职能的探讨,虽对媒介经营管理有明显的借鉴作用,但毕竟不是对媒介经营管理职能的专门分析。媒介管理学者雪曼(B. L. Sherman)在《远程传播管理:广播、电缆和新技术》(1995)一书中曾引用一个以英文字头合成的"POSDCORB"来说明媒介管理的职能,即:P代表"计划"(Planning),O代表"组织"(Organizing),S代表"人事"(Staffing),D代表"指导"(Directing),CO代表"合作"(Coordinating),R代表"报告"(Reporting),B代表"预算"(Budgetting)。约翰·勒文(John

Lavine)等在《媒介组织管理:有效的领导媒介》(1988)一书中提出了媒介经营管理的五大职能:(1)计划职能;(2)组织职能;(3)财政管理职能;(4)人事管理职能;(5)领导指挥职能。

职能不同于任务。媒介经营管理的任务,就是设计和维持一种媒介体系,使在这一媒介体系中工作的人们能够用尽可能少的支出(包括人力、物力、财力等)去获取最大的经济效益和社会效益。职能作为一种应该承担的职责和必须具有的功能,它和任务一样,都既是媒介经营管理的职能和任务,也是经营管理者的职能和任务,因为,媒介经营管理是通过人来进行的,人是进行媒介经营管理活动的主体。

二、媒介经营管理职能的确定

依据上述探讨,结合我国媒介经营管理的实践,我们将媒介经营管理的职能确定为:计划、组织、指挥、协调、控制、革新。

1. 计划职能

计划职能是媒介经营管理中最基本的一个职能。它是对目标的预见和设想,是指导未来行动的纲领,也是媒介组织实现微观传播和经济目标、贯彻宏观传播和经济决策的重要手段.计划职能的内容主要有:做什么? 为什么做? 何时做? 何地做? 谁去做? 怎么做? 简称为"5W1H"。此外,还应考虑"要花费多少钱"、"什么资源是必须的"以及活动时间表等问题.计划职能直接影响媒介经营管理的好坏与成败.计划职能运用得好,便可以提高媒介经营管理水平,取得较大的成效;如果计划失误,则会造成媒介经营管理上的混乱,导致严重的浪费和损失。 因此,为使媒介组织中的各种活动能够有条不紊地进行,计划必须严密、周详、统一,执行计划必须踏踏实实、积极稳妥。同时,制订计划要充分考虑媒介组织的结构、优势、特色和未来发展,以便使计划既能如期完成,又给未来发展留下空间。

2. 组织职能

这一职能是发挥媒介经营管理功能的组织保证,是完成计划目标和任务的重要手段。组织职能的内容主要有:根据媒介组织的目标,设计和建立一套组织机构和职位系统;确定职权关系,从而把媒介组织上下左右联系起来;与其他职能相结合,以保证所设计和建立的组织结构真正有效;根据媒介组织内部和外部各种要素的变化,适时地调整和变革组织结构。研究组织职能,就是研究如何合理、有效地进行分工,运用有限的资源(人、财、物、信息),以实现媒介组织的目标。具体地说,就是把媒介组织中的各种工作或活动进行分类组合,划分出若干部门和管理层次,然后赋予职权、配备人员、明确责任、界定工作内容、分清工作范围、要求定期汇报。媒介管理者履行这一职能,不仅要求对媒介组织内的现有资源及其特性、品质十分熟悉,而且要求对媒介经营管理中的各种要素的发展趋向及社会政治环境有洞察力。

3. 指挥职能

这一职能是联接其他职能的纽带,是实现媒介目标的关键。所谓指挥,就是媒介领导者借助于指示、命令等方法,有效地指导所属职能部门、下级机构和所属人员,以具体行动来履行自己的职责,完成传播或管理方面的任务。它包括四个方面的内容:同人打交道,处理各种关系,使人尽其才;同事打交道,决定各种事务,使事事顺利;同时间打交道,掌握时间的进度,保持高效率;同环境打交道,掌握外部环境的变化,使媒介如鱼得水。就像乐队和合唱队一样,指挥是媒介组织的主心骨。作为主心骨,其主要任务就是通过畅通组织内外的沟通联络渠道,运用适宜的激励措施和方法,不断改进和完善指挥作风和方法,以创造一个有利于实现媒介组织目标的氛围和环境。

4. 协调职能

在媒介经营管理中,难免会出现一些矛盾、分歧和问题,需要管理者不断进行协调,以消除矛盾、化解分歧、解决问题,保证各项工作正常、有序进行。这些工作,就是媒介经营管理的协调职能。协调,是媒介经营管理中的"润滑剂",也是避免矛盾激化的"减压阀",还是增强媒介组织向心力的"凝结剂"。这一职能的内容主要有:使媒介组织的目标与有关方针、政策保持一致;使媒介员工正确认识形势和任务;稳定媒介员工的思想情绪,统一组织行动;协调媒介内部部门与部门、干部与职工、职工与职工之间的以及媒介与政府、企业之间的各种关系,消除矛盾;其中,特别要协调好新闻部与广告部、编辑部与经理部之间的关系。

5. 控制职能

所谓控制职能,就是媒介管理者对组织内部的经营管理活动及其效果进行衡量和校正,以确保组织的目标以及为此而拟定的计划得以实现。控制职能是负责执行计划的媒介主管人员的主要职责,尤其是直线主管人员的主要职责,因为他们掌握着采取纠正措施的直线职权,承担着实现组织目标和计划的主要责任。与计划职能相比,计划职能是谋求一致、完整而又彼此衔接的计划方案,而控制职能则是务使一切媒介经营管理活动都按计划进行,当然计划必须科学、合理。因此,一旦计划付诸实施,控制职能对于衡量计划的执行进度,控制生产成本和产品品质,把握产品流量和流向,调整资源配置,揭示计划执行中的偏差,采取及时的纠正措施,保持工作的连续性和完整性等,都是非常必要的。

6. 革新职能

控制的目的是要"维持现状",即在变化着的内外环境中,通过控制工作,随时将计划的执行结果与标准进行对照,若发现有超过计划允许范围的偏差时,则及时采取必要的纠正措施,以使媒介系统的活动趋于相对稳定,实现其既定目标。革新的目的是要"打破现状",即当媒介经营管理的运作状况不能适应社会要求、管理人员的积极性未能充分发挥和对现状普遍不满时,或者在各个管理层次大量存在"慢性问题"时,就要打破现状,大胆改革创新,奋力开拓新局面,求得螺旋形上升。革新的内容包括:在媒介内部,修改发展计划,改变编辑方针,确定新的目标,制订控制标准,撤换部门领导,调整人员结构;在媒介外部,开拓新的市场,寻求新的受众,猎取新的广告客户,拓展新的媒介合作。总之,要使媒介始终充满生机与活力,保持良性循环,就必须不断改革和创新。

三、正确履行各项管理职能

首先,媒介经营管理中的各项职能是既有区别又有联系的。为了论述的方便,我们将其划分为六项职能,并一一解释、分析,看似各自独立。其实,它们又都是相互联系、相互重叠、相互渗透、相互作用的统一整体。因此,在媒介经营管理中,管理者应根据实际情况,全面、综合地运用各项职能。同时,在不同阶段、不同环节和不同时期,还要根据具体情况的变化和当前媒介经营管理的要求,有重点地灵活地运用某一项或几项职能。

其次,媒介经营管理中的各项职能是既有层次也有侧重的。在任何一个媒介组织中,其主管人员一般都可分为三个层次,即上层主管、中层主管、基层主管。这些位于不同层次上的主管人员,在履行计划、组织、指挥、协调、控制、革新等管理职能时,必定各有侧重。通常,上层主管人员执行其职能偏向于宏观的、抽象的职能,基层主管人员执行职能侧重于微观的、具体的职能,而中间主管人员的职能则介于两者之间(图1-3)。媒介管理学者约翰·勒文(John Lavin,1988)等人的研究发现:媒介管理者在他们的媒介组织中占据着不同层次的位置,即执行着相对应的不同层次的职能。电视台的总经理、报纸的发行人、广告公司的董事长,他们履行的职能就关系到整个媒介组织。中层管理人员通常只对部门负责,他们是编辑部主任、节目部主任、销售部经理、经营部经理等。低层管理人员通常称作监管。他们只对某一部门中的特殊的工作负责,如体育编辑、分类广告经理、助理生产主任等。

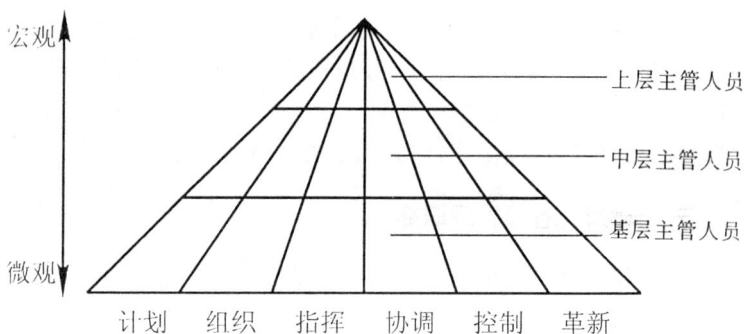

图1-3 不同层次上的管理职能

表1-1 不同职能的时间花费

管理职能	花费时间（％）
计　　划	19.5％
调　　查	12.6％
协　　调	15％
处理问题	6％
评　　价	12.7％
配备职员	4.1％
监　　督	28.4％
代　　理	1.8％

资料来源：Lavin and Wackman,1988.

　　第三,不同的媒介主管人员在不同的职能上花费不同的时间量。勒文等人(1988)的研究还发现:对于媒介公司来说,所有的经营管理人员为了履行自己的职能都必须花费时间。但是,职能不同,所占用的时间也不同(表 1-1),而不同层次、位置上的人在不同职能上所花费的时间也不一样。通常,层次、位置较低的媒介管理人员在"人的工作"上花费较多时间,如人员的充实、调整,对员工的监督、评价;媒介组织的上层管理人员则花费更多的时间用于计划、协调和处理问题。一般来说,一个中层管理人员在执行职能时的时间可以用下表(表1-2)说明。

表1-2　中层管理者履行职能所花费的时间

管理职能	花费时间(%)
公共关系	1.5%～2%
配备人员	4%～4.5%
处理问题	6%～7%
调　查	11%～13%
评　价	10%～14%
协　调	15%～18%
计　划	15%～25%
监　督	20%～30%

资料来源:Lavin and Wackman,1988

　　媒介经营管理学的研究者凯茨(L. Katz,1974)的研究认为:在不同层次上的管理人员在执行职能时所需的技能与他们所花费的时间也是相对应的。通常,高层管理人员需要更强的分析能力和人事管理技能;低层的管理人员则需要较强的办事能力和操作技能。同时,如果他们要想在工作中发挥更大作用,则必须具备比高层管理者更强、更多的技能,知道更多的琐碎的任务性和技术性的问题。因为,事实上,较低层次的管理人员更像是"工作中的管理者",而不是指导和教师。

第三节　媒介经营管理的原则

　　媒介经营管理原则,是指对媒介经营管理者及其所从事的活动所提出来的必须遵循的指导原理和基本要求。它对现在和未来的经营管理活动的过程和结果,均具有一定的规范作用、导向作用、促进作用和保证作用。

一、媒介经营管理原则的形成

媒介经营管理原则,是在具体实践和理论探讨中逐步形成的。这一形成过程,是不断认识和反映媒介经营管理活动以及一般管理活动规律的过程,也是更加全面完整地体现人民群众的意志和利益的过程。

最先提出管理原则的是意大利佛罗伦萨的尼古拉·马基雅维利(Niccolo Machiavelli)。他在 16 世纪所著《王子》一书中,对统治者怎样管理国家、怎样更好地运用权威,提出了四条原则:(1)群众认可,权威来自群众;(2)内聚力,组织要能够长期存在,就要有内聚力,而权威是必须在组织当中行使的;(3)领导能力,掌权之后要能够维持下去,就必须具备领导能力;(4)求生存的意志,就是要"居安思危"。

美国早期的科学管理学者哈林顿·埃默森(Harrington Emerson)联系科学管理,提出了提高效率的 12 条管理原则:(1)要有明确的管理目标;(2)注意局部与整体的关系;(3)要有精明干练的智囊班子;(4)要有严明的纪律;(5)要大公无私,公平待人;(6)及时、准确、可靠的信息和会计制度;(7)要依计划合理调度人、财、物;(8)规定出工作定额,安排好工作进度;(9)建立标准化的负载条件;(10)要有标准化的操作方法;(11)要有标准化的工作步骤;(12)要有行之有效的奖惩制度。由此可以看出,埃默森的管理原则已初具科学性。

接着,法国采矿冶金公司总经理亨利·法约尔(Henry Fayol)在《工业管理与一般管理》(1916)一书中,根据自己的工作经验,归纳出十分简明的 14 条管理原则:(1)(合理)分工;(2)(明确)职权与职责;(3)(遵守)纪律;(4)统一指挥;(5)统一领导;(6)个人利益服从整体利益;(7)报酬(公平);(8)权力集中;(9)(建立)等级系列;(10)秩序;(11)公正;(12)保持人员稳定;(13)首创精神;(14)

团结精神。法约尔强调指出,14条原则在经营管理中不是死板的和绝对的东西,这里全部是尺度问题,应该灵活对待。

后来,英国管理学家林德尔·厄威克(Lyndall F.Urwick)对泰罗、埃默生、法约尔等人的管理理论进行了系统地阐释和整理,由此他在《管理宝典》(1956)著作中得出了他认为适用于一切组织管理的8项原则:(1)目标原则,即所有的组织都应当有明确的目标;(2)相符原则,即权力和组织必须相符;(3)职责原则,即上下级工作应有明确职责;(4)组织级层原则,即管理者之间应有明确的职权等级区分;(5)控制广度原则,即每一个上级主管所管辖的下级人员不应超过5人或6人;(6)专业化原则,即每个人的工作应限制为一种单一的职能;(7)协调原则,即重视协调各种管理关系;(8)明确性原则,即对于每项职务都要有明确的规定。

浙江大学吴飞在《试论报业的系统管理原则》(1996)一文中,结合系统论,对我国报业管理提出了四项原则:(1)整体管理原则;(2)综合管理原则;(3)最优化管理原则;(4)动态管理原则。

这些探讨,一方面反映了人们对管理原则的认识逐步向科学、全面、深层逼近的过程,另一方面也反映了人们的认识总是受到特定历史社会条件的影响和制约,有一定的不足或缺陷。

二、媒介经营管理原则的内容

根据上述原则,结合我国媒介经营管理的具体特点,媒介经营管理原则主要有下列内容:

1. 导向性原则

导向性原则,是指媒介经营管理必须加强党的领导,增强党性,坚持正确方向。这是媒介管理受社会政治、经济、文化制约的客观规律的反映,也是由我国媒介的性质、目的、任务所决定的。

人类的一切活动都是有目的的。因此,媒介经营管理必须具有导向性。我国大众传播媒介是党和政府的耳目喉舌,不论是传播活动还是管理活动,都必须坚持维护国家形象和人民利益,坚持贯彻社会主义传播方针,坚定正确的政治方向,加强和改善党的领导,增强党性,遵守传播纪律和传播职业道德。坚持导向性原则,是办好我国大众传播媒介的根本和前提,也是衡量一个媒介是否合格的主要尺度。

坚持导向性原则,不是靠唱高调、说大话、编假话,而是靠脚踏实地的行动。但是,管理活动的有效性又是与导向性的明确度成正比的。媒介经营管理者对导向性原则认识得越清晰、理解得越全面,就越是会产生较好的社会效益和经济效益。

2. 整体性原则

整体性原则,要求媒介经营管理从实现整体目标出发,合理组合各个部门、各个层次、各种因素的力量,以实现最优化的管理。

所谓整体,是指由两个或两个以上有区别的要素组成的集合体和统一体,但是整体并不等于各要素的简单叠加,因为合理的组合,能使整体释放出远远大于部分之和的能量。因此,要搞好媒介经营管理工作,媒介管理者首先要有一个明确的整体观点,把媒介各个部门、各个层次、各种因素都视为可以相互区别而又相互联系、相互作用的有机整体。其次,要对人、讯、财、物等各种要素进行科学组合、合理配置,否则,整体反而会小于各部分之和,产生内耗和负面效果。第三,要让媒介管理适应社会环境的变化,因为任何媒介都处于一定的社会环境之中,都是社会大系统中的一个部分,它除了具有本身内部诸要素的互相联系外,还会同外部社会文化环境发生联系,进行物质、能量、人事和信息的交换。

总之,贯彻整体性原则,要求媒介全体成员胸中有一个全局观念、整体观念。正确地处理和协调好媒介内部同媒介外部的各种关系,保持某种"生态平衡",做到通力合作,互相配合,充分发挥整体效应作用,为实现媒介整体目标服务。

3. 互动性原则

互动性原则,要求媒介经营管理者将管理中的各种要素、各个层次看作是相互联系、相互作用、相互制约和相互依存的有机互动整体,协调和依靠各种力量,把媒介办好、管好。

遵循和贯彻互动性原则,首先要重视各个部门、各个层次间的信息交流与沟通,以增进彼此认知和理解,避免发生矛盾和冲突。其次,要重视"两种车间"(新闻部与广告部,编辑部与经理部)、"两种产品"(精神产品与物质产品)、"两种买主"(消费者与广告主)之间关系的协调和处理,它们是一种平起平坐、相互依赖、相互促进的关系,不存在谁主谁次的问题。如果片面地贬此褒彼或重此轻彼,就会直接影响媒介经营管理的"两种效益"。第三,要重视人、财、物三者之间的合理配置与科学互动,如果以为"有人就有一切"或"有钱能使鬼推磨",而不重视三者的平衡与互动,那就大错而特错。第四,要重视责、权、利三者之间的有机结合与良性互动。若管理者有责无权,就无法承担任务和责任;若有权无责,就会滥用权力、独断专行;若只担风险和责任而无相应利益,其积极性就不能持久。第五,要重视发展传媒与社会之间的双向关系、互补关系和互制关系,使传播媒介与社会系统形成相辅相成、共存共进的良性循环状态。

总之,互动性原则的有效贯彻,有利于顺利实现媒介经营管理的目标,有利于提高媒介经营管理的社会效益和经济效益。

4. 民主性原则

民主性原则,是指媒介领导要充分发扬民主作风,接受群众监督,调动广大员工的积极性和创造性,共同参与媒介的经营管理工作,并依靠集体的智慧和力量,把媒介办好、管好。这是社会主义媒介制度的本质要求,是民主集中制的具体体现,也是办好媒介的关键所在。

媒介员工是媒介的主人,他们既是管理的对象,又是管理的主体。他们在接受并服从管理的同时,也有权审议媒介管理中的重大决策,有权监督媒介领导正确执行党和国家的方针、政策,有权对管理工作提出批评和建议。因此,媒介领导必须切实尊重并保障媒介员工当家作主的地位和权利,充分调动他们参与媒介管理的积极性和主动性。

遵循民主性原则,首先必须正确认识和承认媒介员工的崇高地位。媒介员工是一群反映时代、记录历史的文化人,是一群塑造人类思想政治灵魂的工程师,是一批专司传播并以此谋生的传播者。没有他们,这个世界是不可想像的。其次,必须深入研究和掌握媒介人员的劳动性质和特点。媒介人员的劳动是一种艰苦的脑力劳动,具有很强的创造性和自主性;又是一种复杂的集体活动,需要很多人的共同参与,信息才能进入大众传播渠道与公众见面。第三,必须切实关心和爱护媒介员工,给每个人提供公平的培训、晋升、发展、费用报销、收益分红、获得报酬的机会,以充分调动他们的工作积极性。第四,要为媒介员工提供发表意见和建议的机会和场所,为他们智慧和才能的发挥提供必要的条件和环境,为他们直接参与媒介经营管理创造条件。只有这样,才能使媒介立于不败之地。

5. 法制性原则

法制性原则是媒介经营管理协调有序、正常运行的可靠保障。只有坚持法制性原则,才能使媒介的机构设置、管理行为、人事财务、信息传播等各个方面管理活动制度化、规范化,从而使整个媒介组织成为一个分工合理、关系确定、协调和谐、消耗少而效能高的整体系统,进而推进媒介管理的科学化。

坚持法制性原则,首先必须建立和健全比较严格的、符合实际的法律和规章制度。通过法律、法规,确定机构设立和撤消、干部选拔和任免的程序,规定各部门之间的关系以及各自的职权,明确信息传播和产品营销的过程,使媒介管理制度化、科学化。其次,必须依法管理、按章办事。除了管理工作,法律禁止传媒侵犯个人隐私,侮辱和诽谤他人,制作和散布淫秽作品,传播教唆犯罪材料,煽动民族仇恨,鼓动社会动乱,污蔑社会制度等。否则,法律是无情的。第三,必须严格执法、从严管理。第四,必须对违法、违规行为严加追究。"公民在法律面前一律平等",执行各项规章制度也不允许有任何例外。第五,必须使各项传播管理工作规范化、标准化,并要求媒介员工承担社会性、法律性责任。

坚持法制性原则,可以使媒介各项工作有法可依、有序可循、有条不紊、稳定发展,也可以促进各个成员理智地、自觉地遵纪守法,接受严格的法规监督,减少错误。

6. 程序性原则

程序性原则,是指对媒介经营管理依据目标、任务实行程序控制、阶段把关、全程管理,使管理工作科学化、程序化。这一原则是确保媒介经营管理工作有一个稳定的程序,促进媒介产品质量和社会经济效益不断提高的基本手段和重要措施。

遵循程序性原则,首先要对媒介管理过程实行程序控制和阶段把关。计划、实施、检查、总结,是媒介管理的基本程序。在一年中,年初应抓好计划,年中要抓好检查,年终要抓好总结,而日常要抓好落实,从而确保管理工作稳步而有序开展。其次,要对信息传播和媒介产品产销过程予以程序控制和严格管理。从信息的采集、鉴别、处理、编码、传递,到媒介产品的调查、设计、生产、定价、销售,每一步骤、程序都应有明确分工、专人负责和具体职责。第三,要以信息传播为主线,协调好各个职能部门的工作,使编辑部、新闻部、节目部、经理部、广告部、技术部、生产部与后勤、行政、财务以及党、团、工会等各方面工作都围绕中心有序地进行。坚持程序性原则,可以使媒介经营管理工作按照每个周期的程序、环节、步骤有秩序、有层次地进行,也可以使媒介经营管理工作增加清晰度和透明度。否则,如果工作无序化,就会使管理工作失去协调配合,造成秩序紊乱,导致媒介管理水平下降。

7. 专业性原则

专业性原则,即指媒介经营管理者需经过媒介经营管理教育的特殊训练,拥有一定的知识和技能,方有从事这一工作的资格和条件;也指专门从事媒介工作并以此谋生的职业特点;同时,还指这些人拥有同医生、律师、工程师等专业人员同等的社会地位。

大众传播及其管理是一项专业性很强的工作,没有一定的专业知识和专门技能的人是很难胜任的。这就要求,从事新闻传播工作,需接受新闻传播教育或拥有相应知识;从事编辑出版事业,需受到编辑出版方面的特殊训练和教育;从事媒介经营管理,不仅要具有经营管理方面的知识,还要具有大众传播方面的知识,缺一不可。再以电影电视为例,它集声、光、电于一身,聚采、编、播于一体,汇摄、录、剪于一堂,加上美术家、化妆师、服装师、音乐家、演奏家……这些人员都以十分鲜明的专业特色在传播过程中发挥作用、作出贡献。

因此,坚持专业性原则,就意味着要求媒介领导者关心员工的专业学习和培训,重视员工的专业素质和特色,重视专业人员的选拔和任用,注重专业分工和相互配合,同时也意味着媒介必须拒绝外行领导。否则,媒介产品难有特色,媒介管理难有起色。

8. 发展性原则

发展性原则,是指在媒介经营管理中,通过合理而有效地利用人力、财力、物力和信息、时间,使媒介综合实力稳步、健康发展。这是媒介经营管理本质特点的反映,也是管理工作的基本任务和必然归宿。

贯彻发展性原则,要求媒介管理处处、事事都讲传播效果和经济效益。评价媒介领导的领导水平和工作实绩,首先要以社会效益和经济效益作为主要尺度。对此,布隆伯格(Bloomberg)在《信息就是信息》(1998)一书中写道:"发展是做生意必需的:你要么不断发展,要么完蛋。一个公司无论多么成功,它也无法保持现状不动。""发展使我们成为活动靶子,不发展,我们只能坐以待毙。""为了生存,我们必须发展和改进。一个公司今天吃喝昨天的产品,明天它就要关门。""为了内部的原因,公司也必须发展。没有新的挑战,员工的思想和精神就会萎缩,工作就会从乐趣变成苦役。没有发展,就没有新产生的机会,为得到升迁而努力工作的员工就无处可去。如果我们非要提拔他们不可,也只能把这些最有能力的人推上毫无意义的高级职位,这会抵消我们最优秀的贡献者的作用。所以,我们必须发展,以创造宝贵的新职位,防止我们最好最杰出的人才另谋高就,从而将人们数年的建设成就毁于一旦。"

总之,发展是硬道理。在市场经济的汪洋大海中,媒介犹如逆水行舟,不进则退。没有发展的媒介,不仅缺乏生机与活力,而且也缺乏推动力、向心力和吸引力。

三、正理认识与理解管理原则

首先,媒介经营管理原则的制订是有客观依据的。它不是随意罗列的,而是依据媒介管理、信息传播的客观规律,媒介运作的目的和任务,市场的需求和受众的愿望,以往的经验教训等总结出来的。

其次,媒介经营管理原则的制订受到一定阶级思想和世界观的影响。管理原则本身乍看没有阶级性和制度性,具有一定的通用性和普遍性的特点。其实,一定阶级的思想和世界观早已像血液和营养一样渗透进人们的全部意识之中,人们很难禁止其在制订、解释和运用媒介管理原则时释放能量、发挥作用。既然这样,那么我们就要在制订、提出和贯彻管理原则时,就有意识地依照马克思主义的世界观和方法论加以处理,以避免被不正确的思想和观念左右。

第三,媒介经营管理原则并不是单独起作用,而是一整套原则共同释放能量。因为,媒介是一个有机的整体,它的经营管理是在媒介机体的各个组成部分的运动发展、相互联系中起作用的。因此,我们在贯彻、实施媒介经营管理的原则时,既要看到单一原则与所要解决的某一矛盾、所要处理的某些事项有相对应、直通的一面,也要看到若干原则渗透、融合后与复杂、多变的社会矛盾和管理问题相对应、沟通的因素。这就要求我们在贯彻和运用媒介经营管理原则时,对于各项管理原则,一定要同等看待、综合运用,从而最大限度地发挥八大原则的整体效能。

第四,媒介经营管理的八大原则并不是散乱排列,而是一个严密的体系。其中,导向性原则是媒介经营管理的根本;整体性原则是媒介经营管理的全局;互动性原则是媒介经营管理的机制;民主性原则是媒介经营管理的基础;法制性原则是媒介经营管理的保证;秩序性原则是媒介经营管理的手段;专业性原则是媒介经营管理的关键;发展性原则是媒介经营管理的归宿。我们只有认真掌握这些原则的基本精神,全面辩证地看待它们,并且切实地指导和规范媒介经营管理工作,才能提高我们科学管理的水平和工作的效率。同时,在具体的媒介经营管理实践中,我们还必须密切关注社会进步、科技发展和市场变化,不断地总结吸取经营管理中的经验和教训,随着对信息传播和媒介管理规律认识的不断深化和提升,媒介经营管理原则必将得到不断的修正、充实和发展。

总之,对于媒介经营管理原则的认识与理解,需要弹性,需要辩证、发展的眼光,因为纸上的东西永远与实际有区别,随着时间的流逝,变化还会不断发生。对此,我们必须心中有数。

第二章　媒介产业

以数字化技术为先导,以信息高速公路和大众传媒为主体的新信息技术革命,将从根本上改变人们的生产方式、生活方式和思维方式,并给世界经济结构带来革命性变化。随着知识、信息将作为生产力发展的基本要素和主要资源发挥更大作用,信息及媒介产业不仅将成为推动经济快速发展的火车头,其经济还将成为取代传统经济的一种最具活力、最具挑战性的经济。因此,正确地认识媒介产业,将有助于我们步入一个崭新的信息社会和知识经济时代。

第一节　媒介业的双重性

大众传播媒介作为一种产业,它的特性最难描述和定义,因为它犹如希腊神话中的两面神雅努斯——常以两种面目出现,以两种声音讲话,即在社会活动中既有宣传性质又有商业色彩,既讲社会效益又讲经济效益。于是,我们认为,媒介业具有双重性,即既是事业又是产业。

一、媒介:一种公益事业

1. 从信息特点看媒介事业

大众传播媒介(报社、杂志社、出版社、广播台、电视台、电影厂)与文化、教育、卫生、体育、科研等单位一样,属于公益事业的单位。作为公益事业的传媒,它是人民事业的一部分,由国家拨给资金,调配干部,招收员工,担负宣传任务,向社会和公众提供信息。从特点上看,大众传播媒介中的信息必须具有四个特点:

(1)公益性。媒介是"社会公器",不是个人财产。媒介员工必须忠诚与负责地为公众利益去尽力,为公众着想,为受众讲话。任何人都没有权利用它来污染社会、伤害大众或者为个人谋取私利,也不得用它来煽动民族仇恨、鼓动社会动乱和危害国家安全,更不允许用不道德的方式粗暴地贬低个人的名誉和尊严,通过造谣中伤来破坏个人在社会上的威信。

(2)真实性。不真实的虚假的信息会导致受众对外在变化作出错误的反应,造成决策失策。因此,传播者要向受众提供全面、客观、公正的信息,不能凭个人的主观臆想和推断作夸大、缩小和虚假的信息传播。

(3)新鲜性。信息的新鲜性,一是指传播的速度要"快",不能慢,慢了"新闻"就会成"旧闻",新知就会成旧知;二是指信息的内容要"新",要是人们不知道的已经或正在发生的事情,或者是具有未知性和新颖性的知识。

(4)有用性。就是说媒介信息应该是有意义、有价值和有一定实用性的。它应有助于受众"认识皮肤外面的世界",把握环境的变化和人生的走向,了解市场行情和产品开发,知道科技发展和政治动态。

2. 从传播功能看媒介事业

作为公益事业的传播媒介,它除了要履行组织层面上的告知功能、表达功能、解释功能和指导功能之外,还必须发挥政治功能、经济功能、教育功能和文化功能。

(1)政治功能。大众传播媒介具有政治属性,因此,它不能不反映政治、表达政治、服务政治和参与政治。从媒介服务于政府而言,媒介可以帮助政府收集情报,解释情报;传播政策,执行政策;宣传法律,传递规范;稳定社会秩序,协调社会行动。从媒介服务于人民而言,媒介可以帮助人民了解政府功能,监督从政人员;表达民情民意,影响政府决策;认识斗争环境,提高政治觉悟。

(2)经济功能。首先,传播媒介是经济变革的"扩大器",可以为社会进步和人们的观念革新创造所需的合适的气氛和环境。其次,传播媒介又是经济发展的"推动者",可以向人们提供市场和产品信息,向人们教导必须的技术和知识。还有,传播媒介是国家现代化的"催化剂",可以促进个人创造性的发挥和科学知识的积累,还可以采集和传播经济信息、刺激和满足社会需求、指导和服务经济生活、协调和控制经济运行。[①]

(3)教育功能。传播媒介可以创造一种重视教育、具有强烈教育意味的社会环境,使社会大众争取吸收和享用文化知识;可以通过持续不断的信息传播逐步夹带和积聚知识;可以从某些方面起到等同于学校的部分作用,直接传播知识。

(4)文化功能。传播媒介可以将传统文化中的精华弘扬继承下来、传播出去,使之世代相传并走向世界;可以对外来文化加以选择,并结合本土文化予以创造和发展;可以为受众提供娱乐性、消遣性的信息,使人们得到身心愉悦和审美享受。

二、媒介:一种信息产业

作为生产行业,人们一般把产业分为三大部分,即工业生产、农业生产和服务性生产。根据它们各自产生和发展的历史顺序,一般把农业称为第一产业,工业称为第二产业,服务业称为第三产业。

那么,媒介业属于一种什么产业呢?

---

① 邵培仁主编:《经济传播学》,南京:江苏人民出版社,1990 年,第 28~32 页。

1. 媒介业属于第三产业

按传统的看法,媒介业属于服务业,亦即第三产业。因为,大众传播媒介既不生产粮食,也不制造机器,它的主要任务就是向全社会提供服务性信息。媒介产业的"产出物都是信息,投入物大部分也是信息,售出物更是信息。"没有信息的加工与传递,就没有人类的文明与进步。同样,如果没有信息服务,其他产业也无法组织生产和销售。信息在工农业生产中的作用越来越大,从事信息传播的人数也越来越多,第三产业在国民经济中的比重也在逐步上升。从发展趋势看,近30多年来,工业发达国家的第三产业发展十分迅猛,它的就业人口和在国民生产总值中的比重越来越大,逐步超过第一、二产业的总和。例如从1960年到1975年,美国的第一、二产业的就业人口明显下降,而第三产业则从62%上升以68.4%,现在已达到74%。第三产业在国民经济中的比重也由1975年的63%上升到1987年的70%。其中,"国民生产总值的46%与信息活动有关,而1967年只有25%与此有关;大约有半数劳动力与'信息'职业有关;就业者收入的53%来自这类职业收入。"[1] 日本也属这类情况。促进第三产业迅速发展的原因很多,最根本的是这些国家科技的进步、工农业生产机械化程度的提高和国民收入的大幅增加,要求第三产业的发展速度与之相适应,以满足第一、二产业和社会生活的需要。

2. 媒介业属于第二产业

也有人认为,大众传播媒介是工业,亦即第二产业。徐宝璜早在1919年出版的《新闻学》一书指出:"新闻社者,一制造厂也。国人亦称之曰报馆,或曰报社。其原料固多,而必要者,为墨、纸与新闻。其产品即每日所发刊之新闻纸。"[2] 法国新闻学家贝尔纳·瓦

---

[1] [美]马克·波拉特:《信息经济论》,长沙:湖南人民出版社,1987年,第1～2页。

[2] 徐宝璜:《新闻学》,北京:中国人民大学出版社,1994年,第90页。

耶纳认为:"新闻(媒介)即使不是商业,那它至少也是一种工业,因为它也全过程地制造自己的产品。更确切地说,它是一种加工工业,它把原材料加工为成品,通过真正的创造改变原材料并提高其价值。新闻工业,至少是报刊,是通过两种方法来进行这项工作的。一是把模糊不清的事件制作为清晰明确的材料——消息;二是把另一种原料——新闻纸制成成品——报纸或期刊。其实只有新闻报道活动是新闻工业的本行,而另一项工作则是出版业的一种特别业务。"因此,他认为,"新闻工业是一种以收集、制作、美化、传播多种消息以及一切有关材料为目的的综合工业。"① 对于新闻工业的生产程序,他将其分为四个步骤:(1)尽可能地到处搜集能够说明事件的材料;(2)整理加工上述材料;(3)编辑、印制成报纸;(4)发行和销售报纸到分散的读者手里。同时,他提醒媒介领导:"作为一种综合工业,报社必须切实注意,千万不要被不属于办报范围的利益所取代,否则,报刊的质量就会下降,报社的生存也会受到威胁。"②

3. 媒介业属于第四产业

上述观点不能说没有道理,但是,我们更倾向于把大众传播媒介看作是第四产业,确切地说是信息产业。要了解信息产业的特性和影响,尼古拉·尼葛洛庞帝提醒我们:"最好的办法就是思考'比特'和'原子'的差异。"③ 比特和原子都好比人体内的细胞,比特是构成信息的最小单位,原子是构成物质的最小单位,这两者遵循着完全不同的法则。比特(bit)没有重量,没有形体,没有颜色,易于复制,可以以极快的速度传播;原子有重量,有形体,有颜色,移动它需用外力,存放它需要空间。比特可以供社会大众共享,使用的人越多,其价值越高;原子只能由有限的人使用,使用的人越多,其

① [法]贝尔纳·瓦耶纳:《当代新闻学》,北京:新华出版社,1986年,第39页。
② [法]贝尔纳·瓦耶纳:《当代新闻学》,北京:新华出版社,1986年,第40页。
③ [美]尼葛洛庞帝:《数字化生存》,海口:海南出版社,1996年,第21页。

价值越低。工业产业主要制造原子,故工业时代亦是原子时代;信息产业主要生产比特,故信息时代就是比特时代。

　　但是,比特不能离开原子而存在,也许随着时间的推移,比特对原子的依附关系会减弱。就目前来说,印刷媒介的信息就是通过报纸、期刊、书籍的形式(原子)传播和阅读的,电子媒介的信息就是通过广播电视设备以及收音机、电视机(原子)传送和接收的,而英特网中的信息又是通过电脑和光纤(原子)交流与沟通的。尽管印刷媒介、广电媒介、电脑媒介在原子的价格上一个比一个贵,比特对原子的依附一个比一个弱,"但其真正的价值却在于内容(比特)",而受众对比特的依附却越来越强。《数字化生存》的译者胡泳、范海燕在"前言"中非常乐观地写道:"未来的信息传播者,将根本不知道所传播的比特终将以何种面貌呈现,是影像、声音还是印刷品,决定权将完全操之于你——信息的接受者手中。从前所说的'大众'传媒正演变为个人化的双向交流,信息不再被'推给'(push)消费者,相反,人们(或他们的电脑)将把所需要的信息'拉出来'(pull),并参与到创造信息的活动中。"随着信息产业的飞速发展,尼葛洛庞帝认为:"无疆界的世界"将会出现,"就好像樟脑丸会从固态直接挥发一样,我料想在全球性的电脑国度掌握了政治领空之前,民族国家根本不需要经过一场混乱,就已经消逝无踪。毋庸置疑,国家的角色将会有戏剧性的转变,未来将越来越没有国家发展的空间。""数字世界全球化的特质将会逐渐腐蚀过去的边界。"①

---

　　① [美]尼葛洛庞帝:《数字化生存》,海口:海南出版社,1996年,第278~279页。

第二节　媒介产业的特点

媒介产业的双重性和兼容性,决定了它具有不同于其他单一产业的特点与功能。分析与认识这些特点与功能,不仅有助于人们更好地发挥媒介的宣传教育作用,取得较好的社会效益,而且有助于人们更好地发挥媒介经营管理潜能,获取较好的经济效益。

一、两种生产:信息生产与媒介生产

大众传播媒介实现生产的机能,我们已知道可以通过两种方法:一是把零碎散乱的数据和模糊不清的事件制作成完整统一、清晰明确的材料——信息,这属于信息生产和精神生产;二是将纸张、胶片、磁带、光盘等印制、摄制或录制成报刊、广播电视节目或电影片,这属于媒介生产和物质生产。

信息生产阶段,是信息的采集、鉴别、整理、制作、加工、编辑的阶段。在这一阶段,信息传播者决定一切,他以经验、知识和智慧决定数据转化为信息的形貌和特点,决定信息传播的流量和流向,受众只能接到什么算什么。

媒介生产阶段,是将信息以符号(声音、文字、图像)的形式负载在物质实体(纸张、胶片、磁带等)上的过程。就印刷媒介来说,它主要包括排字、排版、校对(现在这几个程序已在作者和编辑部的电脑中完成,不需再进入印刷厂的生产过程),PS、印刷、装订、打包等。在这一阶段,企业生产者的主要任务就是严格按照信息传播者的要求进行批量生产,他可以改进生产技术,以增收节支,但无权对信息作品作任何实质性改动。

对于新闻媒介来说,上述两个阶段加在一起的生产周期实际上是很短的。徐宝璜认为:"书籍之长仅数万言者,常需数月而始告

成。今新闻纸之字数,有时多至十万言,仅至多不过二十四小时,即可发行。其神速何以如是耶?曰:此因新闻社组织之完备与其所用机械之便利耳。"① "还应当看到,搜集新闻是在全球范围内进行的,出版又是一项复杂和细致的工作,而且印刷数量往往非常之大,何况还要受到销售点异常分散的限制。因此,可以毫不夸张地说:每天出版一份报纸简直是个奇迹。"② 这虽然说的是日报的生产过程,其实广播电视节目、尤其是新闻节目的生产过程和周期也与此大同小异。

二、两种产品:信息产品与媒介产品

大众传播媒介产业生产的是两种完全不同的产品:一种是由传播者在书房、办公室、编辑部生产的信息产品,亦即比特(内容);一种是由工人在工厂生产车间生产的负载有信息和符号的媒介产品,亦即物体(报刊、录像带、录音带、CD、VCD 等)。前者是把数据(就是发生了的活动、事物和现象的事实)转化为特定信息(人们需要的与外界交换的内容),后者是把信息物化为大众媒介。作为特定信息的产品,它应是富有个性和特点的信息,至少此一信息不同于彼一信息,否则,就会成为生产中的抄袭和侵权。因此,作为专业传播者,他必须受过专业教育,拥有专门的知识和技能,遵循一定和职业规范和道德准则。作为卖给大众的某一个媒介产品(某本书或杂志、某天的某报),它应是大批量的内容与形式都相同的产品。如果此本书与其他书相比有脱页、倒页、漏印、重印等"特殊"印刷装订现象,那只能说这是一本不合格产品。正因为信息产品只有"一个",而媒介产品却有"一批",因此,书的手稿、画的原作的售价肯定比大批量印刷出来的书、画高得多。对此,尼葛洛庞帝深刻地指出:"问题的关键是,原子不会值那么多钱,而比特却几乎是无价

① 徐宝璜:《新闻学》,北京:中国人民大学出版社,1994 年,第 90 页。
② [法]贝尔纳·瓦耶纳:《当代新闻学》,北京:新华出版社,1986 年,第 41 页。

之宝。"①

三、两种买主:广告主与受传者

对于媒介产业来说,它有两种市场和两种买主,其产品也是以两种方式进行销售。首先,媒介业把一定的(一般为 25%)播出时间和刊载版面以约定的价格卖给广告主,使广告主有了宣传自己产品和服务的机会。接下来,媒介业将生产、编辑的 25% 广告信息和 75% 社会信息的媒介产品再卖给广大受众,使受众得以满足信息需求。从表面上看,不同的媒介业依赖不同的市场和买主。新闻媒介业(报社、期刊社、电台、电视台)主要依赖广告市场和广告客户来赢得利润,因为它销售给受众的信息产品的价格通常只有成本价的 70% 到 40%,而无线广播和电视几乎等于是"免费"收听收看,但出售给广告客户的服务价格却往往高出成本几倍、十几倍甚至几十倍。所以,如果某家新闻媒介业不能占领广告市场和赢得广告客户,那么它就意味着亏损并面临生存危机。出版社和电影厂主要依赖商品市场和消费者来赚取利润,它们要以高出生产成本两倍以上的价格出售自己的产品,其中代理发行、销售以及宣传的费用约为定价的 35% 左右。在这种情况下,没有读者和观众,即意味着没有赚到钱或亏损。实际上,对于所有的媒介业来说,最重要的市场和买主都是商品市场和受众,再笨的广告客户也不会在没有受众的媒介上做广告。广告客户需要尽可能多的受众通过购买它所宣传的产品和服务的形式来分摊广告费用并再赚上一笔。

四、两种传播:有形传播与无形传播

大众传播媒介的有形传播是一种实体传播,以实物出现在商品市场上的报纸、杂志、书籍、音带、像带、CD、VCD 等都是有形传

---

① [美]尼葛洛庞帝:《数字化生存》,海口:海南出版社,1996 年,第 22 页。

播,其买卖也是现金交易,直接受市场经济规律支配。对于党报党刊来说,它在传播和交易中的优势在于:拥有两种市场和两种付费方式,即受众市场中的团体市场和个体市场,团体订阅是公费,个人订阅是自费,随着机关经费包干和个人收入增加,自费量正迅速超过公费量。无形传播实际上是一种电波传播,它包括无线的或有线的广播、电视和进入英特网或内部网的电脑。如果报刊社、出版社通过网络发行电子版报刊、图书,即它也是一种无形的信息传播。预计,随着传播科技的飞速发展,有形传播与无形传播、印刷媒介与电子媒介的争斗,注定要成为信息社会中最引人注目现象之一。虽然鹿死谁手现在还不能确定,但是,人类获取信息和知识的途径肯定会发生根本改变,我们的生存和发展也肯定离不开"电子面条"的滋养。据说,1995 年,电子百科全书的销量已经超过了用纸张印刷的百科全书的销量。个人拥有电脑的数量也以每年 15%～20% 的速度递增。在未来,无所不在的电脑,不仅会彻底改变科学发展的面貌,而且会大大影响我们生活的每一层面。

第三节　媒介产业与市场经济

市场经济是以市场作为资源配置的基础性方法和主要手段的经济,它是一切商品生产达到社会化大生产阶段所客观必需的资源配置方式,是人类社会经济发展历程中一个不可逾越的阶段。

目前,我国已基本建成了社会主义的市场经济体制,并且即将加入世界贸易组织,一个与世界市场经济体系全面接轨的新时代就要来临。这对于我国的媒介产业来说,既是一次全新的挑战,也是一个发展的契机。抓住机遇、深化改革、扩大开放、促进发展、主动适应并服务于市场经济,是媒介业争取生存空间、谋求快速发展的必然选择。

我们认为,媒介产业与市场经济的关系主要表现在以下三个方面:

一、媒介产业具有市场经济的特性

1. 市场性

在市场经济条件下,新闻媒介业已不能再依靠国家财政补贴、靠吃"皇粮"来维持生存和谋求发展,而必须以市场为导向,按照市场的需要组织生产。早在1988年国家财政部就有意对新闻媒介实行"断奶",当时新闻出版署没同意,一怕没有财政补贴报纸质量没保证,二怕有的报纸破产影响社会安定。结果,9年来没有"断奶"的媒介,质量反而有所下降,而一些主动要求"断奶"的,不仅活下来了,而且活得很潇洒,质量也上去了。预计国家将在近期内对党委机关报以外的所有媒介一律取消财政补贴,并将制订反行政摊派订报和反地方保护主义的文件,强行将所有媒介推向市场,让它们接受市场经济的考验,由市场决定它们的生存与发展。既然媒介业注定要被推下海,那么作为媒介业的决策者、领导者,就应及时根据媒介市场状况及动态,对媒介业的改革方向、经营方针、发展远景以及传播的内容与形式等进行有的放矢的规范和调整,使其能够更好地在市场经济的汪洋大海中求生存、求发展。

2. 竞争性

竞争,既激动人心,又残酷无情。自从我国宣布要建立和完善社会主义市场经济以来,媒介业掀起了近代以来中国大众传播史上罕见的竞争浪潮。先是报纸间的"周末版战"、"星期刊战"、"月末版战"和专栏专刊大战,接着是广播电视领域内无线与有线的争斗以及同类电子媒介的"电波大战"、"荧屏大战"、"节目大战"。现在媒介兼并、横向联合、资源共享等竞争形式又已出台,一场立体的全方体的涉及所有媒介业的竞争将愈演愈烈,日趋白热化。各种传播媒介频施妙计、屡出绝招,归根结蒂所要争夺的只有两种人:广告主和受众,而这又集中反映在发行量上。根据国家新闻出版署的统计:在 1996 年,《人民日报》《光明日报》《工人日报》《中国青年报》《经济日报》《文汇报》等几家全国性大报发行量比历史上最高发行量平均下降了 68.17%,下降率最大的达到了 78.23%(详见表 2-1)。在 1996 年,全国 29 家省委机关报(《西藏日报》没报发行量)的发行量下降情况虽没有全国性大报那么严重,但平均下降也达到 36.6%,下降率最大的《贵州日报》《安徽日报》和《广西日报》分别达到了 59.7%、59.8%和 57.4%(详见表 2-2)。上述报纸发行量下跌的原因可能有很多(例如受到地市报和省小机关报的挤压),但市场竞争日益加剧肯定是它的一个重要原因。市场就是战场,竞争就有胜败。今后,不论是报社、杂志社、出版社,还是广播台、电视台、电影厂,要想在社会主义市场经济体制下开拓新路,再创辉煌,就必须遵循价值规律,适应市场机制,积极参与竞争。不思改革、害怕竞争的媒介业,必将死路一条;大胆改革、勇于竞争的媒介业,即使不能获得飞速发展,继续生存应无问题。

表 2-1　六家全国性大报发行量下降情况

报纸名称	1996 年初发行量(万)	历史最高发行量(万)	下降率(%)
人民日报	209	619(1979 年)	66.23
光明日报	32	147(1978 年)	78.23
工人日报	95	250(1984 年)	62
中国青年报	84	340.47(1983 年)	75.32
经济日报	71.8	162(1985 年)	55.67
文汇报	49.5	174(1982 年)	71.55

资料来源:梁衡《新闻原理的思考》,1996 年。

表 2-2 29 家省委机关报发行量下降情况

报纸名称	1996 年发行量(万)	历史最高发行量(万)	下降率(%)
北京日报	41	65	36.9
天津日报	41	43	0.5
河北日报	23	41	44
山西日报	22	34	35.3
内蒙古日报	9	15	40
辽宁日报	20.2	42.3	52.7
吉林日报	14.7	23	34.8
黑龙江日报	18.9	31	38.7
解放日报	54	93	41.9
新华日报	38	72	47.2
浙江日报	39	57.6	32.3
安徽日报	21	52.3	59.8
福建日报	22.9	39	41
江西日报	21.4	35	38.9
大众日报	38.4	70	45.1
河南日报	34	70	51.4
湖北日报	31.7	58	45.3
湖南日报	32	50	36
南方日报	80.2	86.4	7.2
广西日报	20	47	57.4
海南日报	15	18	16.7
四川日报	40	72	44.4
贵州日报	14.5	36	59.7
云南日报	17	23	26.1
陕西日报	23	33	30.3
甘肃日报	19	32	40.6
青海日报	6	9	33.3
宁夏日报	6.2	7.5	17.3
新疆日报	11.2	12	6.7

资料来源:梁衡《新闻原理的思考》,1996 年。

3. 开放性

比较起来,电子媒介业最具开放性,"因为它借助空中电波传播信息无需护照、不要签证,不受国界、空间的限制。就是作为商品流通的音像制品和影视节目片,也正在冲破流通领域里各种形式的壁垒、封锁和人为限制,以公平竞争的姿态迈步进入开放性的市场"。[①] 对于电子媒介业来说,其传播范围越大,市场越大,受众越多,赚取的利润越多。因此,中央电视台的收益肯定比地方电视台的收益大,而地方电视台中,其信息通过卫星传播的又比没上卫星的收益大。目前,我国尚不允许外资进入新闻媒介业,也不允许新闻媒介业搞合资。但是,在不涉及政治、新闻等敏感问题的基础上,某些期刊(如家庭、生活期刊,食品、服饰期刊,科技、卫生期刊,儿童期刊等)正开始谨慎地吸引外资,逐步走上国际市场。既然改革开放是一项长期国策,那么我国媒介业改革开放的步伐就肯定会继续向前,而不会停顿或放慢。

4. 调控性

现代市场经济并非完全自由竞争、放任不管的市场经济,而是以计划介入和国家进行宏观调控为特征、以市场为导向的市场经济。社会主义市场体制下的大众传播媒介,应该自觉地接受党和国家的领导,依据社会主义物质文明和精神文明建设的大目标,依据市场经济的规律,实行新型的科学管理与调控。媒介市场不同于其他市场,媒介产品也不同于其他产品。其他产品若有质量问题,受影响的可能只是使用问题,而媒介产品若有质量问题,受影响的都是人的意识形态、世界观、人生观和政治态度。所以,梁衡认为:"市场经济是法制经济,没有法律规范,便会洪水横溢,便不能平等竞争,不能发挥市场经济自身的优势,特别是报刊作为精神产品,没有法律保障就会受到冲击,偏离方向,也得不到发展的机会。"所以

[①] 邵培仁、叶亚东:《新闻传播学》,南京:江苏人民出版社,1995年,第324页。

一定要合理调控,加强立法,完善法制,改变以往那种"只生不死"的局面。在1995年,全国就有数十种公开报刊和千余种内部报刊在核验中被淘汰。[①] 国家关于报纸、期刊和广播电视管理的各种规定也已纷纷出台,以后的调控将更加有法可依。

二、市场经济对媒介产业的积极作用

1. 配置与组合作用

市场经济能够合理地配置媒介资源,使各种传播要素形成最佳组合。中共十四大报告指出:"我们要建立的社会主义市场经济体制,就是要使市场在社会主义国家宏观调控下对资源配置起基础性作用,使经济活动遵循价值规律的要求,适应供求关系的变化;通过价格杠杆和竞争机制的功能,把资源配置到效益较好的环节中去,并给企业以压力和动力,实现优胜劣汰;运用市场对各种经济信号反应比较灵敏的优点,促进生产和需求的及时协调。"对于媒介产业来说,明安香认为:"实现社会资源最佳配置的目标主要有两个:一是要把社会资源分配给最能满足消费者需要的产品组合;二是要把社会资源分配给生产效率最高、效益最好的生产者。这两个目标的实现都必须通过市场和竞争。新闻媒介产业作为一种第三产业也必须遵循市场经济的这一规律,在市场经济中实现媒介资源的重新配置和最佳组合。……媒介资源的最佳配置主要表现为三个方面:各种新闻媒介之间的最佳配置;各种新闻媒介内部的最佳配置;各个新闻媒介内部的最佳配置。"[②]

2. 推动与激励作用

市场经济能够有效地激励和推动媒介产业进入市场,展开相互竞争,接受市场选择。在十一届三中全会前,我国基本上是"有媒介无市场"。那时,媒介品种少、受众多,媒介只讲政治宣传不讲经

---

① 梁衡:《新闻原理的思考》,北京:人民出版社,1996年,第152~153页。
② 明安香:《新闻大战还是媒介大战》,《新闻界》1993年第6期。

营管理,只讲社会效益不讲经济效益。十四大以后,大众传播媒介全部进入市场,结果媒介品种迅猛增加,经营收入(主要是广告)逐年递增,受众变得难以侍候,市场竞争日益激烈,媒介开始强调两个轮子一齐转,两个效益一起要。到1994年底,全国广告经营额已达177亿元,与1980年相比增长20倍以上。全国有10家报纸的广告收入超过亿元,其中《广州日报》等3家报纸超3亿元。媒介同业兼并、跨业兼并和建立报业集团等改革新举措纷纷出台。1993年,新民晚报社兼并了《足球报》,解放日报社兼并了上海第三十六织布厂;1996年以来,广州日报社、羊城晚报社、南方日报社、光明日报社、经济日报社等都先后成立了报业集团或报业总公司,一个"报业为主、多业为辅"的经营格局初步形成。1997年,浙江教育出版社以其雄厚实力第一次在中央电视台黄金时间连续播出广告,开出行业电视广告开河。一些不敢竞争、害怕竞争、仍然依赖财政补贴的媒介,人心浮动,质量下降,日子越来越不好过。

媒介竞争是各种媒介之间进行的全方位的较量,它不局限于各种媒介之间相互促进、相互竞争、相互依存的动态关系,还包括各种媒介内部诸多要素的相互作用、相互竞争、相互补充的互动状态。

媒介具有商品性。商品就要接受经济规律的影响和制约。不适应经济规律和市场需求的媒介产品,就没有竞争力。市场如同战场,优胜劣汰,物竞天择。有竞争,才有优劣高低之分;有竞争,才能把资源逐渐配置到受众是最需要和效益最好的媒介中去。

3. 称衡与评价作用

市场经济能够给媒介及其员工的劳动以比较客观的公正的评价。一是评价其竞争实力,主要看媒介实力、经济实力、人才实力、技术实力和发行实力强不强;二是评价经济效益,主要看媒介产品的生产成本降低了多少,广告和经营收入增长了多少,发行、销售量上升了多少;三是评价其社会效益,主要看政治导向是否正确,文化内容是否健康,知识信息是否科学,新闻报道是否真实。

但是,我们必须指出,以市场经济的眼光评价媒介产业,一定要避免以金融换算取代媒介文化,以经济指标衡量领导业绩,以经济效益冲击社会效益,因为,大众媒介毕竟不同于纯粹的企业和商品。否则,金钱至上主义就会马上在媒介内部抬头,社会效益就会成为经济效益的一个附属物,成为媒介全部目标的一个点缀品,大众媒介的宣传指导功能和传播者的社会责任感就可能被弃之一边,那么媒介内将"无人再谈传播,大家都谈赚钱",而这对媒介的生存与发展以及社会主义物质文明和精神文明的建设恐怕不是福音。

4.调整与反应作用

市场经济能够及时地对媒介市场的生产与消费、传播与接受的产需关系作出调整和反应,从而获得最佳效益。以前,媒介生产只看领导满意不满意,不管受众喜爱不喜爱;政治居于媒介生产的中心地位,经营被看作是一片不祥的乌云;依据市场规律和受众需要组织生产和销售,被认为是不要党性、媚俗。但是,当市场经济这根大棒一再敲打媒介领导者时,他们震惊了,他们恐惧了,于是开始学着躲闪、避让,学着依据市场运动的节律跳舞,对生产与消费、传播与接受的产需关系作出符规合律、遵纪守法的调整和控制。

在信息社会里,在市场经济体制下,任何大众传播媒介都不能无视市场、无视受众。否则,那等于自掘坟墓。重视媒介市场,重视受众调查,依据市场变化和受众需求组织生产和销售,这不仅是一般产品生产的法则,也是媒介生产的准绳。

三、互动共荣:媒介产业与市场经济

在国民经济的四大产业中,媒介业作为商业所具有的偿付能力,在很大程度上依据农业、工业和服务业,而农业、工业和服务业要开拓市场、扩大销售、取得利润,又深深地依赖大众媒介作为自

己的宣传工具。因此,如果没有第一、二、三产业为第四产业提供的巨额广告费用,没有第四产业为第一、二、三产业摇旗呐喊、高声叫卖,这四大产业的生存与发展都是不可想像的,因为它们互动互助,共存共荣,谁也离不开谁。

1. 市场:四大产业的摇篮

市场是四大产业相互联系、相互作用、相互依赖、一起成长的基础和条件。没有市场这座桥梁,就像被分隔在大河两岸的人一样,四大产业是很难欢聚一堂的。

市场经济体制对产业体制具有主导性,即有什么样的市场经济体制就会有什么样的产业体制。在计划经济体制下,媒介产业按计划生产、按计划销售,不搞自主经营、自负盈亏。甚至在文革期间的报纸都是一个模式:"小报抄大报,大报抄'梁效'。"在市场经济体制下,媒介产业不再吃大锅饭,"派购"指令也不再"一呼百应"。受众作为市场上的消费者更加具有主动性。作为具有市场性、竞争性等特点的媒介,被迫走出政府怀抱,迈步进入市场,成为经济实体,实行自主经营、自负盈亏。

市场经济给予所有媒介的机会都是均等的。但是,只有那些遵循价值规律、适应市场经济、关注受众需求、讲究经营之道的媒介,才能在市场经济的汪洋大海中追波逐浪、扬帆远航,驾驭市场、赢得市场。

2. 媒介产业服务市场经济

作为信息产业,大众媒介必须为经济基础服务,为国家的经济建设服务。大众媒介主要在四个方面体现对经济的服务功能:(1)采集与提供经济信息;(2)激活与满足人们的消费欲求;(3)解释经济政策,指导消费行为;(4)协调产需关系,监督经济运行。[①] 在西方,大众媒介对经济的服务功能一直被放在十分突出的地位。这几

---

① 邵培仁主编:《经济传播学》,南京:江苏人民出版社,1990年,第28～33页。

年,世界各国不惜花费巨资建设"信息高速公路"工程和发展以电脑为主的多媒体传播系统,着眼点都是为发展经济服务。自十一届三中全会以来,随着党的工作重心的转移,我国大众传媒也把传播重点放在了服务市场经济、服务经济建设上,不断地为社会提供和传播各种各样有用的经济情报和信息。

3. 市场经济反哺媒介产业

只要大众媒介适应了市场经济、服务于市场经济,就会受益于市场经济,得到市场经济反哺和滋养。媒介产业不像农业、工业、服务业那样完全依靠产品来维持自己的生存与发展,因为即使在资本主义国家由资本家经营的媒介企业,也经常或明或暗地接受政府补助和社会捐资,但是对媒介来说,适销对路地为市场经济服务、为受众提供所喜爱的信息产品,自会换来相应效益的回赠,特别是广告服务、信息服务和多种经营更会给媒介带来巨大的经济效益,从而为更新设备、扩大规模打下坚实基础,进而形成良性循环。

第四节　前进中的中国媒介产业

进入 80 年代以来,中国媒介产业最引人瞩目的变化就是——市场化的步伐在加快,商业化的热情在高涨,相同或不同媒介之间的竞争日益激烈,广告和经营收入也在大幅度增加。中国媒介产业已成为朝阳产业,正在蓬蓬勃勃地发展、壮大。

一、传媒市场化的首次尝试

中国媒介产业的传统是:既讲社会效益,又讲经济效益;既有宣传性质,又有商业性质;既遵循传播规律,又听从市场呼唤。当然,由于媒介产业的所有者不同,党派立场和编辑方针的差异,有的可能偏于前者,有的可能偏重于后者。通常,由私人或私人集团所拥有的报刊或电台,往往会声称没有党派立场,实行独立的编辑方针,强调商业规范和市场导向,如解放前上海的《申报》、天津的《大公报》和1923年1月23日创办的"中国无线电公司"(ECO)。但是,随着大众传媒的所有权全部收归国有,中国的媒介产业在1949年之后1978年之前这段时间,基本上都强调遵循党性原则,信奉新闻规范,服从宣传任务,讲求社会责任。

其中,在50年代初期,曾出现了第一次报业市场化的探索。在1949年12月,中央人民政府新闻总署召开了全国报纸经理会议,决定报纸实行企业化经营的方针,报纸发行"邮(递)发(行)合一"。1950年,新闻总署发出《关于省市新闻机关员额暂行编制的决定》,规定各大报的编辑部保持100人左右的编制。1950年2月,邮电部、新闻总署联合发出《关于邮电局发行报纸的暂行办法》。1950年前后,北京、上海等83家广播电台和《北京日报》、《解放日报》、《文汇报》等253家报社相继恢复和开设广告节目或版面,但强调广告必须具有"政策性、思想性、真实性、艺术性"的特点,要"为生产、为消费、为商品流通、为美化市容"服务。1951年,天津电台、北京电台由于广告收入大增,经费不仅全部自给,而且还上缴部分利润。1954年,中宣部下文要求各报社"尽可能地为国家节省和积累建设资金"。华北五省二市广播电台也在天津电台召开会议,要求进一步做好广播广告工作。陈怀林(1996)认为,当时的中国报业为实现"企业化"的目标主要采取了四项措施:(1)适度提高报纸定价,以此部分收回报纸生产的成本;(2)保持广告经营,以增其报纸总收入中的比重,例如《新华日报》的广告收入在总收入中的比例即由28%上升到42%;(3)采用国产纸张,降低生产成本;(4)紧缩编制,健全财会制度。到1953年,《人民日报》等中央报纸和省级报纸相继扭转了亏损局面,实现了自给自足。但是,到了1963年,传媒广告已经发生了各种微妙的变化。其中,广告费的减少和消费品广告比重下降尤为值得注意。以《人民日报》为例,它在50年代初期,每年平均的广告费收入为33万元,文革开始前则降至13万元(表2-3)。在该报的广告版面上,50年代至60年代初,消费品广告占据了相当份量,进入60年代,这类广告急剧减少。1964年以后,基本是生产资料广告和书籍、电影、展览会等文化类广告。

表2-3 1950～1970年《人民日报》广告收入统计

时　　期	广告费收入(万元)	每年平均(万元)
1951～1955年	165.0	33.0
1956～1960年	653.1	130.6
1961～1966年	73.4	13.2
1967～1970年	18.9	6.3

资料来源:《人民日报》广告部;黄升民,1997年。

1966年,"文化大革命"暴发了。红卫兵"破四旧、立四新"运动,首先扫荡了城市大街小巷的户外广告,一切带有旧思想、旧文化、旧风俗等封建内容的标牌、商标全部被砸烂或改换成革命的名称,这类商品也被停止出售。仅北京百货大楼1966年8月就有6800多种"有问题"商品被停止出售,占该公司原经营商品总数的22%;武汉市武汉商场"有问题"商品有4200种,占该商场原经营商品总数的24%(黄升民,1997)。

接着遭受冲击的是传媒广告。传媒的广告费收入急剧减少,即使刊登了广告,往往也是免费的。同时,报纸、杂志、图书的出版数量急速下降。1965年,全国出版图书共20143种,到1970年已下降到4889种;杂志减少了769种,只剩下21种;报纸减少了301种,只剩下42种(表2-4)。广告代理公司纷纷关闭,其设计制作人员不是下放劳动,就是承担政治宣传的任务;原有的广告资料、图书或被当作废纸出售,或被焚烧。1967年7月29日,人民日报广告科的电话号码从报纸版面上消失了；1970年1月19日，《人民日报》在刊登了最后三条工业广告后，也与广告彻底告别。

表2-4　1952～1978年全国图书、杂志、报纸出版数

年　份	出版种数（种）			出版印数（亿册、亿张）		
	图书	杂志	报纸	图书	杂志	报纸
1952年	13692	354	296	7.9	2.0	16.1
1957年	21571	634	346	12.8	3.2	24.4
1962年	16548	483	273	10.9	2.0	25.8
1965年	20143	790	343	21.7	4.4	47.4
1970年	4889	21	42	17.9	0.7	46.5
1975年	13716	476	180	35.8	4.4	109.7
1978年	14987	930	186	37.7	7.6	127.8

資料来源：《历史统计资料汇编》；黄升民，1997。

第一次传媒市场化的尝试，其波峰虽短但余波悠长连绵。其中肯定有些经验、做法值得总结、肯定，但是，它也有一系列局限性：(1)在规划上重"节流"，轻"开源"。把重点放在节约开支，控制人员编制和完善财会制度上，对市场的开拓仅仅着眼于发行，强调提高定价，而忽视了更有潜力的广告和其他经营。(2)未能在观念和理论上为媒介产业市场化正名，虽然曾提出把报纸作为生产事业来经营，但实际上仍然片面强调报纸是"宣传舆论工具"。(3)重编辑部、轻经理部的倾向没有改善。虽然刘少奇同志在1956年5月视察中央广播事业局时，对当时轻视广告的思想提出了批评；接着，国务院又在1956年10月1日通知要节约公费订报的开支，在国家机关、团体、部队、学校、企业中，个人阅读的报刊应由读者自费订阅，自费订阅市场有了大幅扩大，但这一批评和受众市场的呼声并无人理睬。(4)市场化并没有促进报纸内容的改进。

正是在这种情况下，陈怀林(1996)认为，解放后的第一次报业市场化的尝试并没有能持续多久。至1956年，中国通过对资本主义工商业的社会主义改造，基本完成了经济国有化。在计划经济体制下，中国报业经济基本脱离了市场调节，其生产和销售都在计划

指导下进行;"广告市场严重萎缩,广告收入成了无源之水";读者市场的声音日益微弱,对报纸制订编辑方针几乎不起作用;加上"反右"运动和文化大革命,市场化就像一朵不祥的乌云笼罩着报业,人们羞于谈钱,害怕谈钱,大家都谈革命。于是,中国报业市场化的首次尝试不得不以失败告终。

二、传媒市场化的再度兴起

1. 传媒市场化兴起的背景

多少年来,我国的大众传媒一直是按照计划经济模式管理的,员工属于事业单位编制,经费由国家财政统一拨款,有人将其管理的特征概括为四化:(1)行政化。采用行政机关的管理办法,"统一领导,统一财政,统一人事,统一分配"。(2)附属化。报纸、广播、电视等新闻媒介由大到小附属于从中央到省到地、县的各级各类的条块分割的行政体制,上下对口,左右平衡,重复设置,浪费资源。(3)模块化。在对内对外的宣传上,要求统一方针、统一口径、统一内容,不能各唱各的曲,各拉各的调。(4)公益化。大众传媒的运行不讲经济规律,不求经济效益,只将其当作公益事业来办,目的是为党的事业服务,为人民服务。

但是,随着改革开放机制的运转和社会主义市场经济的启动,我国大众传媒的生存与发展遇到了一系列的障碍。就报纸来看:(1)新闻纸价格逐年飙升。新闻纸的价格,1980年为每吨730元,而1985年则升至每吨1 100元,1988年升至每吨2 800元,1992年和1994年分别突破每吨3 000元和4 000元大关,到1995年底更创下每吨近7 000元的"天价"。(2)以往长期稳定的发行费用也好景不再。中国50年代以来一直实行"邮发合一"的制度,即所有报纸都由邮政系统代为发行,而发行费用固定为报纸定价的25%。到了80年代末期,邮局规定只有原有报刊和"文革"后恢复的报刊可以享受这一优惠的发行费用,其他报刊发行费都要提高至报纸售价的 35%～40%。(3)其他各项开支急剧增加,例如老化的设备要更换,先进的技术要引进,员工工资、奖金和各类津贴要增加,还有差旅费、稿费、水电费、邮电费等也都节节上升。(4)财政补贴基本维持原有的额度不变。这样一来,各家报社亏损严重,不胜负荷。全国发行量最大、原来尚能自负盈亏的《人民日报》在 1987 年亏损 600 万元,1991 年更需政府追加补贴 3 500 万元。广东著名的《羊城晚报》1988 年的亏损额达到 1 700 万元。当然,所有这些亏损最终都由国家财政负担。

与此同时,我国传媒的数量成倍地增长。1982 年全国共有公开发行的报纸 659 家,1984 年超过 1 000 家,1985 年达到 1 710 家,1986 年上升至 2 151 家。而广播电台和电视台的数目也分别从 1983 年的 100 多家上升至 1988 年的 400 多家,如今有线电视台又如雨后春笋般地纷纷建立。新闻从业人员的总数也相应成倍地增长。陈怀林和黄煜(1996)写道:"一方面是传媒亏损额的大幅度上升,另一方面是传媒数量又猛增不已,政府已经难以承受对新闻传媒的迅速膨胀的财政补贴。于是,传媒从事商业化经营差不多成了摆脱困境的唯一途径。"

2. 传媒市场化兴起的过程

第二次传媒市场化的兴起可以追溯到 70 年代末期。当时传媒需要一套新的财经机制来促进和推动其走向市场,同时也需要得到有关方面的认可使其商业化的手段合法化,从而达到扭转亏损、摆脱困境、实现盈利的目的。

(1)传媒作为事业单位实行企业管理的制度是走向市场化的一个重要举措。1978 年,财政部批准了《人民日报》等八家中央新闻单位试行企业管理的报告。根据政策,这些单位可以从经营收入中提取一定的比例用于增加员工的收入和福利,改善传媒自身营运的条件。这一举措的出台,大大调动了传媒投身市场的积极性,传媒领导者在注重社会效益的同时,开始关注经济效益和市场变化。到了 80 年代中期,这一制度在中央和省级新闻媒介机构得到普遍实行,地市级报纸到 1993 年也有 50% 以上实行自负盈亏、独立核算(陈怀林和黄煜,1997)。宁波日报社自 1993 年自动"断奶"、不要政府一分钱财政补贴之后,广告收入一直以年均 20% 以上的速度增长,1997 年达到 8 500 万元,预计 1998 年将突破亿元大关。

(2)恢复传媒广告是走向市场化的又一根本措施。1979 年 1 月 25 日,上海电视台成立了广告业务科。1979 年 1 月 2 日,上海的《文汇报》刊登了第一条外商广告;1 月 28 日,上海电视台推出了我国大陆电视史上的第一条电视广告("参桂补酒"广告);接着,该台又播出了第一条外商提供的电视广告片("瑞士雷达表"广告)。1979 年 3 月 5 日,上海人民广播电台在全国率先播出了第一条广播广告。此风一开,全国仿效。人们对上海新闻媒介的这一创举,先是惊愕不已、众说纷纭,接着便是释然,继而就以泰然的态度接受了。1979 年 4 月 17 日,《人民日报》开始刊登广告;同年 12 月,中央电视台播出外商广告。1979 年 4 月,中共中央宣传部终于发文肯定了传媒恢复广告的做法。1983 年 4 月召开的第十一次全国广播电视工作会议指出:各级广播电视机构应积极采取措施,"广开财源,节约开支,提高经济效益";"广播电视的各项工作不但要有质量、数量和技术指标,还要有经济指标";不仅开展广告业务,还应设立服务公司,"开展技术维修服务工作"(吴冷西,1983)。上海、广东等省(市)广播电视机构占风气之先,还大胆提出"以宣传为中心,以节目制作为龙头,同时抓好多种经营,以节目促经营,以经营保证节目生产"的经营管理思路,为引进先进的经营机制进行了卓有成效的开拓性工作。

从此,不仅传媒可以合法地经营广告,各地广告公司也纷纷成立。1983 年成立了中国广告协会;1990 年会员单位达 10951 家,广告营业额达 33 亿元;1993 年,全国广告总额达 134 亿元,广告从业人员达 31 万人,广告经营单位发展到 3.1 万家,初步形成了以专业广告公司、传播媒体和广告制作系统为主的广告经营格局。

联合国开发计划署(UNDP)委托编撰的1998年人文发展报告指出,中国大陆的广告经费前后已经增长了1000%,成长速度极为惊人。在1981年到1992年之间,每年的广告增长都在40%以上,远超过它的国民生产毛额增长率。到了1993年,中国大陆广告量已位居世界各国第15位。1982年,全国报纸广告总额不到5 000万元,1988年即达到5亿元,1994年突破50亿元大关,1996年则超过77亿元。1982年,全国广播电视广告的收入不到3 000万元,仅相当该行业当年财政拨款的5%;1992年其广告总额达22.5亿元,等于该年财政拨款的83%;1996年则超90亿元,相当于当年财政拨款的1.5倍。而上海广播电视在1992年的广告和其他经营收入总额更是同年财政拨款的5.5倍,1994年的广告收入更达6亿元,政府财政拨款反而不到广告收入的5%(陈怀林和黄煜,1997)。

为了使我国传媒广告健康发展,不断克服和纠正一些不规范的操作行为和不良影响,国家相继制订了一系列条例和法规。1982年2月16日,国务院颁布了《广告管理暂行条例》;1987年10月26日,国务院正式颁布了《广告管理条例》;1994年10月27日,第八届全国人民代表大会常务委员会第十次会议通过了《中华人民共和国广告法》,自1995年2月1日起正式实施。这就为传媒合法经营广告、进入市场经济开了绿灯。

(3)降低发行费用、抓好多种经营也是传媒市场化的一个重要手段。由于邮局大幅度提高了发行费用,使得许多报社不堪负担。为了争取较好的发行效益,晚报和其他城市报纸利用其读者相对集中的优势,纷纷走上了自办发行或"自发与邮发相结合"的道路。1985年,《洛阳日报》在全国率先进行了自办发行的探索;接着,《天津日报》又成为第一家自办发行的省级报纸;《沈阳日报》随后成立了全国第一家发行公司;《扬子晚报》则在江、浙、沪建立了自已的井然有序的发行网络。1992年,全国有500多家报纸自办发行,1995年上升到700多家。1993年,全国报纸发行总收入近52亿元,1994年猛增至130亿元(孟繁六,1995;马宁,1995)。广播电视系统则转换经营机制,狠抓多种经营。1983年,江苏省广播电视系统通过多种经营所实现的收入为455万元,1992年猛升到1.7314亿元,10年中增长了37倍。1984年,上海市广播电视系统的多种经营收入与财政拨款(280多万元)基本持平;1987年已超过财政拨款,收入超过支出近一倍;1989年,他们又在全国率先成立广播电视发展公司,形成了以广播电视宣传业务为依托的,以广告经营业务、音像制品制作销售业务、印刷出版业务、旅游与文化交流业务、实业贸易业务等特色经营的开发系列,使经营收入连年大幅增长。1990年以来,他们还大胆开拓,进行文化事业单位的股份制试点,成立了"东方明珠"股份有限公司,进而又引进竞争机制、调整传媒布局,形成了五台竞争的态势,在媒介产业化道路上取得了丰硕成果。1992年,他们的多种经营收入突破2亿元大关,超过了当年财政拨款的10倍以上(李向阳,1993)。搞多种经营,当然不局限于广播电视系统,报社、杂志社等传媒也同样搞得轰轰烈烈,成绩斐然。例如,广东的《广州日报》《羊城晚报》,上海的《新民晚报》《解放日报》,江苏的《新华日报》《扬子晚报》,浙江的《浙江日报》《钱江晚报》《杭州日报》《改革月报》,等等,都在经营上频出新招,屡屡得手。

(4)承包:传媒市场化的一项重大改革。承包,自有商品经济以来就在企业存在,是指两个以上的经济主体为了实现某种目标就权利、义务、责任而达成协议和履行协议的行为过程。从1989年开始,这种经营形式经过新闻媒介领导者的合理改造,已被悄悄地运用于非政治性、非新闻性的报纸专栏、副刊版面和广播电视节目时段的分配或分工当中。在具体的施行中,一些传媒遵循所有权与经营权、编审权与制播权分离的原则,严把质量关,兼顾传媒特色,已有一些成功的做法可以总结。其承包的主要形式有(邵培仁，1995)：

一是内制内售责任制。专栏、副刊内容和板块节目、广播电视剧分配或承包给传媒内部的专业人员组稿、编辑、制作；副刊设立、节目播出的赞助单位、特约单位，也由责编、制作人员负责联络；留出的广告版面、时段以及电视节目(剧)中可以利用的广告背景、空间、道具、对白等，也由这些人或由这些人委托广告经营部门负责销售经营。这种经营形式保险系数大，整个过程都在传媒内部人员的控制之下，内容品质能够确保，但对人员素质要求较高，工作量大，投入的人力、物力、财力也大。

二是外制外售责任制。这有几种形式：①将某个时段出租给某个经济实体播出教育性节目(如《AAA英语》、《学电脑》、《人口与健康》)，其可以做与教育(学)内容直接有关的产品(如教材、电脑、避孕药)广告；②播出或购买播出新闻媒介以外的电影厂或电影剧制作公司制作的新闻媒介认可或指定的剧目，剧中或剧间可做广告的地方亦由他们来做，媒介只审核内容；③传媒根据需要将某个专栏(如《网络天地》)和剧目承包给外面的专门人才和传播公司来组稿或制作，在这一版面和播出时段的广告也由他们延揽和制作。这样做，既可以丰富充实报纸扩版后和电台、电视台增设频道、增加播出时间后的版面、节目内容，又可以在不增加人员、不投入或少投入经费的基础上有较稳定的经济收入。缺点是对版面、节目和广告的内容及品质难以有效控制。

三是内制外售责任制。传媒内部的专业人员承包版面采编和节目、剧目制作，为了让这些人集中精力、全身心地投入编制工作，提高版面内容和节目质量，将联络资助、延揽广告及产品销售事宜承包给传媒之外的广告公司或销售公司，由这些公司支付采编、印刷和制作、播出费用以及一定的经营利润。这一形式是最常用的，曾被多次成功地用于电视剧的制作和传播之中。它既可以提高媒介的知名度、美誉度,确保产品质量,又可以保证媒介有比较稳定的利润。但过分追求经济效益的广告代理商有时会以金钱为杠杆左右产品生产,使之过分商业化。

四是外制内售责任制。这是由新闻媒介出资将报纸版面或广播电视节目、剧目承包给外面的专门人才或专门的制作单位来做,在制作和传播过程中,媒介着重对内容进行审核,事后进行评估,优者给予奖励;而用于做广告的版面、时段、空间则由新闻媒介内部的广告部销售给广告主或广告代理机构。换句话说,由外部人员承担产品生产责任,由内部人员负责产品销售和广告经营责任。其好处是:由优秀人才和专门单位负责采编、制作可以确保作品的高质量、高水准,不致于粗制滥造,还可以节省内部的人力、物力和财力。

这些都是传媒在市场化过程中摸索、创造出来的一些经营管理措施,有的几经试用已被证明是可行的,有的需要进一步加以完善,有的则需等待实践的进一步检验。但是,承包的实践告诉人们,不论采用哪种承包形式,都必须遵循“包死基数、确保上交、超收多留、歉收自补”的原则,都必须保证有利于社会主义的物质文明和精神文明的建设。

三、传媒市场化的若干特点

媒介产业已迈步进入市场,正在市场经济的汪洋大海中劈波斩浪、奋勇向前、驶向自己的“金海岸”。这既是我国改革开放政策提供的历史机遇,也是传媒管理者解放思想、更新观念、适应市场经济进行大胆改革的结果。那么,我国大众传媒市场化的特点有哪些呢?

1. 传播与经营并重,但传播居于中心地位

传播信息,是大众传媒的惟一使命。不传播信息或无信息传播,那么大众传媒的生命也就结束了。但是,传播又离不开经营所

提供的养料和动力。我国传媒管理者在处理这两者关系时,其智慧主要表现在四个方面:(1)将传播活动置于传媒工作的中心地位,使其主导经营;(2)经营活动围绕传播展开,使其服务、服从传播;(3)当经营中的市场规律与传播中的价值规律或者当经营方针与宣传方针发生矛盾和冲突时,前者服从后者,前者只能在不损害后者的前提下争取自己的利益;(4)经营创收的主要目的是为了增强传播实力、提高传播效果、保持传播后劲、扩大产品影响,而不是为了经营自身。所以,几乎所有传媒一旦在经营上有了起色或取得较大经济效益,就会立即加大基础建设、更新设备、引进人才、提高待遇、扩大生产规模。

但是,在具体的运作中,传播与经营、"编辑部"与"经营部"又是分开运转、各自独立、自负其责的。这种"既合又分"的管理模式,既可以使两者相互促进、相互滋养、循环增长,也可以使两者的积极性得到充分发挥,同时又独立地承担传播与经营中的一切风险。

2."两效"并重,但社会效益优先

媒介产业实行市场化是为了获得最佳的社会效益和经济效益,实现"两个效益"的最大化。但是,"两效"并重并不等于"两效"的权重相等,各占 50%。社会效益与经济效益都是媒介效益的重要组成部分。然而,媒介管理者在考虑问题、进行决策时,总是将社会效益放在首位,其次才是经济效益;特别是当两者发生矛盾时,人们会自然地舍弃经济效益而转向追求社会效益。一系列的方针、政策、规定也要求大众传媒坚持社会效益优先的原则,把追求社会效益看作是"两个文明"建设的重要措施,而将经济效益只看作是实现社会效益的桥梁和中介。对于任何置社会效益于不顾、片面追求经济效益的,或颠倒两者关系、优先考虑经济效益的传媒,有关方面会根据情节轻重给予严肃批评,甚至停业整顿或取消刊号。

3. 政策相同,但沿海传媒效益高

同在中国,实行相同的政策和经营管理制度,但北京、上海、广东、浙江、江苏、天津等省、市传媒的经济效益要远远高于内地和边远省份的传媒。从省级机关报刊出广告面积看,最多的 5 家都在沿海地区,而最少的 5 家都在内地和边远地区(表 2-5)。从 1988 年到 1995 年 5 个年份的"中国报纸广告经营十强"的名单分析,这些报纸也都集中在沿海地区(表 2-6)。在"1994 年中国媒体广告营业额排序"(表 2-7)和"1994 年中国广告公司广告营业额排序"(表 2-8)中,我们同样发现列在其中的报社、电台、电视台、杂志社和广告公司也都集中在中国经济最发达的地区。可见,大众传播的市场化程度和它的广告收入是同地区经济发展水平是成正比的关系。

表 2-5 机关报中刊出广告面积最多和最少的 5 家报纸

排序	报名	广告面积（平方厘米）	排序	报名	广告面积（平方厘米）
1	解放日报	820721.1	1	云南日报	120258.9
2	深圳特区报	755058.0	2	青海日报	111524.5
3	天津日报	638249.5	3	西藏日报	90306.5
4	海南日报	492447.4	4	内蒙古日报	89427.3
5	浙江日报	447155.8	5	宁夏日报	86704.0

资料来源:《现代广告》1997 年第 6 期。

表 2-6 中国报纸广告经营十强(单位:万元)

1988 年		1990 年		1993 年		1994 年		1995 年	
名次	金额	名次	金额	名次	金额	名次	金额	名次	金额
人民日报	2350	人民日报	2900	广州日报	18500	广州日报	36000	广州日报	50000
解放日报	2300	羊城晚报	2300	羊城晚报	18000	羊城晚报	31000	羊城晚报	46000
羊城晚报	2250	广州日报	2250	解放日报	16378	新民晚报	26210	新民晚报	38600
广州日报	2130	解放日报	2130	新民晚报	15880	北京日报	19735	北京日报	22000
北京日报	2039	深圳日报	2039	海南日报	13000	解放日报	17768	解放日报	20000
南方日报	1958	南方日报	1958	深圳日报	12000	深圳日报	16000	深圳日报	20000
新民晚报	1703	新民晚报	1703	深圳日报	12000	南方日报	15120	南方日报	16000
深圳日报	1630	北京日报	1630	北京日报	10255	新华日报	11000	新华日报	15000
天津日报	1350	天津日报	1350	文汇报	8520	人民日报	10340	人民日报	12800
经济日报	1200	计算机世界	1200	人民日报	7200	成都晚报	9223	成都晚报	12000

资料来源:1.《中国广告年鉴》;2.《新闻记者》;3.《现代广告》。陈怀林(1996)

表 2-7 1994年中国媒体广告营业额排序

序号	报　　社	营业额（万元）
1	羊城晚报社广告部	31000
2	广州日报社广告部	30600
3	新民晚报社广告部	26210
4	北京日报、北京晚报社广告部	19735
5	解放日报社广告部	17768
6	深圳特区报广告部	16000
7	南方日报社广告部	15120
8	新华日报、扬子晚报社广告部	11000
9	人民日报社广告部	10340
10	成都晚报社广告部	9223

序号	电　　台	营业额（万元）
1	中央人民广播电台广告部	4150
2	上海人民广播电台广告部	3300
3	湖北人民广播电台广告部	2676
4	东方广播电台广告部	2300
5	广东人民广播电台广告部	2150
6	广州市人民广播电台广告部	2100
7	北京人民广播电台	1413
8	南京市人民广播电台广告部	1300
8	佛山市人民广播电台	1300
10	辽宁人民广播电台	1100

序号	电 视 台	营业额（万元）
1	中央电视台广告部	96904
2	上海电视台广告部	22135
3	北京电视台广告部	21488
4	东方电视台广告部	20014
5	广东电视台广告部	16000
6	天津电视台广告部	7379
7	广州电视台广告部	6800
7	浙江电视台广告部	6800
9	江苏电视台广告部	6123
10	辽宁电视台广告部	6000

序号	杂 志 社	营业额（万元）
1	《中华英才》画报社广告部	505
2	《半月谈》杂志社广告部	290
3	《上海电视》杂志社广告部	218
4	《瞭望》周刊社广告部	209
5	《中国金融电脑》杂志社广告部	150
6	《知音》杂志社	140
7	《电视电声》杂志社广告部	131
8	《电世界》杂志社广告部	129
9	《北京周报》社广告部	117
10	《辽宁画报》广告部	106

资料来源：《现代广告》1995 年第 2 期。

表 2-8　1994 年中国广告公司广告营业额排序

序号	广告公司	营业额(万元)
1	盛世长城广告有限公司	38757
2	精信广告有限公司	23031
3	上海广告公司	18321
4	中国广告联合总公司	18137
5	北京新世纪广告有限公司	16042
6	北京国安广告公司	16000
7	广东省广告公司	15165
8	北京广告公司	15000
8	中国国际广告公司	15000
10	奥美广告有限公司	13367
11	长城国际广告有限公司	12965
12	上海市广告装潢公司	12696
13	海润国际广告有限公司	11820
14	中化国际广告展览有限公司	11265
15	福建广播电视广告总公司	11000
16	白马广告有限公司	10500
17	上海美术设计公司	9293
18	海南金马广告有限公司	8837
19	电扬广告公司	7029
20	北京环宇广告公司	6607
21	浙江省国际广告公司	6504
22	北京明日广告公司	6300
23	北京北奥广告公司	5600
24	麦肯·光明广告有限公司	5000
25	金马广告有限公司(上海)	4773
26	中国机电广告公司	4340
27	东上海国际文化影视有限公司	4000
28	沈阳市广告公司	3836
29	辽宁省辽广对外经贸集团公司	3754

序号	广告公司	营业额(万元)
30	天联广告有限公司	3679
31	福建省广告公司	3600
31	湖南省国际广告公司	3600
33	江苏国际广告公司	3234
34	北京电通广告有限公司	2877
35	山东太阳国际广告有限公司	2782
36	南京市广告公司	2690
37	凤凰国际广告有限公司	2460
38	上海创导广告有限公司	2450
39	海南电视广告公司	2435
40	厦门鹭江广告公司	2400
41	上海文化发展总公司	2270
42	上海公共交通广告公司	2228
43	广州市广告公司	2118
44	北京市广告艺术公司	2034
45	上海联合广告公司	2013
46	北京公交广告公司	2000
46	上海旭通广告有限公司	2000
48	上海电话号簿黄页电信广告公司	1865
49	宝久广告有限公司(上海)	1800
50	杰思斯广告有限公司	1757

资料来源:《现代广告》1995 年第 2 期。

4. 同一地区,城市传媒的经济效益高

所谓城市传媒,是指主要以城市居民为受众的报纸(如《北京日报》、《广州日报》、《新民晚报》)、电台(如南京人民广播电台、北京人民广播电台)和电视台(如上海的东方电视台、杭州电视台)。非城市传媒是指城市传媒之外的以广大区域内的所有人群为受众的报纸(如《人民日报》、《四川日报》)、电台(如江苏人民广播电台)

和电视台(如西藏电视台)以及以特定群体为受众的行业性、专门性的媒介(如××教育电视台、××青年报)。从"中国报纸广告经营十强"(表2-6)中,我们可以发现城市报纸广告经营额的增长大大高于非城市报纸。据中国报纸协会统计,1994年55家中央部委报纸的广告额大多下降15%～20%,报纸广告部门为拉广告绞尽脑汁,而《新民晚报》、《扬子晚报》的广告客户却必须排队等候一个多月,甚至连《宁波日报》、《宁波晚报》都得排队等候近20天,若想提早或指定日期刊登广告则须另外加价(陈怀林和黄煜,1997)。从"1994年中国媒体广告营业额排序"(表2-7)中,我们同样发现经济发达地区的传媒和城市传媒(包括报纸、电台、电视台、杂志社)的广告营业额都居于前10位。另外,城市传媒的人均广告营业额也大大高于非城市传媒或同一地区内其他传媒的人均广告营业额。

那么,为什么城市传媒比非城市传媒的经济效益高和更具竞争力呢?其原因主要是:(1)城市传媒的受众相对集中;(2)城市受众不仅是商品消费的主要群体,而且他们极易受传媒广告的影响和引导;(3)城市传媒的内容和形式也更加贴近市民,为他们所喜闻乐见;(4)城市传媒广告所反映的文化价值与受众产生了共鸣。例如杂志广告所反映的"现代化、科技和品质"的三大文化价值,电视广告所强调的"现代化、青春、家庭、科技和传统"的五大诉求重点,都深得人心;(5)城市传媒在经营上也更为积极、大胆,有敢为天下先的勇气和气魄;(6)城市不仅是商品的集散地,也是信息的发生、采集、传播中心。

此外,我国大众传播市场化过程中还有一个特点就是:"只做不说,多做少说,做了再说"。一位传媒领导者说道:对大众传媒实行"事业单位、企业管理"的制度是一种全新的探索,既然是探索就允许犯错,既然没有文件说不可以做就意味着可以做,做了被批评就不做。此外,可不可以吸引受众参与节目制作?可不可以设听众、观众热线电话？可不可以自办发行？新闻报道有没有禁区？等等，这些不要先讨论，要先干。报纸第一版可不可以做整版广告？《深圳特区报》经不住巨额广告费的诱惑做了，结果遭到批评；接着，上海的《文汇报》、《解放日报》、广州的《羊城晚报》又先后偷尝"禁果"，再次遭到批评。现在，大家都知道头版整版广告不许登也就不登了。事实正是如此，传媒市场化的过程，就像摸着石头过河，没有现成的路可走，它需要所有的传媒管理者充分地发挥自己的聪明才智，有敢于探索、善于探索的精神和勇气；否则，永远到达不了胜利的彼岸。

第三章　媒介组织与媒介公司

在当今世界,甚至在每个国家,各家媒介组织和媒介公司之间既有很大的差异,又有许多共同之处。它们的宗旨、地位以及所承担的任务和责任各不相同,其经营管理体制与规则则大相径庭。在某些国家(如美国),所有媒介都归私人所有,实行商业经营;在某些国家(如法国),报刊企业由私人经营,而广播电视企业则由国家垄断。因此,我们很难把媒介组织和媒介公司看成是没有差异的、服从同一法则的、拥有共同理想的同质世界。

但是,回顾大众传播媒介诞生、发展、兴盛的全部历史,我们又分明感到:各种各样的媒介组织和媒介公司之所以能够水乳交融地同各国的政治制度和社会结构有机结合在一起,能够灵活自如地适应人类社会日新月异的飞速变化,并且历劫不衰、稳步发展,其中有一些共同的经营管理特点,也有一些稳定不变的规律在起作用。

第一节　媒介组织及其设计

一、媒介组织的含义与特点

社会学家厄佐尼(A. Etzioni)在《现代组织》(1964)一书中写道:"我们的社会是一个组织的社会。我们出生在组织中,受教育于组织中,而且我们中的大多数人耗去大量的生命为组织工作。即使是在许多余暇的时间里,我们也在组织中娱乐,在组织中祈祷。我们中的大多数人将死在组织中,并在葬礼到来的时候,还须得到最大的组织——政府——所赐予的官方许可。"组织就是人,人是组织的灵魂。人离不开组织,组织也不能没有人。

美国学者爱桑尼在《组织比较分析》(1972)一书中认为,组织是有意建立与重建的、以追求特定目标实现的社会单位。开普楼认为,一个组织是一种社会体系,有其明显的集体认证,正确的成员名录,活动的计划,以及成员的更替程序(《组织原理》)。弗里蒙特·卡斯特等人在《组织与管理》(1973)中指出,组织指的是结构性和整体性的活动,即在相互依存的关系中人们共同工作或协作。

包特等人(1981)根据各家的意见加以综合,认为组织定义应由五种成份构成:(1)组合——个人或团体;(2)取向——朝向目标;(3)分化——功能分化;(4)协调——有意的合理协调;(5)时间——互动关系的持续性。同时指出了组织的四种特征:(1)谁:包括个人或团体;(2)为何:为达到某种目标或目的;(3)如何:借助分化功能,有意合理地协调与指导;(4)何时:时间上的持续推延。

所谓媒介组织,是指专门从事大众传播活动以满足社会需要的社会单位或群体。

媒介组织的特点主要有:(1)媒介组织是经过认真筹划、充分准备建立起来的,而不是自然形成的;(2)媒介组织的成立得到了权威部门的认定和社会大众的认同;(3)媒介组织有明确的目标,这就是满足社会大众的信息需求;(4)其组织成员专门从事大众传播活动,并以此谋生;(5)传播信息有固定的媒介(报纸、广播、电视、图书等);(6)有明确分工和权限,形成媒介组织内部特有的角色关系(如报社内有社长、总编辑、总经理、编辑部主任等);(7)讲究效率,强调时效,办周刊每周一期,办日报每日一期;(8)制订各种规章制度,以约束媒介组织成员的行为,为实现目标提供保证。

二、媒介组织的设计及其趋势

无论是现有媒介组织的变革,还是一个崭新媒介组织的建立,都要进行科学、合理的设计,从而达到"1＋1＞2"的增值效果。孙膑赛马是我国历史上有名的组织设计的成功范例。孙膑在分析了齐威王与田忌的六匹马的情况之后,做出了正确的组织决策。以田忌的下马对齐威王的上马,以上马对其中马,以中马对其下马,结果使田忌以二比一获胜。

在媒介组织内也是这样,人、财、物还是老样子,但只要合理搭配、精心组合就能够产生新的生产力,出现奇迹。广州日报社在1995年以前同全国所有报社一样,实行的是编委会领导下的总编辑负责制,领导班子中八人管采编,一人管经营。从1995年底开始对现有的媒介组织进行重新变革和设计,改为社务委员会领导下的社长负责制,由社长兼总编辑一人抓全面,五位副总编辑抓采编,三位副社长抓经营管理。这一设计,既从体制上为报社走向集团管理和集团经营打下了良好的基础,又从效益上为报社每年增加了30％的营业收入,使广告收入连续多年居全国报业第一位。①某个新创办的教育电视台,一开始经费拮据、设备紧张,五个节目组只分到两台摄像机,于是他们对设备实行集中管理、计时租用的办法,结果大大提高了设备的使用率,又节约了节目制作费用。可见,有效的媒介组织设计在提高经营管理绩效方面,的确起着十分重要的作用。难怪费弗(J. Feffer,1995)认为,企业的竞争优势不一定是科技、专利权和策略性定位等,而是有效的人力资源管理或组织设计。

那么,什么是媒介组织设计呢?赫雷季尔(D. Hellriegel)等人(1983)指出:"组织设计是管理当局为实现组织目标而建立信息沟

---

① 《中国报业现状与趋势》,上海:百家出版社,1996年,第79～80页。

通、权力和责任的正式系统。"它所设计出的"组织结构是为了实现预期目标而用来连结组织中的技术、任务和人员的分工和协作的手段。"西拉季和华莱士(A. D. Szilagyi & M. J. Wallace,1983)认为:"组织设计是通过把任务、权力和工作流(Work flow)组合成结构以实现协调努力的过程。"他们说的都是一般的组织设计。

我们认为,媒介组织设计就是对大众传播组织的机构、人员、任务、权力和硬件等进行科学组合以顺利实现目标的过程。这种设计应注意以下几点:(1)媒介组织的设计方案应得到上级管理部门的认可或同意,不可自作主张、目无党纪法规;(2)媒介组织设计应能体现最优化的结构原则,能最有效地发挥组织功能,有利于取得最大绩效;(3)分工合理,职责分明,人员精干,便于协调指挥;(4)媒介组织设计既要将组织内部的各种要素加以合理安排,又要与组织外部的各种要素(政治、经济、文化等)相适应。否则,媒介组织设计就容易遭到失败。

早在1966年,本涅斯(W. Bennis)就曾对组织设计的前景加以预测:(1)集权等级制将越来越没有活力,因为它使上下级关系紧张,不能适应外部环境;(2)组织中技术的迅速变化使环境显得动摇不定甚至导致动乱;(3)随着人们教育水平的提高,组织成员要求享有更多的参与权和自主权;(4)组织的任务更加复杂,并更加依赖信息技术,因而更加需要事先妥善规划,这就更加需要发挥专家们的集体作用;(5)组织结构将更具有临时性、灵活性和有机性。

石咏琦和石滋宜(1996)预测21世纪各组织机构中的秘书将面临挑战,认为专业通才终将取代漂亮宝贝,进而将取代中间层经理人,从而成为组织中的"台柱"。而成为"台柱"的必备条件是:(1)充分了解新办公室的科技工具,更要熟悉各种软件;(2)必须是个小小的信息专家,对主管交办所需的各种信息能即时检索、提供;(3)必须善用电脑及多媒体,拥有丰富的经营管理知识。

在现代媒介组织的变革与设计中,我们推测将向四个方向发展:

1. 小型化

这就是把媒介组织或媒介公司分成几个小的相对独立的部门或单位,或者允许一些小的部门或单位"对外扩张"(如中央电视台新闻评论部的改革就是一种被认可的飞速扩张),或者在短期内(改革期)允许某些单位存在一定程度的"有组织的混乱",或者是对某些部门或单位进行消肿、精简(如采用电脑排版之后对印刷厂人员进行优化组合)。小型组织比大型组织更能适应环境和市场的变化,具有更强的革新精神,更有利于推动内部竞争,提高工作效率,更有利于降低成本,减少损耗。

2. 扁平化

21世纪是一个飞速发展、变动快捷的时代,同时也是信息爆炸、知识骤增的时代。在这个时代里,媒介组织担负着十分重要的传播使命,其组织成员不仅是传播高手,还应是电脑天才。不仅在媒介组织内部而且在整个世界,每个人都可以通过互联网络直接交流信息、沟通思想。于是在媒介组织内的中间层次的管理人员往往成为沟通的障碍和多余的人,估计到那时这类人将被削减掉60%。媒介经营管理的研究告诉我们,当中层管理人员以算术级数(1,2,3,…)增加时,组织内沟通、协调、备择方案等复杂程度却以几何级数(2,4,8,…)增长,相互扯皮、争权夺利的现象也更加严重。所以,今后的媒介组织设计方向是扁平化,即大大压缩中间管理者,撤消不必要的中间组织机构,让保留下来的人或机构职能扩大,真正成为一人多用、一专多能的通才或"枢纽"。例如,美国福特汽车公司从董事长到基层管理人员有15层之多,而日本丰田汽车公司只有5层,为了与丰田公司竞争,福特公司已将它的中层管理人员砍掉了26%,并争取在未来达到50%～70%的目标。一般认为,媒介组织愈扁平,管理者的工作便愈来愈以领导、指导为重心,监督的成分日减,授权的成分日增,评估以成果为导向。

3. 精干化

在西方发达国家,凡经营评比较好的媒介组织,其组织结构都简单明了,人员构成皆精干合理。廖孟秋在《大企业症候群》(1995)一文中认为,企业组织应力求小型、精干,因为大企业就好像是恐龙长得太大之后不能适应环境变化一样,它会导致企业组织官僚化、臃肿化和僵硬化,使组织内不必要的职能增多,政客横行,关系网密集,使高层领导被幕僚重重包围,很难用自己的眼睛看清真情实况。媒介组织中的许多有识之士已经看到臃肿、僵硬、官僚化组织机构产生的种种弊端,主张对其进行全面调整和科学设计,使其与市场经济全面接轨,并符合未来媒介组织结构的"3S"的特点,即SMALL(小)、STRONG(强)和SPEED(快)。

4. 专业化

就是说未来的媒介组织将拥有与医院、律师事务所、工程设计院等组织同等的社会地位,将与它们一样追求较高的专业水准。这就意味着,没有经过新闻传播教育特殊训练的并获得专门学历的人,将不能从事新闻采编工作;而那些虽然拥有经营管理或会计、法律学历却不懂新闻传播的人,也将被逐步淘汰。所有的媒介组织成员都不能甘当门外汉,而必须拥有一定的媒介知识,了解媒介组织运作过程,掌握一定的传播技能,遵守大众传播的道德准则。目前,在我国某些省市已开始实行新闻工作者资格证制度,有的甚至规定没有获得大学本科文凭的人,不能参加初中级职称评审,没有获得新闻传播专业本科文凭的人,不能参加新闻采编的高级职称评审。可见,媒介组织专业化步伐正在加快。

第二节　媒介公司的管理与组织

一、媒介公司及其管理重点

　　"在今天美国每日发售的 6100 万份报纸中,半数以上由 20 家公司控制(表 3-1)。美国 11000 家杂志的收入,半数以上由 20 家公司掌握。三家公司左右着大多数电视台的收入和观众。10 家公司掌管无数电广播。11 家公司把持着图书的出版。四家公司支配着电影。""在今天,美国几乎没有一种行业不拥有一家重要的传播媒介,也很少有哪家规模可观的主要传播媒介不在一个大产业中拥有一家公司的。"至 1983 年,"控制美国一半以上主要传播媒介的公司的数目可能已不到 50 家。"① 这是本·巴格迪坎(B. Bagdikian,1986)在他的"一个触目惊心的报告"中所列举的数据,意在揭露美国的 50 家大型媒介公司的垄断性和对美国人所见所闻的控制性以及对各种产业(如航空、保险、旅游、制糖、造纸、电讯、煤炭、石油、电脑等)的渗透与投资。

　　西方媒介公司的建立与发展基本上同传播媒介的产生与发展同步。媒介公司的建立通常并不是追求什么崇高目标,而是着眼于金钱,用弗里德曼(E. Freidman,1962)的话说,媒介公司的经营只有一个社会责任,那就是想方设法提高利润。在最近的 10 年中,西方媒介公司同其他企业一样面临着经营管理方面的严峻挑战。不仅不同媒介(如报社、杂志社、广播台、电视台、出版公司)之间的竞争达到白热化,而且相同媒介(如报社与报社、电台与电台、出版公司与出版公司)之间的争斗也愈演愈烈。几乎所有的媒介公司都把

---

　　① 〔美〕本·巴格迪坎:《传播媒介的垄断》,北京:新华出版社,1986 年,第 4～8 页。

经营管理的重点放在协调处理三种紧张关系上,即(1)利润幅度,
(2)媒介竞争,(3)雇员需求。媒介经营管理专家认为,在未来的时
代里,媒介公司要生存、发展,取得最佳经济效益,就要大胆使用懂
行的优秀的精明的领导者,他应该能够妥善处理上述三种关系,善
于利用资源,充分发挥雇员的聪明才智,与同业建立起良性竞争的
关系。

表 3-1　美国控制日报总销数一半以上的 20 家公司

序号	媒介公司名称	日发行量	拥有日报数
1	甘尼特报业公司	3 750 900	88
2	奈特—里德报业公司	3 464 300	34
3	纽豪斯报业公司	3 133 500	28
4	论坛公司	2 806 600	8
5	道琼斯公司	2 433 400	21
6	时报镜报公司	2 315 500	8
7	斯克里普斯—霍华德报业公司	1 518 700	16
8	赫斯特报业公司	1 362 300	15
9	汤姆森报业公司	1 219 600	77
10	考克斯报业公司	1 165 100	18
11	纽约时报公司	1 137 000	12
12	考克斯报业公司	953 900	10
13	美国新闻出版公司(默多克公司)	917 600	3
14	首府通讯公司	774 100	7
15	自由报业公司	798 400	31
16	中央报业公司	774 600	7
17	华盛顿邮报公司	696 200	2
18	新闻晚报协会	678 900	5
19	科普利报业公司	635 000	6
20	哈特—汉克斯报业公司	584 200	28

资料来源:本·巴格迪坎,1986。

1. 媒介公司的目标

我们认为,赚取利润,不应是媒介公司的唯一目的和首要目标。媒介公司的首要目标应是服务公众,满足受众的信息需求。违背了这一原则,任何媒介公司都不会长久。用传播学的观点看,受众也是大众传播过程得以存在的前提和条件,没有受众即没有传播。同样,没有受众及其信息消费,也就没有媒介公司及其利润。因此,媒介公司的首要目标就是要全力以赴地提高能满足受众需求的信息产品或服务。

但是,媒介公司并非企业集团,它生产和销售的是精神产品而非物质产品,尽管赚取的利润一样。作为精神产品,它必然打上深深的意识形态的烙印,从而具有思想性、政治性和阶级性。因此,作为生产和销售精神产品的媒介公司,在中国,还必须以维护国家利益为目标,要讲党性,坚持党的领导,积极担负起政治宣传的任务。试图只讲经济效益不讲社会效益、只顾赚钱不问政治的媒介公司,到头来总是搬起石头砸自己的脚,弄得鸡飞蛋打。

努力通过经营获得利润,这当然是媒介公司必须尽力实现的三大目标之一。媒介公司尽力使收入超过支出(工资、租金、税款和产品成本),并使收益率足以补偿其经营风险,这是无可非议的。诺贝尔奖获得者保罗·塞缪尔在他所著《经济学》一书中指出:"利润是刺激效益的胡萝卜,而亏损则是惩罚采用低效方法或浪费财力生产不对路产品的大棒。"没有这种"胡萝卜",传播科技的发明家们就不会去冒他们曾经承担的风险,那么我们也许永远享受不到电影、电话、收音机、电视机、计算机等媒介给人类带来的无穷乐趣和巨大便利。正是在成功之后给那些乐于冒险的人带来了巨额利润,人类传播革命的步伐才呈加速度状态前进,当今的传播活动也才变得如此的多姿多彩。

在大众传播领域,采用最新发明的传播科技的风险越大,其用于补偿风险的利润潜力也越大。当美国有线新闻网(CNN)创办人特德·特纳(Ted Turner)在 22 年前以 900 万美元向美国无线电公司长期租用卫星传送电影和新闻节目时,全美传播界目瞪口呆,以为特纳已跳上了一只地雷,只要一抬脚就会被炸得面目全非,只有特纳敏锐地看出这是一个高风险、高投入、高回报的投资良机。结果在不可思议的短时间内,有线新闻网就成了获利超过美国三大电视网的超级媒体,公司月入百万,特纳个人财产也累积到30亿美元。①

2. 竞争:一只无形巨手

早在220年前,亚当·斯密就在《国民财富的性质和原因的研究》(1776)一书中指出,市场是一架受供需调节的精密机器,而竞争则是自动推动整个社会进步的一只无形巨手。在市场经济条件下,媒介公司之间的竞争有助于信息经济的形成与发展,有助于媒介生产提高效率、降低成本,还可以促使媒介给受众提供优质服务以及质量更好、品种更多、价格更低的精神产品,同时可以使受众更方便地接收或购买媒介信息和新优产品。

在大众传播领域,信息产品与其他产品的性质和形式都有所不同,因而面对的市场和竞争的方式也不一样。如果说一般商品主要服务于消费者市场的话,那么信息产品则同时服务于两个市场:受众市场,广告主市场。

一种新型管理观念认为,对媒介公司的领导来说,经营管理上的着眼点就是把媒介的经营当作是在生产适应市场需要的两种完全不同的产品,每种产品都用不同材料制造,制造出来后又投入不同的市场。第一种产品是印刷和制作出来的报刊和广播电视节目所包容的"信息",然后将其集中起来卖给受众;第二种"产品"是媒介信息吸引和获得受众的人数,而后将其再卖给广告主。

媒介广告在两次交易中,同受众之间的买卖从账面上看是亏损的,因为受众购买报刊的费用有的只相当于纸张油墨的进价,而

---

① 〔美〕波特·比布:《出奇制胜:媒体天才特德·特纳传奇》,上海:上海译文出版社,1996年,第97~103页。

在消费无线广播电视的信息产品时甚至一毛不拔;只有同广告主之间交易才是赚钱的,广告主付出了媒介公司收入的大约三分之二才购得不超过 25% 的用于宣传自己及其产品和服务的版面和时间。因此,对于媒介公司来说,若只有受众而没有广告主,那么它的经营管理必然是失败的,因为正是广告主购买受众的费用才使媒介公司的收支得以平衡和赢利。媒介公司之间竞争的焦点,就是如何以自己的优质产品及服务赢得受众和广告主。

上述"两种产品"的经营观念,的确有助于媒介公司在竞争中正确把握市场、占领市场并取得胜利,也有助于人们在媒介的动态运作中找到保持收支平衡的规律。

"但是,实际上传播媒介在经济上耍了一个大花招。美国人得到的报纸和刊物所付的代价并不比它们的成本要低,收听、收看广播电视也不是免费的。他们什么都得付钱。他们看'免费的'电视要花钱,还要额外付钱给他们那些'得到补助的'报纸,他们为广告付了钱,而且他们还要另外付钱给大多数用广告推销的商品。"①所谓的"两种产品",其实只有信息产品才是实实在在的适应社会需求的产品,受众不能作为产品出售。当媒介公司将版面和时间卖给广告主传播广告信息时,受众的多寡只是成了叫价的标准。受众不仅没有进入流通领域成为买卖的对象,相反它成了所有费用的最终承担者。所以,在媒介公司的产品竞争中,应该花大力气努力提高信息产品的质量,并以此开拓市场、占领市场;在市场竞争中,应该努力保证在受众市场中占有一定的份额,千万不要因过分讨好广告主而冷落了受众,要知道受众才是媒介发展的真正"生命线"。

3. 媒介员工的工作性质与需求满足

媒介经营管理中的产业特点是:必须在每个生产周期中生产

---

① [美]本·巴格迪坎:《传播媒介的垄断》,北京:新华出版社,1986年,第147页。

出一种新的产品——一期新的报纸或杂志,一部新的影片或广播电视节目,一则新的广告或新闻,一本新的图书,一盒新的录音录像带或 CD、VCD,然后再尽快播出或销售。这些"新",主要反映在信息产品的内容上。在其他产业中,生产与销售循环中的任何变化通常只是表现在商品的外形和包装上,而不是内容上。信息产品的包装几乎是相同的(如报纸、杂志、书籍的外形和包装),但是信息产品的内容却千变万化,而且也必须明确区别开来。

媒介产业与其他产业的这种基本区别,是给媒介公司和媒介员工带来挑战的主要因素。它对于需要高度协调的信息产品的生产销售流程中的每一个员工来说,提出了更高的要求,增加了无形的压力。它意味着每个人都必须充分发挥自己的想像力和创造力,必须富有开拓精神和创新精神,要不断更新和尝试新的东西。

因此,如果说工作在工厂流水线上的企业员工,其大量创造性劳动主要用于生产第一台电视机的话,那么工作在新闻传播流水线上的媒介员工,其创造劳动则体现在对每一则新闻的报道上。企业员工生产的第一台电视机可以和第一万台一模一样,而且还可能被认为工作一丝不苟、有很强的质量意识。相反,如果媒介员工把报道第 583 台电视机生产的消息写得与报道第 582 台电视机生产的消息完全相同,那么这家媒介公司就要关门了。对于这一媒介员工来说,他必须尽快去找其他的工作,从事新闻报道对他是不适合的。

在媒介公司工作的员工,必须是受过专门的教育训练的,拥有专门的媒介生产与经营知识,遵守媒介工作的职业道德。研究表明:在大众传播活动中,受过传播教育的员工往往视他们自己为传播专业的行家,而不是作为他们老板手下的工人。许多记者、编辑、主持人、制片人、导演、作家、播音员或广告人宣称:对大众传播原则和职业的忠诚是第一位的,对于付给他们薪金的公司的忠诚是第二位的。甚至当公司的原则与职业的原则发生冲突时,这些人仍然表示宁可得罪上司、丢掉饭碗也要站在职业原则的一边,而不是站在公司的一边。职业道德高于一切。

媒介员工在工资、福利待遇等方面不断提出过高的要求,常与媒介公司的利润使用发生矛盾。一般来说,媒介公司赚取的利润主要用于四个方面:(1)用于公司内再投资,扩大再生产,增强竞争能力;(2)缴纳税金,资助主管部门;(3)资助公益事业,捐钱给慈善机构;(4)扣除上述三项开支,剩余部分以红利形式分给股东,使其获益(我国一些媒介公司实行的是内部股,平均分配,不公开出售,这等于是合法的平均发放奖金)。在这种情况下,提高员工的工资、资金和福利待遇,即等于增加了生产成本,而成本增加其他方面的支出则必须压缩。但是,若不能满足媒介员工的正当要求,其积极性和创造性就会受到影响,一些能人又会跳槽,从而给公司造成损失。对于这一矛盾,媒介公司领导可以依据资源合理分配理论加以妥善解决,即努力使一部分人(主要是骨干分子、专门人才)感到生活水平在不断提高,而对其他人又无不利影响,并且在总体上也有所改善。

二、媒介公司的组建与构成

1. 媒介公司的组建

大型媒介公司的组建,通常是由几家相同或不同的媒介或公司联合起来,实现资源共享,从而达到增收节支、发挥规模效益的目的。

在美国,大型媒介公司常常包括许多子公司和各种不同的媒介。例如,美国甘尼特公司就是一家大型媒介公司,共拥有日报82家、非日报35家、电视台10家、电台16家、通讯社1家、杂志1家、还有北美最大的户外广告公司和一些企业。也有的媒介公司根据自身特点或专长侧重联合和控制某一类型的媒介。例如,美国在1983年有日报1730家,日销售6100万份,其中约一半为20家报业公司所控制;在 10 830 种杂志的 120 亿年销售额中,也是由 20 家媒介公司瓜分了 50% 的市场份额;美国的哥伦比亚广播公司(CBS)在 90 年代初共拥有直属电视台 5 座,联属电视台 203 座,直属电台 14 座,以及少量联属电台。

在我国,媒介公司的组建,一般情况下不允许印刷媒介向电子媒介搞横向联系和交叉渗透,但是可以"母生子"的形式加以扩张,或者对同类媒介进行联合或兼并。例如,人民日报社,除了有《人民日报》和《人民日报》海外版、华东版之外,还拥有《市场报》、《环球文萃》、《讽刺与幽默》等报纸及《新闻战线》、《时代潮》、《大地》、《人民论坛》、《中国质量万里行》、《中国经济快讯》等刊物,此外,还有一家出版社和若干家服务性公司,但没有电台、电视台。中央电视台开办的八个频道电视,实际上相当于八家子系统电视台。浙江电视台也扩张成浙江卫视台、浙江教育电视台、浙江有线电视台、钱江电视台。所有这些报社、电视台同时还拥有一些服务性企业,这些媒介虽然没有打出××公司的旗号,实际运作都按市场规律办事,与媒介公司并无区别。目前,在我国被正式批准成立报业集团共有 6 家(见表 3-2)。在市场经济体制下,媒介加快向集团化、公司化迈进是必然趋势。道理很简单,组建媒介集团或媒介公司,可以扩大广告和多种经营业务,可以降低生产成本和发挥规模效益,可以更有效地抗击市场风浪使公司稳步发展。

表 3-2　中国报业集团名单

名　　称	成立时间	下设子报刊数
广州日报报业集团	1996 年 5 月 29 日	十报二刊
南方日报报业集团	1998 年 5 月 18 日	五报一刊
羊城晚报报业集团	1998 年 5 月 18 日	三报
光明日报报业集团	1998 年 6 月 8 日	三报三刊
经济日报报业集团	1998 年 6 月 8 日	三报三刊
文汇新民联合报业集团	1998 年 7 月 25 日	六报四刊

2. 媒介公司的结构

媒介公司通常有两种结构形式：一种是垂直型的媒介公司，一种是水平型的媒介公司。它们都是建立在功能性、市场和产品三种操作形式的基础上的，并与组织协调、人员沟通等因素结合在一起。

垂直型的结构组织（见图 3-1）通常有五层以上的管理层，因此不论是上情下达还是下情上传，一旦层级多，其信息流速必然变慢，有时甚至会使信息受到人为阻碍，或者使信息人为变形，从而影响整个公司的运作状态。但是，好处是有助于媒介领导建立权威，确保公司统一步调、发展整体效能。

水平型的结构组织（见图 3-2）一般只有三层以下管理层，媒介领导与基层员工、中层干部见面机会多，信息交流多，充满坦诚开放的气氛。其决策也较民主和科学。缺点是容易导致劳资冲突和公司分裂，领导不易建立权威。

在西方，更多的单一媒介公司是以水平型的结构方式组织的，而不是采用垂直型结构。因为大多数单一媒介公司规模不大、人员较少，面临的任务既复杂又无常规性，员工经常因不同的任务和项目而与不同的人发生关系。在这种情况下，水平型结构组织有助于管理人员密切配合、相互协作，尽快完成任务。

由于需要，大型的媒介公司的组织多采用垂直型结构。在这些公司中，员工们有一条清楚的事业进步的阶梯，使他们经过努力能够从小单位向大单位、由基层向上层迈进。对于公司来说，员工们积极上进、盯住阶梯是符合公司的最大利益的。因此，这一阶梯的存在，对于员工是一个显著的动力，只要他们干得出色，就会有机会获得晋升和发展。而水平型结构组织的阶梯显然太短，因而也缺乏动力。所以，这也许是许多人向往大公司的原因之一。

目前，我国报社内部的领导体制大致有以下几种：(1)实行社务委员会领导下的社长负责制。社长是法人代表。社务委员会是

图3-1 垂直型结构组织

总裁

行政副总裁　　　财务副总裁

研究主任｜促销与推销主任｜经营经理｜创作主任｜媒介主任｜会计服务主任

审计员｜办公室主任

研究人员 2人｜促销人员 12人｜推销人员 12人

拷贝主任｜艺术主任｜媒介计划主任｜媒介购买主任｜会计协调｜会计协调

薄记员 3人｜办公人员 6人

媒介计划员 4人｜媒介采购员 4人

拷贝职员 4人｜主任助理 6人

财务员 5人｜财务员 5人

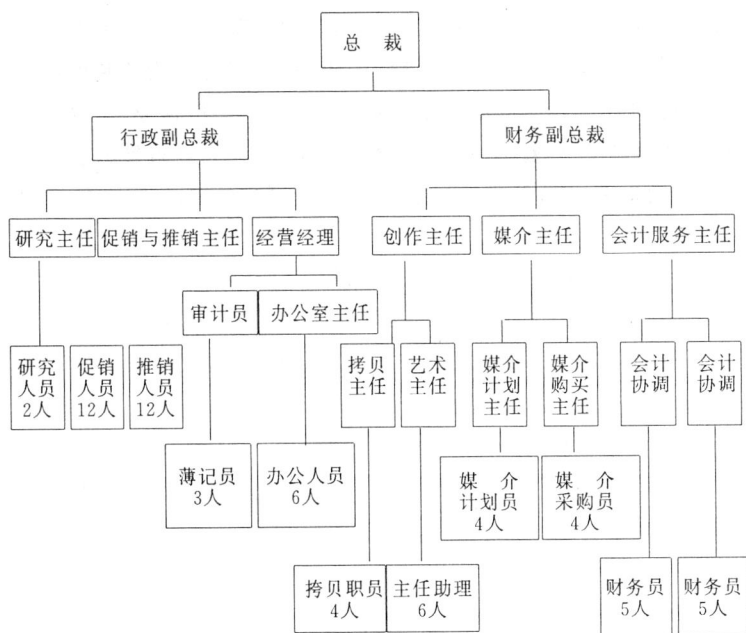

图3-1　垂直型结构组织(一家广告公司)

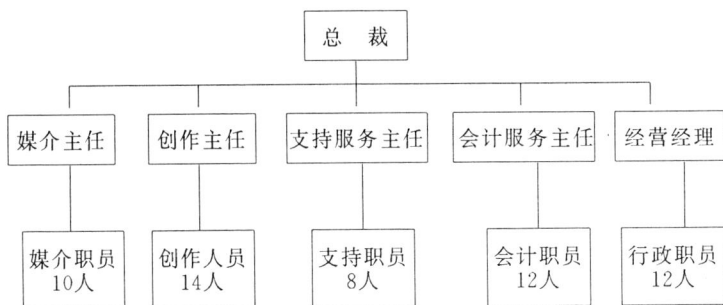

总裁

媒介主任｜创作主任｜支持服务主任｜会计服务主任｜经营经理

媒介职员 10人｜创作人员 14人｜支持职员 8人｜会计职员 12人｜行政职员 12人

图3-2　水平型结构组织(一家广告公司)

报社的最高领导和决策机构,由社长、总编、副社长、副总编组成。

社长与总编由一人担任。以总编辑为首和由部分编辑业务部门负责人组成编辑委员会,负责报纸的编辑业务;以社长为首和由经理部主要部门负责人组织经营委员会,负责报纸的经营业务。(2)实行社长领导下的总编辑、总经理分工合作制。社长是报社的法人代表,领导总编辑和总经理。总编辑领导编辑部、负责编辑业务;总经理领导经理部,负责经营业务。(3)试行董事会领导下的董事长负责制。这主要适合于有多家子报子刊和多种经营实体的报业集团。董事长是报业集团的法人代表,向董事会负责。董事会由各子报子刊社长或总编及各经营实体的主要负责人组成,决定集团内的重大事务。

媒介公司无论采用上述的那一种结构或体制,都必须把经营部门置于与编辑部门同等重要的位置,真正做到"两个轮子一起转"、"两个效益一起抓"。否则,媒介公司的经营活动就无法正常开展,媒介的生存与发展就会受到威胁。

第三节　媒介公司的运作与职权

一、媒介公司的运作

媒介公司的运作,实际上是一个收集、整理信息,然后,创造、生产、促销和传播信息的过程。公司领导的一个重要职责,就是有效地合理地组织员工在不同的岗位上既努力做好自己的份内工作,又要与其他员工密切配合,使信息产品的生产、销售流水线持续不断。

1. 媒介公司的运作流程

在组织媒介公司的运作时,领导者一般要通过五个步骤进行:(1)明确媒介公司和部门所要完成的任务;(2)确定完成这些任务的先后次序;(3)给每一项任务进行工作定位并落实到人;(4)决定如何协调和控制任务关系和工作流程;(5)在总体结构上,将所有运作要素有机结合起来,确保公司运作有条不紊。

实施第一个步骤,需要公司领导与部门经理共同商讨、集体决策;实施第二、三个步骤,通常由部门经理作出决断,因为它涉及到各部门的特殊活动,诸如采编、制作、生产、市场、发行、销售、播报等;第四个步骤,要求部门经理与公司领导的共同参与;第五个步骤,主要是公司领导的责任。

为了说明这一流程是如何发挥作用的,不宜用一个媒介集团的运作做例证,我们仅以一个报业公司编辑部的运作来加以说明。

首先,编辑部决定对某一重大恶性事件进行全面、深入地采访报道,以避免再发生类似事件(第一步)。其次,编辑部将完成这一任务依先后次序分为三大块:收集信息、写作报道、编辑出版(第二步)。接着,分配任务,编辑部决定由采访者、写作者和编辑者分别完成"三大块"任务。如果是短距离的小型事件的报道,收集信息和写作报道的任务则由记者一人完成;如果是远距离的重大事件的报道,则需要采访者外出收集各种信息,再打电话给编辑部写作者,由他综合各方面情况写成报道,然后交给编辑修改编排(第三步)。紧接着是工作流程的控制与协调。在编辑部的工作流程中,所有的任务都是落实到具体人的。这种"指定"或"定位",可以让记者明确知道自己必须在什么时间采写出关于什么事件的报道,也可以让编辑明了接到这样的报道,应该怎样评价它、修改它、使用它,放在什么版面和位置,用什么标题和字号,对进一步采写有什么建议或指令。记者外出采写新闻,编辑对其活动予以协调和控制是必要的,而编辑部主任对采访者、写作者和编辑者三者的活动加以协调和控制,也是为了更有效地利用人力资源,为公众提供更多更快更真的新闻(第四步)。最后,编辑部将编排、校对好的夹有大约25%广告的报纸大样交给报社领导签字印刷,于是报纸又进入印刷、发行的工作流程,这以后的流程已与编辑部关系不大,主要由报社领导加以全面协调(第五步)。

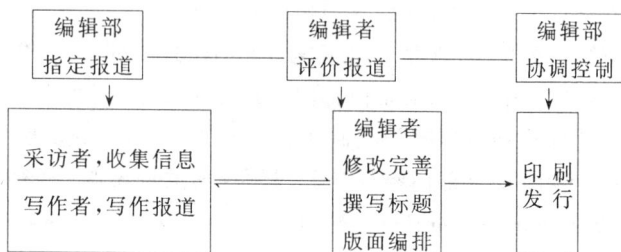

图 3-3　报社编辑部的工作步骤

2. 建立整体互动的运作结构

我们所分析的报社编辑部的工作步骤,仅仅是就一个重大事件的报道所作的分析,显示了新闻采集、写作、编辑和协调的分工。尽管这有助于描述一个单独事件的报道过程,但在传播实践中,记者、编辑、编辑部主任、报社领导要同时为无数个新闻事件的采写与传播劳作、奔波。实际上,一个大型报社所建立的组织结构要复杂得多,比如单新闻编辑部就可以分为:国际新闻部、国内新闻部、政治新闻部、工商新闻部、文教卫生新闻部、农村新闻部、体育新闻部,等等。报社对部门工作作如此细分和定位,是为了确保各种各样的新闻产品依据某种质量标准和在一定时间限制内制作、生产出来,而后销售、传播出去。

在一个正规的日报社内,编辑部只是整个工作流程中的一个环节,当然,它是一个重要的环节。假如我们对报社组织结构作简要分析,那么就可以用一个简图加以展示(图 3-4)。在这个组织结构图中,部门的安排是依据生产、销售的顺序从左到右排列的。新闻部、副刊部、编辑部和广告部主要是收集和制作新闻与广告讯息,印刷部门主要是印制讯息,发行、销售部门是散发和销售报纸,经营部收缴钱财和掌握公司的会计功能和其他广泛的管理功能。新闻、编辑部门的负责人向总编辑汇报,总编辑负责新闻采编的监督、协调工作;总经理领导、管理广告部、印刷厂、发行部、销售部和经营部,这几个部门的负责人遇事主要向总经理汇报请示。而社长是报社的法人代表,负责领导总编辑、总经理以及整个报社的协调组织工作。

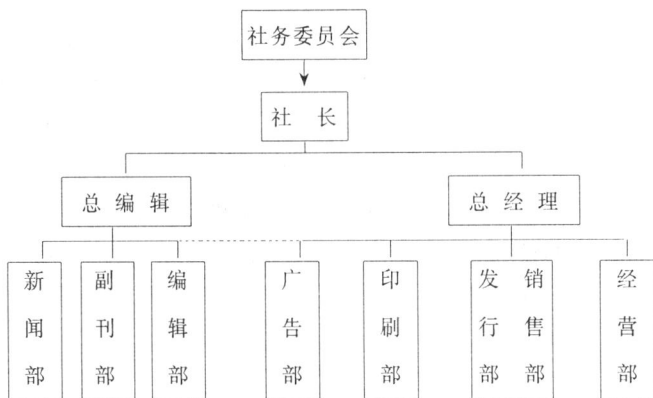

图3-4 报社组织结构图

因此,整个报社的运作,实际上是一个整体互动的过程。在这个过程中,"哪怕仅仅一道工序没有按时完成,其结果也不像其他工业那样只是质量差一点的问题,而是没有任何成果,'奇迹'也就随之垮台了,甚至用大量资金印刷的白纸一下子就成了一堆废纸。同易变质的食物一样,新闻也是一种过了一定时间就会成为停止流通的产品,因此在其成功——那怕是部分成功——与彻底失败之间,没有多少回旋的余地。一星半点的延误,发运上的差错,发生罢工——还有很多其他偶然事件,这对别的企业来说只不过是没有赚到钱,而对报刊企业则是致命的。"① 在这种情况下,报业公司要想获得成功,那怕是相对的成功,就必须切实加强各部门的整体协调、分工合作,不允许信息产品生产、销售的流程上出现半点差错。同时,还要积极引进最新的传播技术和传播手段,罗致和使用高水平的优秀人才,挖掘内部潜力,提高生产效率。

二、媒介公司的权利

媒介公司作为法人,它"是具有民事权利能力和民事行为能力,依法独立享有民事权利和承担民事义务的组织。"(《民法通则》)它也具备法人资格和条件:(1)依法成立;(2)有必要的财产或者经费;(3)有自己的名称、组织机构和场所;(4)能够独立承担民事责任。但是,媒介公司具有双重性:既是事业又是企业,既是公益性的又是营利性的,既讲究社会效益又讲究经济效益。因此,它既是事业法人又是企业法人,具体讲,编辑部领导属事业法人,经理部领导属企业法人。

1. 作为事业法人的权利

媒介公司作为事业法人,它应该享有的权利主要是指采集、编辑、传播信息的权利,由于这些权利与著作权密切相关,因而各国的著作权法均予以保护。通常,媒介公司依法享有下列传播权:(1)信息采集权。目前,全世界都承认大众媒介尤其是新闻媒介具有"采访的权利和搜集信息的权利",法律也都规定了这一权利。没有信息采集权,受众的新闻权、获知权、监督权就无法兑现,媒介的生产权也就无从谈起。(2)获取作品权。媒介公司有权从著作权人那里获取稿件,否则就无法传播。因此,获取作品是进行传播活动的先决条件。(3)修改删节权。媒介公司经作者许可,可以对作品作适当修改、删节,影视导演对剧本的修改程度可以与报社、电台、

---

① 〔法〕贝尔纳·瓦耶纳:《当代新闻学》,北京:新华出版社,1986年,第41页。

电视台对新闻作品的修改程度接近,但仅限于文字,对内容的修改,应当经作者许可。(4)编辑传播权。媒介公司对著作权人交付编辑、出版、传播的作品,有权按双方的约定将其印刷、制作成报纸、杂志、书籍、唱片、磁带、光盘、电影电视片予以发行播放,并受法律保护,他人未经许可不得擅自出版、播放该作品。

2. 作为企业法人的权利

作为企业法人,媒介公司就应该与企业一样实行"自负盈亏、自主经营、独立核算"的经营管理机制,因而也应依法享有经营管理的权利。媒介公司的经营管理权利主要有:(1)人事权;(2)财务权;(3)工资奖金分配权;(4)内部机构设置权;(5)产品生产权;(6)产品定价权;(7)广告刊登权;(8)发行销售权。[①] 目前,具有法人资格的大众媒介一般都程度不同的享有上述权利,随着改革开放的不断深入,相信上述权利还会进一步下放和扩大。

三、媒介公司的责任

媒介公司在争取、享有和保护它们权利的同时,还对著作权人、社会大众、伦理道德负有责任。

媒介企业也"是构成社会的一员,受社会的支持,是只有为社会服务和作出贡献才允许继续存在的组织机构。企业只要是社会的组织,就摆脱不了对社会的责任。""在今天,谁也不能否定企业的社会责任,企业经营者都不得不自觉地按照企业的社会性来进行企业活动。"[②]

在《传播学导论》(1997)一书中,作者曾将新闻传播者的责任分为契约性责任、社会性责任、法规性责任、国际性责任等。然而,关于媒介公司的责任,尚未确立统一的见解,其具体的实践内容多

① 梁衡:《新闻原理的思考》,北京:人民出版社,1996年,第138页、第159页。
② [日]前川良博等:《经营信息管理》,北京:北京科学技术出版社,1988年,第2页。

有交叉重叠,显得不够明确,各个媒介所尽的义务和责任也各种各样,难以分类。我们认为,媒介公司作为组织传播活动的组织机构,上述契约性责任、社会性责任、法规性责任、国际性责任中的一些条款和论述对它们也应是适用的。

此外,媒介公司至少还应承担下列六种责任:(1)依据合同或约定向著作权人支付报酬;(2)按合同或约定的出版、制作质量、期限,出版、制作著作权人的作品;(3)出版演绎作品或使用演绎作品制作节目或影片,应当向演绎作品的著作权人和原作品的著作权人支付报酬;(4)以适当的价格和稳定的质量向受众提供健康、有益的精神产品;(5)为了维护国家和人民的利益,可以牺牲公司的利益;(6)为公益事业和慈善事业提供力所能及的帮助。

第四章　媒介领导与领导者

美国通用电器公司董事长米尔贾斯(M.C.Miljus)在《出色的领导人和人力资源的动机》(1970)一文中曾对领导作用作过这样的评价:"在影响工业企业未来成功与否的因素中,领导现在已成为最关键的因素,很可能是唯一的关键因素。机器和资金都不足以解决未来工业的问题……我们正朝着一个用技术和资金能够创造的世界前进,但是,只有人——能计划的人,能创造的人,能作出决策的人,会管理的人,才能使这个世界合理。"同样,媒介企业的兴衰成败,其关键因素也是领导。因此,媒介领导与领导者就成了媒介经营管理研究中的一个必须面对和讨论的问题。

第一节　媒介领导的本质与原则

一、媒介领导的含义与本质

1. 领导与媒介领导的含义

什么叫"领导"? 历来有不同的解释。哈罗德·孔茨(1982)认为,领导是一种影响力,或叫做对人们施加影响的艺术或过程,从而可使人们心甘情愿地为实现群体或组织的目标而努力。海姆菲尔(J.K.Hemphil,1978)指出,领导是指挥群体进行相互作用的活动,是解决共同问题的过程。塞格蒂尔(R.M.Stogdill,1950)界定,领导是为确定和实现目标而影响群体活动的过程。理查德和格林洛(M.D. Richards & P.S. Greenlaw)写道,领导是一种影响过程,即领导者和被领导者个人作用和与特定环境的相互作用的过程。

根据上述解释,我们可以分析出"领导"的四个意义层面:(1)领导是一个相互作用、施加影响的过程;(2)领导须同时具备领导者和被领导者,缺一不可;(3)领导者是相互影响中的支配力量;(4)领导的目的是确定和实现组织的目标。

领导,顾名思义,就是率领、引导、影响。所谓领导,就是领导者率领、引导和影响被领导者为实现他所期望的目标的各种活动的过程。这个领导过程是由领导者、被领导者和环境三个因素所组成的复合函数。管理学著作常用如下公式表示:领导＝f(领导者、被领导者、环境)。

媒介领导不同于一般领导。领导是一种社会组织行为,而媒介领导是一种媒介组织行为;领导是一种特殊的社会实践活动,而媒介领导是一种更加特殊的组织、指挥和协调信息传播和信息营销的活动;领导者所引导和影响的是特定组织内的成员,而媒介领导者所引导和影响的不仅包括组织内的专业成员,而且还包括社会大众。

媒介领导也不同于媒介管理。媒介领导的职能主要是进行决策,而媒介管理的职能主要是执行决策;媒介领导具有宏观性、战略性和方向性,而媒介管理具有微观性、战术性和业务性;媒介领导高于媒介管理、支配媒介管理,而媒介管理亚于媒介领导、从属于媒介领导;媒介领导"宜粗不宜细",而媒介管理"宜细不宜粗"。在实际工作中,媒介领导者的职责应是正确地做事,媒介管理者的职责应是准确地做事。但是,大众传播媒介所面临的困惑往往正是:一些媒介领导者"不注重于正确地做事,却往往乐于准确地做事"(沃伦·本尼斯,1986),结果忙于事务而抓不住大事,在具体事务上忙碌不堪,在重大的方向、原则和关键问题上的决策却稀里糊涂;而一些媒介管理者却"不注重于准确地做事",而乐于以领导方式去管理,结果工作浮而不实、粗而不细,许多具体的管理工作不到位。这必须在媒介经营管理中加以避免。

2. 领导与媒介领导的本质

以往,人们在论述这一问题时,仅仅从领导者与人民群众、媒介领导者与社会受众的关系上加以分析。我们认为,这是需要的,但又是很不够的,还必须将更多的关系考虑进去。

(1)服务与信息服务。领导者与人民群众是一种什么关系呢?就是马克思在总结巴黎公社的经验时所指出的公仆与主人的关系。为什么说,领导者是人民群众的公仆呢? 因为,领导者是人民群众中的普通一员,他并无特殊的地位;领导者的权力又是人民群众赋予的,人民不但有权选举自己的领导者,而且有权监督他们,有权罢免不称职的领导者。称职领导者就是要全心全意地为人民服务。可见,领导的本质就是服务。

不同的领导从事的是不同的服务,而同类领导又可以提供各种形式的服务。那么,媒介领导的本质是什么呢?我们认为是信息服务。但这种服务有多种形式:有的是政治性、经济性、教育性、娱乐性的信息服务;有的是指令性、指导性、行政性、事务性、咨询性的信息服务;有的以平面媒体(报纸、杂志、书籍)提供信息服务,有的以立体媒体(广播、电视、电影)提供信息服务,还有的以互动媒体(网络、电脑)提供信息服务,等等。

(2)服务≠有求必应。对于媒介领导者来说,受众是顾客,顾客是上帝,而上帝是万万不可怠慢的,对它就要有求必应,想方设法使它满意。这是西方媒介经营管理学反复告诫人们的服务准则。戴维·奥斯本和特德·盖布勒(1996)写道:"企业是为赢利而存在。如果一个企业使其顾客满意,销售额就增加;如果别的企业使其顾客更满意,那么这个企业的销售额就减少。所以在竞争的环境中,企业必须对顾客予以极大关注。"

我们也认为要关注受众、尊重受众和服务受众,但这并不意味着对受众百依百顺、有求必应,也不意味着媒介领导者只是饭店服务大厅里的领班。媒介领导是信息服务与传播权力、传播责任的统一体。传播权力意味着媒介领导者可以决定传播什么、传播多少和怎样传播;传播责任意味着媒介领导者要对传播的过程和后果负责。他们不能在出事之后一推了之,说:"这还不都是为了满足受众需要,让他们高兴。"受众的成分复杂、兴趣众多、口味各异,对其正当的合理的信息需求自然应当力求满足,但对其不健康的、消极的、落后的和低级庸俗的信息(如反动、色情、暴力等)需求则不能满足。否则,就意味着滥用权力,严重失职,那么由此造成了信息污染、社会伤害、政治动荡,则应当追究有关媒介领导者的责任。

(3)领导就是掌舵。从领导与管理的关系来看,领导是掌舵而不是划桨,是授权而不是专权。在激烈的市场竞争中,如果一个媒介组织将最优秀的人才都用于划桨,那么它就会迷失方向,尽管它的前进速度加快了,但它可能驶向了一个错误的方向。对此,彼德·德鲁克(Peter F. Drueker)在《不连续的时代》(1968)一书中指出:"任何要想把治理和'实干'大规模地联系在一起的做法,只会严重削弱决策的能力。任何想要决策机构去亲自'实干'的做法也意味着'干'蠢事。决策机构并不具备那样的能力,从根本上说,那也不是它的事。"媒介领导者的职责就是多掌舵(政策制订)少划桨(具体服务)。德鲁克(1968)认为,真正有效的组织总是把高层管理和具体操作分开,让领导者集中精力进行决策和指导,而实际操作则由企业员工来做。这样,"各有其使命和目标,各有其行动的范围和自主的权限。"否则,主管们便会被具体操作任务分散精力,基本的指导性决策便无法作出。

二、媒介的领导方式与原则

1. 媒介的领导方式

不要试图寻求一种固定不变的最理想的领导方式,以适应于对各种情况的领导;也不要试图找到一种完全不同于其他领导的媒介领导的方式,以专门用来解决媒介管理中的问题。因为,任何领导方式都必须从实际出发,依据具体情况而灵活采用,很难说出谁优谁劣,谁可用谁禁用。

(1)勒温的三种领导方式。

勒温等人最先从领导者与被领导者的关系层面,总结出了三种领导方式,分析了它们可能产生的不同管理效果(表 4-1)。

后来,西方媒介经营管理学者以这三种领导方式对媒介领导作出分析,认为媒介领导的方式与此相通。独裁式领导以考虑决策为重,所有政策由领导者一人决定;民主式领导以考虑关系为重,所有政策由集体公开讨论决定;放任式领导不直接参与决策,所有事情由团体或个人自行决定,但是放任意味着放弃,放弃领导也就没有领导方式可言。实际上,在具体的媒介管理决策中,领导者完全可以根据情况,灵活运用独裁与民主两种领导方式。

(2)坦、施两氏的“独裁——民主序贯图”。

坦南鲍姆和施密特于 1958 年提出了“独裁——民主序贯图”,并于 1973 年作了进一步修改、完善。他们认为,领导者不能简单地机械地选择独裁式或民主式,而应根据客观实际和具体要求,把两者适当地结合起来,因为在“序贯图”(图 4-1)的独裁与民主两个极端的领导方式之间,可以产生多种的领导方式。

(3)索恩的三种管理形式。

索恩等人在《报业管理艺术》(1991)一书中提出了三种领导方式或管理形式:权威型、民主型、日本型。①

---

① 〔美〕A. B. 索恩等:《报业管理艺术》,北京:中国人民大学出版社,1991 年,第12～16 页。

表 4-1　勒温的三种领导方式

	独裁式领导	民主式领导	放任式领导
团体方针的决定	一切由领导者一人决定。	所有方针由团体讨论决定,领导者给予激励与协助。	完全由团体或个人决定,领导不参与。
团体活动的了解与透视	分段指示工作的内容与方法,因此无法了解团体活动的最终目标。	职工一开始就了解工作程序与最终目标,领导者提供两种以上的工作方法供职工选择。	领导者提供工作上需要的各种材料,当职工前来质询时,即给予回答,但不做具体指示。
工作的分工与同伴的选择	由领导者决定后,通知职工。	分工由团体决定,工作的同伴由职工自己选择。	领导者完全不干预。
工作参与及工作评价的态度	除示范外,领导者完全不参与团体作业。领导者采用职工个人喜欢的方式评价职工的工作成果。	领导者与成员一起工作,但避免干涉指挥。领导者依据客观事实评价职工的工作成果。	除成员要求外,否则领导者不自动提供工作上的意见,对职工的工作成果也不做任何评价。

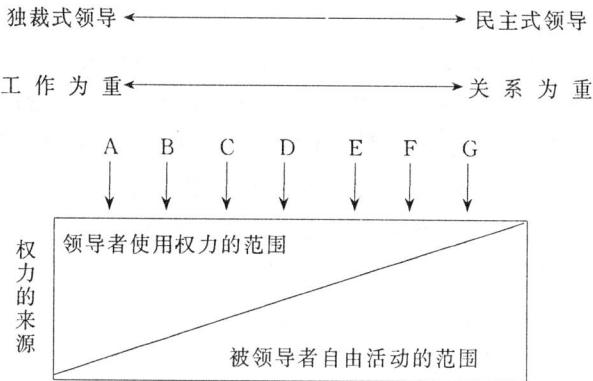

图4-1　独裁—民主序贯图

A—领导者作决策并予以公布；

B—领导者"推销"(说明)决策；

C—领导者提出观点,并征求意见；

D—领导者提出决策草案,供讨论修改；

E—领导者提出问题,征求意见,作出决定；

F—领导者说明问题范围,请集体作出决策；

G—领导者允许下属在上级规定的范围内自由活动。

　　权威型管理的假设是:大多数职员逃避工作或不喜欢自己的工作,也有不少人缺乏责任心和进取心,因此,与他们讨论计划和决策等于白费时间,还不如自己单独作出决定,然后再下达给他们执行,执行中还必须实行严格的奖惩措施。"这是建立在恐吓基础上管理,我对此很熟悉。"某报一位负责人说。他认为,当新闻岗位的报酬十分丰厚而就业机会又不多时,这种管理形式特别奏效。

　　民主型管理的假设是:职员有乐于工作的愿望,最优秀的职员都自觉地为实现媒介组织目标而努力。为了充分发挥员工们的工作积极性,领导者应鼓励他们献计献策和对公司决策品头论足。但是,索恩等人(1991)提醒媒介领导者:一般工作不必到处征求意见,只有较大决策才需员工参与;要帮助部下制订合理的力所能及的目标;对员工不要期望太高或急于求成;要有较大的耐心。

日本型管理又叫第三种类型或拖延型管理。这种管理要求对媒介公司的文化、公司内部的细微差别和决策倾向有全面的了解。因此,在管理上,媒介领导者一方面提出明确可行的媒介目标和计划,另一方面在人事安排和问题解决上又给出模棱两可、不确定和难以把握的指令。这种"模棱两可",可以看作是领导者在"观察思考"、"积累经验"和"征求意见",也是防止轻率的决定造成对整个组织稳定的破坏。威廉·奥琪(1986)认为,这大概也是日本员工为什么会终生效忠于一个公司的重要原因。

(4)豪斯的四种领导方式。

罗伯特·豪斯(R. J. House,1971)的途径—目标理论是在马丁·伊文斯(M. G. Evans)的1970年的研究成果基础上发展起来的。这种理论认为,领导者必须选择一种最适于某一特定处境的领导方式,以改善下级的心理状态,帮助他们达到目标。可供领导者选择的领导影响下属的方式主要有四种:即指令式领导、支持式领导、参与式领导、授权式领导。

指令式领导直接下达指令,并命令他人听从,不得讨价还价,决策时没有下级参与。在媒介管理中,此种形式经常用于对媒介新进人员或欠缺经验者使用。

支持式领导以较委婉的语气和重视相互沟通的形态面对部属,对于部属较友善、关心,常从各方面给予支持。这种形式通常适用于稍有经验的媒介员工,并欢迎员工关心决策,提供意见。

参与式领导对部属采取尊重并协助的方式,一般是多倾听,只在适当的时候加以指点,但不会直接干预工作,媒介员工有较高的参与性。这种形式适用于有经验的、有工作积极性和主动性的部属。

授权式领导,就是媒介领导者对那些具有强烈事业心和主人翁责任感的员工赋予实权,使他们能够独立自主地解决工作中所面临的危机和难题,而不必"早请示、晚汇报"。这种"分身术",被管理专家认为是一种能减少领导者负担、延伸管理者"手臂"和有效提高生产效率、充分发挥员工积极性的领导方式。

豪斯的途径—目标领导方式对于媒介公司来说,可能是特别有用的,因为它强调了下属个人特性、工作职位的压力和要求。我们知道,媒介组织内的骨干分子,通常是具有创造力的、富有智慧和很强的动机的。要有效地处理好与他们的关系,就要采用不同的领导方式,可能对其他工作人员很有效的方式对他们都不适用。途径—目标理论对于媒介领域这一高压力、高效率的工作领导,提供了有用的指导。

总之,媒介领导者取得业绩的多寡,很大程度上取决于他们所采用的领导方式和方法,取决于他们对现有问题及有关职员需求和个人特点的准确分析和灵活处理的艺术。成功的媒介领导者都懂得,即使是解决一个问题、处理一个方案,都是可以灵活采用多种领导方式的:有时,直接的独裁式、权威式、命令式算得上最佳对策;有时,民主式、支持式、指导式又堪称英明决断;有时,授权式的"分身术"和日本型的"拖延术"又不失为明智之举。每一位媒介领导者也许都有一套自己的驾轻就熟的领导方式,但灵活地采用多种领导方式去处理当代媒介管理中复杂的人事关系肯定是一个基本原则。

2. 媒介的领导原则

早在 16 世纪,意大利的尼古拉·马基雅维利(Nicclo Machiavelli)就在《王子》一书中,对统治者管理国家提出了四条原则:(1)群众认可,权威来自群众;(2)内聚力,权威必须在有内聚力的组织中行使;(3)领导能力,使权威维持下去;(4)求生存的意志,就是要"居安思危"。

领导原则是领导行为所应遵循的准则,它是领导特点和领导规律的反映。所谓媒介的领导原则,就是指在报社、杂志社、广播台、电视台、出版社、电影厂等大众媒介内的领导活动所应遵循的一些特殊准则。它包括社会效益和经济效益相结合原则,管理理论与管理实践相结合原则,个人智慧与集体智慧相结合原则,统一领导与分层领导相结合原则。

(1)社会效益与经济效益相结合原则。我们曾有过只要社会效益不要经济效益的年代,以为要了经济效益必然丧失社会效益。如今媒介领导者已有足够的智慧将两者尽收囊中,使两者有机结合、互相协调、共同发展。讲社会效益,就要讲党性讲政治,坚持四项基本原则;就要明辨是非,权衡利害,实事求是,锐意创新;就要既尊重和适应受众需要,又发挥媒介传播的积极作用和正面功能。讲经济效益,就要按市场规律办事,按市场需求组织生产和销售;在确保主业经营效益的基础上,积极拓展副业经营的领域;还要努力增收节支、科学管理,充分挖掘内部潜力。当社会效益与经济效益发生矛盾和冲突时,后者服从前者,前者支配后者,前者第一,后者第二。

(2)管理理论与管理实践相结合原则。媒介经营管理理论是实践的向导、决策的准星,而媒介经营管理实践又是理论的源泉、研究的基地。它们相辅相成、不可分离;它们相互影响、相互制约、相互促进、共同发展。实践无数次证明,没有科学的媒介经营管理论的滋润和指导,大众传播媒介就不可能有好的社会效益和经济效益;但掌握了媒介经营管理理论而不能同本媒介的具体实际相结合,也难有最佳的社会效益和经济效益。特别是在今天,我国尚没有一本全面、系统的具有中国特色的媒介经营管理著作,现有的研究对西方媒介经营管理理论也存在一定的依赖性,这就要求领导者更加注意理论联系实际,敢于创新,敢于走自己的路。

(3)个人智慧与集体智慧相结合原则。鲍勃·奥伯莱和保罗·科恩认为:"管理者需要更多的智慧",因为"智慧是开发组织内部人力潜力的组织战略",它"为判定知识和创造价值提出了一项新标准,为认识有经验的劳动者的潜力提供了一些新方法。"① 作为开发媒介组织内部人力潜力的智慧,即使是最高明的领导者,其个人智慧也有其局限性,而必须将其与集体智慧有机结合,互相碰撞,从而才能产生"1+1>2"的社会效应。这就要求媒介领导者不搞家长制、"一言堂",要善于发挥集体智慧,运用集体经验,依靠全体员工的力量去开拓市场、占领市场、创造辉煌。实行媒介首长负责制和法人代表制,也不排斥集体领导和集体智慧。个人的聪明才智总是有限的,集体的智慧和力量则是无穷的。吸纳更多的智慧,可以为媒介事业的发展插上腾飞的翅膀。

（4）统一领导与分层领导相结合原则。对于大众媒介经营管理,必须既统一领导又分层领导。领导不统一,政出多门,分散主义,整个媒介组织就没有竞争力和凝聚力,就形不成力量,无法进行有效的管理。要统一领导,就必须统一目标、统一思想、统一政策、统一指挥、统一行动。这样才能统一运筹人力、物力、财力,协调各种关系,形成强大合力。但是,统一领导并不意味着只有一个领导或一级领导。领导系统是有层次的,不同层次有不同的功能和任务,因此,统一领导必须与分层领导相结合。遵循分层领导原则,意味着上一层次只管它的下一层次,不越级指挥;下一层次在经营管理中遇到困难或问题,一般也只向上一层次领导请示,只在特殊情况下才越级反映和越级干预。坚持统一领导和分层领导相结合的原则,既有利于政令统一,又有利于发挥组织作用;既有利于高层领导者摆脱事务纠缠,集中主要精力抓好媒介组织中的大事,又有利于调动下级层次领导者的积极性、主动性和创造性,使他们能独立负责地工作,在实践中得到培养锻炼。

---

① ［美］鲍勃·奥伯莱、保罗·科罗:《管理的智慧》,北京:三联书店,1996 年,第 1 页。

第二节　媒介领导的特点与权威

一、媒介领导的特点

媒介领导不同于行政领导、企业领导、学校领导,它具有自己的独特表征。

1. 全局性

媒介领导过程是一个全局性的整体互动的过程。一般企业从事的是实体产品的生产与销售,其领导活动较为单纯和集中。而媒介企业不仅从事实体产品(具体的报纸、杂志、书籍)的生产与销售,还从事信息产品(抽象的消息、情报、知识、理论)的生产与销售,其领导活动则较为复杂和分散。这就要求媒介领导者既有两方面经验和知识,又能将两种不同的产品生产与销售活动有机结合在一起,使其成为一个整体。在处理问题时,要从媒介系统的整体和全局出发,正确处理整体与部分、全局与局部、采编与经营的关系。在使用资源时,也要从全局出发,合理安排媒介系统的人力、物力、财力,使其统筹兼顾,取得整体效应。如果在媒介领导活动中发生矛盾,正确地做法也是让部门利益服从整体利益,局部利益服从全局利益,媒介利益服从国家利益。

2. 社会性

大众传播媒介作为"社会公器",既与社会有着千丝万缕的联系,也是影响社会的强大武器。因此,要对人民负责,对受众负责,而不能害人害己,误国误民。在我国任何正常的一天,大约有8亿听众、7亿观众、6亿读者与大众媒介发生关系并接受其影响。这从一个侧面说明媒介领导具有很强的社会性。领导者的任何一个正确或错误的决策,都会对社会产生积极或消极的影响。在有不同阶级、不同制度存在的世界上,媒介领导的社会性还意味着领导者总是代表一定阶级、阶层和社会集团的利益,执行一定阶级、阶层和社会集团的意志,为一定阶级、阶层、社会集团服务。要适应媒介领导的社会性特点,领导者就要具有党性观念、社会意识,注意社会需求、社会影响和社会效果。

3. 协同性

现代媒介领导活动的对象千头万绪、复杂散乱。从纵向看,它涉及信息的采集、整理、传播,产品的生产、分配和销售;从横向看,它涉及媒介内部人力、物资、资金、信息等方面的管理,涉及媒介外部政治、经济、科教、文卫、城市、农村等部门或领域的协调。在这种情况下,媒介领导不仅要对信息产品和实体产品的生产和销售进行协调、整合,而且还要对复杂的人际关系、工作关系、社会关系等进行梳理和调节,同时还要与党的中心工作相协同,即"要帮忙,不要添乱"。协同的目的,就是避免矛盾,减少碰撞,化解冲突,达到和谐统一,从而更好地发挥媒介的整体效应。

4. 前瞻性

媒介竞争激烈,市场变化莫测,媒介领导者需要在许多事物的急剧发展变化之中对某一事态发展作出预测和决断。森德·里奇伯格管理研究中心在 1994 年的调查报告指出:在未来 10 年内,商业环境将比现在更加难以预测和有更加激烈的竞争,因而需要企业以高创意和高质量的产品和服务去占领和赢得市场,需要同顾客及其他机构有更大的合作,需要领导者有很强的冒险性和前瞻性。凡事预则立,不预则废。没有前瞻性,领导者就无法确立公司的发展方向和目标;没有前瞻性,就无法适应形势发展和市场变化;没有前瞻性,也就谈不上科学决策和正确领导。在这种情况下,媒介领导者更要目光敏锐,高瞻远瞩,审时度势,善于应变,及时作出正确决策,使媒介发展经常处于主动地位,不断迎接新的挑战。

5. 风险性

有人说:记者是仅次于警察和工兵的一个最危险职业。同样,领导大众媒介也具有极大的风险性。媒介领导的风险性,首先表现为大众传播可能会对整个社会造成消极的负面的甚至破坏性的影响,反过来也会对自身的生存与发展造成威胁。四川某出版社出了一本违背民族宗教政策的书,结果造成了社会动荡,自身也损失了几个亿。其次表现为对某个团体或个人造成诽谤或伤害,引起民事诉讼。近些年,经常有媒介领导者坐在被告席上,为这类事伤精劳神。再就是媒介运作充满风险,它要求一丝不苟,着着落实。因为,在媒介运作中,哪怕仅仅是一道工序没有按时完成,其结果也不像其他工业那样只是质量差一点的问题,而是没有任何成果。不论在信息的采集、整理、编播上,还是在产品的生产、运输、销售上,只要有一个环节发生阻碍和断裂,都可能葬送其他环节的辛勤劳动,给媒介带来无可挽回的经济损失和负面影响。难怪许多媒介领导人说,干我们这一行,终日如履薄冰。

6. 先进性

现代大众媒介基本上是由最先进的设备和科技武装起来的,否则,它就很难适应社会发展和受众要求。近几年,许多省级以上新闻单位建的报社大楼、广电大楼纷纷装配上"新闻管理综合网络系统"(浙江大学迈康公司制作),成为"智能大楼",实现了管理自动化。这对于媒介领导来说,媒介的先进性,也要求领导者具有先进的思想观念、科学知识、技术手段和领导艺术,具有创造意识、创新精神和锐意进取、开拓前进的勇气。如果因循守旧,不思改革,害怕学习,总是原地踏步,停滞不前,那无异于退出竞争、自掘坟墓。《广州日报》、《羊城晚报》、《扬子晚报》、中央电视台等众多媒介之所以在经营管理中迅猛发展,取得引人瞩目的成绩,这与媒介领导的先进性不能说没有关系。

二、媒介领导的权威

1. 权威是实施领导的基础

俗话说,不怕上告,就怕上报。这说明,报纸等大众传播媒介具有比上一级行政领导人更大的权威。那么,作为能够实现媒介领导过程的媒介领导者,也必然具有一定的权威。所谓权威,一是指外界赋予的位置和权力,即职权;二是指内界蕴含的个人声望和威信,即威望。权威是实施领导的基础。一位媒介领导者光有职权是不够的,还得有一定的威望。这样,才能进行有效的领导。

在媒介领导过程中,职权所产生的是强制性影响力,而威望所产生的是自然性影响力。

2. 强制性影响力的形成因素

强制性影响力由三个因素造成:(1)传统观念。中国的传统观念就是"官本位",领导人比普通人高一等。所以,一般人对领导人会有不同程度的敬畏感和顺从感。这种影响力产生在领导者言行之前,与领导者本身因素并无联系。只要谁当了领导者,谁就具有这种影响力,不管领导者个人条件如何。(2)团体规范。任何团体的成员为着实现本团体的组织目标和维护本团体成员的共同利益,对本团体的领导人都会自觉尊重和服从。(3)法定职权。由于领导人的职权系由选举产生或由上级任命,具有法定的性质,而且对下属人员的前途和命运具有支配和约束的权力,下属人员对顶头上司一般都会尊重其权威。如果某一个领导者的位置权力一旦丧失,这种强制性影响力也就随之消失。

3. 自然性影响力的形成因素

自然性影响力的形成因素主要有四个:(1)品德。媒介领导者品德愈高尚,愈容易赢得员工发自内心的尊敬与服从。根据研究,最使员工信服而产生好感的品德为:平等待人,办事公正,宽宏大量,坦率诚实。(2)才学。才能与学识是构成媒介领导者个人威望的重要组成部分。如果领导者在某方面学有所长或有所成就，就会在员工中树立威望。(3)资历。资历是领导者个人历史的见证。如果一个媒介领导者有辉煌的过去、非凡的业绩和自我奋斗的艰难历程，就会在媒介员工中产生一种尊重感或敬佩感。(4)感情。感情是人际关系的润滑剂。如果媒介领导者与员工保持一种和谐融洽的亲近关系，就容易在员工中建立威望，形成自然性影响力。

第三节　媒介领导者的职责与素质

一、媒介领导者的职责

据说拿破仑的许多士兵将元帅的权杖放在他们的背包里。不想当将军的士兵不是好士兵。善于从士兵中发现和提拔有才能的人，是这位法国元首的声望所在。所以，有抱负的年轻的媒介业者都应有一个梦想，就是力争成为媒介领导者。

约翰·勒文(John M. Lavin)等在《媒介组织管理》(1988)一书中写道："最优秀的媒介管理不是让电视台和广播台播出节目，也不是让报纸能够出版，如果我们选择一个词来规定媒介管理的话，这就是'领导'。"对于媒介企业的生存与发展来说，领导是否有效至关重要。在竞争日益激烈的时代，媒介领导者不但应该是信息采写编播的行家，还应是媒介经营管理的内行，同时还要重视专家的作用，尽可能拥有自己的"智囊团"、"思想库"。

总结成功的经验，有效媒介领导的主要职责是：制订战略目标，建立组织机构和规章制度，正确地选人和用人，合理决策，注意调查研究，不断学习。

1. 制订战略目标

制订战略目标是媒介领导的第一大职责。目标制订得是否正确,从根本上决定了一个媒介的经营管理效果。

经营管理效果＝战略目标(方向)×工作效率

从公式看,如果目标方向不对,那就成了负数,工作效率越高,其经济管理效果就越低。比如,当党的中心工作已转到经济建设上来时,而有的媒介仍把战略目标定在阶级斗争上,就属于这种情况。让广播、电视节目上卫星,以扩大覆盖面、吸引更多的广告客户,许多省市的广播电视厅采用了这一战略目标,使媒介产业获得了迅猛发展,而没有制订这一战略目标的省市广播电视台,在国家宏观控制措施出台后就很难再实施这一战略目标。所以,一个媒介领导者水平的高低、魄力的大小,都表现在战略目标的制订上。

2. 建立组织机构和规章制度

这是实施目标的重要条件和手段。只有建立起合理而有效的组织机构,制订了多项规章制度,才能保证目标的实施。

在媒介管理的各项规章制度中,最重要的是各种责任制和奖惩制度。前者要使记者、编辑、主持人、导演、导播、制片人、主任、经理、总经理、总编辑、社长等岗位和个人都有明确的责任;后者则依据一系列标准对媒介成员进行评价,对表现好的或差的予以必要奖励或惩罚。

3. 正确地选人和用人

发现人才,选择人才,使用和团结人才,是领导者是否成熟的主要标志之一。金无足赤,人无完人。"有效的管理者择人任事和升迁,都应以一个人能做些什么为基础。所以,他的用人决策,不在于如何减少人的短处,而在于如何发挥人的长处。"① 汉高祖刘邦在总结他夺得天下的原因时曾说:"夫运筹帷幄之中,决胜千里之外,吾不如子房;镇国家,抚百姓,给馈饷,不绝粮道,吾不如肖何;连百万之众,战必胜,攻必取,吾不如韩信。三者皆人杰,吾能用之,

---

① [美]杜拉克:《有效的管理者》,台北:企业管理发展中心,1978年,第85页。

此吾所以取天下者也。"这说明,不论是领导还是下属都不是全才,但领导者必经遵循用人所长的领导原则,才能实现自己的目标。

用人所长,还应授予一定的权力和明确的职责,做到有职有权,而不应妒贤忌能,做当代的王伦。要用好人才,还应关心人、爱护人,建立和谐的人际关系。

以上三项是媒介领导者的根本职责,下面的三项为经常职责。

4. 合理决策

决策是媒介领导的一项经常性工作,不能决策就不能领导,犹豫不决也不是好领导。有效的媒介领导者不做太多的决策,他们做的都是有效的和重大的决策。"他们希望知道一项决策究竟涵盖什么,应符合什么基本的现实。他们需要的是决策的冲击,而不是决策的技巧;他们需要的是好的决策,而不是巧的决策。""他们知道在整个决策过程中,最费时的不是决策的本身,而是决策的推行。一项决策如果不能演化成为'工作',则不成其为决策,至多只是一种良好的意愿。"[①]

5. 注意调查研究

注意调查研究,密切联系群众,这是领导的基本职责和基本方法之一,也是领导者的一项经常性工作。媒介领导者要真正掌握实情,做到心中有数,提高决策的正确性,光听取来自下属的总结和左右的报告是不够的,必须对本单位的全面情况作亲自调查,还要组织人员或委托调查机构对受众市场和广告市场作不定期的调查分析。调查研究既可以发现问题、找到差距,也可以了解市场动态、把握消费趋势,从而作出正确决策。

6. 不断学习

"在当今世界上,学习已成为管理理论中首先要解决的问题。""学习已成为每个人的事业,每个人既要奉献出自己的学习成果,

---

① [美]杜拉克:《有效的管理者》,台北:企业管理发展中心,1978年,第136~136页。

又要接受别人的学习成果。时间就是你拥有知识的一半这种观念已经过时,如今学习的'半个生命期'已经成为衡量职业发展的基准点。"① 这对于媒介领导者来说,为了媒介和自身的生存与发展,更要不断学习、不断提高,以解决信息爆炸和知识老化的问题,使自己与科技进步、社会发展保持同步。继续学习,既是一件新事物,也是对自己惰性的一种挑战,是对自己未来的一种投资,因为它可以提高自己的工作市场价值。假如媒介领导者害怕学习、拒绝学习,那么他和他所领导的媒介公司在日益激烈的竞争中就将被淘汰。让我们每个人为了生存和发展而不断学习吧!

二、媒介领导者的素质

媒介领导者应具备哪些素质呢?不同的人对此有不同的看法。有的人从优秀媒介领导者必须具备的条件加以论述,有的人从成功媒介领导者一般具有的能力加以分析,还有的人从卓越媒介领导者所显示出来特征加以描述。

1. 十大条件论

(1)媒介领导者的智商要比正常人稍高一些。美国的一项研究结果表明,各级领导者的平均智商指数在 120 到 135 之间。媒介领导者的智商如果太高,那么其属下员工就会觉得难以适应,缺少自信;相反,如果媒介领导者的智商太低,很容易被超过,部下又缺乏压力。

(2)媒介领导者要能赢得别人的合作,善于与人共事。不要单枪匹马地干,集体合作越来越重要。每个领导者都需要"厚植助力",有忠实的朋友和智囊谋士的支持,形成一个关系网,否则不能取得事业的成功。

(3)媒介领导者要有迅速应变以及一旦出现机会便立即抓住

---

① [美]奥伯莱和科恩:《管理的智慧》,北京:三联书店,1996 年,第 3~5 页。

不放的本领。机会几乎是一切,它来之不易,转瞬即逝,发现并抓住它就可以为媒介企业的发展注入强大活力。

(4)要有高瞻远瞩的能力,不要盯着眼前的蝇头小利,结果捡了芝麻丢了西瓜。

(5)要能容忍优秀人才的缺点和坏脾气。媒介领导者应该知道,你是用人来做事而不是用人来拍马。因此,如果一位红得发紫的女明星能大大提高收视率,那么她发发脾气又有什么关系呢?

(6)媒介领导者要任人唯贤,不用得过且过的人,不用毫无作为的人。解雇员工是不愉快的事,但有时却不可避免。

(7)媒介领导者必须具备较强的传播才能,能清楚、简明和合乎逻辑地讲清事情,能倾听、理解和分析他人的讲话内容。

(8)媒介领导者必须具备经营意识,即使你不懂会计业务也要懂得生意上的数字,因为人们不能指望一个对数字鲁钝的不感兴趣的媒介领导人会创造大财富。

(9)要有勇于承认错误和失败的精神。冒险势必会有失败,失败乃成功之母。出差错时,不要找借口,也不可将错误转嫁给上司、下属或同僚。

(10)媒介领导者不要事必躬亲,要善于使用比自己能力强的部属。有了优秀人才而不放手使用,你就无法从他们身上得到利益和好处。判断一位主管是否能够称职,不在于他如何忙碌,而在于他如何培养和使用优秀人才。

2. 四大能力论

本尼斯(1984)曾对 90 名具有领导能力的人进行过分析研究,他除了发现个人特性和领导风格有很大的差异之外,还发现了媒介领导者的四种相同或相近的管理能力:

(1)注意的管理能力。媒介领导者总有办法让员工对组织的战略目标、发展方向和运作目的有足够的注意,从而在思想上引起重视。

（2）意见的管理能力。有效的领导者总是能够把自己的想法和意见通过组织渠道传达给其他人，从而影响这些人的态度和行为。

（3）信任的管理能力。相互信任是领导与被领导相互作用的基本条件。只有当职员信任他们的领导者，才能有效地管理和领导他们。有效的媒介领导者都有获得他人信任的本领。

（4）自我的管理能力。有效的媒介领导者都能充分了解自己的水平、能力和优缺点，一般都能够有效地发挥长处，控制缺点，从而能够适应不同的情况和环境。

3. 四大特征论

美国盖洛普民意测验对1500位伟人的成功作了深入的研究分析，得出了这样一个结论：一个人的成功不在于财富和地位，而在于他能否在本职领域内取得辉煌的成绩。成功者们所共有的特征为：

（1）常识。调查表明79％的人把成功归功于常识，绝大多数人认为常识意味着对日常事务进行确实有效的管理与抉择。

（2）懂行。75％的应测者认为自己是一位具有专门知识和技能的懂得本行的佼佼者。

（3）才思敏捷。只有才思敏捷才能脱颖而出，获得辉煌成就。43％的应测者认为才思敏捷是取得成功的十分重要的因素。

（4）办事能力。将近75％的成功者都认为自己办事效率高，办事能力强。但是要达此目的还必须具备三个条件：有较强的组织能力，有良好的工作习惯，有刻苦勤奋的实干精神。

在媒介经营管理中，许多管理者都喜欢琢磨靠什么才能成为成功的领导人。大卫·麦克莱伦德、麦德林·珍宁丝等人经过琢磨发现了许多媒介领导人所共有的一些特征：（1）严于律己，宽以待人；（2）脚踏实地，刻苦勤奋；（3）坚韧不拔，力控全局；（4）小心谨慎，善于决断。

4. 十大素质论

所谓素质,是指媒介领导者在领导活动中经常起作用的本质因素,它包括自然素质和社会素质。《媒介组织管理:有效的媒介领导》(1988)一书认为媒介领导者的素质主要有10种:

(1)具有预见他所领导的部门或公司向何处发展的敏锐眼光。

(2)有运用各种手段说服他人为实现本组织目标而努力工作的特殊本领。即他应是一个有效的传播者,能用自己的语言或文字来描述自己的远见,并使其他人容易理解。

(3)具有有效地听取别人意见和尊重他人观点的谦虚态度,并设法使大家知道,职员所思所做的一切,对于媒介公司的生存与发展都是重要的、有价值的。

(4)当需要评价自己和职员时,要具有一种现实的、客观的态度,并且极具敏锐的洞察力。只有承认自己和指出别人的真正长处和短处,才能发挥优点,克服缺点。

(5)具有吸引和选用优秀人才的能力,具有调动其积极性的本领。选用能人经济实惠,因为他贡献较多而索取较少。若让他在一个富有效率的集体中起表率带头作用,那贡献就更大了。

(6)具有识别和处理媒介公司内轻重缓急问题的特别技巧。如果事情相当重要和紧急,那么就应该立即处理。如果经过衡量是不重要的或无用的事务,那么就应该予以搁置或彻底放弃。根据统计,在我们经年累月所堆积的信息或杂务中,有80%是完全不重要的,甚至根本没有任何用处。

(7)具有调动所需资源(人才、资金、信息、服务、时间、技术)完成工作的本领。

(8)具有支持新观念、新创见的勇气和倾向,并监督使之成为现实。

(9)具有敢于梦想、勇于创新、不断进取的精神。梦想也许不会成为现实,创新也可能有点脱离实际,但这却是朝向远大目标进发的动力。

(10)在媒介员工任务完成得较为出色时,要及时予以肯定和承认。吝啬赞扬不是好领导。

第四节　媒介领导者的选聘与组合

研究媒介领导者职责和素质的目的,是让人们识别和判断出优秀的媒介领导者。但是,没有正确的选聘方法和科学的组合原则,不仅得不到优秀的媒介领导者,有了以难以发挥领导班子的整体效应。

一、媒介领导者的选拔

1. 选拔媒介领导者的意义

加快培养选拔跨世纪的媒介领导人才,这是世纪之交媒介工作的战略重点之一。近年来,大众传播媒介战线各级党组织认真贯彻干部队伍"四化"方针,落实中央《党政领导干部选拔任用工作暂行条例》,坚持党管干部的原则和德才兼备的原则,按照"群众推荐、组织考察、党委集体讨论决定"的程序,选拔了一批德才兼备、事业心强、精通业务、善于管理、能打开局面的年轻干部进入大众媒介系统各级领导岗位,为信息事业的发展繁荣,推进以优质高效为主要特征的"阶段性转移",注入了生机与活力。

但是,由于信息传播产业的规模、数量增长过快,年轻干部的培养和使用还未能跟上形势发展的需要。特别是新创办的媒介机构和地市以下的媒介组织,其领导成员学历层次不高者占有很大比例,"外行领导内行,枪杆子管理笔杆子"的现象也屡见不鲜。在我国的25000多家的报刊社中,有很大一部分是县级的和改革开放之中创办起来的,其领导者的素质普遍需要提高,有的甚至需要加以集中培训。然而,一些资格较老的媒介单位,领导成员老化现象严重,班子结构不合理,没有形成年龄、专业、特长等结构的梯次配备;另一些成立不久的媒介单位,匆忙从其他单位调入或从社会上招聘不了解、不熟悉信息传播专业的人员,未经培训就上岗顶位。本来,信息传播业就是知识密集型的行业,理应是人才汇集之地,但实际情况是很难令人满意的。举出版业的例子来说,据1995年统计,全国出版行业的从业人员近33万人,其中具有研究生学历的仅占0.96%,加上大学本科学历的,也仅占8%。就是这8%,也并非都是编辑出版专业毕业的。① 出版界尚且如此,新闻界也就可想而知了。

人们常说,未来社会是知识递增、信息爆炸的社会,未来战争也是信息之战、知识之战和智慧之战。没有一支高素质的装备精良的信息传播大军和一批德才兼备、结构合理的领导队伍,我们能有把握赢得未来的那场特殊的战争吗?正是在这种情况下,我们必须以对党的事业高度负责的精神,破除那种论资排辈、平衡照顾的选干方法,及时、大胆地将优秀年轻干部选拔到领导岗位上来,使他们在跨世纪这一最佳工作时期发挥出最佳的人才效益。

2. 选择媒介领导者的方法

选择媒介领导者除了要遵循一定的原则、按照一定的标准和程序之外,还要运用科学的选择方法。选择方法一般不外是从外边招聘和从内部选拔两种。

(1)招聘方法。

招聘方法就是在大众媒介上刊播招聘启事,规定出应聘人员的政治条件、业务水平、领导能力三个方面的总要求,有的还规定出学历、专业、年龄、现任职务、工作经历、工作实绩、户口所在地等限制性条件,要求应聘者将本人简历及有关资料在规定时间内邮寄或送交到招聘单位以供审查。在对应聘者提供的资料进行核实

---

① 闫国庆:《加快培养选拔跨世纪出版领导人才》,1996年3月22日《光明日报》。

后,接着对符合应聘条件者进行笔试;然后,依据笔试成绩的高低,按照一定比例再选一部分人参加由领导和专家组成的答辩评审会;通过答辩者可以录用,但录用后仍可规定一段"试用期"(三个月以上)或"助理期",以造就和选拔出过得硬的媒介领导者。

这种公开招聘的方法,有利于在较大范围内罗致和选择人才,使一些既懂传播又精经营的、才高而位下的人才有了用武之地;也有利于人才的合理流动,使各种各样的人才学有所用、用有所长,从而充分发挥现有人才的潜力。

(2)选拔方法。

选拔方法就是在媒介组织内部从下级管理人员中选择、提拔为领导者。常用的具体办法有:审核被选择人的历史功过;查看他接受高等教育和各类培训的功课成绩;检查以往的包括被选择人在内的年度考核记录;广泛听取群众意见,由群众背靠背评议推荐;让被选择人谈如何搞好某项管理工作;模拟一些媒介经营管理活动中的紧急情况,让被选择人来处理;模拟令媒介领导人的工作环境和所遇到的问题,看被选择人如何反应和解决;由专门机构或专业人员对候选人进行心理上或实际工作能力上的考核和测定,最后作出评价。运用这些方法,就是为了建立起与现代媒介经营管理工作相适应的看实绩、论德才、讲民主的公平启用机制和竞争择优机制,使真正的既精通业务又善于管理的媒介领导人才能够脱颖而出。

选拔人才也是为了使用人才。对媒介领导者尤其是年轻干部的使用,一定要端正用人观念、遵循用人原则,要全面地辩证地看待一个人,既用其所长又不护其所短,既大胆使用又严格要求,既让其充分释放能量又让他定期充电蓄能,这样的干部才能够永不落后于时代的潮流,为大众传播事业创造出更加辉煌的未来。

二、媒介领导者的组合

在媒介经营管理中,领导者的合理组合十分重要。合理的组合,它能产生出"2+2＞4"的积极效应;反过来,它也能产生出"2+2＜4"甚至"＜2"的消极作用。一个具有合理结构的媒介领导班子,不仅能使每个领导成员人尽其才,胜任各自的工作,而且能通过有效的结构组合,发挥出巨大的集体力量。

媒介领导者的有机组合,主要表现在六个方面:

1. 年龄的有机组合

这就是将不同年龄层次的媒介领导者合理地组合在一个班子里,从而起到协调互补的作用。这个领导班子应由老中青三个年龄段的干部组成,要形成以中青年干部为主的金字塔型年龄结构。老干部"老马识途",经验丰富,老练持重,善于掌握方向、应付复杂的局面;中年干部年富力强,兼有青、老干部的长处,能起到承前启后的骨干作用;青年干部思想敏锐,朝气蓬勃,接受新事物快,富有创造力,奋发有为。媒介领导者年龄的有机组合,可以取长补短,充分发挥不同年龄段干部的优势,有利于新老干部的合作交替,有利于提高领导班子的整体效能,有利于保持政策的连续性和稳定性。要实行金字塔型年龄结构,一要坚持干部队伍的年轻化,二要调整不合理的年龄结构。但是,老中青的年龄要求,在不同级别的媒介和领导阶层中是不完全一样的。这需要灵活掌握,而不可一刀切。

2. 知识的有机组合

鉴于大众媒介业是知识密集型行业,因此它们的领导人应该属于高知识水平的范围。因为,随着教育的普及和社会的进步,未来的劳动者将不是靠体力而是靠智力生存。作为领导传播者的媒介领导人若不具有更高的知识水平,就不可能有效地对媒介进行经营管理。但是,大多数领导者都只有专门知识而无广博知识,是"偏才"而非"全才"。这就要求对"偏才"进行有机组合,使整个媒介领导班子各种人才齐备、知识结构合理。因此,在媒介领导班子内部,在坚持有大专以上文化程度的基础上,应该既要有掌握自然科学知识和技术的人才,也有懂得社会科学知识的人才;既有高度敏感的政治家和修养较高的理论家,又有文化底蕴深厚的文艺家和实际知识丰富的传播家。

提高领导者的文化知识水平,不仅要看文凭、学历,更重要的要看实际知识水平。学历只代表一个人的过去,并不能完全反映和代表他的现在。科学研究表明,在现代社会中,一个人的知识大约10%是靠正规学校教育给予的,而大约90%的知识要靠他在以后的继续学习中获得。因此,选才用人要既看学历又不唯学历,重在实际知识水平和实际领导能力。

3.专业的有机组合

不同的媒介公司对领导者的专业结构有着不同的要求。专业的有机组合,一是指在一个媒介领导班子里要根据管理特点和职能安排进具有不同的专业知识的领导人,使他们在自己的专业范围内或相关领域内有较多的发言权,承担更多的责任;二是指一位领导者不能仅满足于当某一领域里的"专家,还应该积极向外拓展,对其他专业知识也要有所了解,努力使自己成为复合型人才。因为,现代媒介的经营管理离不开各个专业人员的密切合作、相互配合,任何过分偏重于某些专业人才的使用或轻视某些专业知识的学习和了解,都会对个人与媒介发展构成不良影响。因此,在一个媒介组织内,应既有掌握本媒介(或报纸、杂志,或广播、电视、或电影、出版)信息传播专门知识和技术的领导,也有懂经营、善管理、精财会、通法律的领导;既要有八面玲珑的公关人才,也要有潜心业务的技术专家。同时,这些人都应该懂得一些传播学、管理学、法律学等专业的一般知识。在一个媒介组织内,只要领导班子的专业结构合理、领导成员一专多能,就可以充分发挥复合型领导的整体效能,迎接各种挑战。

4. 智能的有机组合

所谓智能,是指人运用知识的能力,也指各种不同的工作能力和领导能力。"知识是智能的基础,但知识不等于智能,知识的运用才是智能。"(张政,1991)智能主要包括:学习能力、研究能力、思维能力、交际能力、组织能力、创造能力和传播能力等。人的智能多种多样,既有水平的高低,又有类型的不同。它可以分为:组织型智能,创造型智能,操作型智能。在组建媒介领导班子时,领导成员不但要有较高的智能水平,还要有不同类型的智能组合,即既要有高瞻远瞩、办事果断的"指挥家",又要有沉着冷静、足智多谋的"谋略家";既要有善于管理、精于组织的"组织家",又要有脚踏实地、一丝不苟的"实干家"。清一色的智能类型,既是智能的浪费,也易造成领导成员不和和互不买账,当然,也谈不上发挥领导班子的整体效能。

5. 气质的有机组合

所谓气质,是指一个人情感发生的速度、强度,外部表现的显隐,以及行动灵活性等心理特征的总和。多血质,其特征是活泼型;胆汁质,其特征是急躁型;粘液质,其特征是胶滞型;抑郁质,其特征是稳重型。这四种气质特征的人,既各有所长,又各有所短。但是,在组建和设计媒介或部门领导班子时,只要对其进行有机组合、科学搭配,就可以长短互补、刚柔相济、互动互助,就可以协调一致、团结合作、共创奇迹。但是,必须指出,单纯属于一种气质的人(如张飞、李逵)有,但不多,较多的是以一种为主的混合型,而且并非都能让人一眼看出,而需要较长时间的观察分析。

6. 性别的有机组合

德国经营管理哲学家查尔斯·汉迪(1995)认为,在企业高级管理层缺少女性是个缺陷,许多公司已为此付出了沉重的代价。在未来社会,这将会得到改变。因为妇女能跟这个灵活多变的世界相处得很好,而男人还需要更多地适应这个世界,男人们会很快感到自己像个可怜的无足轻重的人。加利福尼亚大学管理学院的调查报告(1995)指出:女经理在许多方面较男经理强,具体表现为:人们乐于接受她们在中性因素之外添加的"女性作风";她们在联络沟通方面、特别是在谈判方面表现特好;她们富有直观魅力和办事的灵活性;她们有耐心、能忍耐;她们给予下属的待遇也要优厚些。一项最新的研究表明,董事会在组建媒介公司的高层领导班子时,完全可以将如上的优点(谅解、敏感、信任)和男子的特性(进取性、分析能力、抽象能力)有机组合在一起,使女人和男人同在一个经营管理实体中发挥其聪明才智,各展所长。这样做,既是科学、合理地选择和使用人才的必然选择,也是男女平等的具体表现。

第五章　媒介经营计划与管理决策

"竞争真伟大"！"每天早上醒来时,我们都要玩味即将到来的战斗,它们让我们生机勃勃,它们让布隆伯格这个企业家族兴旺发达。我们简直等不及明天的来临。……我们时刻严阵以待!"① 布隆伯格集团公司之所以在经营中能以 40%的年增长率迅速发展为多媒体信息业帝国,一个重要的原因就是:始终戴着拳击手套,依据连贯性和预见性的计划和决策,并利用自己的某种优势,随时准备与上台的对手开战。所以,胸有成竹的媒介领导者,总是渴望竞争,欢迎竞争!

第一节　媒介经营计划概述

一、计划及其作用

计划是现代媒介业各项管理工作的重要基础,也是媒介领导者管理媒介及其部门的基本手段。一个有效的计划是实现媒介组织目标的一个轮廓,可以为媒介员工提供清晰的信息和行动的方向,从而有助于目标的实现。

一个计划犹如一幅地图,从远处看,它显示了一个国家或地区

---

① ［美］迈克·布隆伯格:《信息就是信息》,北京:工商出版社,1998 年,第 183~184 页。

的总体情况;从近处看,它则提供了山川河流、公路铁路、城市乡村等等具体细节。

计划是一种事先的安排,是媒介领导者通过计划理念要求全体员工朝着共同目标一齐努力的一个指南。遵循这个指南有着十分重要的作用。

1.计划能有机协调媒介全体职员的思想和行动

通过对计划的制订、宣传和实施,媒介员工明确了媒介在经营管理上的目标和使命,知道了各项经营管理举措出台的原因和实施的时间,从而有助于形成共同的思想认识,有助于合理地组合媒介内部的各种资源(人力、物力、财力、信息、媒介声誉等),有助于统一行动、实现媒介经营管理的各项目标。

2.计划能有效避免媒介管理者在危机中作出太多决策

媒介是在一个动态的环境中生存和发展的。它不可能不对环境变化作出反应,但是,这种反应不应是盲目的、慌乱的和情绪性的,更不能由于某种危机的出现而导致对先前计划的否定。因为,一个合理的周密的计划,它必然考虑到并包括了一些危机可能出现的问题,以及这些危机出现时的应对措施或解决办法。

3.计划能促使媒介决策者从全局出发考虑问题

媒介决策者在制订计划时,不仅要谋求经济效益,还要确保社会效益;不仅要谋取本公司利益,还要考虑国家利益;不仅要制订顺境下的行动方案,还要准备危机中的应对措施;不仅要有长期的战略目标,还要有短期的管理计划。这样的计划才能适应媒介市场的各种变化。

4.计划能决定媒介公司的兴衰成败

媒介作为社会的一个子系统,它的活动与运行必然受到大系统中政治、经济、文化、意识形态等等因素的制约与影响。制约、影响媒介经营管理的因素既纷纭复杂,又瞬息万变,而且难以摆脱、挥之不去。因此,媒介作为子系统,应提高和强化自己对社会大系统的适应性,与其保持动态平衡和生态平衡,从而使媒介业获得稳定、健康的发展。

二、制订计划的原则与关键

制订媒介经营管理计划,是一项十分复杂而艰巨的工作,又是一项没有优秀经营管理人才或专家参与就很难做好的工作。

制订媒介经营管理计划,必须遵循下列原则:

1. 切实可行的原则

制订计划必须符合实际,积极可靠,具有可行性。就是说,要根据客观存在的实际情况制订计划,而不能根据个人的主观愿望、理想、热情和意志来制订计划;要根据现有力量和资源确定目标,既不保守也不冒进,不干力所不及的事。

2. 保持弹性的原则

真正好的计划,都具有适应未来环境变化的机动性、灵活性和伸缩性。这是因为:(1)媒介市场瞬息万变;(2)受众口味反复无常;(3)广告客户看风使舵;(4)竞争对手屡出新招;(5)一些意想不到的问题或事件常常突然出现;(6)当计划开始实施时,在某些区域可能会出乎意料地失败,而在另一些区域则比预期的更好。在这种情况下,反应敏捷的媒介领导人会迅速地对先前的计划作出调整,而不会等到下一轮计划开始制订时再作出安排。

3. 统筹安排的原则

在制订计划时,一定要全面考虑整个计划中所涉及的各种各样的因素及其相互关系,然后按照它们的必然联系,进行统一筹划,合理安排,切忌顾此失彼、大小不分、主副不分。具体要求为:(1)下级服从上级;(2)局部服从全局;(3)副业服从主业;(4)一般工作服从中心工作;(5)经济效益服从社会效益。

托马斯(1983)认为,制订媒介经营管理计划要抓住八个关键:(1)计划不是固定程式,而是一个持续变化的动态过程;(2)制订计划要密切联系自己的实力,不要想一步登天;(3)要以较小的、可控制的步骤来实施媒介计划;(4)建立评估计划先进性的基准点;(5)创立"什么——假如"的方案来处理出现的问题或事件;(6)提高媒介计划中涉及的职员的赞成率,即充分尊重大多数员工的意见;(7)在预算前做计划,避免由于财政的考虑而影响计划的制订,"有多少钱办多少事"是个落后、消极的观念;(8)制订计划既重视推论的基于事实的判断,也要重视感情的基于直觉的判断,媒介经营管理中无数事实证明:最有效的媒介计划,往往就是媒介领导者的理性、直觉、激情和智慧有机结合的产物,而不完全是基于事实的小心谨慎推论的结果。

三、计划的制订过程和组成要素

1. 计划的制订过程

媒介经营管理计划的制订过程包括四个步骤:(1)确定任务目标;(2)收集背景信息;(3)提出战略计划;(4)制订行动计划(见图5-1)。

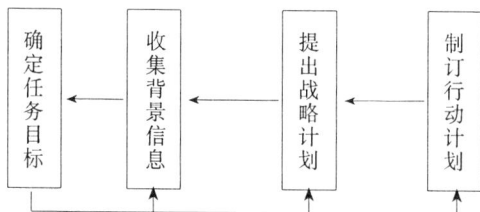

图5-1 计划的制订过程

不过,我们必须指出,这四个步骤的排列,实际上是以生产为导向的媒介经营管理的计划制订过程,即"上面要我们生产什么或我们能生产什么,就卖什么。"所以,制订计划的第一步总是先从明确任务、确定目标入手,接下来才是了解市场行情、收集竞争信息,然后进入第三、第四步。而在以营销为导向的媒介企业,制订计划的第一步是收集背景信息,第二步才是根据市场动态和受众需求提出媒介经营的目标和任务,其余步骤不变。在社会主义市场经济条件下,大众传媒在制订计划时必须首先考虑党和政府分配的宣传任务,而后再根据背景信息提出经营目标,在这两者的位置摆正后,再进入第二、第三、第四步,这更稳妥些。但是,为了论述的方便,我们仍依据图示的步骤论述。

(1)确定任务目标。在制订计划时,首先明确任务,确定目标,了解上级意图,知道受众需求,这是很有必要的。没有这些,媒介组织就会变得迟钝。只有把媒介经营管理的目标和任务以计划的形式描述和固定下来,并在媒介内部达成共识,它才能成为大家共同努力的方向,以及日后进行评估的标尺。

(2)收集背景信息。背景信息是指所有制约和影响媒介企业实现目标、完成任务的各种信息。计划制订者需要收集政治、经济、文化方面的信息,也需要收集市场动态、受众反应、媒介竞争和技术革新、观念变化方面的信息。同时,媒介领导者还必须对自己公司的长处和短处作出客观准确的评估,对目标市场的受众进行彻底的分析,对当前的和潜在的竞争者的长处和短处要有充分了解。可以说,对背景信息收集得越详尽、分析得越透彻,计划制订得就越科学。

(3)提出战略计划。战略计划在当代复杂多变的信息社会中,对于实现目标和完成任务是至关重要的。它能够集中员工的注意力,协调各个部门的行动,整合各种媒介资源,认准目标,集中力量,将愿望变为可能,将计划变成现实。但是,战略计划不应只是"一个战略"的计划,而应是"一套战略"的计划。因为,在复杂的动态的充满高科技的媒介市场上,没有哪一个战略可以适应各种情况的变化。在任何时候,计划制订者都应以两三种以上的系列性或组合性战略与策略来满足形势的需要。这样,媒介公司才能在易变的动态的激烈竞争中,始终掌握主动权。

(4)制订行动计划。行动计划就是把媒介经营管理战略变为具体的经营管理和操作管理的行动。它包括编制预算、筹措资金、人员调配、任务分工、机构调整和生产、发行、销售日程安排,以及设备、库存管理等等。此外,行动计划还要充分利用计划之外的媒介管理者的其他功能。例如:(1)特殊的人际关系;(2)专门的知识技能;(3)可靠的信息通道;(4)集体荣誉感;(5)事业心。行动计划还假定环境将以不可预测的方式时时发生,所以,它总是围绕目标、任务和战略计划作随机应变的微调,从而使行动计划富有弹性和回旋余地,而不会作茧自缚。

2. 计划的组成要素

通过对计划制订过程的分析,我们可以在此基础上把媒介组织分成三个管理层次,在其与特定计划对应时显示出计划的组成要素(表 5-1)。领导决策层属于宏观管理,重在制订战略计划。因此,他们应该站得更高,看得更远,有全局观念和竞争观念,对于媒介外部的与决策有关的信息应该知道得更多、更广、更及时。经营管理层属于中观管理,着重制订行动计划中的部门行动计划。他们对于本部门的情况了如指掌,对于日常运作也十分在行,其计划也更符合实际,更有创新精神。操作管理层属于微观管理,负责具体事务,因此,其计划比较细致、琐碎,对现时性的内部的信息依赖性很大(表 5-2)。

表 5-1　计划的组成要素

计划类别	战略计划	行动计划	
管理层次	领导决策层	经营管理层	操作管理层
管理范围	宏观管理	中观管理	微观管理
组成要素	确立媒介目标 明确媒介任务 制订发展计划 制订人事方针 制订财务方针 制订编辑方针 制订发行方针 制订经营方针 决定大宗支出	确立部门目标 明确部门任务 编制部门预算 制订人事计划 制订财务计划 制订编辑计划 制订发行计划 制订经营计划 制订开支计划	确立工作目标 明确劳动任务 确定劳动时间 安排生产日程 协调操作程序 测定工作效率 改善劳动态度 进行职业培训 发给劳动酬金

表 5-2　不同计划和管理层对信息依赖的差别

信息的特性	领导决策层	经营管理层	操作管理层
	战略计划	行动计划	
来　　源	外　部	大部分是内部的	
范　　围	非常广	范围明确而狭窄	
详　　略	粗略的	细致具体的	
前瞻性	将来的	大量是历史的	
时效性	过去的	大量是现在的	
正确性	较　低	较高	
使用的频率	较稀少	较频繁	

　　从传播过程看,媒介计划的实施过程既是计划组成要素的拓展过程,也是组织落实、检查评估中信息互动的过程(图 5-2)。通过信息互动,媒介领导者制订了战略计划;接着又细分为经营管理计划和操作管理计划(即行动计划),而后组织落实为具体行动;最

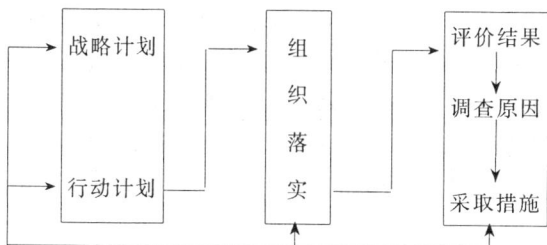

図5-2 媒介计划的实施过程

后,媒介组织人员对最终结果进行评估,找出成功或失败的原因,采取进一步措施;评价意见作为反馈信息回送到媒介领导者那里,成为下一步制订战略计划的参考信息。这种过程的循环往复和信息的频繁互动,可以使各项计划更加具有针对性和适用性。

第二节 媒介战略计划的制订

现在,我们将集中分析媒介经营管理中战略计划的制订或战略计划在一般媒介中的应用情况,而不是专门分析一个媒介公司的某个特别计划。因为,这种分析,适用于所有的大众媒介、所有层次的媒介公司和所有范围的媒介管理。通过对计划过程的分析,媒介管理者可以从设置任务和目标、研究背景信息、提出经营策略、落实行动方案等四个方面进行媒介战略计划的制订。

一、确定媒介的任务与目标

1. 确定媒介任务与目标的参考因素

要确定媒介的任务与目标,着重回答两个问题:(1)本媒介是干什么的?(2)本媒介应该是怎么样的?答案不是从天上掉下来的,而是根据一系列参考因素和对媒介公司优势的分析而得来的。一家媒介公司的目标和任务,将从不同的方面决定着员工的精神和公司的发展方向。因此,为了使决策更加科学,媒介领导者应向社会各界和广大受众、发行销售人员乃至普通员工广泛征求意见,应对他所了解和发现的构成媒介公司内外环境的各种信息进行深入分析,以找出本公司目前的和理想的特征。同时,还要认真考虑以下因素的影响。

(1)媒介的历史。每个媒介都有自己的历史,其经营管理政策、成就以及媒介的社会影响都已在受众的心理上形成某种定势。例如,《人民日报》的历史和地位,决定了它不可能采用媚俗的编辑方针,即使赔钱。因此,重新确定媒介的任务和目标,不应否定或抛弃过去的历史。

(2)媒介的"老板"。党报作为党委机关报,它理应服从上级决定,发挥"耳目喉舌"的作用。即使在西方,媒介公司总经理也要看着董事长的眼色行事。因此,媒介领导者在决策时,必须考虑和完成上级主管单位或领导人的意见和分配的任务。

(3)市场的变化。市场就是战场。市场瞬息万变,它会给媒介的发展提供机会,也会给媒介的生存带来威胁。媒介的一个重要使命,就是要顺应时代潮流和市场变化。

(4)媒介的资源。人、财、物等等资源不同,决定媒介适合从事哪些经营,不能从事哪些经营。《光明日报》的记者编辑办报个个是人才,但让他们去开饭店或搞电视则未必在行。东北某党委机关报投入大量人力和资金开采金矿,即违反常规,也不合媒介资源的特点。

(5)媒介的优势。每个媒介在它最适合从事的业务中,肯定还有它最擅长和优于同业的地方,将这种优势找出来纳入目标系统并予以充分发挥,就可以在竞争中形成特色、胜人一筹。全世界的电视台成千上万,但只有CNN在"有线电视新闻"上看出商机、找到优势,成为媒体巨富。

2. 媒介任务和目标说明书

说明书是一个媒介组织对自己所要实现目标和完成任务的陈述。说明书通常是半思辨性的和概要性的。在写作时,它要求目标集中,任务明确,内容具体,特点明晰,时段分明。具体地讲,应从以下几个方面入手:

(1)界定媒介的活动领域。就是界定媒介将在哪些方面开展活动、发挥作用、参与竞争。

主业范围。比如在"我们是一家报业公司"和"我们是一家广告公司"的两种陈述中,前后两者的业务范围、经营策略和操作管理都是很不相同的。后者只能把自己看作是经营广告的,其任务之一是注意改进广告调查、创意、制作、传播的方法,而前者不仅包括广告经营,还包括报纸的采编、印刷、发行、销售等等。

覆盖范围。浙江电视台在1995年1月前,其信号只覆盖了全省约90%的范围,但节目上了卫星之后,覆盖面一下子扩大为38个国家和地区。虽然仍是省级电视台,但由于覆盖面扩大了,其目标和任务、经营策略和手段必须随之加以调整,否则,反而会影响媒介形象和经营业绩。

辅业范围。这是指媒介公司在主业(如报业、广播业、电视业、出版业)之外拓展的多种经营范围。我们认为,媒介业不应插足第一、第二产业,进入第三产业也应慎重,因为,在这三大产业不能发挥它们的特长和优势;信息产业天地广阔,完全有它们的用武之地。

(2)阐述媒介的目标。目标来自于媒介公司的任务,来自于公司对自己认识的基本说明。在任务确定以后,目标为完成任务提供了基本方向。目标可以分为两种:长期目标,短期目标。

长期目标。是指说明书所要提出或揭示的媒介公司在今后若干年(一般少者三至五年,多者六至十年)的发展规划和具体指标,具有全局性和长远性。由于长期目标反映的时间较长,有许多易变的不可预见的因素,因此,其说明侧重质量形式而不是数量形式,语言有一定的模糊性和灵活性,但这是必要的。

短期目标。一般是指当年所要实现的目标。在说明书中,通常以数量化的、可测量的形式陈述,内容相当具体、详尽。短期目标是对长期目标的细化和落实,它在媒介公司建立自己的优势过程中发挥着关键的作用。媒介管理者必须把它看作是动态的计划过程中的一个基本成分加以充分利用。但是,对于制订媒介战略计划来说,有意义的是长期目标。

虽然,我们将目标分为长期目标和短期目标予以分析,可是事实上在一个媒介公司的目标设置上存在着若干层次(表5-3)。各种目标由粗到细、由远到近、由高到低依次排列,而且目标制订的基本责任人的职务也由高到低、由大到小依次排列。在这个目标系统的不同层次上,既反映了公司和部门的目标特点和努力方向,也反映了特定责任人的要求和愿望。这两者结合得越好,目标越具有现实性和可靠性。

表 5-3   多重层次的媒介目标

目标层次	基本责任人
公司任务	上级主管单位/董事会
公司目标	总经理(总编辑)
部门目标	部门经理(主任)
特别部门的目标	项目经理(主任助理)

此外,还有三点需要特别指出:一是战略计划中的媒介目标应该在数量上很少并且应优先考虑。如果一个媒介公司拥有太多的目标,必然会削弱它的精力。在这种情况下,太多的目标就成了混乱的根源,而不会成为把每个员工集中到同一方向上去的动力。二是媒介员工在很少的目标当中必须明确知道哪一个目标是最重要的,是必须要实现的。三是目标设定要根据实际情况,它应是经过

所有成员的努力能够实现的，远远超出实际的过高的期望值，最终只能导致失败；而轻易实现的太低的目标，也缺乏激励作用。

二、研究媒介的环境信息

任何媒介必然要以某种形式存在于一定的环境之中，而环境中的种种情况和条件也必然会对其产生某种制约和影响。因而，要制订媒介发展的战略计划，就不能不研究环境信息。下面，我们通过一个假设的例子来分析两种不同的环境信息。

1. 来自外部渠道的环境信息

明星电视台的经济效益近两年一直停滞不前。新上任的龙台长提出了长期目标：在三年内将市场份额由13%提高到25%，利润额由原来的8%提高到19%。他认为，是电视台的现状制约了受众市场和广告市场份额的提升。因此，为了作出正确决策，必须首先了解观众、广告主、竞争对手和组织行为、市场变化等环境信息。否则，就无法进行战略计划的制订，实现上述目标。

(1)观众情况。了解这方面的信息，主要让受访者回答下列问题：谁是现实的观众？他们具有哪些特点（年龄、性别、收入、教育程度）？他们收看的频度怎样？他们收看竞争对手节目的频度怎样？他们什么时间收看？他们收看时想得到什么？

(2)广告主情况。回答下列问题，有助于了解广告主情况：他们做广告的是哪一类产品？他们在寻找哪些观众（潜在的顾客）？他们选择电视台做广告的目标是什么？这些公司在做广告时有何种预算？他们还要在哪里花费广告开支？

(3)竞争对手情况。回答和分析下列问题可以得到竞争对手的情况：谁是本电视台的主要竞争者？是谁仍在从本台夺走观众？它们媒介的市场份额是多少？哪些竞争者提高了它们的市场份额？哪些竞争者减少了它们的市场份额？市场份额变动的原因是什么？我们竞争对手的广告客户特征是什么？竞争对手的竞争对象直接是本台的广告客户,还是不同的广告客户?

(4)组织行为信息。这需要回答下列问题:市场上的不同电视台的设备和技术优势是什么?本台员工与竞争对手员工相比,主要有哪些优势和劣势?不同电视台或不同媒介为购买新技术、新设备或推行新的促销策略的财政能力如何?

(5)市场变化信息。回答下列问题,可以得知:在这一市场中,广告增长是很快还是很慢?它的趋势是什么?广告客户已经改变了他们在媒介预算中的方法了吗?在广告开支中新的媒介(如卫星电视、有线电视、英特网)吸引了多少?它们的影响将是什么?与国家经济相联系的观众兴趣结构有何变化?它将对我们所希望的市场份额和利润额的提高产生怎样的作用?

要回答这些问题,明星电视台的领导者需要虚心听取外聘的媒介经营管理专家的意见,也需要组织人力或委托有关机构进行十分广泛的市场调查和信息搜集。

2.来自于内部渠道的环境信息

上述环境信息主要从外部渠道获得,这些信息也许会导致电视台整个采编与经营目标的改变与调整。但是,问题的关键是,经济效益不佳的真正根源在哪里?难道电视台领导可以去责怪观众、广告客户和竞争对手吗?所以,还必须同时在内部找原因,把经营管理中的问题找出来,然后加以解决。对于一个中等城市的电视台来说,明星电视台没有多少有形产品的发行和销售,因此广告公司(部门)的经营管理状况就直接关系到了电视台的经济效益的升降,而龙台长要想实现他的预期目标,就必须首先督促广告公司切实改进工作。

为了让广告公司有针对性地改进工作,除了要掌握外部信息,还要了解内部信息。一般来说,回答下列问题,将有助于电视台领导获得解决问题的信息:在广告公司,有哪些特别的任务完成得很好、较好或较差、很差?在广告销售和销售支持人员之间协调如何?

有没有因搞"广告新闻"或"新闻广告"或"吃里扒外"而肥了个人？在广告销售工作中,改进工作方法、增加或减少工作量是否有用？改变电视台或广告公司的管理结构有用吗？有必要改进或促进人际关系吗？有必要启用或招聘新人吗？一些广告人员是否用非所长？可否安排他们重新在新的岗位上发挥特长？搞广告的专业人员是否嫌少?有什么办法来提高广告人员的工作效率、激发他们的成就动机？有些广告人员需要专业培训吗？广告公司员工对其经理的忠诚是什么？他们有强烈的职业道德意识吗？

当然,电视台记者、编辑、制片人、播音员、节目主持人、摄像等等人员的表现,电视节目的质量,领导人的管理水平,这些也都会影响到电视台的经济效益。

此外,来自内部渠道的信息还有一种,即员工们的建议与批评。这些人最熟悉媒介组织特别是他们所在部门的日常运作,对于发生的问题和需要改进的地方了如指掌。因此,他们的建议与批评,对于一位刚上任的甚至可能是一位外行的领导者来说,应是求之不得的事。

如果没人主动将有关建议或信息送上门来,领导者应该先沉下去实地观察、调查研究,在交谈中启发员工回答下列问题:有没有把现在做的工作完成得更好的方法？可开发的新产品(节目)或延伸产品有哪些？开拓新市场、吸引广告客户的方法有哪些？有没有更好的或新的推销产品和广告的形式或方法？有没有更有效地管理人事的组织建构的更好的方法或新的探索？有没有增加经济收入、提高经济效益的更好途径和新的探索？

只要媒介领导者详尽而广泛地搜集各种各样的信息,并作出科学分析和正确判断,就可以制订出切实可行的战略计划,从而形成新的优势,获得稳定的至少是短期的增长。因为,建立在新的优势基础上的经济增长,起码在一段时间内,使竞争对手感到无法仿效,因为它们一时没有这一相同的优势。

三、提出媒介的经营管理策略

策略是完成媒介目标与任务的基本打算,是把媒介的优势发挥到最大程度的行动计划,是对经营方式和活用优势的重点陈述。它虽然是一个非常内在的东西,但却是对付竞争对手的关键。

1. 经营管理策略的模型

媒介经营管理有各种各样的策略模型,而不同的策略模型又蕴含着不同的策略思想。一般来说,在媒介的经营管理与战略计划的制订中,有六种策略模型可供选择:

(1)压缩成本策略。核心是争取最大的受众市场份额,以达到单位产品成本最低,从而以较低售价赢得竞争优势。《扬子晚报》采用这一策略,不仅迅速占领全省市场、夺回原来属于《新民晚报》的苏(州)、(无)锡、常(州)市场,而且一举打入上海市场,使发行量达到了 125 万份。采用这一策略,媒介公司必须在运输(或建分印点)、发行、零售和广告招揽等方面占有优势。

(2)"增容"扩版策略。这一策略的重点,是在原电台、电视台频道和报纸的基础上增加播出时间、增出新的版面(如星期版、月末版、社会版、文化版、生活版,或由 4 版改为 8 版 12 版等),而售价基本不变。中央电视台在白天播出的《东方时空》、近几年的扩版热,都是这一策略的产物。采用此策略意味着加大投入、增加成本,因此,若采编队伍不强、广告招揽不力、受众市场不大,其亏损的风险也大。相反,赢利也多。

(3)科学聚焦策略。这种策略致力于为较少的特定受众服务,而不是瞄准所有受众、服务于整个社会,如《北京青年报》的经营管理就聚焦在"有一定文化知识的城市青年"身上,结果不仅吸引了北京青年读者,而且在外省也有一定市场,经济效益大幅上升。中国人民大学出版社聚焦考研书籍,清华大学出版社聚焦计算机图书,效益也很显著。采用这一策略,乍看市场小、效益低,但是只要以最好的产品服务自己认定的对象,就能以较低成本、忠实受众,取得有利的竞争地位。一些行业报、部门报一心想向大报看齐,实际上是弃聚焦策略而采散光策略,这十有八九将以失败告终。

(4)差异化策略。就是依据媒介历史、受众市场、人才状况,努力发展出不同于同类媒介的传播风格和业务特色。比如《羊城晚报》和《中国金融电脑》杂志,其开本、外形、版面编排、标题设计、广告制作、内容组织等等都有自己的特色。这种明显的差异,不仅使受众易于识别、选择,削弱了对价格的敏感性,而且易于形成受众的心理定势,巩固市场阵地,赢得较高收益,为竞争对手进入市场设置障碍。

(5)"挖墙脚"策略。就是从竞争对手那里吸引和聘用著名记者、导演、节目主持人和管理专家。媒介领导者用来吸引、延揽优秀人才的方法主要有:高薪,高职,高位,更好的住房,更舒适的工作环境,更容易出名或发挥专长,家庭得到很好照顾。香港影坛巨子邵逸夫先生在经营管理中就经常采用"挖墙脚"的策略。这一招非常厉害,可使竞争对手立即在某个方面陷入困境,而使自己在这方面迅速处于优势地位。

(6)垄断化策略。就是同类媒介(如报业系统、广播系统、电视系统、出版系统)之间或媒介集团(拥有多家同类媒介或不同媒介的大公司)内部为避免因恶性竞争造成自相残杀和让渔翁得利,就产品价格和广告价格确定一个较高标准,从而保证大家都有利可图。有时由政府或有关管理部门出面协调或直接下达最低价格的指令,要求这类媒介机构统一执行。例如,在日本报界,对于报纸的价格确定就有一定的规定。香港在1996年曾暴发了一场报纸发行大战,其导火索即是各报纷纷降价,结果导致多家报社关闭。后来,对价格加以适当限制,方才避免这一态势进一步恶化。

在媒介战略计划的制订中,不应只局限于上述策略模型的选择和只选择一个策略模型,而应该根据环境信息和媒介特点提出切实可行、行之有效的策略,或者综合运用现成策略,但以一种策略为主。

2. 经营管理策略的层次

媒介经营管理策略有不同的形态和规模。大型策略应用于整个媒介公司甚至整个系统。小型策略或许仅仅涵盖一些部门或一些人。在一些管理著作中,著者常将不同层次的策略与战略、战术相对比。前者涉及到广泛的行动,而后者只涉及特殊的具体的行动。

(1)大型策略。这是战略计划制订中的主干,关系到媒介公司今后的生存与发展和各种资源的合理运用。例如,甘尼特媒介公司主席艾伦曾在本世纪 80 年代对公司的发展提出了一个既稳妥又雄心勃勃的大型策略:首先集中力量发展和扩大全国性报纸——《今日美国》的业务和销售,接着在此基础上建立一个混合媒介公司,以扩大经营范围,增加公司收入(可称之为"以点带面策略"或"油点扩散策略")。后来,在甘尼特媒介公司全体员工的共同努力下,《今日美国》成了在美国较有影响的报纸之一,成功地吸引了全国性广告客户,同时,兼并了全国性的星期报纸——《家庭周报》,开发了彩色报纸印刷网络,开发了甘尼特户外广告业务,发展了甘尼特广播电视资源,使公司的经济效益迅猛上升。

(2)小型策略。小型策略服务、服从于大型策略。大型策略反映公司的发展目标与战略步骤,小型策略则为大型策略的实施规划了具体方案。仍以《今日美国》为例,甘尼特媒介公司为了扩大发行量,占有较大的市场份额,在发行中采用了送报入户的小策略,而且其价格比街上购买的价格还便宜。《钱江晚报》社在报纸发行中,除了以低价位的策略与对手展开竞争外,还采用了向订户送鲜花、赠挂历钟的小策略,从而为夺得市场优势提供了有效保证。在广播电视公司的经营中常使用的一个小策略是——循环使用其产品的策略,即将自己制作的特色产品(如《名家访谈》、《科技博览》、

《家庭幽默》、《兵器天地》等)在本台播出后再卖给其他广播电视公司。

四、评价与落实行动方案

制订战略计划,意味着围绕公司目标和任务,结合环境信息,对不同的策略作出评价和选择。媒介领导者对符合本公司或部门目标或任务特点的策略,一般通过两个步骤加以利用和实施。

1. 评价与选择行动方案

对于媒介的经营管理策略或方案,主要依据下列指标进行评价:(1)它们适合媒介公司的任务和目标吗?(2)它们能最有效地发挥本公司的人才和经营优势吗?(3)选择它将有哪些风险?(4)影响战略计划的关键性制约因素是什么?(5)在这些制约因素中,策略如何改变才能很好地发挥作用?(6)这一计划或策略,对于这一特别的媒介公司或部门来说,是过于庞大还是太小了?(7)媒介公司有充分的资源来实施这些(个)策略吗?(8)这一计划能适应媒介市和媒介产业中的主要变化吗?(9)选择和运用这一计划或策略的时机恰当吗?(10)竞争对手将会对这一策略作出什么反应?

在上述指标中,(1)(2)(9)(10)四个指标或问题是最重要的、具有决定性的指标,因为选择一个策略或方案的关键,就在于赢得竞争的优势。太多的媒介领导者仅仅注重于自己的产品价格、利润指标、日常支出或是他们懂得的业务。他们没有投入足够的精力用于考虑他们的市场竞争和市场定位。精明的领导人总是制订一系列策略来适应不断变化的环境的需要。但是,大多数领导人忽视了创造机会、开拓市场的关键性因素,即受众、广告客户和竞争对手行为方式的种种变化。尽管"选择时机就是一切",常被人认为是陈词滥调,但是选择恰当时机的策略仍是非常重要的。即使是一个最好的计划或策略,如果选择的时机过早或过迟,也会导致失败,当然更不要说是力所不及的计划了。

2. 制订与实施行动计划

行动计划就是把策略和方案转换成具体的行动形式,就是把战略计划的各个过程扩展为细分的管理功能:组织工作与技术,财政管理,雇用职员,与员工一起工作以及对他们进行领导,主要涉及要做什么、何时去做、何人去做、花费多少代价去做、要达到什么标准等问题。制订和实施行动计划,一般是通过提问和回答下列问题来进行:

(1)组织过程。必须采取什么特别的行动来实施战略计划?需要完成什么任务? 通过什么步骤来完成? 需要多大程度的协调与配合? 每项任务的完成需要多少时间? 这些任务是如何联系在一起的?与工作是如何联系在一起的?这些工作将如何进行协调?有关的责任将落实于何处?

(2)财政预算。涉及到媒介公司的人力资源、信息资源、服务、时间和技术、设备、生产场所等,将要付出多少资金?实施这一计划或策略,将如何从内部筹集资金、从外界筹措资金和其他渠道得到财政资助?

(3)工作人员。对于这一工作需要什么样的技能和才干?有哪些人可以被分配来做这些工作? 他们需要什么职业培训或其他的工作准备?

(4)媒介领导。罗伯特·艾林(1996)认为,选拔媒介领导的标准主要有五条:有没有强烈的"团队意识"? 有没有和睦的人际关系? 有没有承担风险和失败的勇气? 有没有强烈的时效观念? 能不能适应巨大压力下的生活?

在制订与实施行动计划过程中,除了要考虑上述四类因素外,还要考虑到其他的一些因素:在媒介公司实施新战略时,什么是关键性的步骤?在这一策略和计划中,谁将被作为推销对象?何种信息产品和何种类型的资金收入需要由职员来实施?需要什么样的启动支持(比如物资、资金和人员的时间)?

总之,制订一项媒介经营管理的战略计划,必然涉及两个截然不同的问题:其一,勾勒出战略计划的轮廓,对资源和需要参与执行的人员作出评估;其二,制订出从理念阶段到实施过程的具体行动计划。这两者都是重要的,因为计划本身的目的不是销售自己,媒介公司所有成员的任务就是如何销售产品和招揽广告。因此,制订计划和实施计划,实际上就是给全体员工一个十分明确的行动(目标和策略)理念——始终关注产品与广告。

第三节 媒介管理决策的性质与原则

决策是媒介领导者的基本职责,也是媒介经营管理中的核心问题。很难想像在媒介组织运作过程中,有哪一点不与决策相联系。因此,赫伯特·西蒙(1960)认为,管理过程就是决策的制订和实施过程。只要媒介领导者想有效地管理媒介运作,那么他们就必须认真对待决策问题。

一、决策与决策制订

"决策"一词的含义有几种理解:一是指用于决策分析的各种方法,即所谓"决策论";二是指决策者处理重大事件所下的决心和指令;三是指决策的全过程,即决策制订。西蒙(1960)可能是把决策看作过程的第一人,并将其分为三个主要阶段:①发现了进行决策的理由;②发现了行动的可能进程;③并且在这一行动进程中作出选择。后来,胡伯(Hube,1980)将决策过程加以延伸,把问题解决或决策实施也作为一个主要阶段,形成了新的"三段论":①决策制订;②作出选择;③问题解决。泰勒(1984)不满意以往的决策过程的研究,认为所有研究都集中于涉及个人或团体的普通目标的合理过程方面,而实际上的任何决策都无法摆脱社会和政治作用复杂渗透和环境因素的影响。因此,决策并不像通常所假设的那样简单,它不仅要复杂得多,而且常常发生个人与团体、团体与社会之间的目标冲突。

我们认为,所谓决策,就是个人或团体在不确定的或冒险的条件下就运用有限资源以达到目标的途径和方法作出抉择的过程。对于这一定义,应从五个方面加以讨论和理解:

1. 决策的主体——个人或团体

决策可以由一个人独自作出、两个人协商作出,也可以由一个团体或单位的人集体作出。当一位媒介领导者独自作出决策时,他往往没来得及考虑决策过程就可能作出了抉择。他比一个团体(领导班子)进行决策所用的时间少得多,也比一个团体进行决策所用的程序简单得多。但是,轻松自在的简单省时的决策与有效的科学的决策是不同的,前者具有随意性、情绪性和高风险性。因此,团体的决策通常比个人的决策更好。但这并不意味着媒介组织内的所有决策都由集体讨论作出。正确做法是,根据事情的性质、特点在制度上作出规定,有的由个人作出,有的由集体作出。

2. 决策的目的——达到某种目标

所有的决策都是为了实现一定的目标。没有一定的目标,就无需决策,也无法决策。目标意味着决策具有目的性。但是,媒介经营管理中的决策目标,其特性是十分复杂的。所以,我们在讨论媒介组织战略计划和决策制订时,通常只分析它的一般目标,而不论析它的特别目标。

3. 决策的情境——不确定性和冒险性

"不确定的或冒险的条件"意味着决策环境的动态性、可变性和复杂性。在决策过程中,有时什么都能发生,有时什么事也没有;有时事倍功半,有时事半功倍。所以,没有一个决策的结果可以预先百分之百的确定,最多只是评估一个决策可能引起某种结果。不确定的、冒险性的因素太多了,这是决策者们无法回避的。

4. 决策的对象——有限的资源

资源就是媒介组织内可以动用的人力、物力、财力、信息和时间。没有资源,则无法决策;但资源太多,又无需决策。决策的最终目的,就是想通过有限的资源去赢得更多的资源。其中最重要的就是媒介领导者必须合理分配和运用这点有限资源,使其发挥最大效益,赚回更多利润。

5. 决策的过程——三个阶段

决策的过程就是对"达到目标的途径和方法作出抉择的过程。"这一过程可以分为三个阶段:(1)决策的设计与制订。它包括受众市场和广告市场调查,竞争对手和自身资源分析,一般目标和特别目标确定,运作方法和途径的设计和制订,等等。(2)决策的评估与选择。就是对两个以上的方案和计划进行客观分析、理性评估,在经过充分讨论、周密思考、反复比较和权衡利弊之后,作出最佳选择。(3)决策的实施与监控。决策总是要付诸实施的,如果不准备实施,决策就是多余的。但是,如果只实施了而不加强监督、控制,也可能虎头蛇尾、半途而废。所以,仅对好的方案加以抉择是不够的,还必须一一落到实处,努力促使预定目标的实现。

二、决策的类型

1. 经验决策与科学决策

所谓经验决策,是指以过去的决策经验和决策者个人的直觉和经验为依据的决策。科学决策是指按照一定的科学程序和方法、并运用科学的决策技术由集体领导所作出的决策。两种决策的区别为:经验决策的主体是个人,凭借的是个人经验和智慧,科学决策的主体是集体,凭借的也是集体知识和智慧;经验决策没有特定的程序和方法,也没有相应的决策技术,科学决策有严格的程序和方法,有相应的决策技术;经验决策是与小生产方式相适应的,历史长,科学决策是与社会化大生产相适应的,历史短。

当代媒介领导者要研究和掌握科学决策,以加强和改善领导工作的科学性,提高和增强媒介经营管理的成效。但是,经验对领导者来说,始终是宝贵的。它是任何决策都不可缺少的重要条件。因此,经验决策在现代媒介经营管理中仍然发挥着积极的作用,特别是部门领导决策更是如此。部门领导者面对的决策问题,琐碎而具体,复杂而多变,无法进行定量描述和分析,有时只能以经验为依据作出抉择。而当媒介领导者面对全局性的重要性的或涉及媒介生存与发展的决策时,则必须采用科学决策。

总之,在媒介经营管理中,经验决策和科学决策都是不可缺少的,它们互动互助、相辅相成。经验决策能有效地应付紧急事态和具体事务,科学决策能有效地处理重大问题和发展规划。但两者应有更多的渗透和融合,从而使科学决策具有快捷性、经验决策具有科学性。

2. 计划性决策与非计划性决策

这是西蒙(1960)提出来的两种决策类型。计划性决策是建立这样一种规律,即在达到了某种状态时就采取一定的行动;而非计划性的决策是没有规律可寻的。计划性决策预先建立了具有一定目标和信息渠道的严密结构;而非计划性决策没有明确的目标和信息,结构也很松散。决定媒介员工的月收入是计划性决策中的一个范例。媒介领导者不必在每个月月底为支付多少工资的事而犯愁,因为工资的发放形式和数量通常是在年度计划中就已安排好了。因此,对决策进行有计划的安排是明智的。

一项决策采用什么决策类型,一要看决策的性质(是否重大?是否紧急?)和涉及范围(全局还是局部?眼前还是未来?);二要看决策的风险性和不确定性。通常,风险性和不确定性越低,计划性决策发挥作用的可能性越大;相反,非计划性决策发挥作用的可能性越大。

由于计划性决策和非计划性决策的显著区别,可能导致媒介领导者们形成错误的结论,即所有计划性决策都是相似的和科学的,非计划性决策都是经验性的。事实远非如此。由于各家媒介的特点、功能、资源和不确定性、风险性的因素各不相同,其计划性决策也是各有特色、差异很大;而计划性决策和非计划性决策都可能既是经验性决策又是科学性决策,或者以其中一种决策为主。因此,各种决策都是互相联系的,就看媒介领导者如何合理运用。

虽然我们讨论了经验决策与科学决策、计划性决策与非计划性决策,但是我们真正要研究并掌握的是科学决策和计划性决策。因此,当我们论述决策问题时,它实际上是指科学决策和计划性决策。

三、决策的原则

1. 管理决策的四个原则

(1)情况清楚。受众的特点与需求,广告客户的现状与动态,竞争对手的情况与举动,政治、经济形势和国家方针政策的变化等,这些情况都应尽可能搜集了解。没有足够数量的准确可靠的情报资料和各种信息,靠"想当然"和"拍脑袋",是不能做出正确决策的。只有坚持情况清楚的原则,才能把决策建立在以事实为依据的基础上。

(2)量力而行。任何决策都是要付诸实践的,并希望达到某种目标。这就要求决策者根据本媒介的特点、力量、资源情况设计方案、制订规划,使决策的目标既不能轻易实现又不能无法实现,而应是经过努力可以实现的。因此,媒介的管理决策一定要切实可行、量力而行。

(3)优中选优。媒介领导者的决策不是简单地对一个方案或者对一好一差的两个方案作出选择,而是对两个以上的优秀方案进行比较分析,以权衡利害,分清得失,优中选优,取利去弊,优化组合,形成最佳决策。

（4）集体决策。这是决策成功的保证。集体智慧高于个人智慧，集体决策好于个人决策。集体决策既顺应了当代媒介经营管理复杂性和多变性的特点，也体现了我国党委领导下的民主集中制的基本原则。因此，必须坚持集体决策，并使其制度化。

2. 媒介管理决策八忌

媒介管理决策不完全等同于行政管理决策和企业管理决策，因为它介于两者之间，有自己的特殊规律。具体地讲，媒介管理决策有八忌：

一忌主观武断。媒介管理决策者单凭直观经验，不深入调查研究，在信息不明和情报不准的情况下，闭门造车，拟定方案，作出决策，结果时过境迁，造成决策失误。

二忌不懂装懂。许多媒介领导者是由党政机关和工商企业调进大众媒介的，不懂媒介运作的特性、功能和机制，又不虚心学习，于是将原来的决策思路照搬到媒介管理中来，结果遭到媒介运作规律的惩罚。

三忌顾此失彼。媒介管理决策必须统筹兼顾，让四面欢迎、八方满意。一要兼顾采写编播与经营管理，二要兼顾受众市场与广告市场，三要兼顾上级领导与普通群众，四要兼顾社会效益与经济效益。经常有决策者在他所懂的那方面"使劲"、"下注"，造成决策上的顾此失彼或严重失衡。

四忌推卸责任。它的最大特征是，即使决策失误，也应集体负责；如果造成经济损失，就算"交学费"。这对于提高媒介管理的决策水平和领导的决策能力是很不利的。必然建立和完善决策责任制，用制度来规范媒介决策者的行为。

五忌头痛医头。媒介决策者不是"消防队员"，哪儿有火往哪冲。固然，决策始于问题的提出，终于问题的解决。但它并不意味着头痛医头、脚痛医脚。终日忙于解决具体问题，只能治标不能治本。因此，决策应致力于从根本上长期解决问题，应具有预见性和战略性。

六忌盲目仿效。学习其他媒介成功的经验是必要的,但在决策中切不可盲目仿效,更不能一哄而上。有的报社、广播台、电视台,盲目追随扩版热、增时热和增刊热、建台热,结果由于资源有限、人才匮乏,造成质量下降、受众减少,效益反而不如以前。所以,一哄而上的后果往往是一哄而散。

七忌大吹大擂。这不是反对媒介自己宣传自己。我们的意思是,任何优秀的决策都伴随着风险,没有绝对成功的把握,而大吹大擂既会提高员工的期望值、松懈其斗志和警惕性,又会让竞争对象闻风而动、抢先出手,从而使一流决策成了二流三流甚至末流决策。

八忌虎头蛇尾。媒介领导者在制订决策时,从上到下,广泛发动,群策群力,集思广益,搞得轰轰烈烈,而决策正式实施时反而措施不力,监督不严,浮而不实,缺乏耐心。在这种情况下,无论怎样优秀的决策,也难见成效。决策的全部过程,必须持之以恒,善始善终,切不可中途退却、虎头蛇尾。

第四节　媒介管理决策的过程与限制

一、媒介管理决策的过程

1. 决策过程的相似性

不论给决策过程怎样不同的名称,决策过程的大多数模式都是相似的。比如,德鲁克尔(1983)就将决策过程分为六个步骤:(1)对问题进行分类;(2)界定问题;(3)确定必须做出的决策;(4)寻找正确的决策;(5)建立实现决策的行动;(6)利用反馈检验决策的效果。胡伯(Hube,1980)则列举了解决问题的五大步骤:(1)挖掘问题的特性;(2)形成可供选择的解决方案;(3)对解决方案进行选择;(4)完成了对方案的选择;(5)控制解决问题的过程。

格克芬和莫海德(1986)提出了一个优于其他所有决策过程方式的模式。首先,他们提出了对传统理性的决策过程模式的实际看法;其次,他们在其决策模式中使计划性决策具体化了;第三,在他们的决策模式中确认了信息在每一步骤中的作用;第四,这一模式反映了决策过程旋转循环的特点,故被称之为"决策轮"(如图5-3);第五,收集和分析信息被置于模式的中心位置,意味着它是决策过程的中心,决策过程中的所有步骤都必须涉及信息的收集、分析和对信息的精确评估。在媒介管理决策中,领导者仅仅重视单纯的信息收集并不能导致有效的决策,同时重视信息的分析更为关键;领导者仅仅重视"决策轮"中的某一步骤或某几个步骤也不能顺利实现目标,必须同时重视所有步骤才能使决策有效。

2. 决策的起因与界定

这个问题的讨论与分析,实际上涉及"决策轮"中的两个步骤,即为什么要进行决策? 决策想要达到什么目的?

那么怎样确定要解决的问题呢? 首先要收集媒介组织内部和外部的各种信息,包括受众市场和广告市场的信息,竞争对手和社会环境的信息,主业经营和辅业经营的信息。其次,要对各种各样的信息进行鉴别、整理和分析,从而找出症结,确定所要解决的问题的性质。比如一家电视台的新闻节目通过问卷调查得知观众正急剧减少,电视台领导者决定着手解决这一问题。但是,他们不可能挨家逐户去劝说观众收看他们的新闻节目,而必须找出导致观众减少的一系列原因,而后逐一分析,想办法将观众重新吸引过来(目标),因为没有观众的电视节目,就不会有人愿意在这一节目的前后做广告。

3. 决策的设计和挑选

在问题确定和目标明确之后,决策者即可以进入第三第四步

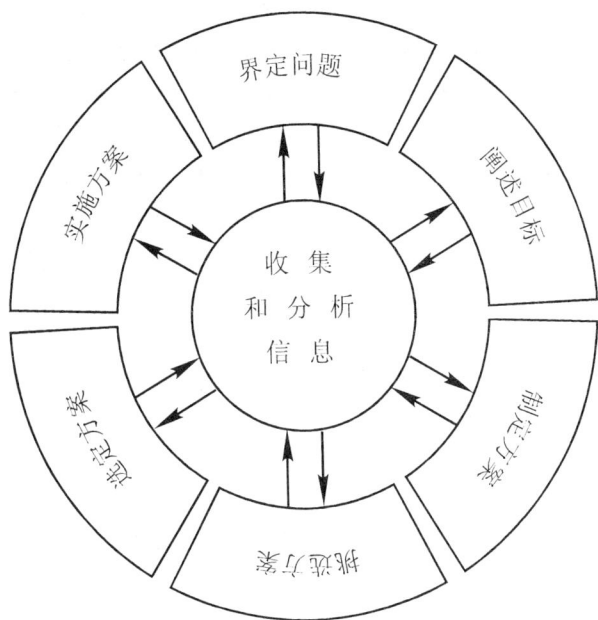

图 5-3 决策轮

骤,即如何解决所遇到的问题和实现预期的目标?在解决问题的方案中哪一个更好些?

回到电视台新闻部,我们发现新闻部主任与他的同行想出了许多解决方法;比较后,他们保留了其中的四种解决方法;斟酌再三,他们又拒绝了其中一种方法——改变新闻的特性,因为最新的考察发现观众喜欢混合性的新闻。剩下的三种解决办法全都涉及时间的分配。他们准备在气象和体育两个节目上增加时间,因为这两个栏目的材料本身充足富余,不需要增加记者。从近来的观察来看,电视台新闻节目提高收视率的潜力是存在的。

4. 决策的选定与实施

在反复比较、权衡得失之后,媒介决策者进入了决策的选定阶段和最后实施阶段。解决方案一经选定,就必须着手实施。实施解决方案,通常需要一个详尽的行动计划,并具体规定每一行动的负责人、参与人、经费预算和时间表,计划的细节应尽可能具体。

在这个最后阶段,信息的收集和分析也是十分重要的。它们大都是涉及媒介组织内部的运作和协调方面的问题。这些信息通过不同渠道反映到决策者那儿,决策者根据时间表和方案落实情况对责任人和参与者予以监督,并及时对资源的利用和方案的状态加以适当调整,以适应不断变化的情况。

不论上一轮决策是有效果还是没效果,都会成为下一轮决策的起因或确定新问题的依据。当下一轮决策过程再度开始时,它们还会以同样的步骤和周期进行循环往复。

二、媒介管理决策的制约因素

1. 决策与时间限制

不同类型的媒介领导者,重视不同类型的决策与时间安排的关系。他们知道,当时间紧急时,人们需要的是一个即时决策,因为此时一个及时的较为满意的解决方案可能比一个拖拉的十分完善的方案更为重要。所以,在当代信息社会里,一个在某一领域掌握了大量信息并能迅速进行分析、作出正确决策的人,可能会如鱼得水,很受企业欢迎。

现代媒介面临激烈竞争,市场千变万化,受众反复无常,因此媒介管理决策既需要按照程序从容不迫地由集体讨论作出,也需要领导者具有在一个合理的时间内就完成决策的能力。

一位媒介领导者在决策中镇定自如地驾驭时间,了解和掌握时间制约的作用,也反映了他的领导素质。有的人临危不乱,遇事不惊,可以轻而易举地化干戈为玉帛、化乱石为滚珠;有的人在紧急关头,方寸大乱,手足无措,结果小事变大事,大事变坏事。可见,时间可以考验出领导者的决策素质。

2. 决策与信息来源

信息作为位于六大步骤中心位置的关键要素,在媒介管理决策中发挥着十分重要的作用。决策不能没有足够的信息,否则便成了无米之炊。

信息既来自于自己的努力,也来自于别人的努力。这两种努力有不同的形式,但是这些形式能够影响到信息的质量。这两种努力的主要形式就是经验和研究。经验意味着参与到事件中或过程中去,而研究则是对于观察事件或过程的可接受的系统方法的应用。

从效果上看,研究应当比经验更客观、公正和系统。但是,实际上研究的质量取决于研究者的技能,正如经验的质量取决于经历事件的人的智慧一样。经验可以由决策者进行鉴别和系统、客观地分析,再上升到理论高度加以认识,原封不动地使用初始经验有很大的危险性,极易导致不好的结果。

媒介管理者有四大信息来源:(1)自己的经验;(2)他人的经验;(3)自己的研究;(4)他人的研究。这里的"自己"和"他人",应既包括个人也包括团体。在决策中,媒介领导者不要过分依赖自己的经验和研究,以减少"当局者迷"、"自我感觉良好"等因素对决策的影响。但是运用他人的经验和研究(比如通过阅读论文或会议研讨,或者委托咨询公司调查和咨询)也要重视其质量。这就要求媒介决策者始终保持清醒的头脑,能够准确地评价信息以及提供信息的人。

3. 决策与分析方法

一个只有很少分析技能或很少知识经验的媒介领导者,只能依靠别人去判断信息的可靠性。这可能会成为一个问题。懂得分析的领导者会在一个更好的位置上选择适用于决策的信息。决策离不开对信息的分析,而分析又有若干种复杂程度不同的具体方法。这里着重介绍成本-利润分析法及分析系统是如何发挥作用的。

所谓成本—利润分析法,就是指通过对成本和利润波动结果的评估来了解成本和利润的方法。麦克金(1975)列举了分析的五个步骤:(1)确定所要获得的利润;(2)确定可供选择的达到这一目标的方法;(3)确定可供选择的方法;(4)制订一种模式或关系能够说明可供选择的方法对于成本和利润的影响;(5)提出有关成本和利润的尺度、可供选择的更好的方案进行选择。这些步骤与"决策轮"的步骤基本对应,因而可以结合起来加以运用。

胡柏(1980)认为,传统的对成本和利润的分析,着眼于金融的成本和利润的价值指标,并对其结果进行比较分析以找出差异性。这对于许多类型的成本和利润分析而言可能十分困难,因而在决策时需要灵活处理和根据情况进行分析,特别是当成本和利润涉及人的行为时更要如此。

总之,媒介管理决策所涉及的层面非常广泛,影响和制约它的因素也十分复杂。除了我们已经讨论和分析的层面和因素之外,国家传播政策、政治经济环境、传播科技水平等,也都可以从特定窗口进入我们观照和分析的视野。

第六章　媒介的人力资源管理

人力资源管理是媒介管理的重要组成部分。人力资源和管理水平与管理效率如何,关系到媒介企业的生存、发展和兴衰、成败,关系到政治稳定、社会进步和经济发展。因此,以正确的观念和理论来认识、指导管理实践,不断提高管理水平和管理效率,就成了媒介企业领导者的基本职责和使命。

第一节　竞争优势与人力资源

一、竞争优势与人力资源的特色

竞争优势(Competitive advantage)是媒介策略管理中的核心概念,意思是指要想在竞争剧烈的市场中取得成功,一家媒介公司必须拥有别人没有的资源,这种资源便是竞争优势。

1. 优势资源的四项条件

巴尼(J. B. Barney,1993)指出,单是一时的竞争优势并不够,这种优势必须是持久性的,即优势能维持一段较长的时间,使对手没法追上。能够成为竞争优势的资源可包括产品、品牌、专利权、市场定位、技术等。要成为有持久性的竞争优势,该资源必须具备以下四项条件:

(1)该资源本身是有价值的,能替企业创造价值。据说,可口可乐公司总裁曾夸下海口："即使本公司某一天一把火全部化为灰烬，我们仅凭可口可乐商标价值就可以贷款让它起死回生。"这说明著名商标是有价值的和能够创造价值的。

（2）该资源是罕有的，并非时常及随便在任何地方可找得到的。物以稀为贵，某项资源若到处可见、随手可得，那么人们会视之如粪土。

（3）该资源是不易模仿的，即竞争对手很难在短时间内抄袭。

（4）该资源是难以替代的，即别家公司不能用其他资源来替代这项有竞争优势的资源。

如今，很多从事策略管理的企业领导人，都已接受并深信竞争优势的观念。因此，他们在进行企业内部检视和制订发展规划时，都会积极寻找有价值的、罕有的、不易模仿和难以替代的资源。鉴于资金、物业等很难显出竞争优势，于是产品的素质、特色、品牌等便是众多企业展开竞争的焦点。

2. 真正的竞争优势是人才

斯坦福大学商学院教授费弗（J. P. Feffer，1995）对于竞争优势的来源提出了一种新的观点。他认为，企业竞争优势的来源不一定是科技、专利权、产品素质和策略性定位等，而是优势人才和有效的管理人力资源。他观察和审视了美国一些盈利的和股价表现较好的公司，发现这些成功的公司不一定在市场上有领导地位，也不一定要规模最大，以致占有成本优势，更没有专利的技术，相反，却有顽强的竞争对手，有很多可以替代的产品和服务。就是说一般的竞争优势，这些成功的企业似乎都不具备。那么，这些成功企业的竞争优势是什么呢？是人力资源和对人力资源的有效管理。

同样，在媒介经营管理的竞争优势中，能够决定媒介企业兴衰成败的关键优势也是人力资源，尤其是优秀的人力资源及其有效管理。没有人才，其他资源再多也难以发挥作用和创造价值。因此，媒介领导者一定要有爱才之心，识才之眼，求才之情，用才之术，护才之胆,举才之德,容才之量,使媒介内人尽其才,事竟其成,人事相适,充满生机与活力。

3. 媒介人才的优势特色

媒介企业要想充分发挥自己的人力资源优势,建立人力资源训练与发展的策略与制度,对其实施有效管理,就要先了解媒介人才的优势特色。

首先媒介人才具有一般人力资源的特点:

(1)差异性。人力资源是"人人不同,各有长短"的。领导者不能期望本公司的每一个员工都像机器人那样完全相同,也无需将他们塑造成相同的典型,而应使每一个员工的优点和长处有所发挥,使其缺点和短处能尽量避免在工作中产生影响。人都具有自我概念,每一个人都有其个人意向、目标、喜好、情绪、感情和特长,不同于资金、设备、原料等资源,可以被任意调配、使用。

(2)自主性。人力资源都是有头脑、有思想、有主见的。他们可以依据自己的专业、特长、能力和兴趣等,选择自己所愿意从事的职业,而别人不能干涉。领导者强行将员工留在或安排在他所不擅长的岗位上,也是浪费资源。

(3)发展性。每个人都是发展的和变化的。领导者可以充分利用这一特点,即注意对员工进行培养、训练,使其知识、能力、经验和技术不断提高和增长,从而肩负更多的使命,创造更多的价值。

对于什么叫媒介人才的特点,可谓是仁者见仁,智者见智。因为,大众传播职业五花八门,大众传播岗位形形色色,媒介员工所学的专业和所受的训练也各不相同。但是从总体上看,媒介人才与其他人才比较起来还是有一些自己的特点:

(1)专业教育。媒介人才大多接受过高等新闻与传播专业教育或接受过相应的培训。1976年,美国新闻工作者中有27%的人是新闻本科生或者新闻研究生(约翰斯顿等,1976),20多年后的今天,原来的百分比肯定会又有所提高。因为,所有的媒介"老板需要的是有传播的职业意识、能力强、表现出色的人,有良好的写作技巧和传播技巧的人,或喜欢用经过学院或大学新闻职业训练的人"(丹尼斯,1981)。

(2)信息传播。媒介人才的工作总是与信息传播有关。记者、编辑、导演、导播、播音、演员、编剧、社长,甚至连发射台技术人员、印刷厂工人等全都与信息传播有联系。信息传播是媒介企业的中心工作,也许是唯一重要的工作,所有的人力资源都直接或间接地服务于这一工作。

(3)社会效用。"传播业是思想交流的保护者",是信息传播的倍增器。"从事大众传播的人为公众带来明显的社会效益。他们帮助建立公共讨论的议程,教孩子们如何成为消费者,或者使成百万人得到娱乐。大众传播接连不断的批评和公众对传播效果的关心,使大众传播工作意义更为重大。"(德弗勒等,1981)总之,在当代社会,已经没有哪个行业的人像媒介工作者那样能对社会产生非常巨大的效用。

(4)富有魅力。美国哈里斯民意调查所(1997)曾对美国职业魅力做过一次调查,结果显示:新闻记者的职业受羡慕程度(51%)虽不及医生(87%)、科学家(86%)和大学教师(78%),但在一万多个职业中却被排在前 10 名,媒介领导人和演员、导演、艺术家等传播者也都被排在前 20 名。杰里米·梅因(J. Main,1977)在《专业人员:新闻记者——正当盛年的职业》一文中写道:"新闻业招人喜爱,正当盛年。如果它过去对一个碰壁的理想主义者来说,是一个收入微薄而且声名狼藉的职业,那么它今天受人尊重,而且工资合理。"在大众文学和公众场合,著名记者、节目主持人、电影电视演员和导演往往成为人们谈论、欢呼和颂扬的对象。

然而,最大的优势特色是,只有优秀的媒介人才才具有真正持久性的竞争优势。这是因为:(1)任何一个媒介人才都是经过很长时间才培养和训练出来的,不像别的资源可以短时间内获得,因此人才最有价值,也最能创造价值;(2)媒介人才不仅罕有,而且独一无二。邵飘萍,范长江,赵忠祥,倪萍,在这个世上只有一个,没有第二个,有也是"李鬼"而非"李逵"。(3)著名记者、编辑、导演、演员、播音员等媒介人才无法复制和克隆,更无法模仿和抄袭。(4)他们也难以替代,即使他们的工作被人替代了,但他们的思想、感情、知识和社会影响也是无法替代的。因此,媒介领导人一定要十分珍惜、十分爱护媒介人才,要善于调动他们的积极性和创造性,为媒介企业创造更多的价值。

二、竞争优势与人力资源的管理

媒介企业的竞争优势,最重要的是资源优势,而人力资源的优势又是最最宝贵的。但是,人力资源的优势不仅表现在人才本身的素质和特色上,也表现在对人才的有效管理上。

1. 人力资源不仅是获利工具

在西方的媒介经营管理中,有许多媒介老板仅把员工看作是公司赚取巨额利润的工具,一旦某员工失去了赚钱的作用,就可能被一脚踢开。其实,这是一种对人力资源的错误认识和管理。在我国,对媒介的人力资源应从以下几个方面加以认识:

(1)人才不是买来的奴隶,而是企业的主人。领导者与员工的关系既是一种领导与被领导的关系,也是一种服务与被服务、公仆与主人的关系。媒介领导者离不开员工的存在和推举。因此,媒介领导者与员工之间需要互相沟通、互相尊重、达成默契。即使媒介领导者为了媒介发展从人才市场或者以高薪挖角的方式"买"到人才,但"买"到的也不是奴隶,而是主人。

(2)人才不是体力的冠军,而是知识的富翁。媒介领导者当然希望员工们个个身强体壮,不吃药,不打针、无病假,但更希望他们成为知识的富翁、传播的专家。在不久以前,知识在某些领域(如农业)也许仅仅是一种装饰,而非必不可少的东西。但如今在所有领域特别是传播领域,一个人要获得一份理想的工作和事业发展的机会,一张大学毕业文凭显得越来越重要。"知识与教育已成为理想的工作和职业机会的通行证。""现在社会的重心正在向一个新的集团转变,即为知识工人。""蓝领工人正在成为'另一半人'和一个'社会问题'。他们正在成为一种'反主流文化',而不代表'主流倾向'。"(德鲁克,1993)作为当代知识集散地的大众媒介,它的工作人员更应是知识的富有者。

(3)人才不是赚钱的机器,而是媒介的"资本"。媒介人才的确可以给公司创造利润,但更重要的是他们可以给媒介增光添彩、赢得社会的广泛赞誉。媒介声誉是媒介的无价之宝,没有良好声誉的媒介,它的产品和服务也很难卖到好价钱。有的媒介逼迫传播界著名人才去拉广告、搞赞助,把他们当作获利工具,这实际上是拿西瓜换芝麻,舍大而取小。随着这种"资本"的耗尽,媒介的发展也就走到了尽头。特别是当媒介人才的抱负得不到施展,特长得不到发挥,媒介的向心力和凝聚力也就没了,于是他就会"跳槽"而去。

所以,媒介领导者要对人才实施有效管理,首先要唤醒媒介员工的主人翁意识,使他们把媒介企业看作是自己的家;其次要重用知识的富有者,走"专家治企"之路;第三,要用其所学、用其所长,用社会效益赢得经济效益;第四,要关心员工的成长与发展,但这要注意两点:一是员工成长需与媒介成长同步,两者互相协调、互相适应,才能为媒介创造更好的未来;二是员工成长需与媒介战略目标相吻合,否则,届时不是"有事无人能干",就是"有人无事可干",这对两者都是损失。最后,媒介要与真正的人才建立长期合作关系,有时也许需要用合同的形式将其"捆"起来,以防止竞争对手"高薪挖角"。

2. 人才生命周期与管理策略

媒介企业推出产品有所谓的生命周期,人才在媒介内从引入到成长、成熟和衰退诸阶段也可称为人才生命周期。有效的人才管

理,是领导者对人才生命周期的各个阶段都很关注,以尽可能保持人才的竞争优势。下面分别介绍人才生命周期的四个阶段:

(1)引入阶段。一个新人进入公司后的两三年内,为人才引入阶段。此时,经过训练的或教育的新人或大学毕业生,对媒介公司一切事物渐渐由陌生到熟悉,并且在其负责的工作职务中摸索出一套采写编播模式,但工作一般不很出色。

(2)成长阶段。在这一阶段,人才由新变旧,人际关系网络逐步建成,他们的创造性进入活跃期,对自己的传播业务已相当熟悉,其表现相当不俗,符合领导者的期望。只要领导者管理得法,他们的才华就会得到充分施展,媒介也可充分受益。

(3)成熟阶段。进入成熟期,媒介人才有足够的工作经历和经验,有丰富的专业知识和技能,堪称"十八般武艺样样精通",有的人可能已有一定的知名度,但却面临发展与突破之瓶颈。此时,媒介领导者若能给予他们适当的训练、进修、"充电"、调职或晋升、提拔机会,将有助于人才生命周期的活性化循环。

(4)衰退阶段。人才进入这一阶段,有快有慢。有的人未老先衰,不到 40 岁即已江郎才尽;有的人像开足马力的汽车,到了退休年龄(下坡)才放慢速度。媒介人才一旦进入衰退期,往往缺乏职业敏感和创新精神,缺乏工作积极性和主动性,心力和才力也明显不足。

针对人才生命周期问题,媒介企业宜制订相应的管理对策,以免闲置人才或用人不当,造成人力资源不必要的浪费。

在人才引入阶段,媒介管理者务必用其所学、用其所长,使其适任适所。否则,即可能从此埋没这个人才,使其消沉下去;或者跳槽他去,为竞争对手所用。

在成长阶段,领导者除了要及时给予工作上的肯定之外,尚须经常分给他一些具有挑战性的任务,从多方面锻炼他;还要适当地安排时间让他参加培训、进修或者攻读新闻学与传播学方面的硕士研究生课程,以不断提高其专业理论和专业技能。

在成熟时期,对于一个值得媒介提拔的主管人才而言,如果将其送到中央或省委党校培训,或者送到新闻与传播院(系)进修阶段性的媒介经营管理课程,或者参加在职的专业函授教育,这是给人才发展"充电"、"加油"、注入活力。

对于进入衰退时期的人才,若是未老先衰者,宜调换其岗位或安排时间参加专业培训,以激活其创造性和积极性;若是长期服务于本媒介的即将或已经退休的员工,除了可以返聘的形式让其发挥"余热",以免去竞争对手处打工,还要给予适当关心和照顾,或以福利制度等方法使其无生活之忧。这样做,可以培养员工对媒介的忠诚。

3. 媒介人才的管理原则

(1)德才兼备的原则。德和才是每一个媒介人才成长的基本要素,也是衡量各级干部的起码标准。所谓德,是指一个人的政治品德、职业道德、伦理道德和工作态度、工作作风等内容。所谓才,是指一个人拥有的文化知识、理论知识、专业知识和学习能力、表达能力、组织能力、思维能力、创造能力等内容。古人说:"才者,德之资也;德者,才之帅也。"因此,应是德才兼备,以德为帅。坚持德才兼备的原则,必须反对把德才割裂开来的片面性。有德无才,有才无德,这都不是媒介赢得竞争优势所需要的人才。

(2)适才适用的原则。有效的人力资源管理,要因事以求才,因才而施用,事得其人,人当其用,人能尽其才,事能尽其功。媒介领导者要坚持人事相宜、适才适用的原则,充分发挥人才的竞争优势,应从三个方面入手:首先要根据每个人不同的才干,安排相应的岗位和职务,做到不大不小,不高不低,大才大用,小才小用,高才高用,低才低用,人事相配,职能相称;其次,量才任职还要权衡利弊,用其所长,避其所短;第三,使用人才不可"一次安排定终生",而应随着年龄的增长、知识的增多、才能的变化,不断对人才作出调适安排,使其始终在最适合的岗位上贡献聪明才智。搞好适才适用的要领是"知事"与"知人",只知其一或全然不知,就无法做到人事相宜、适才适用。

(3)养用结合的原则。媒介领导者不但要善于正确合理地选用人才,还要重视培养和爱护人才。如果只注意选用人才,而忽视了培养和爱护,那无异于竭泽而渔,久而久之,选用的人才就会老化,就会跟不上社会发展的需要,失去原来的竞争优势。在当今的信息社会,科技发展日新月异,知识更新越来越快,新思想新观念层出不穷。因此,媒介领导者必须要有战略眼光,重视对人才的"继续教育"、"终身教育"以及训练与发展,要把使用、培养和提高结合起来,自觉地有计划地培养和造就能形成梯队的各种人才。教育训练是培养人才,社会实践也是培养人才,把两者结合起来,既养又用,养用并重,可使媒介人才获得更大的进步。

(4)智能互补的原则。在大众传播中,专业传播者不仅人数众多、协调性强,而且分工复杂、技能不一。以电影电视为例,它集声、光、电于一身,聚采、编、播于一体,汇摄、录、剪于一堂,加上美术家、化妆师、服装师、音乐家、演奏家……人员十分复杂、分工极其细密,队伍也日益庞大。因此,作为个体的媒介人才,任何人都不可能精通各门学科、擅长各种技能。这就要求媒介领导者通过集体的智能互补组成最佳结构,去完成这一系列的相互联系的传播活动。亚里士多德曾说过:"整体大于它各部分的简单总和。"同样,群体的智能互补也大于各个个体智能的简单相加。媒介领导者运用智能互补原则的目的,在于达到总体结构的优化,以便形成竞争优势、顺利实现媒介组织的目标。

(5)奖惩并举的原则。对成绩优秀的媒介员工给予肯定、赞许,对违纪失职的媒介人员给予惩处、警戒,这种奖惩并举、赏罚分明的原则,对于鼓舞和激励人的斗志,预防错误的发生,具有很大的作用。媒介领导者不仅要关心、爱护员工,而且要对他们提出严格的要求,给予客观评价和公平奖惩。贯彻这一原则,一要赏罚分明,功过不能相抵;二要赏罚公平,亲疏贵贱一视同仁;三要赏罚合理,赏必功,罚必过;四要赏罚有信,说了就要兑现;五要赏罚并用,相辅相成,以赏为主。只要坚持这样做,就可以既让人们从正面接受教育,树立学习榜样和赶超目标;又可以从反面接受教育,吸取教训,慎而戒之。

第二节　媒介人才的选择与任用

一、人才选用的循环与机制

媒介人才的选择与任用,经过多年的探索和积累已经形成了一套程序和机制,尽管各家媒介在做法上不尽一致,但也有一些共同的地方。

1. 媒介人才选用与发展循环

所有的媒介在选择、任用和培养人才时,只有极少数媒介只着眼于短期效益,一般媒介都会有一个长期的规划,有一个循序渐进的步骤,从而能形成人才选用与发展的良性循环。这种人才管理循环链,包括五个方面的内容(图 6-1)。

媒介人才管理循环链具有三个特点:(1)整体性。它正确地反映了媒介人才管理的整体特征,而不是给人一种零碎的局部的印象。(2)动态性。它反映了人才管理不断运作的动态特征,而不是只给人一种静态的人事档案管理的印象。(3)阶段性。它反映了人才成长与发展乃至退休、淘汰的阶段性特征,把握好这几个阶段,既有利于管理者的工作策划,亦有利于被管理的人生设计。

媒介人才管理循环链以其简洁显明的图式揭示了人才管理的三个规律:(1)它揭示了媒介人才管理循环往复、周而复始的规律;

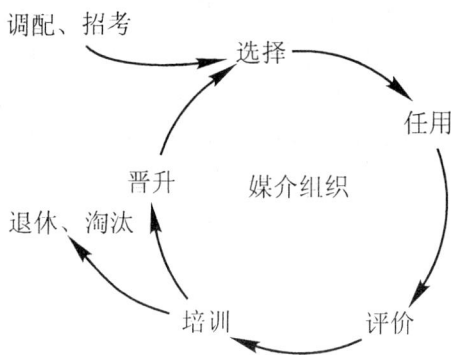

图 6-1　人才管理循环链

(2)它揭示了媒介人才管理优胜劣汰、吐故纳新的规律;(3)它揭示了媒介人才管理养用结合、奖惩结合的规律。

我们在本章中的讨论、分析,基本上是按照人才管理循环链所反映的步骤和内容进行的。

2. 媒介人才的选用机制

媒介企业选择、聘用员工的方式往往会因岗位和职能的不同而有所不同。当前,国内外比较常见的选用方式,主要有以下六种:

(1)社会招聘。这是指媒介企业根据工作需要向社会公开招收工作人员。具体做法是:媒介单位根据工作需要发布招聘启事,公布所需要人才的种类、条件和数量,并规定相应的物质待遇;然后,对报名应聘者进行考试或考核,择优录取,量才使用,并签订合同,明确规定双方的权利、义务以及合同期限。这种选用方式,有利于发现和启用传播人才,有利于人才的竞争与发展,有利于"任人唯贤"和避免人才浪费。但是也曾有媒介领导人假借公开招聘之名,将社会闲杂人员和庸才、蠢才网罗到媒介组织之中,以讨好某些关系户。

（2）聘用兼职。这是指媒介单位聘请社会上的传播和管理人才到本单位来从事有偿的智力劳动。媒介单位所聘请的兼职人员，都有一技之长，有的甚至是某方面的专家，有一定的知名度和美誉度。聘用兼职人员可以挖掘现有传播与管理人才的潜力，减少人才的积压浪费，也可以缓解媒介单位人才紧缺的状况，起到花费少收效大的作用。由于兼职人员一身二任、一身两职，既要保质保量完成本职工作，又要保质保量完成兼职工作，媒介单位可与其签订目标责任制，而不必强求其坐班。

（3）毕业分配。这是指媒介单位根据国家规定的方针、政策，遵循专业对口、学用一致、优生优配、优才优用的原则，从高等院校新闻与传播专业或其他对口专业的毕业生中挑选自己所需要的人才。在挑选时，通常要看毕业生的毕业鉴定、奖惩情况、健康状况、各门功课的成绩、实习表现和刊播作品、单位或老师的推荐意见等；在正式决定前，也可以面谈一次或者进行一次面试或笔试，以全面检验其知识、能力和素质。这种挑选比某些不规范的社会招聘具有更大的可靠性和准确性，也更省钱省力。另外，做好毕业分配工作，也有利于调动在校生的学习积极性，有利于端正党风、改变媒介选用人才的不良风气，也有利于形成人才培养和使用的良性循环。

以上三种人才选用方式，主要是针对尚未正式进入媒介单位的众多人才所提出来的类似于"守门人"的选用方式。但是，当这些人拿到了"入门证"成了正式员工之后，媒介领导人又应该如何选择和使用人才呢？扬州日报社（1996）的做法是：

（4）评议推荐。就是每年搞一次评议推荐活动，先个人述职，再民主评议，最后投票推荐，报社总编辑再以得票的多少决定每个人的领导职位和工作岗位。在1995年3月的评议推荐中，该社得票最集中的9位同志，平均年龄35岁，最小的仅有22岁。

(5)竞争上岗。就是将一些部门及岗位在报社内部公开招标，实行竞争上岗。招标时由上级主管部门领导与本社领导组成评审委员会，全体中层以上干部参加旁听，分别听取每个投标小组陈述工作设想，而后与会者就"班子组成"、"现行政绩"、"工作方针"、"版面设想"、"发行打算"、"组织管理"、"印象"等七个方面评审、打分，大家共同满意的即为中标班子。

(6)双向选择。1993年7月，扬州日报社让全体编辑、记者在志愿书上对12个部门填写三个选择志愿，前两个为定向志愿，后一个为参考志愿；同时，让12个部门负责人按本部门定编数的1.5～2倍填写定员对象；最后，总编室以双向选择的意向为依据确定上岗方案。由于双方"情投意合"，大家都能和谐共事、一心办报。

长沙晚报社(1996)为了搞活用人机制，几年来一直采取了两种办法管理：一是除正副总编辑外，实行全员聘任制，一年一聘，各部主任由党委聘，然后采取双向选择的方法选聘编辑、记者。另一个是把采编人员奖金改为内部稿费，对各人见报的稿件按照质量打分，按分计酬。实践证明，这两种办法能充分调动媒介人才的积极性，能有效提高报纸质量。

二、如何发现与任用媒介人才

"得人才者得天下，失人才者失天下。"这对于媒介企业来说也是如此，重视人才的选用和人力资源的品质，媒介事业就兴旺发达；反之，则不免失败衰亡。那么，媒介领导者应如何识别、选拔和任用优秀人才呢？

1. 识别与发现优秀媒介人才的要诀

(1)在实践中识别和寻找。古人曰："取土之方，必求其实；用人之术，当尽其材。"媒介人才是在传播活动中成长起来的，也要通过传播活动去识别。媒介人才的德才学识是在日常大量的工作、学习和生活中反映出来的,单纯地通过看档案、看鉴定、看报告来选拔人才,往往是不全面的。这就要求媒介领导者在其想要引进的人才的岗位领域内广泛考察,注意这类人近年的实践表现,而后从中选出理想人才并设法挖来。比如,你想寻找一个优秀的节目主持人,这时你知道不可能从更具优越性的中央电视台挖到真正的人才,但是你却可以凭借地域优势和覆盖面从内地省、地台和本省的地市台寻找到比较优秀的节目主持人。

(2)建立搜寻人才的网络。就是说,媒介领导者不仅自己要勤勉地寻找人才,还要通过方方面面的人际关系去发现和搜寻人才。有的领导人是从朋友和同事那里听到了优秀人才的信息;有的领导人是从人才交流市场知道了某位人才的情况;还有的领导人重视与本地的新闻与传播研究机构或教育单位的联系,那里经常有高质量的传播人才及其信息和丰富的学生资源。

(3)创设一个优秀候选人人才库。在平常就要做有心人,注意将与媒介工作岗位有关的人才记录在案,并留心其发展动向,一旦需要或一旦此人想跳槽,即可立即将他引进,放在适当的岗位上大胆使用。因为,从杰出候选人人才库中选择的那些人才,即使是名单上的第三人选,都可以保证是很优秀的人才。

当然,媒介领导人也可以采用省事但花钱的办法,比如刊播广告在社会上公开招聘,但这往往意味着不论这次招聘有没有优秀人才应聘,媒介都应兑现承诺——招满你说的人数。

总之,媒介领导人将时间花费在识别和发现优秀媒介人才上,是一项很有远见的做法和投资。从新老交替、优胜劣汰、搞活经营的角度看,发现和引进优秀人才都是有意义的。

2. 审查与选用媒介人才的准则

(1)检查参考资料。急于引进人才的媒介领导者绝不能仅依赖于个人自荐书或个人申请书中提供的情况概述和资料,也不能过分相信此人以前任职单位的鉴定意见和交谈材料。因为,任何自我推销者都不会傻到将自己的缺点全部写进给聘用单位审查的材料中,以前任职单位的领导者为了将自己解雇的或不满意的职员顺利转让出去也绝不会写任何不好的情况。但是,你可以漫不经心的方式向以前的老板提出某些问题,通过他们的回答,你即可以初步了解该应聘者的情况。一般情况下,这些媒介单位领导人会友好合作的。这些问题主要有:您会还雇佣或引进一些人吗?为何此人要离开贵公司?您对失去此人感到遗憾吗?此人的工作效率是高还是低?如果此人还留在贵公司,他在近期内是否会得到晋升?回答这些问题,可以向你提供十分有用的信息。

(2)不以求备取才。"用人不求其备(完美无缺),嘉善而矜不能(体谅力不能及)"。(苏轼《湖州谢上表》)"求士莫求全,用人如用木。"(程允升《幼学琼林》)这就是说,对应聘人才的审查不要面面俱到、事无巨细,而应论大功而不记小过,举大善而不录细瑕。在美国南北战争期间,起初林肯总统手下的将领个个"无缺点",但却被对方那些个个有些缺点的将领打败了。后来林肯决定任命格兰特(Grant)将军为总司令,有人提醒林肯:此翁嗜酒如命,难当大任,林肯未予理会。结果格兰特上任后很快扭转了战局。所以,杜拉克认为:"倘要所用的人没有短处,其结果至多只是一个平平凡凡的组织。所谓'样样都是',必然一无是处。才干越高的人,其缺点也往往越著。有高峰必有深谷。谁也不可能是十项全能。与人类现有博大的知识、经验、能力的汇集总和相比,任何伟大的天才都不能及格。"①

(3)不以资貌取才。"不限资考(资历),惟择才堪(才能称职)者为之(担任)。"(欧阳修语)"限以资例则取人之路狭;不限资例,则取人之路广。"(欧阳修语)媒介领导人选择人才不要只看资历、出身、后台,而应着重看实际才能和水平;也不要只以衣冠相貌取人

---

① [美]杜拉克:《有效的管理者》,台北:企业管理发展中心,1978年,第86页。

（当然这对上镜头的人来说也是重要的），而应注重人的内在的东西。古谚云："相马失之瘦，相士失之贤。"意思是相马者往往因为马瘦而看错它的材质，相人者往往因为人贫穷而忽略他的才能。选择、任用人才的关键，是要看他能不能出色地完成工作，能不能为媒介赢得好的声誉、夺得更多的受众、带来更多的利润。花旗银行的取才原则是："选最适合的人，而非选最好的人。"

（4）当面提出问题。如果从档案、走访和自荐材料中还很难对应聘者作出全面了解，那么还有一个行之有效的办法，那就是向应聘者或选用对象当面提出试探性问题。实践证明，大多数被询问者在回答这些问题时会非常坦率。比如，一个显得很忙的媒介领导人在与应聘者谈话时可以这样问他："我们彼此间一时没有足够的时间来相互了解，你是否可以告诉我，你有哪三大主要优点？"应聘者会爽快回答。然后可以接着问："那么，你也能告诉我你的三个主要缺点吗？"大多数应聘者也会很坦率客观地加以回答。如果你对上述回答满意，并有选用意向，那么可以再问："假如让你当《社会经纬》节目的主持人，你有什么办法将它搞得更好？"真正优秀的人才，这时他会从容不迫地搬出一套工作设想。

此外，媒介领导人还可以合理借鉴诸葛亮《心书》中的"知人"七种标准或方法：（1）用是非来考察他，看他的意向是否坚定。摇风摆柳式的下属绝不可靠，随时会起你飞脚。（2）用言辞来难他，看他的应变能力强不强。（3）拿策略向他咨询，看他的判断对不对。（4）把灾祸困难告诉他，看他的勇气壮不壮。（5）以酒色来陶醉他，看他会不会在这些场合下大失常态。（6）让他处理财物，看他是否廉洁，挪用公款的人即使才华出众，亦断不可信赖。（7）交任务给他完成，看他信用好不好。如果这七条标准全部符合，必定是个很好的媒介人才。

三、如何驾驭和留住媒介人才

媒介人才所以被称为难以管理的人,是因为他们是一群有点特殊的人:(1)他们从事的是脑力劳动而不是体力劳动,而脑力劳动不可以生产流水线的形式加以规范;(2)他们遇事总有自己的思想和观点,而且有一定的深度和创造性;(3)他们习惯客观地传播他人的观点,也会情不自禁地把自己的见解写成文章或公开讲出来。因此,管理好这些富有才智和思想、但往往脾气古怪的人,不是一件容易的事。

1. 驾驭媒介人才的策略

驾驭媒介人才的主要矛盾是:媒介迫切需要有创造性且能独立思考的人才,同时又需要用一定的纪律约束他们,而他们总是对受人领导有所反感。媒介领导人对员工的工作很难做出明确的界定,虽然如今许多报社对记者规定了见报稿件的数量,并按质打分,按分计酬,但用以衡量的标准仍有一定的主观性。因此,要驾驭这些人一定要讲究策略和技巧。下面,我们介绍美国《时代》杂志、时代—沃纳公司的总编辑赫德利·多诺万(1996)花费了30多年的功夫总结出来的"驾驭这群野马"的一套工作模式:

(1)管理媒介人才不是一件容易的事。管理者必须充分认识到,自己是在树立、改善并保护一种使得具有创造性的人才发挥其最大才能的环境。这些具有创造性的人才可能喜怒无常,动辄发脾气,但不必计较,因为你毕竟帮助造就或培养了一位知识天才。只要管理工作细致入微,即使是庞大而复杂的媒介企业也能使具有创造力的人脱颖而出。

(2)对下级必须像对上级一样忠心耿耿。一位优秀的管理者应该维护属下的利益,当然不是盲目维护。对属下尽量多表扬鼓励,一旦出了差错,即使责任不完全在自己也应由自己主动承担。对下级要与对自己的上司完全一样。媒介人才往往对事情不轻易相信,很少有英雄崇拜心理。他们希望自己的领导人对下属是忠心耿耿的。

（3）一流的人才是独立思考的人才。善于独立思考的人从来不是完全受雇于人的。媒介人才不会不假思索地同意管理者的意见。如果是这样，这个人也就没有多大用处了。但是，在一个人才汇集的单位里，领导者必须经常做出不能使人人都高兴的决定。在这种情况下，最大的希望是使持不同意见的人能尊重作出这一决定的规程。

（4）要沉住气。在一个人才集中的媒介，员工对管理者的了解要比实业界员工对经理的了解更深，很大一部分员工同管理者的社会地位是相同的，诸如新闻界同仁、学术界同仁、职称相同等等。所以，他们常以同一水平线的眼光对领导者加以仔细的观察和研究。在识别真假这个问题上，知识分子可能不比蓝领工人快，但一旦看出来了，他说出的话却比蓝领工人更加无情。因此，管理者一定要沉住气，不要摆架子。

（5）打破宗派观念。对于《时代》杂志公司编辑系统的组织图表，赫德利·多诺万从来不看。他要求编辑们离开自己的杂志，轮流到其他部门短期任职，并随时调进他的办公室任代理副手，但又随时调出去。这种轮流的做法，有助于打破杂志编辑人员之间的宗派观念。

（6）敢于批评。管理者必须善于表扬下级，但也必须敢于批评，尽管批评是难度更大的工作。成功、有效地批评媒介人才必须包含以下三点：(A)你能干得更好。事实上，有些工作你已经干得很好了，只是希望你能够将其他工作干得同样好。(B)对你的同事用同样的标准来衡量。(C)对管理者本人，希望下属或其他人也能够以同样的标准来要求。

（7）按规定办事，即使不合理也要公正。衡量媒介活动好坏的标准是主观的，尽管它有一定的客观依据。但是，领导者必须做到让下属觉得处事公正。一位领导者办事不可能使每个人都信服，但是需要90%以上的员工相信他所定的数量和质量标准对每个人都是公正的，也许这些标准很难予以界定，或者是不尽合理的。

（8）鼓励出谋献策。媒介领导者必须知道，知识分子对于本单位怎样才能把工作做好往往有许多建议，而且往往将主意与抱怨混杂在一起。这种积极主动地出谋献策应该得到鼓励。当管理者得到这些主意后，不论好坏，一定要让出主意的人知道你已收到了。这些主意，对于增强媒介企业的活力、提高传播效果必不可少。

（9）掌握说一不二的时间。在大多数知识分子集中的单位里，宽容度普遍较高，协商从不间断，以寻求取得一致的意见。不经协商而直接下命令行事，往往行不通。尽管这样，也会出现无法再讲民主协商的时刻，对于那些时间紧、任务急、必须及时做出的决定，就要说一不二、斩钉截铁。

（10）掌握鼓噪声何时逼近。在一个媒介机构内，人们的牢骚和不满往往持续不断。领导者必须亲自了解或通过他人了解清楚：他们主要对哪些事不满？这种鼓噪声什么时候会更大？哪些事是需要予以立即研究解决的？哪些事是可以置之不理的？

（11）给予丰厚的报酬。媒介公司应以充分的财力去奖励那些应该受到奖励的媒介人才，以鼓励他们的聪明才智进一步的发挥。奖励应根据员工个人的专业、表现与效率，只要他有杰出的绩效与表现，就要给予奖励和表扬，但对表现不良的员工也要给予适当批评和惩处。

（12）注意重要的细节。一位媒介领导者，不管他有多么能干的副手分管人才选用去留工作，自己必须亲自深入研究这个细节。因为，人才的流入流出，对于媒介企业的生存与发展是至关重要的。

此外，还有许多媒介公司注意向员工们提供媒介运作信息。有的媒介以记者手册、出版指南等形式，向员工介绍本媒介的历史演变、机构设置、资源现状、发展规划、人事政策和升迁程序、奖惩措施、福利制度等;有的媒介以内部简报或周刊的形式,扼要地刊登员工流动或组织变化的特点、奖惩情况、呆账数目、防止"赖账"的办法、有待任命的空缺、媒介经营的新举动、受众对媒介的批评等。这样做可以让员工了解本企业的价值观及"游戏规则",对公司的理念有所遵循,也可以增加公司运作与决策的透明度,减少员工的不满与抱怨,增强媒介企业的向心力。

2. 留住媒介人才的办法

媒介企业的生存与发展离不开人才。要得到最优秀的人才,国外最常见的办法就是以最优厚的报酬将他从竞争对手那里挖过来,美国最富有的传媒大亨纽豪斯、香港影视巨星邵逸夫和香港壹传媒集团老板黎智英等都是挖角高手。挖角没什么不好,它至少可以促进人才流动,避免人才浪费,充分发挥人才的积极性,促使媒介好好珍惜和爱护人才,想方设法留住人才。至于如何留住优秀人才、控制人才外流,依据国内外媒介领导者的管理经验,可以归纳出以下几种办法:

(1)"软硬兼施"法。长沙晚报社总编辑左润明(1996)介绍说:所谓"软",就是加强思想政治工作。做采编人员的工作,要"重原则讲感情",在原则问题上不含糊不迁就。对采编人员在生活上要关心爱护形如一家。每年春节我家里从来不请客,但每年要把长沙没有家的年轻记者、编辑请到家里聚一聚,交流感情。至于"硬"的一手,就是定几条规定管住人才流失,主要有这么几条:(A)自己要走的先退房子后办调动手续;(B)被聘为中层干部的人员要求调动的先解聘后调人;(C)调到深圳等地去试用的人,关系一律转到市人才交流中心;(D)要求调动的人准出不准回,再想回来一律不要。他说:"这几条很管用。近两年,报社没有调走一个骨干采编人员。"

(2)克制忍让法。曾有一位出版社社长说:"出版业的危机不在于缺乏思想和创意,而在于已有的思想和创意难以实施。"富有思想和创意的人才,其最大敌人可能不是其他媒介同行,而是其所在的组织,因为它会将他们大部分的思想和创意丢进纸篓,并常将他视为"不安分者"和"喜欢出风头的人"。一个媒介的经营管理要想获得成功,媒介领导者就必须善于克制忍让、听取建议,而后下决心、花力气使好的主意付诸实施。至于他们那种目无领导、盛气凌人的态度和语气生硬、缺乏技巧的讲话同他们的好主意所赢得的效益相比,就不算什么了。克制忍让既能获得效益又能留住人才,何乐而不为。

(3)搭台唱戏法。有许多媒介人才对当官并无兴趣,他们觉得那样不自由,但他们都有自尊和受别人尊重的需要,有自我表现、自我发挥和自我完善的需要,所以对他们最好的奖励莫过于给他搭个"舞台"让他充分"表演",使他的才华和抱负得以充分发挥和施展,从而获得社会的承认。有的优秀人才之所以要"跳槽",究其原因既不是报酬少、住房小、职位低,也不是同事关系不好,而是英雄无用武之地,自己的特长和才华无处发挥,未得到充分开发。所以,对于这些人才,媒介领导者的职责就是尽可能地给他们提供一个自我表现的天地。

(4)提高待遇法。这是指对真正优秀的媒介人才制订提高薪金、奖金、住房、用车等待遇的制度,以吸引和留住人才。这应有个标准,比如:他在传播领域中具有较高的知名度和美誉度,受到受众的广泛欢迎和好评;他具有某种领域里的十分优异的专业知识和能力,能够解决许多难题;他通过富有创造性、革新性的研究使媒介经济效益大幅提高;他在所任职的领域中得到最高级的个人奖(如电影金鸡奖、金话筒奖、范长江新闻奖);他在国内或国际学术委员会中兼任要职,并发挥重要作用,等等。总之,只要他是本单位举足轻重的骨干人才,就要以高报酬、大住房和本单位领导者基本同等的工作待遇等将他稳住,有的即使到了退休年龄也要争取延聘或返聘,以免他到竞争对手那里去发挥余热。

(5)利益捆绑法。就是将媒介人才的个人利益与媒介公司的集体利益捆绑在一起,一荣皆荣,一损皆损,而最优秀的人才表现愈好、留用时间愈长,他从中得到的利益就越多;相反,就越少。在西方,媒介公司老板有时以赠股的形式分给最优秀的领头人一定的股份,而其他员工则抽取一定的薪金每年自然入股,每年分红一次。在国内,有的媒介是按职务、职称的大小搞内部集资,而后根据创收情况分发红利。沈阳日报社(1996)从1992年开始制订了内部职称聘任制,设立了"特殊贡献奖",将个人表现、个人利益与报社产品质量和效益紧密挂钩。其中规定:编采人员在完成任务的前提下,获A稿最多的可评为当年特殊贡献奖,奖金5000元;编采的稿件被全国记协评为一、二、三等好新闻奖的,可分别获奖金1.5万元、1万元、5000元。重奖之下,必有勇夫。有一名记者写的重点稿最多,已连续三年荣获"特殊贡献奖",每次奖金都是5000元。据统计:他1993年发表稿件510篇,其中重点稿39篇;1994年发表稿件493篇,其中重点稿37.5篇;1995年发表稿件506篇,其中重点稿40篇。另有两名记者,分获全国好新闻三等奖,各得奖金5000元。可见,利益捆绑法不仅可以有效地留住人才,而且可以极大地调动优秀人才的工作积极性。

第三节 媒介员工的培训与发展

媒介领导者不仅要善于选拔和使用人才,而且要重视培训和造就人才。培训与发展是有效的人力资源管理中提高竞争优势的一项十分重要的工作。科学的培训与发展不仅使媒介员工能顺利应付现今的工作,更能令媒介人才有足够的知识与技能来面对将来的新任务,同时培训与发展也代表了媒介组织对员工前途的重视和关心,这种投资可增强媒介组织的凝聚力和向心力。

一、培训与发展的意义

1. 培训与发展的含义

所谓培训,就是根据媒介事业日益发展的需要,对媒介员工进行有目的、有计划、有组织的培养和训练,以提高他们的政治素质、知识水平、传播技能和职业道德水准。所谓发展,则是指媒介员工在接受培养、训练与教育、锻造中的一种成长、扩大、升华的系统过程。通过这一过程,个人的知识由少到多,技术由粗到精,认识由浅入深,思想由幼稚到成熟,工作由被动到主动。

在学习对象上,培训已经渐渐地被看作是取得传播技巧、技术与机器(如电脑)操作技能的一种教育过程;而发展则被认为是提高政治觉悟、思想水平、先进知识和研究能力、决策能力的一种教育过程。参加电脑操作训练和上岗前的培训,属于前者;接受硕士研究生教育或党校高级进修班的学习,属于后者。

从学习者来看,参加培训学习的人面广量大,而且多针对技艺不精湛者;而参加发展学习的人则是经过挑选的,多为少数业务尖子、骨干分子和中层以上干部。

从课程的设置来看,培训课程的设置针对性强、时间不长,着重在较短时间内解决一个具体问题,如浙江日报大楼落成后,为了让新闻记者和编辑搬进后很快适应智能化大楼的管理系统,就预先对他们进行了短期集中培训;而发展课程的设置则着眼于人才成长、发展的长远目标,也不指望在短期内使学习者一下子成为一个大家所期望的那种人。

随着社会日益信息化,新观念、新知识汹涌而来,新的传播科技和手段层出不穷,媒介员工要适应时代的发展、社会的进步和工作环境的变化,就必须积极参加甚至要主动争取参加各种培训与发展的学习,以便为自己积累更多的竞争优势;而作为媒介领导者也应建立、健全媒介员工的培训与发展计划,以不断为媒介注入生机与活力。

2. 培训与发展的作用

(1)增强竞争优势。在日益激烈的媒介竞争中,真正决定媒介企业生存发展、兴衰成败的关键因素是人力资源的素质。一个媒介企业若没有一大批高素质的人力资源,要想赢得竞争优势、立于不败之地是难以达到的。重视培训与发展,不仅可以提高媒介员工的现有工作能力,而且可以导致媒介产品质量和营销业绩的提高,从而增加公司利润,取得竞争优势。

(2)提高员工素质。科学的培训与发展教育既可以提高产品质量和营销业绩,也可以提高和优化媒介员工的自身素质。一个具有较高的思想修养、文化素养、职业道德和业务能力的员工,他必然注意文明礼貌和自我形象,能够与同事和谐相处、合作协调,能顺利、圆满地完成具体任务。一位管理专家对某家电视台总裁说,重视和执行在职培训与发展,从表面看,在这一不多的投入中受益的是员工——提高了自身素质,但真正受益者是媒介。

(3)迎接未来挑战。媒介发展的未来既难以预测又充满风险,谁预先为此做好充分准备,谁就能在未来的竞争中占据有利地位。但是,常有媒介企业在制订战略规划时忽视人力资源的培训与发展,结果当环境发生变化而出现良好商机时,却没有适当的人去完成,从而失去了迅速发展的大好机遇。所以,在制订员工培训与发展规划时,领导者一定要有远见,必要时还应请专家来规划人力资源的培训与发展工作,以长期解决媒介企业所需的人才问题,使之能适应未来的变化和发展,避免人力资源落后过时。

(4)激励人才上进。培训与发展是媒介企业对员工或优秀员工实施的一项福利,是其整个薪金组合中的一部分。因此,是否得到培训与发展的机会,即意味着他是否获得这一福利或薪金。有的媒介公司的员工对培训与发展缺乏热情、不积极参与,这是因为上级主管部门或本媒介领导人常以外调干部或挖角来填补高层空缺,而未使这一工作与考绩、内部晋升结合起来。正确的做法是,将培训与发展同员工的工作表现、晋级提干结合起来,即只要一个人有出色的表现和业绩,就应该让他有深造提高的机会,就应该在晋级提干等方面优先予以考虑。这样才能鼓舞士气、激励上进。

二、培训与发展的原则

1. 培训发展与实际使用相结合

对媒介员工的教育培训要按需施教,坚持"干什么、学什么、缺什么、补什么"的原则,使学用一致、学以致用。学是手段,用是目的。倘若学非所用、用非所学、学用脱节,那么这项投资就徒具形式,而无实际意义。只有将这两者有机结合起来,使学用一致,才能达到较为理想的效果,才不致于造成财力和人力的新的浪费。

2. 知识教育和能力教育相结合

知识与智能的关系,是互相联系、辩证统一的关系。知识是启迪智力的激素,是形成能力的媒介。没有知识,智能便成了无源之水,无本之末。但是,知识只是形成智能的条件,其本身并不等于智能。知识和能力对每一个媒介员工来说,都是必不可少的。因此,对媒介员工的培训与发展,必须在传授知识的同时,力求使他们的智力和能力都得到有效的培养和充分的发挥,从而得到全面发展。

3. 全员培训和重点发展相结合

当代社会知识信息急骤增加,科学技术迅猛发展,知识和技术更新的速度越来越快,媒介产业作为知识和信息的集散地,其员工的知识和技术水准必须与其保持动态平衡,因此,就需要对全体员工不断进行培训。特别是当媒介产品生产线由一套全新的设备和科技(如电脑)替换时,那么就需要对全体生产者进行培训。如果学习内容只涉及少数人的工作质量,或者学习内容属于提高性质且与晋升有联系,这就是重点教育发展的问题。全员培训的对象不可能都成为重点发展的对象,但重点发展的对象必须掌握全员培训的知识和技能,否则就无法发展和提高。

4. 在职培训与脱产学习相结合

培训与发展是为了更好地工作,为媒介创造更多的效益,但是不恰当的安排或者脱产学习的员工太多,就会影响媒介的正常运作。这就要求媒介领导人在不影响媒介运作和传播效果的情况下,合理地安排好在职培训与脱产学习的比例,先学与后学的比例,普及与提高的比例,坚持以业余学习和在职培训为主,并号召员工在干中学、学中干、边干边学、边学边干,从而使人力资源始终保持着旺盛的生命力和强劲的竞争优势。

三、培训与发展的形式

日本村田机械株式会社对管理人员采用的是五阶段逐级培训形式:(1)入社训练;(2)一年次研修;(3)三年次研修;(4)四等级研修;(5)系长研修。这五个方面的培训要经历 5 年的时间。

中国时报社把对员工的在职训练分为四种类型:(1)新人训练;(2)在职训练;(3)专业训练;(4)主管训练。前三种属于一般培训,最后一种属于发展教育。也有媒介将前三种统称为专业训练,将最后一种称为管理训练。依据我国媒介员工培训与发展的实际情况,可以分为四种形式:

1. 新人训练

对刚进入媒介企业的大学生们进行教育培训,是媒介人力资源管理中的首要一环。培训内容为:领导人训话,介绍该媒介的历史、现状、机构以及长远规划,讲授媒介内部的各种规章制度、奖惩措施,描述本媒介在竞争中的特点、地位和优势,使他们对本公司的真实情况预先有个初步了解,以很快适应变化了的新环境。为了配合新人训练和日常对外宣传,有不少媒介组织还编印了《员工手册》、《工作指南》和本公司情况简介等文字材料,或者摄制了反映本媒介变化发展的电视纪录片和光盘。这个办法值得推广。

2. 专业训练

这是对媒介员工所从事的专门业务所进行的训练和教育。在媒介公司内,几乎每个人都有自己的专门业务,而这些专门业务也都有一定的特点、要求和职业规范。从记者、编辑、摄影(像)、剪辑、播音、导演(播)、主持人到广告设计者、制作者、管理者,从文字录入到报纸、杂志、书籍的印刷、装订、发行,都需要专门的知识和技能,因而也需要专门的培养和训练。这类训练,可以利用午间休息时间将大家聚在一起对一些具体问题进行自由讨论、切磋;可以每天将一些优秀作品张贴出来供大家观摩、学习;也可以让员工将工作中的心得或疑惑提出来共同研讨;还可以让一些员工外出参加与其专业有关的短期培训或学术研讨。例如,宁波日报社在1998年出资让30多位中层干部和业务骨干在职进修新闻学硕士研究生课程,就显示了报社领导的远见和对人才的爱护。

3. 管理训练

经过磨练,一些专业人员将会逐步走上主任、经理、主编等管理岗位,这就需要对他们进行管理训练。一般来说,媒介对于要栽培和晋升的优秀专业人才,在晋升前半年就应安排他在职或脱产学习初级媒介管理课程,让其拥有一些基本的管理知识。但是,随着职位的逐步升高,他们还应加强对媒介经营管理高级课程的学习和研修。媒介领导人可以让管理训练的对象向有关的媒介管理专家请教,在他们指导下选读一些书籍;也可以让管理训练的对象参加媒介经营管理培训班;还可以让其到新闻与传播院校攻读硕士研究生课程,接受经营管理方面的系统训练。

4. 老板训练

这是对媒介组织领导人(如报社、杂志社、出版社的社长、总编辑、总经理,广播台、电视台的台长、总经理等)所进行的高级训练。主要由上级主管部门(如中宣部、国家新闻出版署、广播电影电视部以及省级和地级管理部门)出面筹办、组织这方面的培训和研讨,目的是学习方针政策,统一思想认识,协调编辑方针,掌握宣传口径,确保大众传播有较好的社会效果。

第四节　媒介人员实绩考核

对媒介人员的工作实绩进行考核,是媒介领导者选用人才的出发点和归宿,也是衡量领导水平优劣的综合尺度。因此,媒介领导者正确认识和掌握媒介人员实绩考核的内容、原则和方法,对搞好考核工作具有重要意义。

一、实绩考核的意义与作用

1. 媒介人员实绩考核的含义

实绩考核是指对媒介人员的政治觉悟、工作成绩、工作态度、工作能力、学识、品行、性格及健康状况等所进行的考察和评价。

实绩考核的过程,是一个衡量与判断媒介员工思想和工作品质好坏优劣的过程,也是一个展现媒介人事管理水平的过程。

实绩考核的目的就在于全面、正确地评定媒介工作人员与其所从事的工作是否相称,是否还有潜在能力,是否要作出改进和调整,并以此决定对考核对象的任用和他所应得到的待遇。对于实绩突出的人员,要进行表彰奖励,符合条件的要提拔使用;对于不称职的、实绩差的人员,要进行批评教育,实行降职、免职或调整。

对媒介人员的考核,其重点应定位在他们为实现特定目标所表现出来的工作效率、工作能力和所获得的效果、效益上。就是说,要看他们干了些什么,而不是看他们说了些什么;要看干的结果,而不是看干的计划。总之,就是要看实绩,看效果和效益。

2. 媒介人员实绩考核的意义

(1)考核是媒介人力资源管理的重要环节。在构成人力资源管理制度的诸环节中,考核工作与考试、招聘、任用、选拔、奖惩、升降、任免、培训等工作一样都是一个十分重要的环节。如果说考试与招聘的主要目的是择优选拔录用所需人员,重在把好"入门关",那么考核的主要目的是对入门者的工作进行多方面的考察和评价,根据全面考核结果,实施升降奖惩,因此重在把好"上楼关"。可以说,考核这个环节的工作做得好坏,对每个媒介工作人员的考核结果的评价是否客观、正确,它直接影响到其他各项管理制度的实施,也影响到媒介组织内部的人才队伍的建设。

(2)考核是总结经验教训的有效手段。对媒介人员的实绩进行考核,其根本目的是帮助媒介员工总结经验教训,找出并记取成功的经验和失败的教训,使其从感性认识上升到理性认识,进一步发扬优点、纠正缺点,在实际中不断提高思想和领导水平,创造媒介经营管理的新业绩。

(3)考核是发现和选用媒介人才的客观依据。通过严格考核,媒介领导者对工作人员的政治素质、专业水平、工作效率、工作能力、工作实绩、人际关系及个性等长短优劣的资料和情况,就有了较为全面、客观的了解,从而也就为人尽其才、才尽其用找到了客观依据,也为媒介人才科学地"充电""加油"、培训发展提供了参考信息。

(4)考核是调动媒介人才积极性的有效措施。每个人的素质和能力是不同的,因而工作实绩也有差异。通过考核,找出差异,分清优劣,辨明功过,并以此确定对媒介人员的升降、奖惩和报酬,就能起到激励先进、鞭策后进的作用。同时,还可以切实改变以前"干多干少一个样,干好干坏一个样"的"大锅饭"和"能上不能下,能进不能出"的"铁饭碗"的管理状况,使人人都有紧迫感和危机感,从而积极投入竞争。

3. 媒介人员实绩考核的作用

(1)识别作用。实绩是一个人的综合素质和多种能力的反映。

通过实绩考核,媒介领导者不仅可以确切地了解一个人的工作实绩,而且可以准确地识别一个人的内在素养。考核有一整套的测评体系和方法,能够对人的思想、品格、才能、业绩等作出全面、客观、精确的描述,有很强的科学性,因而有助于了解和识别人才。

(2)激励作用。心理学的研究认为,人的行为来自于人的动机,人不会无缘无故地采取行动。因此,动机的激励必然导致行为的增强。媒介组织的考核工作,既能客观地反映媒介人员的工作实绩,使升降、奖惩有据可依,也能有效地激发媒介员工奋发向上的工作动机,使自身的自尊心、上进心和实现自我价值的心理得到满足和升华。

(3)协调作用。既然考核是考核对象本身综合情况的客观反映,那么媒介领导者和考核对象就可以根据考核情况,来协调员工或自身在整个工作中的行为,以适应环境的变化和工作的需要。这种协调可以是组织协调,即媒介组织根据考核情况对有关人员的职务、职责、岗位和行为等作出调整;也可以是自我协调,即媒介员工根据考核反馈信息对自身的奋斗目标、专业方向、工作效率、工作任务等作出调整。总之,协调就是根据自身特点,谋求改变现状,以符合媒介组织的要求。

二、媒介人员实绩考核的原则

1. 实绩考核的十项方针

施尔曼(Barry L. Sherman,1995)认为,要增强考核的客观性和真实性,防止解雇后引起诉讼,媒介领导者应注意遵循以下十项指导方针:

(1)考核应有足够的、不间断的时间。考核不可匆忙从事,搞"短平快";也不可断断续续,时搞时停。

(2)考核应保持平静与客观。考核最忌掺杂个人感情因素和个人主观印象,而不看具体表现和工作实绩。

（3）考核应有助于改善考核对象的状态和行为。这就要求考核工作不仅要找出媒介员工的错误和缺点，而且要找出出现错误和缺点以及工作欠佳的原因，并提出切实可行的改进意见。

（4）鼓励下属发泄。不要将媒介员工置于消极被动的被考核与审视的位置上，而应允许他们"实话实说"，讲出实情，解释原因，诉说委屈，发泄不满。这可以使人们充分认识工作的难度，准确地寻找到工作欠佳的原因。

（5）如实反馈考核结果。向媒介员工反馈考核结论，一定要诚实、客观、实事求是，既不要掩饰其行为的缺失，也不要高估其工作的成绩。因为，不真实不诚实的反馈，会导致错误的反应和调整。

（6）声明意见仅为意见，而且并非绝对。考核的结论与领导的判断应该让当事人知晓，这对当事人来说也是重要的，但过分看重它也可能产生强烈反应，导致矛盾和纠纷。因此，强调反馈意见具有相对性、公论性和缺失性，可以使考核工作富有回旋余地。

（7）不要以其他员工作为例子。反馈信息的重点在于媒介员工的表现以及你对他的期望，其他员工的情况即使与他有相通之处，你也不能要求他一定要有与其他员工相同的结果。

（8）避免强调不可能克服的困难和缺失。有些困难既难以避免又难以克服，有的缺失乃先天形成而后天又无法弥补，强调它们有害无益。

（9）确定只讨论与工作有关的行为。某位记者的兴趣、爱好、脾气、性格，某位编辑的婚姻、家庭、籍贯、成分，只要这些东西没有影响到工作品质，就不应成为考核和讨论的话题。

（10）明确使用可能的例子，避免敷衍。与媒介员工交换意见应具体实在、言之有据，注意使用一些具体的事例来说明问题。

2. 实绩考核的六大原则

（1）严肃认真的原则。考核是人力资源管理中一项十分重要和严肃的工作。因为，它不仅是解决"知人"的问题，还涉及"用人"的问题。只有严肃认真的考核,才能全面地反映一个人,做到用人得当、奖惩适度。否则,考核就会流于形式,造成用人不当、奖惩失度,贻误工作,产生不良影响。因此,考核一定要有严肃的态度、严明的标准和严格的制度。

(2)客观公平的原则。考核必然从实际出发,实事求是,客观公平地对被考核人员作出恰如其份的评价,而不应受到民族、性别、出身、职务、文化以及好恶亲疏等情况的影响。这就要求考核者力忌主观性和片面性,注意多层面、多角度地考查一个人;还要防止用主观想像代替客观事实、用感情或偏见代替政策,注意客观、公平、真实地考察一个人。

(3)德才兼备的原则。丁如锦(1989)写道:德与才是一个辩证的统一体,两者相辅相成,互相促进,不能割裂,不可偏废。"德是才之帅",离开德的统帅,才就失去了正确的方向;"才是德之资",没有才的资质,德就成为空洞之物。因此,对于德与才的认识和考察不能失之偏颇,必须坚持两者兼备,即既考核媒介员工的思想政治觉悟和道德品质,又考核其知识水平和业务能力。

(4)全面考核的原则。考核不仅要客观公平,还要力求全面。这就要求考核内容全面、考核形式多样,既考核媒介员工的政治思想、道德品质、业务能力和全部历史、现时表现等,又要运用多种方式方法、从多角度、多层面进行考核,同时又突出考核重点。这样才能提高考核的可靠性和科学性,也才能令人信服。

(5)注重实绩的原则。"坚持四项基本原则,坚持改革开放,都要看实绩,要以此为标准,评价干部的功过是非。"媒介人员的实绩是衡量其思想水平、理论功底、工作能力和领导效能、传播效果的综合尺度。离开了它,考核就失去了客观标准。因此,考核要在全面考核德、能、勤、绩的基础上,特别要注重对实绩的考核,并以此作为决定媒介人才能否被重用、晋升、奖惩和确定报酬的主要依据。

(6)民主科学的原则。考核必须坚持民主化,充分发动群众参与,改变过去那种封闭式、神秘化的做法,增强考核工作的透明度。同时,还必须坚持科学化,确保考核标准具体、准确,考核方法多样、科学,考核工作经常化、制度化。

三、媒介人员实绩考核的方法

1. 考核的基本方法

考核方法是整个媒介人员实绩考核系统中的一个重要组成部分,是考核目的、考核内容得以实现的保证。考核方法是多种多样的,选用什么方法进行考核,也要根据考核目的、对象的不同以及考核要素、标准的不同而定。但是,不论采用何种方法,都必须尽可能地减少领导者和考核者主观成分所带来的误差,对被考核者尽可能作出客观、公正、全面、准确的评价。

考核的基本方法主要是坚持"三个结合":一是领导考核与群众评议相结合;二是经常考察与定期考核相结合;三是定性考核与定量考核相结合。对于媒介领导干部,还可结合本部门的工作总结、组织群众评议或民意投票、上级评鉴等进行考核。

2. 考核的具体方法

(1)民意测验法。由考核人员深入到被考核者所在单位向群众发放民意测验表,要求收到表格的人对表格中考核对象的思想品质、原则性、工作成绩、业务、能力、威信、成果等分别进行评价,而后汇总。

(2)考试考查法。由考核人员聘请专家拟出口试和笔试试题让被考核者回答,以了解其基础理论、专业技术和文化知识的掌握程度。

(3)工作标准法。这是一种按照岗位责任制,预先规定媒介工作人员的各项具体任务和要求,将其分解为若干细目,而后以此作为考核标准的考核方法。

（3）分定考核法。这种考核方法,先分类、分级、定时、定量确定考核指标,然后对被考核者逐项评分,依据得分多少来评定考核结果。

（5）情境模拟法。这是将被考核者置身于一个模拟的工作情境（如新闻采写、文件处理）之中,要求其在规定时间内完成达到一定标准的任务,然后运用各种评价技术,评测其工作效率和应变能力,以确定其是否适合从事某项工作。

（6）成果鉴定法。这是将被考核者一段时间以来的劳动成果（如新闻作品、影视节目、编辑的报纸版面和书籍、广告作品、科研成果等）集中起来,让有关专家进行分析评判,从而对其理论水平、业务能力和创造能力作出直接而客观的鉴定。

3. 考核的基本程序

（1）个人述职。这是由媒介工作人员根据岗位责任制和考评标准自我对照、自我分析、自我鉴定,既肯定成绩,也要找出差距和不足。

（2）民主评议。在个人述职的基础上,考核人员可以组织群众当面评议,也可以召开座谈会、测评会或进行单个访谈。

（3）组织考评。由部门领导或专家小组对被考核者进行整体考评,写出书面考核材料。

（4）综合汇总。考核小组综合汇总各方面的考评情况,与主管领导一起写出考核评语,确定考核等级,提出任用奖惩意见。

（5）通报结果。考核人员应及时向被考核者通报考核结果,指出其工作中的成绩、不足和努力方向。被考核者在考核表上签署意见。如果有异议,可向考核主管机构说明或申诉。

总之,媒介人员的考核是一项政策性和专业性都很强的工作。媒介领导者必须亲自掌控,认真对待,公道正派,一丝不苟,从而最大限度地发挥考核工作的正面效能和积极作用。

第七章 媒介产品与产品分析

　　媒介产品是一种特殊的商品。它只有符合受众的需要，才能赢得市场。受众对媒介产品需求的变化很快，媒介产品应当不断适应这种变化。随着高科技引入媒介产业，新的媒介产品层出不穷，改变了媒介产品的市场构成。对此，媒介组织要及时对市场发展趋势作出准确的预测，调整产品策略和市场策略。由于市场的差异，不同的市场对媒介产品需求特征有很大的不同。媒介组织要从细分市场特征入手，开发适销对路的媒介产品。同时，还要善于扬长避短，利用自身的优势开发具有个性和竞争力的产品。总之，媒介产品的开发是一个系统的工程，需要进行全面而缜密的产品分析和市场分析。

第一节 媒介产品

　　媒介组织的一切活动都是围绕着媒介产品展开的，媒介产品既是媒介组织的目的，又是它的手段。作为目的而言，媒介产品能否占领市场，赢得消费者，主要是由媒介产品的质量和功能所决定的，因此，高质量的媒介产品始终是媒介组织生产部门的最终目的。作为手段而言，媒介产品是媒介组织用以赢利或传播一定的信息和观念的媒介和工具，媒介产品能否实现它的目的和作用，并非完全是由媒介组织所决定的，而是由市场、受众和媒介环境等多方面因素所决定的。所以,媒介产品的生产必须充分考虑到市场、受众和媒介环境的实际需要。

一、媒介产品的特殊性

在林林种种的媒介组织中,大多数西方媒介组织生产的媒介产品主要目的是为了赢利,但也有为国家利益、政党利益和某些社会团体服务的媒介产品,在美国这样完全是以私有媒介组织为主的国家里,也还有为美国政府服务的"美国之音"这一庞大的媒介组织,美国政府每年都为它拨发了大量的资金。这种情况不是本书讨论的重点,也无需作深入的分析。从我国目前情况来看,媒介组织也走上了社会主义市场经济的轨道,媒介产品面临着适销对路的问题,媒介组织面临着生存与发展的挑战。媒介组织要立于不败之地,必须拥有能够赢得市场、为受众欢迎的媒介产品。

媒介产品与其他商品不同,是一种精神消费和信息消费的特殊商品。对于媒介产品的功能,著名传播学家拉斯韦尔提出了三大作用,即监视环境、协调关系、传递遗产。其后赖特又提出了第四个功能——提供娱乐。这一界说是我们把握媒介产品特征的基本出发点。由于媒介产品与社会意识形态有着密不可分的联系,这种联系决定了媒介产品必须同特定的政治、经济、文化、宗教和审美观念相适应。一方面,政府和其他社会组织总是要以政治、法律和宗教观念等手段,给予媒介产品的生产一定的规范,媒介产品必须符合这些规范。许多国家设有专门的大众媒介管理机关,形成了一整套的媒介产品审查制度。比如广告,我国出台了一系列对广告发布审查的有关法律法规,在1994年10月27日八届全国人大常委会第10次会议上通过的《中华人民共和国广告法》这部法律中,即对广告发布的审查作了严格的规定,并提出了违反规定所应当承担的法律责任和处罚措施。《广告法》第三十四条规定:"利用广播、电影、电视、报纸、期刊以及其他媒介发布药品、医疗器械、农药、兽药等商品的广告和法律、行政法规规定应当进行审查的其他广告,必须在发布前依照有关法律、行政法规由有关行政主管部门(以下简称广告审查机关)对广告内容进行审查;未经审查,不得发布。"与《广告法》相配套,还颁布了《广告管理条例实施细则》、《广告审查标准》以及药品广告、体育广告等专门广告审查及管理的法规。这些广告审查的法律、法规的颁布,确保了广告发布活动正常、有序的进行。对于其他类型的媒介产品的审查,一般也都有相应的办法。另一方面,一个社会的文化观念和传统早已积淀于人们的意识之中,如果媒介产品不能反映出这种公众的文化意识,那么媒介产品是不会被受众所接受的。媒介产品无法进入市场运作,也就无从谈起媒介产品的经济效益和社会效益了。近年来,我国电影在世界屡屡获奖,在国外深受好评,这些影片多数迎合了外国观众的猎奇心理,但在中国却受到了观众的冷落,如在德国柏林获银熊奖的一部影片《晚钟》,在国内只卖出了三个拷贝。另一部在国外好评如潮的探索片《黄土地》在上海某影院上映时,最少只有 26 位观众。事实上,这些影片中的相当一部分是创作人员专门为迎合西方人的口味创作的评奖性影片。由于它脱离了中国观众的文化意识、欣赏习惯和审美观念,所以遭到冷落就不足为怪了。一部在本国都无法得到观众承认的影片,即使在国际获奖,又有何价值可言? 又何以谈得上艺术性呢? 作为媒介产品而言,它不能与受众沟通,不能被市场所接受,这个媒介产品不仅是失败的,而且是一种可怕的浪费,是违背媒介产品生产的经济规律和艺术规律的。但这种现象只有在中国目前这种媒介经营管理的体制中才会出现,所以回过头来再看我国大多数电影厂连连亏损、债台高筑也就不足为怪了。电影的生产必须植根于民族文化的土壤,必须符合媒介产品生产的经济规律。我国电影界的有识之士已经认识到,电影越是民族性的东西,就越具有世界性的意义。离开民族文化的土壤,任何媒介产品都是不可能具有生命力的,也就自然会违背市场规律,导致媒介经营决策的失误。许许多多生动的例子一再证明了这一规律。

二、媒介产品的新面貌

媒介产品的形式丰富多彩,随着技术创新速度的加快,新的媒介不断出现。这为媒介产品市场的发展,提供了广阔的空间。媒介产业由此成了未来社会中一个新的经济增长点。传统的四大媒介产品:广播、电视、报纸、杂志,仍然在媒介产业中唱着主角,其霸主地位短期内难以动摇,在现今所有的媒介产品中使用率最高。此外,电影和图书仍然保持着旺盛的活力,拥有规模可观的受众市场。广告更是搭乘上世界经济发展的快车,迅速增长。我国的广告业从 1979 年恢复以来,借着改革开放的东风以超过国民生产总值增长速度的四倍疾步向前发展。1983 年经营额仅有 2.34 亿元,到 1996 年已达 366.6371 亿元。整个 90 年代年均增长幅度保持在 30%～40%之间,令人叹为观止。近年来,新的媒介产品的不断涌现,改变了传统的媒介产品的格局,出现了录音带、录像带、数据库、CD、VCD、电脑互联网络等新的媒介产品,对原有的媒介产品市场形成了有力的冲击,夺得了一些传统媒介产品的市场份额,对其他媒介行业和媒介产品构成了一定的威胁。如录像带的出现,受众可以根据自己的需要,随时随地播放自己所喜欢的节目,电影院因此失去了很大的一批观众。近两年,以 VCD 为标志的家庭影院系统的诞生,大有取代录像带之势。VCD 以其优越的数字化处理技术,创造了优质的画面效果,它的低廉的价格更加具有强劲的市场竞争力。录像带被 VCD 所取代已成为必然趋势。VCD 还未在市场普及,画质效果更好,性能更优越的 DVD 已研制出来,并开始走向市场。这预示着 VCD 的生命周期将不会太长,又将被 DVD 所取代。媒介产品这一轮一轮的迅速更新换代,令人目不暇接,更使媒介产品的市场营销烽火四起,硝烟弥漫。许多媒介组织都把媒介新产品的研制、开发当作头等大事来抓。

从报刊行业来看,一批报纸、杂志已开始在电脑互联网上发行,揭开了报刊由印刷媒介向电子媒介过渡的新的一页。1993年12月6日,《杭州日报·下午版》上网发行,成为中国第一家上网发行的电子报刊。1995年1月12日,我国第一份向海内外发行的电子刊物《神州学人》新闻周刊正式上网发行。仅仅一年时间,直接订户就达三千多个,不定期调阅者超过十五万人。

媒介产品的销售也出现了新的形式。在我国的一些大中城市,出现了一批"网吧",为消费者专门提供电子媒介产品的服务。在发达国家,电子媒介产品更是方兴未艾,在媒介产品市场呼风唤雨,独领风骚。北美尼尔媒介研究公司1995年的报告称:"在美国和加拿大,其有3700万人上网(年龄在16岁以上),比最热门的电视节目的观众人数还要多出几百万。有2400万人在过去的3个月里使用过Internet,占16岁以上总人口的11%。他们平均每周在网上花费5个半小时的时间。这些时间的一部分过去毫无疑问是用在电视上的。"互联网络作为一种全新的媒介产品,其优越性是前所未有的,多媒体形式,信息量大,功能全,成本低,内容丰富,时效性强,受众选择余地充分,复印也极为方便,集信息传递、教育、娱乐于一身。毫无疑问,互联网络在未来的媒介产业中将发挥更重要的作用,赢得更多的市场(刘强,1997)。

但是,也应该清醒地看到,传统的媒介产品与新的媒介产品各有所长,新的媒介产品完全取代传统的媒介产品是不可能的。在今后的相当长的一段时间内,一些传统的媒介产品仍有相当大的市场空间,甚至仍然要发挥主导性作用。就印刷媒介的报刊而言,现在虽然出现了电子报刊,但是电子报刊阅读起来毕竟要借助于电脑,阅读起来也不如印刷媒介方便,同时,媒介产品的使用习惯问题在一定程度上也影响了对新的媒介产品的使用。

此外,由于各个国家、各个地区、电脑的普及程度差异很大,电子报刊的进一步推广使用还有相当长的路要走。就目前我国的情况来看,电子报刊这一新型的媒介产品的经营,还没有明显的商业价值。在出版业中,图书仍占据着绝对的主导地位。电子出版物虽然发展势头很猛,但主要是在教育和儿童读物中发展较快,因为这两种读物对声像效果有所要求,在学术性的出版物中,电子出版物目前还难以有所作为。整个电子读物要形成一个具有一定规模的市场,除了要加强产品的深度开发外,更重要的是要培育一个稳定的受众市场,这是它真正成为具有市场意义上的媒介产品的核心所在。

三、媒介产品必须适应受众市场

受众市场的构成是复杂多样的,它对媒介产品的需求是多层次、多元化的。媒介产品能否适应受众市场的客观需要,关系到媒介组织能否开展有效的市场营销,进而影响到媒介组织在市场竞争中的优势地位。因此,媒介产品的生产和开发应当从受众市场需要的实际出发,既要抓住覆盖面广的销量大的媒介产品,也要抓住受众面窄的销量较小的专业性媒介产品。媒介产品的内容除了政治、经济、法律、社会生活等外,还必须有文化娱乐、医疗保健、教育和体育等多方面的内容。

其实无论是哪一种内容的媒介产品,只要加强深度开发,提高市场占有率,其市场前景都是非常可观的,尤其像中国这样人口众多的国家,每一种内容的媒介产品的市场潜力都非常大。广东省中山医科大学创办的医疗健康科普型杂志《家庭医生》,创办10多年来,现发行量已突破130万份,成为我国发行量最大的科普杂志,其经济效益也逐年稳步增长。《语文之友》杂志是江苏省南京师范大学中文系创办的以全省中学生为对象的读物,由于它的内容紧密联系语文教学实际,尤其是对每年一度的高考复习具有实战性的全面指导作用,深受全省中学生和语文教师的欢迎,成为高考复习的必备参考读物,创办以来,发行量稳定地保持在20万份左右,经济效益也很可观。中国人民大学出版社从80年代起就推出了报考硕士研究生的复习丛书,起初只有外语、政治少数几种,后来逐渐完善成为包括若干学科专业的丛书。由于我国每年报考硕士研究生的人数较多,而且数量一直比较稳定,抓住这个市场,推出适销对路的媒介产品,对媒介组织来说几乎是只播一次种,年年管收获的美事。中国人民大学出版社抓住硕士研究生考试这一媒介产品的市场,是很有远见的。现在,中国人民大学出版社的考研丛书已成为我国考研图书中最具权威的一种,也是销量最大的一种。从上面的几个事例可以看出,媒介产品的生产和开发,不在于搞哪一种类型的媒介产品,而在于如何根据市场需要来实施生产和开发。每一种媒介产品都有广阔的市场空间,对它的准确的市场定位,则是最为关键的第一步,也是取胜于市场的重要一环。在这一过程中,首先要从受众的实际需要出发。

对于大多数普通受众来说,他们使用和消费媒介产品,除了政治、经济、法律等内容之外,主要目的还是在文化娱乐、社会新闻和医疗保健、体育等方面。近年来,我国许多机关报纷纷推出周末版、星期特刊、文化特刊等,正是为了适应受众市场的这一客观需要,而一批文摘类报纸、晚报和文化娱乐性报纸的崛起,更是抓住了受众市场变化的这一契机,抢占了媒介产品市场的新的制高点。据中国人民大学舆论研究所喻国明等人对1994年全国报纸读者调查分析报告:"调查表明,人们接触率最高的报纸是地方省市报、文摘类报纸;……在个人自费订阅的报纸中,最多的是文摘类报纸、晚报、周末报(或娱乐类报纸);最少的是经济类报纸、行业报、全国性综合类报纸;就报纸的可读性而言,报载内容受读比例最高的是文摘类报纸、晚报、地方省市报、周末报(或娱乐类报纸)。"这一调查结果充分说明了受众市场对媒介产品需求的实际状况。

再从期刊来看,1995年在全国期刊发行中占据前10位的是:《半月谈》(500万份),《读者》(350万份),《广东第二课堂》(300万份),《故事会》(280万份),《农民文摘》(250万份),《初中生》(230万份),《家庭》(220万份),《小学生优秀作文》(175万份),《小学生天地》(165万份),《共产党员》(159万份)。在这十大发行量最大的期刊中,文化教育娱乐性的期刊占了八种之多,这也足以说明了受众对媒介产品接受的价值取向。有人在研究我国新闻传媒跨世纪的八大转变时指出:新闻媒介由偏重政治、经济报道,向政治、经济、文化(广义的文化,不仅指文化娱乐,也包括风土人情,名士传奇、世俗流变)和社会新闻等内容转变。(《报人园地》总93期)1996年上半年,中国人民大学舆论研究所进行了一次受众调查,在调查到作为一张读者愿意自己掏钱购买的报纸这一内容时,读者对报纸的要求结果如下:"紧扣社会关注的热点"(49%),"内容丰富,信息量大"(46%),"知识含量大,有保存价值"(37%),"目光敏锐,见解独到"(35%),"贴近生活,实用性强"(34%)。从这一调查结果来看,受众对于媒介产品的要求是多样化的,目的也各不相同。这表明了媒介产品的多样化趋势,已成为当今媒介产业发展的一个主导趋向。媒介组织应当顺应时代潮流,抓住市场机遇,生产和开发出被广大受众所欢迎的丰富多彩的媒介产品,以满足市场的需要。

近年来,我国的媒介组织和媒介产品正面临着市场经济的严峻挑战,国家对媒介组织的财政拨款越来越少,媒介组织被逐步推向了市场,但是在计划经济体制下形成的一些旧的媒介经营管理的观念,仍然在一些媒介经营管理决策者的头脑中根深蒂固,媒介产品不考虑受众需要,不适应媒介市场的变化的现象仍然相当突出。我们在华东某省级出版社调查发现,该出版社每年积压报废的图书多达几十万甚至上百万元。其中一个主要原因是产品单一,不适应市场需要。这种现象在一些报刊中也很突出,尤其是某些机关报,它们不是在改进媒介产品的品种和内容、提高产品质量上下功夫,去赢得读者市场,而是把精力放在如何通过各级机关下红头文件把报刊派发下去。随着社会主义市场经济的逐步完善,媒介产品也像其他产品一样,要让受众和市场来选择。不适合受众和市场需要的媒介产品,只有被淘汰。这是无庸置疑的。靠红头文件派订报刊本身也是一种不公正的市场竞争,这一方式的效果也会越来越差。除了机关团体外,目前我国事业和企业已逐步实行了自负盈亏、自主经营,它们完全有权拒绝任何形式的报刊派订。因此,媒介组织只有在媒介产品的品种、质量上多下功夫,真正转变经营观念,才是媒介组织生存和发展的根本出路。

第二节　媒介产品的开发

不同的媒介组织都会遇到相同的问题,如何开发适应市场需要的媒介产品。媒介产品中媒介产品的种类繁多,丰富多彩,主要有报纸、杂志、电视、广播、图书、广告、电影、音像制品、电脑网络和软件等。面对形形色色的媒介产品,似乎令人感到无所适从。的确,每一种媒介产品,还可以进一步地细分,如报纸就可分为日报、周报、早报、晚报;文摘报、电视节目报;综合报、专业报等等。每一种媒介产品都有它的市场;都有它的开发价值。重要的是不仅要选择开发哪一类媒介产品,还有如何实施开发这种媒介产品的问题。每一种媒介产品的市场运作都有它自身的特点和规律,媒介产品的开发除了要掌握这一产品的特点之外,还要根据媒介组织自身的特点和实力,并结合媒介产品的市场需要,把这三个方面协调统一起来,提出媒介产品开发的实施方案和策略。

一、开发:重要的发展战略

媒介组织要把媒介产品的生产和开发视为重要的发展战略,而媒介组织的发展壮大也是依靠媒介产品的不断开发来实现的。具有强劲的市场竞争力的媒介产品始终是媒介组织在激烈的竞争中立于不败之地的强大的后盾。媒介组织的影响力和公众形象也是通过媒介产品的影响力来实现的。可以说,媒介产品是媒介组织的立身之本。加强媒介产品的开发也是媒介组织市场竞争的需要。当今对媒介市场的争夺已趋于白热化。这种竞争最终表现为媒介产品的竞争。媒介产品的内容、质量、品种、市场占有率都关系到媒介组织在市场中的地位能够得到巩固和提高,媒介组织能够通过扩张媒介产品的影响力来提高经济效益,增强发展的后劲。因此,媒介组织只有靠不断加强媒介产品的开发,才能确保在竞争中的优势。媒介产品开发也是媒介经营管理的客观要求。世界上没有一成不变的市场,也没有一成不变的媒介产品。媒介市场总是在不断地发展变化着,受众的构成特征、媒介产品消费习惯等也在不断地发展变化着。技术创新的层出不穷更进一步推动了娱乐市场变化的速度。要适应市场的各种变化,不断地开发媒介产品是媒介组织的唯一选择。媒介产品的开发要善于抓住媒介市场新的经济增长点,这是能否取得媒介产品开发成功的关键。不同地区,不同群体,不同的经济条件对媒介产品都有不同的要求,这种要求在特定的时间和空间内就表现为某种特殊的媒介产品的市场特征。抓住媒介市场特征,媒介产品的开发就可收到事半功倍之效。从中国的媒介市场情况来看,人口众多,区域辽阔,文化背景差异很大,经济发展水平极不平衡,城乡消费习惯不同,给媒介产品开发造成了许多困难,但是留下了许多市场空白和机遇;如何从这些媒介市场的差异着手开发媒介产品,有大量文章可做,关键在于媒介组织能否发现开发媒介产品的"切入点"。

二、开发媒介产品要扬长避短

媒介产品的开发首先要从媒介组织的自身特点出发,发挥自身的优势,开发能充分发挥自身优势的媒介产品。媒介产品门类很广,品种繁多。每一个媒介组织在长期的发展中,都有它所擅长的产品开发优势,形成了相应的生产经营方向。如在中国的出版业中,出版社的分工是比较细的。这里带有计划经济体制下的某些人为的因素,形成了各种门类的、专业分工很细的出版机构,各省、市、区除设有综合性的出版机构省级人民出版社外,还有各专业出版机构,如教育出版社、少儿出版社、美术出版社、科技出版社,等等。这些出版社的名称本身既表明了媒介产品生产开发的主导方向,也规定了媒介组织的生产特点。这种对媒介产品的生产开发门类的划分,虽然对出版社的经营管理有一定的限制作用,但对于出版社建立自身的媒介产品的优势和特色是有一定积极意义的。一个媒介组织在发展成长的过程中,要不断培育和形成生产开发媒介产品特色的优势和能力,这样才能把产品特色的优势转变为市场竞争的优势。大型媒介组织一般已经形成了自身媒介产品生产开发特色的优势,关键在于如何进一步巩固和强化已有的优势,并创造出新的优势。小型媒介组织由于受到整体实力、地域和行业范围等制约,媒介产品的生产规模、品种和市场覆盖面都不可能很大,因此就更需要因地制宜、因时制宜、因人制宜,形成媒介产品生产开发的特色优势,在媒介产品的市场竞争中,赢得一块稳固的"根据地"。

　　大型的媒介组织一般已经形成了多种媒介产品生产开发的能力,但必须坚持突出优势特色的主导产品,不能在各个媒介产品上都平分秋色,更不能以己之短比人所长。广州日报集团在抓好一批子报刊如《岭南少年报》、《老人报》的同时,主要精力还是放在《广州日报》和《足球报》这两个主要媒介产品上,事实上,这两个主导性的媒介产品是整个广州日报集团的支柱产品,是影响最大、创利最多、发行量最高的产品,没有这两个产品,其他的媒介产品乃至整个广州日报集团的经营,都很难有太大的作为。我国的大型出版机构商务印书馆在近一个世纪的发展中,形成了以出版纯学术性著作为主的特色。在这一领域中,国内其他任何出版机构是难以与其抗衡的。商务印书馆在民国时期出版的多达数万种的《万有文库丛书》，是在学术界享有盛誉的大型丛书；建国后出版的荟萃世界学术经典的《汉译名著丛书》，成为它在不同时期的经典性的媒介产品的代表作。只有商务印书馆这样有强大的编审能力、经济实力和出版能力的媒介机构，才能承担起如此庞大而艰巨的出版工程。

　　小型媒介组织主要是在某个地域或某个专业性领域的媒介市场发挥着一定的作用，它的市场面一般都受到地域性和行业性因素的很大影响，在媒介产品市场上主要起着拾遗补缺的作用，这部分市场往往是大型媒介组织无力或不愿涉及的领域。与商务印书馆不同，江苏古籍出版社是80年代刚成立的一家地方性出版社，其规模较小，经济实力也不是很强，但它在古籍出版方面，力求形成具有自身特色的媒介产品开发体系，它先后出版了像《全宋词》、《全清诗》这样一批在国内外很有影响的媒介产品，在媒介产品的市场中占有了自己的一席之地。

　　不同媒介行业的媒介产品的类型有所不同，市场构成也有一定的差异。比如国内电影业目前整体上很不景气，但是任何一种媒介产品都有很大的市场潜力和发展空间，关键在于媒介产品本身能够符合受众的需要，这才是媒介产品能否被市场接受的关键。就电影而言，在国内电影业不景气的情况下，进口大片在我国的电影市场上却格外火爆，连连创下票房纪录。从1994年11月进口大片挺进中国市场以来，到1996年9月为止，共进口近20部，各地的票房数都创下了历史最高纪录。据统计，1994年上海的票房是1.4亿元，至1995年增至2.3亿元；北京1994年为5 000万元，至1995年增至9 000万元；内陆省份四川一年翻了两番，从1 000万元增至4 000万元。北京电影学院的黄式宪教授认为观众要看的是优秀影片，而国产影片缺乏观众意识，可看性不强，制作粗糙，电影失去观众也就不足为怪了。国内电影市场专家认为，中国电影市场对国产片是非常有利的。我国目前至少有3万余家电影院，10

万多家放映单位,这里还不包括 5 万多城镇和 20 多万个村庄,以平均每人年看片 3 次,票价 2 元,全年则至少有 100 亿元的票房收入。而 1994 年全国票房收入只有 18 亿元,观众只有 70 亿人次,至少流失了 130 亿人次的观众。进口大片与国产影片截然相反的两种市场效果,完全证明了国产影片缺乏的并不是真正的市场,而是受众对媒介产品的真正的需要。没有受众意识的媒介产品,在市场上是不可能有立足之地的。这正是国内电影业疲软的核心问题所在。1996 年,八一电影制片厂推出了历史资料记录片《较量》,影片一上映即在全国引起轰动效应,各地观众如潮,在北京、广州等地,该片的票房收入甚至超过了同期的进口大片,这一效果是超出了许多人的意料的。八一电影制片厂厂长王晓棠说,这部影片出人意料的成功,说明了我们对观众、对电影市场研究得太少。的确,我国电影这一媒介产品长期以来缺少对观众和市场的研究,最终导致整个电影业经济效益和社会效益低下。

三、如何开发媒介产品

媒介产品的生产开发要适应市场需要。市场是决定媒介产品生产开发的根本,是决定媒介组织生存命运的一只"看不见的手"。市场的构成是复杂的,市场又是多变的。市场充满了陷阱,更充满了机遇和挑战。市场的任何一个微妙的细小变化,都可能导致整个受众市场对媒介产品需求的结构性变化。市场变化的过程既是媒介产品更新换代的过程,也是不断出现新的市场机遇的过程。媒介组织正是要从不断变化的市场入手,抓住市场机遇,不断生产开发出适销对路的媒介产品,以满足市场的需要。媒介产品生产开发的主要途径有:

1. 媒介产品形成的新品种

80 年代我国出现了一种新的媒介产品的形式——文摘性报刊。它是选编、汇集各种出版物的内容的一种新型报刊,它没有自己的记者,也不需外出采访、组稿,因此它的整个生产开发成本是很低的。文摘性报刊由于它的覆盖面广,信息量大,深受读者的喜爱,形成了规模庞大的读者市场,有的报刊发行量甚至突破了两百万。在全国较有影响的有《报刊文摘》、《文摘报》等。

2. 受众关注的热点选题

受众对媒介产品的关注,往往是与他们对社会热点问题的兴趣和需要紧密联系在一起的。因为媒介是信息的有效载体,媒介组织如果能及时捕捉到受众关注的社会热点,并适时地开发相应的媒介产品,那么就必然会赢得市场的优势。80年代末,中国股票市场刚刚启动,沿海地区的一些出版社抓住这一时机,迅速推出了一批股票交易的图书,赢得了市场的主动,填补了当时市场股票图书的空白。从1996年起,我国出版业中又兴起了以英美著名大学如牛津、剑桥、哈佛等为书名的各种书籍,比如《哈佛商学院教程》、《斯坦福商学院亲历记》、《牛津个人生涯设计》等。这类图书并不一定与这些大学有什么联系,但却迎合了读者尤其是青年读者对英美名牌大学崇拜的心理,所以颇受读者的欢迎。我国著名电影导演在1997年7月1日香港回归之际,隆重推出了《鸦片战争》这一历史巨片,取得了极大的成功。这在商业营销中又称作“借势”,即利用社会关注的热点进行与之相关的商业“炒作”。名人效应也是媒介产品选题的一个重点。名人效应的选题可以借助名人受社会关注的特点,以及名人的传播价值来实现媒介产品的畅销。事实上,多数名人的选题对媒介产品的销售而言,效果都是比较明显的。从1996年起,我国出版界大打名人牌,著名节目主持人赵忠祥率先推出了《岁月随想》,接着杨澜推出了自传体散文《凭海临风》,倪萍推出了《日子》,销售火爆异常。几乎在同一时间,姜昆的《笑面人生》、宋世雄的《宋世雄自述》、水均益的《前沿故事》、以及刘晓庆的前夫陈国军的《我和刘晓庆——一个不得不说的故事》等书,接二连三出版。这两年的中国出版业成了名人出版年。但是,媒介产品的名人选题也有个筛选把握的问题。名人的当前效应如何？名人是否还处于高峰状态？受众对名人的关注率如何？这些都直接关系到名人选题的媒介产品的市场销售。由于名人的"名人效应"周期一般都比较短暂，所以以此作为媒介产品的选题，市场风险还是比较大的，应当有充分的思想准备。

3. 市场潜力大的媒介产品

媒介产品的销售量直接关系到媒介组织的经济效益。媒介组织在生产开发媒介产品时，要优先考虑市场潜力大、销售量大的媒介产品。然而对于哪些媒介产品市场潜力较大，媒介组织往往并不是十分清楚，但在长期的媒介经营管理的实践中，媒介组织已经形成了比较完整的开发具有较大市场潜力的媒介产品的策略。对于出版业而言，大学教材是许多出版社优先开发的重点。大学教材不仅品种多，用量大，而且再版周期短，经济效益极其显著，尤其是基础性学科教材，每年用量更是惊人。80 年代，上海人民出版社出版的由蒋学模主编的《政治经济学》资本主义部分，总发行量超过1500 万册，简直是出版业中的一个惊人的奇迹。国外出版社往往把大学教材作为媒介产品开发的主要目标，除了邀请学术界的权威人士主编外，还对教材进行大量的广告宣传和促销活动，以提高教材的影响力。我国有一千多所高校和几千所中等专业学校，教材的市场潜力是惊人的，但是我国的出版机构缺乏有效的组织和协作，在这一市场中挖掘的力度很不够，这也说明了我国目前媒介经营管理的水平和市场意识还比较滞后。

4. 新技术成果的媒介产品

媒介产业中每一次的技术进步，都给媒介产品市场带来了一次冲击。在当今的科学技术革命中，媒介产业总是走在最前面，媒介产品的新品种层出不穷。从录音带到录像带，从 CD 到 VCD、多媒体软件等，这些媒介产品的新品种代表了未来媒介产业发展的趋势。媒介组织要不失时机地进入新兴的媒介产品的领域，以超前的意识和眼光,抢占媒介产品新领域的制高点,不断形成媒介产品新的经济增长空间。1997 年我国著名的出版社商务印书馆出资以51%的股份,控股了国内最大的电子出版公司北京联科电子技术出版公司。北京联科公司曾成功地制作了《宰相刘罗锅》、《东芝动物乐园》、《东方时空》等系列光盘,并创下了年销量 30 多万张的业绩。商务印书馆控股联科后,实行印刷媒介产品与电子媒介产品联合销售,从而开辟了媒介产品发展的新市场。

四、媒介产品开发的策略

媒介组织要逐步形成比较完善的媒介产品开发策略。媒介产品开发是一项十分复杂的工程,涉及到诸多的环节和因素,包括媒介组织的生产开发能力和条件、资金实力、市场状况、以及技术条件等等,只有在各种条件都比较成熟完备的前提下,才能谈到媒介产品开发的实施问题。媒介组织开发媒介产品,往往有不同的着眼点和目的。有的产品开发是为了获得较高的投资回报率;有的产品开发是为了形成较为完整的媒介产品的品种体系;有的产品开发是为了抢先进入市场,暂时并不赢利,但今后则可能会有较高的回报率;还有的产品开发媒介组织可能还赔本,但却是媒介组织的"形象工程",可以提升媒介组织的声誉和影响力。媒介组织要针对具体情况,分清轻重缓急,统筹平衡,制订出切实可行的媒介产品的开发策略。媒介产品的开发策略种类较多,主要有以下几种开发策略:

1. 市场空白开发策略

媒介产品的市场空白点往往是经济效益最佳的增长点,因为市场空白没有竞争对手,也最容易吸引消费者。由于媒介产品门类众多、涉及面广,市场的空白点还是很多的,关键在于能否发现市场空白、填补市场空白。广州日报集团创办的《足球报》是第一张全国性的足球报纸,它的发行量已超过 130 万份,它之所以成功,主要在于随着足球运动在中国的普及,足球已成为全社会关注的焦点,而整个中国却没有一张传递足球信息的媒介。《足球报》正好填补了这一市场空白,并一举获得了成功。

2. 产品组合开发策略

这是指对同一种产品,用不同的媒介产品的形式进行组合开发。国外一些影片在发行的同时,往往要推出相应的系列媒介产品,如录像带、唱片、录音带、VCD、书籍、卡通连环画等。这种组合开发不仅能提高媒介产品的综合影响力,而且可以有效地降低综合成本,提高整个投资的经济效益。有的影片的组合开发还延伸到媒介产品以外的其他领域,如纪念品、食品、服装等,利用影片中的主人公的名字命名产品,作为产品的品牌,往往在市场上能风靡一时。美国影片中的"米老鼠"、"唐老鸭"现已成为著名的产品商标,以其名称为标志的各种产品行销世界各地。

3. 产品系列开发策略

把若干种在内容或形式上有联系的媒介产品,形成一个系列整体加以生产开发,其优越性在于能够形成联动销售,提高媒介产品的整体影响力,延长媒介产品销售时间,降低综合成本费用。出版社通常是推出系列丛书,如湖南科技出版社于1995年出版的《第一推动力》丛书,由于汇集了当代科学大师的经典名篇、名著,形成了一个比较完整的窥探当代科技思想史的系列,所以,整个丛书一上市,读者反应热烈,两年时间内重印五次。作为专业性很强的科技思想史的学术著作能取得这样好的销售结果,是出人意料的。这正反映了丛书的优势,即它的完整性、体系性,这也正是对读者最有吸引力的地方。读者可以在很短时间内或一次性地收集完整某一专题系列,这是非系列丛书的营销方式无法做到的。即使读者不购买系列丛书中的所有品种,但同一专题系列的若干品种也为读者的选择提供了充分的余地,有助于媒介产品的促销。这种方式现常被出版社所采用,也说明了它的效果是比较好的。作为丛书的系列产品的生产开发,要注意几个问题:一是尽量在短期内或一次性出齐丛书,时间拖得太长,读者对丛书的兴趣会下降。如果丛书的规模较大,每次应出版一批若干种,分批次出完。二是在价格上要采取中低价格策略,价格太高影响整体的销量和销售进度。三是选题要相对完整,能够形成一个比较独立、系统的体系,便于读者的使用。四是不可滥用丛书的形式。丛书中的每一种图书都应是精品,它既是一个独立的品种,又与整个丛书的整体质量相吻合。不能为凑数把内容不符、质量低劣的图书编入同一丛书系列中。宁可分别单独出版,也不能拼凑成丛书的形式,否则对整个丛书的市场声誉和销售都会带来不利的影响和后果。在影视产品的生产开发中,系列化产品更是常见的开发方式。日本电影界曾对喜剧故事片《寅次郎的故事》每年推出一部,连年上映不衰,成为日本电影史上最受欢迎的影片之一。

4. 单一产品开发策略

一些媒介组织由于实力较弱、人员不足等原因,在短期内还难以形成全面的大规模开发媒介产品的能力,因此只能就已经比较熟悉的、生产和营销能够把握得住的某项单一的媒介产品进行专项开发。大多数中小媒介组织都采取的是单一产品开发策略。这一开发策略,可以使媒介组织有效地规避市场风险,走稳中求进的发展之路。选择单一产品开发策略,并不意味着放弃市场竞争和媒介组织的发展,而是调动有限的资源去全力开发某种单一的媒介产品,在单一的品种上形成强劲的竞争实力,提高市场占有率,这恰恰是大型媒介组织所难以做到的。所以,有效地提高产品的竞争力和市场占有率是实施单一媒介产品开发的最根本的目的。只要决策正确,措施到位,单一品种开发策略,同样可以做好大文章、赢得大市场、获得高效益。其中,对媒介产品的选择至关重要。如果在这一环节上出现失误,则所有努力都是徒劳的。所以,要做好决策前的媒介产品的市场调查,以及后期的分析研究工作。《读者》杂志是位处我国西北边远省份的甘肃省创办的一份文摘性的杂志。甘肃省无论从经济发展程度，还是媒介产业的发展水平，在全国都算比较落后的。但《读者》创办近20年来，以其清新的风格、丰富的内容始终吸引着大量的读者。截止1995年底，发行量达350万份，位居全国第二。《读者》杂志社作为一个人员少、实力较弱的媒介组织，没有盲目地去开发其他媒介产品，而是紧紧抓住已经形成良好的市场基础的杂志，同样也创造了骄人的业绩。

5. 产品全面开发策略

对于大型媒介组织，为了形成不同种类、不同层次的媒介产品对市场的全面覆盖能力，形成媒介产品群集化的优势，仅仅开发单一的媒介产品，对媒介组织的市场竞争和发展是不利的，所以必须要全面开发各种类型的媒介产品。媒介产品的群集化开发还可以充分利用已建立的营销网络，利用已有的设备资源和人力资源，全面降低综合成本，进一步提高竞争优势。如上海的《解放日报》社，先后创办了《支部生活》杂志、发行量高达200万份的《报刊文摘》，以及文学杂志《上海小说》和《中学生英文报》，1993年又接管了《新闻报》，同年4月《解放日报·中国经济版》在香港发行，从而形成了五报两刊庞大的报刊群集，在报刊市场中赢得了集团化的优势。下一步《解放日报》社还准备创办一份晚报、一份体育报、一个电台和一个电视台，进一步扩大媒介产品的群集化规模，形成印刷媒介与电子媒介两大系列的群集化产品，整体联动，全面覆盖媒介产品市场。媒介组织实施产品全面开发策略，也要按步骤、有计划进行，避免一哄而上，盲目行事，造成不必要的损失。同时还要针对媒介产品市场的实际状况，确定媒介产品的种类，把握好进入市场的时机。这是保证实施这一开发策略成功的重要前提。

媒介产品的开发策略多种多样，媒介组织要从自身的实际情况、发展战略和竞争策略等因素出发，结合市场状况，在不同时期和不同发展阶段，选择适合自身发展的媒介产品开发策略。放弃选择媒介产品开发策略,则意味着媒介产品和媒介组织将在市场竞争中被淘汰;选择错误的媒介产品开发策略,则意味着给媒介组织带来损失甚至失败。所以,媒介产品开发策略的实施脱离实际、盲目行事或超前与滞后,都是不可取的。这是我们在选择媒介产品开发策略过程中,必须引起高度重视的关键。

第三节　媒介产品分析

媒介产品是媒介组织整个活动的中心,也是媒介经营管理的核心。因为媒介产品是媒介生产开发和媒介营销的中间环节,一方面媒介产品是生产过程的终结;一方面它又是营销过程的开端。所以,要从生产开发和市场营销两个方面对媒介产品进行全面的把握,不仅要对媒介产品的质量、技术、品种和功能等做到心中有数,而且要针对媒介产品的现状,对未来的发展趋势作出前瞻性的准确预测。总之,就是要根据市场的需要,把市场营销的意识渗透到前一个环节,即媒介产品的生产开发过程中去,使媒介产品的生产开发过程与市场营销过程有机地成为一个整体,在此基础上对媒介产品进行综合性的分析。

媒介产品分析的目的在于明确某一媒介产品在市场中的优势和劣势,影响它进入市场的因素,以及它的未来发展前景,从而确定所要采取的相应策略,更好地适应市场的竞争,赢得市场的主动权。媒介产品分析的主要内容包括:产品定位分析、产品生命周期分析、产品组合分析等。

一、媒介产品定位

各个媒介组织对于情况各异的媒介产品细分市场,都应当有占领某一细分市场的目标和手段。生产开发相应的媒介产品去实现占领某一细分市场目标的过程,就是媒介产品的定位。所谓定位,是就一定区域、一定层次的受众市场而言的,是专门为某一个方面的受众提供服务的,媒介产品在整个受众市场中只有某一特定的适用区间,它只能为这一区间市场的受众所需要和接受。比如老年报,一般只有老年人阅读;少年儿童报,只有少年儿童阅读。这就是媒介产品的定位。从媒介市场的构成来看,消费者的需要不同,层次不同,他们对媒介产品的兴趣和要求也就自然不同。消费者的性别、年龄、职业、文化程度、爱好、收入、区域和民族等方方面面的不同因素,都构成了他们对媒介产品选择的动因。一种媒介产品要想满足各个层次、各个方面消费者的需要几乎是不可能的。所以,媒介组织要生产开发专门适合于某一层次或某一方面消费者特别需要的媒介产品,这一过程就是媒介产品的定位过程。美国营销专家皮埃斯和特劳特认为产品定位是对现有产品的一种创造性活动,"定位首创于产品,一件商品、一项服务、一家公司、一家机构,甚至个人……皆可加以定位,然而,定位并不是指产品本身,而是指产品在潜在消费者心目中的印象,亦即产品在消费者心目中的地位。"实际上定位就是指产品能使哪部分消费者认同该产品是适合自己使用的产品。因此,媒介产品定位不仅是在功能上符合某一方面或某一层次消费者的需要,而且也是观念上的一种认同和接受。媒介组织通过在生产过程中对媒介产品特定功能的开发,在营销过程中强化媒介产品的定位诉求,培育和发展这一媒介产品稳定的受众市场,确立自己在媒介市场中的位置。1995年起,国外的进口大片进入中国电影市场,给极不景气的中国电影业带来了一些活力。所谓大片,主要是指投资巨大、场面精彩、观赏性强。如《魔鬼大帝》(又译《真实的谎言》)一片,投资高达1.2亿美元之巨,约合10亿元人民币。由于中国电影市场票价通常都是几元钱一张票,而进口大片的高投入,必然要通过高价格的票价来实现投资回报。所以进口大片的票价都定在十几元甚至几十元一张的价格水平。这种价格水平对于目前的经济发展状况来说,属于高消费,这种市场只有在大中城市才能找到相应的消费群体,在广大农村和小城镇显然是没有受众市场的。为此,电影发行商放弃了农村和小城镇市场,把进口大片的市场定位在大、中城市。事实证明,对于进口大片这一媒介产品的定位分析是准确的。从1997年5月份北京上映的两部进口大片的放映情况来看,票房收入高达1100万元,是国产片市场近年来从未有过的。在当今电影的强劲冲击下,我国电影市场持续疲软,而我国的电影市场又主要集中在城市,电影业应以城市为重点进行定位,生产开发适合城市观众欣赏的电影,这是摆脱电影业困境的重要出路。进口大片在中国电影市场的火爆充分证明了,不是观众拒绝电影,而是观众拒绝质量低劣的电影。其中首要的环节就是对电影的准确定位。

其次,媒介产品的定位表现为媒介产品的特定的使用功能和服务功能。媒介产品和其他产品一样,都有一定的实际使用价值。对于消费者而言,是否具有适合自己需要的实际使用价值,将直接影响到他们对这一媒介产品的使用和消费。受众由于受到兴趣、文化、个性等因素的影响,加之对媒介产品的使用习惯的不同,他们对媒介产品使用价值的要求必然会有差异。这种差异就是我们对媒介产品定位的重要依据,它决定着媒介产品将选择哪一部分受众市场来作为自己的对象,开发哪一个层面的市场空间。《女友》杂志是陕西省近年创办的一份新的期刊。在激烈的期刊市场竞争中,考虑到国内已有数十种妇女期刊的实际情况,它把这一杂志定位在以城市为主体的年轻女性读者为服务对象,以情感交流、文化、娱乐为主要内容。这一鲜明的定位,使它在众多的女性杂志中独具品味,脱颖而出,成为我国妇女期刊中影响最大、发行量最多的杂志,不仅受到了女性读者的青睐,而且深得男性读者喜爱。1995年发行量突破一百万份,成为我国妇女期刊中的佼佼者。相比之下,我国创办较早的一大批妇女期刊之所以市场空间狭小,不受读者欢迎,最主要原因正是产品定位不明确,没有明确的读者对象,也没有鲜明特色的内容。而《女友》杂志把读者定位在以城市年轻女性为主体的受众市场层面上,最终赢得了市场和读者的喜爱。《女友》这一媒介产品的成功之处主要得益于产品定位的准确。从中国期刊的消费对象来看,购买女性内容杂志的读者,一般都是具有一定文化水平和经济条件的城市年轻女性。城市的生活方式决定了她们有媒介消费的习惯,稳定的经济状况决定了她们有媒介消费的能力。因此这是女性读者期刊的最有潜力的媒介产品消费市场。另外一些女性杂性是以各个年龄段和不同社区的女性为对象的,试图兼容并蓄,涵盖面广,结果却失去了鲜明的定位和特色,自然也就失去了受众市场。再次,要以市场为导向对媒介产品进行定位分析。企业要围着产品转,产品要围着市场转,市场要围着用户转。这一经营管理的经验之谈,对于媒介组织也是完全适用的。

媒介产品的市场定位不能仅仅从主观愿望出发,凭主观想像的决策是经营管理中的大忌,是导致失败的重要原因。媒介产品的定位一切都要着眼于市场的实际,市场需要什么,只要不违反政策法律,媒介组织就应该生产开发什么。一个没有市场的媒介产品不但不能给媒介组织创造任何效益,只能带来额外的负担。这一方面的经验教训是屡见不鲜的。从80年代末到90年代中期我国出版行业的挂历大战就是典型的一例。各个出版社争相出版没有鲜明特色定位的挂历,虽然给经销商以多达50%甚至60%的扣率,但是仍然造成了大量的积压。每年新年过后,总有一大批挂历以定价的三折至五折出售。1995年以后,许多出版社纷纷退出了挂历市场,原来异常火爆的挂历市场一下子显得冷清起来。是不是挂历就没有市场了?不是,而是出版社太缺乏对挂历这一媒介产品的定位研究分析,大多数挂历不是美女就是风景,缺乏鲜明的艺术品味。因为挂历这种产品除了实用目的之外,大多数消费者主要考虑的是它的装饰和欣赏功能。对于现代城市居民来说,审美的品味越来越高,相应地对挂历的要求也越来越高。江苏美术出版社在大多数出版社退出挂历市场竞争时,大胆开拓挂历市场,通过市场分析,它把高雅的艺术性作为挂历的基本定位,以多品种适应不同层次的需求。在 1996 年销售 74 万本的基础上,到 1997 年又创下了80 万本的新纪录,码洋达到了 2200 万元,比 1996 年的 2000 万元又增长了一成。江苏美术出版社在别人退出挂历市场时,却反其道而行之,并取得了成功,其经验就在于对媒介产品的定位分析。对媒介产品的定位分析要充分考虑到各种市场因素。这些因素主要包括:受众市场的需求状况、受众市场的规模、消费能力的大小、市场的稳定性、对媒介产品价格的反应、媒介产品进入市场的时机以及受众市场的发展潜力等等。这些因素是在对媒介产品进行定位决策时所必须认真研究分析的。美国的图书售价一般都较高,尤其是经典名著小说价格通常都在三四十美元左右,使许多读者望书兴叹。针对这一情况,出版商专门出版了售价在三五美元左右的简装本。这一措施扩大了名著小说在低收入受众市场中的销售量,使媒介产品市场的潜力得到了充分的挖掘。我国上海的某出版社在80 年代中期曾推出过一套五角丛书,后因图书市场价格上涨太快而不得不停了下来,但是这一思路是值得认真借鉴的。

二、媒介产品的生命周期

媒介产品的生命周期是指某种媒介产品从开始进入市场,到被市场所淘汰的这一时间过程。换言之,媒介产品的生命周期是一种媒介产品能够被消费者所接受面存在的时间。决定媒介产品生命周期的因素是多方面的,主要有受众市场需求的因素、媒介产品的技术创新因素、市场竞争因素,以及媒介产品的质量和功能因素等。归根到底,媒介产品的生命周期最终表现为市场对媒介产品需求的变化,以及由此所反映的媒介组织的经营状况和利润水平。对媒介产品生命周期分析的目的在于把握在不同生命周期的各个阶段的特点和规律,并把它用之于市场营销和管理活动过程中。

　　不同类型的媒介产品,以及同一类型的不同媒介产品,其生命周期的差异很大,主要原因既有媒介产品自身的特点和局限性的因素,也有媒介经营管理水平和技术创新的因素。在这当中,尤其是媒介经营管理水平的影响最为重要。同一个媒介产品由不同的人和不同的媒介组织来经营管理,往往会产生截然不同的两种结果。当然某些类型的媒介产品,它的生命周期本身就很短,如电影和电视产品,但也有如何延长其生命周期的问题。而另一些媒介产品如报刊,它的生命周期一般都比较长。在美国许多报纸都有75年至150年的历史了,至今仍然生机勃勃。如《纽约时报》创建于1851年,《纽约邮报》创立于1801上,都超过了一个世纪。但是昙花一现的报纸也不少。还有些报刊由于受众对媒介产品使用习惯的改变。尤其是广播电视的强大冲击,已经到了生命的风蚀残年甚至已经寿终正寝了。如在香港,1997年7月27日,随着香港最后的一份晚报《今晚报》的停刊,晚报在香港的历史宣告结束了。早在本世纪20年代,香港就有《工商晚报》创刊,随后《星岛晚报》、《华侨晚报》相继诞生。进入五六十年代后,香港晚报一度多达十多种。但80年代后,媒介产品结构的变化以及受众对媒介消费方式的改变,使晚报市场日渐萎缩,最后导致全军覆没,终于退出了媒介产品的市场。

　　媒介产品的生命周期和其他产品一样,一般都要经过四个阶段,即引入期,成长期,成熟期和衰退期。这一生命周期通常表现为一条S型的曲线状态(如图7-1)。

　　划分产品生命周期的不同阶段主要是根据产品的销售量和利润情况所确定的。在产品引入期,由于初期开发市场的难度较大,各种营销费用和其他支出较高,销售量增长缓慢,利润一般都较少,甚至还会出现亏本。产品的成长期是产品的销量迅速上升的阶段,市场得到了进一步的拓展,利润也随之大量增长。产品的成熟

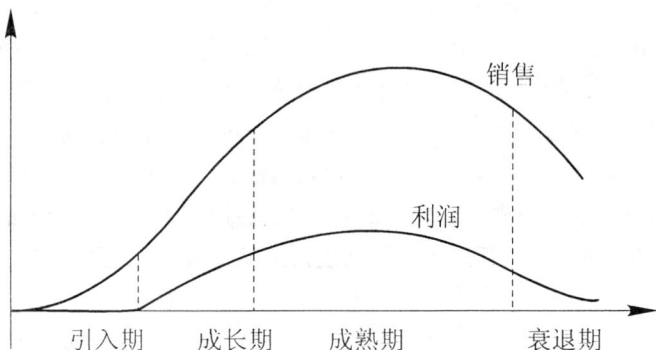

图 7-1　生命周期的 S 型曲线

期消费市场已经比较稳定,潜在的消费者得到了充分的挖掘,利润增长趋缓,由于市场竞争,新产品的进入市场,营销费用不断增加,进一步影响了利润水平。产品的衰退期表现为销售量和利润的迅速下降,媒介产品的市场占有率急剧减少,媒介产品面临着退出市场的挑战。由于媒介产品种类繁多,各种产品的生命周期特点各异、情况复杂,影视音像产品的生命周期通常都较短,影视产品甚至没有明显的引入期、成长期、成熟期和衰退期。而报刊、广告等媒介产品的生命周期的四个阶段往往则比较明显。所以不能用一种模式来描述各种媒介产品生命周期的不同特点。我们在这里所描述的是一种最典型的一种模式。

三、媒介产品的组合

媒介产品的种类是多种多样的。每一种媒介产品都有它的特定的消费群体。随着媒介产业的迅速发展和技术的不断进步,各种新的媒介产品不断涌现,受众市场的发展也越来越趋向于个性化和细分化。每一种媒介产品已经形成了比较稳固的特定的消费群体,从而构成了若干个各具特点的具有市场细分特征的受众市场。受众市场的差别化、个性化、细分化的发展趋势,客观地决定了媒介组织必须适应这种变化,采取新的产品营销策略,开辟新的市场空间。同时,由于竞争的加剧,媒介产品的市场变化也越来越快,一种媒介产品稳定而持久地占领市场变得越来越困难。媒介产品和媒介组织大起大落的状况已屡见不鲜。如《人民日报》的发行量已从1979年的六百多万份跌至目前的一百多万份,下跌了一大半以上。为了满足媒介市场的不同需求,扩大销售,均衡市场风险,巩固竞争优势,媒介组织需要以不同类型的媒介产品全面覆盖市场,以提高经营业绩和综合效益。如何对媒介产品的品种进行搭配组合,形成媒介组织的产品的群集优势和特色,这就要根据市场需要,竞争对手的状况和自身的优势进行媒介产品的组合分析。

媒介产品进行组合的基本原则是:有利于提高产品的市场占有率和产品竞争力;能够充分调动和利用媒介组织的各种资源和潜力,全面降低产品成本;能够提高媒介组织的抗风险能力和利润水平;有利用形成自身的产品特色,发展潜在的受众市场。实施媒介产品的组合策略是现代媒介产业发展的客观需要,当今媒介组织正走向集约化、规模化经营,靠单一品种的媒介产品在市场上竞争无法适应市场需要,也难以形成较高的市场占有率和利润水平。一旦遇到市场的冲击,靠单一品种生存的媒介组织往往会元气大伤甚至倒闭破产。采取产品的组合方式,由于采取了多品种的产品销售,能够确保"东方不亮西方亮",不至于把所有的鸡蛋放在一个篮子里,一损俱损,这样可以有效地均衡市场风险。媒介产品的组合,不是不同媒介产品的简单的相加或平均用力,而是要针对市场情况,找到市场的空白点,在市场的空白点上开发产品,拓展市场。同时又要有所侧重,突出重点,以一两个骨干产品带动整个产品群体,形成自己的竞争优势。如广州日报集团拥有的媒介产品包括

《广州日报》、《足球报》、《广州文摘报》、《交通旅游报》、《现代育儿报》、《老人报》、《岭南少年报》等系列报刊。这些报刊几乎覆盖了受众市场的各个层面，但《广州日报》和《足球报》始终是广州日报集团的核心产品。原先广州日报集团的媒介产品主要是以广州市及其邻近地区为市场的，通过多元化媒介产品的开发，尤其是创办了中国第一张足球报，使其媒介产品的市场延伸到了整个广东省乃至全国，突破了媒介产品市场的原先的窄狭的空间，市场机会大大地增加了。目前，仅《足球报》就在北京、上海、南京、成都、沈阳、郑州等中心城市设有分印点，发行量超过 130 万份。广州日报集团的成功经验是媒介产品组合的一个非常典型的案例。

媒介产品的组合分析首先要对市场上现有的媒介产品的品种、销量、利润、产品定位、受众分布和市场反应等进行分析评估，把握每个品种的市场潜力和发展趋势，寻找市场产品空白点，实行不同媒介产品品种的最佳组合。《北京青年报》是地方性的以青年为对象的区域性发行的报纸，为了开拓报业市场，针对北京市中小学生报纸相对空缺的状况，相继创办了《中学时事报》和《星星火炬报》等，提高了媒介组织产品在市场的整体占有率和竞争力。

其次，媒介产品的组合分析要结合产品的生命周期特点，对处于不同阶段的媒介产品分别采取不同的对策，适时开发、扶持新产品，改进、完善处于成长阶段的产品，有选择地淘汰衰退期的老产品，放弃没有市场潜力的、重复的产品，达到对媒介产品的动态最优化控制，确保媒介产品的最佳组合。80 年代初期，《新华日报》社根据当代农村改革的形势，曾创办了以农村市场为对象的《致富报》。创办初期这一报纸的销量还比较好。但是随着媒介市场的迅速变化，读者对报纸阅读的兴趣也发生了转移，《新华日报》社及时停办了《致富报》，创办了《扬子晚报》，以后又创办了《服务导报》，形成了日报、晚报和服务报的有机组合的报群，扩大了《新华日报》社的整体影响，提高了经济实力。现在《扬子晚报》已跻身于全国发行量最大的晚报之一,也成为《新华日报》社中创刊最多的拳头产品。这一做法的成功经验在于适时地淘汰了处于衰退期的产品,积极开发了具有市场潜力的新产品,实现了媒介产品的优化组合。

再次,媒介产品的组合分析要结合媒介组织和媒介产品市场的竞争情况,扬长避短,在产品的组合中形成自己的特色和优势。每一个媒介组织由于它的产品定位而形成了相应的受众市场和销售渠道。在媒介产品的组合中,要充分利用已有的优势,并力求通过产品的组合形成新的优势。同时,尽量避开市场竞争的热点产品,慎重对待自身所不熟悉的产品,做到条件成熟一个开发一个,以减少市场风险。

第八章 媒介产品的价格策略

价格策略是媒介经营管理中重要的营销手段,是进行市场竞争最为有效的方式之一。制订正确的价格策略能够更有效地刺激产品的市场需求,扩大市场占有率,提高竞争力。同时,又能确保媒介组织获得较高的利润水平。媒介产品的价格策略要立足于媒介产品分析、市场要素分析和竞争状况分析,并使之符合于媒介组织的整体经营策略和组织目标,力求在扩大市场需求与保持较高的利润水平之间找到一个最佳的平衡点。如何处理好这两者的关系,是制订价格策略所要研究和解决的主要问题。事实表明,许多媒介产品经营的失误,恰恰是由媒介产品的价格策略的失误造成的。

第一节 制订媒介产品价格策略的依据

媒介产品的价格策略是媒介经营管理中的一项重要内容,也是媒介组织进行市场竞争的主要手段之一。它不仅影响到媒介产品的潜在市场的开发,而且影响媒介产品现有市场占有率的巩固和提高。因此,无论从宏观的战略管理的角度来看,还是从微观的运作过程来看,媒介产品的价格策略对于媒介组织的生存和发展,都具有至关重要的意义。

媒介产品的价格策略是媒介组织在市场营销过程中,通过对市场行情和自身状况的分析,对媒介产品进行定价的系统思路和方法。其基本目的是为了媒介组织在激烈的市场竞争中打击竞争对手,赢得市场优势。因此,它是市场竞争中的有力武器,是媒介组织整体市场战略中的不可或缺的有机组成部分。它对媒介组织的战略管理计划和市场营销的最终目标的实现,都起着牵一发而动全身的作用。

从媒介经营管理的实践来看,在价格策略的实施过程中,既有一些成功的范例,也有不少失败的教训,值得人们认真地总结和反思。我国音像市场盗版现象泛滥成灾。许多盗版产品的发行量甚至超过了正版产品的发行量。虽然屡屡打击,但仍然难以根治。为了适应这一市场的特点,中国生产的 VCD 影碟机都突出强调了超强纠错功能。盗版产品之所以畅销不衰,其中的一个主要原因就是价格低廉。按照现在正版 VCD 碟片的售价,消费者是难以接受的,所以很难形成真正的市场。我国目前 VCD 机的年销量已达一千万台以上,对碟片的需求量是十分惊人的。但是这一新兴产品的不正确的价格策略,妨碍了 VCD 碟片进入市场的速度。现在我国的出版管理机构已经认识到了这一问题,在打击盗版的同时,对正版碟片采取新的价格策略,大幅降低碟片售价,以期促成正版碟片规模市场的形成。实施了这一价格策略后不久,已经收到了显著的成效。可见,采取正确的价格策略对于一个媒介组织乃至一种媒介产业,都有着举足轻重的意义。

媒介产品的价格策略与其他产业相比,有共性之处,但更有不同之处。从媒介产品的特殊性出发,制订媒介产品的价格策略,是媒介经营管理的基本前提。媒介产品的价格策略的制订,应着重考虑到媒介产品的以下特点:(1)媒介产品的成本因素一般比较稳定;(2)媒介产品的生命周期较长;(3)媒介产品的受众市场比较固定;(4)传统的媒介产品与新兴的媒介产品在市场销售过程中,其销售方法与策略有着很大的差异,其市场空间也各不相同。这些特征,既要求对媒介产品的定价要相对稳定,区别对待,又要求能够审时度势,善于应变。因此,在制订媒介产品的价格策略时,要从媒介产品的特征出发,结合媒介组织的目标,综合市场环境因素进行全面分析。分析的内容主要有以下几个方面:

一、媒介产品要素

媒介产品是媒介组织用以征服市场的武器。开发何种媒介产品实际上反映了媒介组织的经营指导思想和市场策略,体现了一定的组织目标意图。任何一种媒介产品对市场的不同消费层面都有相对应的适应性。这种适应性的重要内容首先就包含着价格的因素。一种媒介产品在进行市场定位时,必然具有价格定位的意义。从媒介产品特征出发,分析价格策略的运用是制订价格的基础。对于价格策略分析起作用的主要因素有两个方面,一是媒介产品的特征,二是媒介产品的成本。这两种因素都决定着媒介产品价格的最终构成。媒介产品的特征主要是指该产品的市场适应性。即该产品处于产品生命周期的哪一个阶段及适应市场哪一个消费层面的需要。在分析上述因素的基础上,有针对性地采取不同的定价方式。对于处于市场导入期的某些新产品,可以首先采用市场取脂定价法。即先估计一个能获取收益的最高价格在销量缓慢下降后,再降低价格以吸引次一层次的消费者购买。近年来出现的一些新的媒介产品如影碟、CD、电脑互联网以及电子读物,基本都采用了这种定价方式。其次,媒介产品的市场定位决定了它的价格定位。任何一种媒介产品很难适应市场的各个层面的需要。当某种媒介产品在考虑为市场的某一层面的消费者生产时,也就考虑到了这一层面的消费者对其价格的选择。媒介产品市场的划分,对价格的接受程度如何是一个重要的依据。所以,在制订媒介产品策略时,必须有与之相适应的价格策略。此外,媒介产品特征还包括该产品的可替代性特征,即是否具有替代性产品影响其市场销售。如果当该产品在市场上具有独占性的市场优势而没有其他同类产品与之抗衡时,那么它在销售中就没有竞争的压力,能够保证在定价上维持垄断性。如我国各地的广播电视节目报,其定价一般都偏高。四版或八版的篇幅,通常定价五角钱左右,而十六版至二十版的晚报售价与其基本相当或稍低。广播电视报之所以采取高位定价的策略,是因为它具有不可替代性。

媒介产品的成本因素是定价的另一重要依据。它对价格策略的制订同样有着重要的影响。媒介产品的成本因素由固定成本与变动成本两个部分组成。固定成本是指固定资产折旧、人员工资和各种固定提成等。可变成本主要包括原材料、运输、营销费用等。在媒介产品生产过程中,单位固定成本随着产量的增加而减少;单位可变成本在初期较高,随着产量增加而递减,到达一定限度后,由于报酬递减率的作用又转而上升。媒介产品的定价,在对固定成本和变动成本进行充分估算的基础上,首先要使总成本得到补偿,因此,定价应高于成本,否则销售将会出现亏损。这一结果显然是与媒介组织的经营宗旨相违背的。在测算总成本时,要留有余地,要把一些不可预见的成本因素考虑进去,这样在销售过程中能够把握主动权。媒介产品的价格一经确定以后,一般都要稳定时保持一段时期,以免产生不良的反应。如果频繁地作价格调整,受众很容易对这一媒介产品产生逆反心理,并影响其消费行为。所以,对成本的测算既要准确全面,又要有一定的预见性。当今的媒介产品生产技术的创新速度异常迅猛。许多新的技术设备的出现大大缩短了固定成本的折旧周期,增加了固定成本的费用。而技术的创新往往具有不可预见性,使原来的固定成本折旧预计产生了一定的差异。这就要求对固定成本测算时不能满打满算。变动成本中同样也有许多不可测见的因素,如原材料的突然涨价,过度竞争等致营销费用的上升等等。这两方面都不能忽视。1995年世界范围内的新闻纸价格飞涨就是一个非常典型的例子。这次新闻纸价格的暴涨,使许多报社出现了财政危机,对报业产生了巨大的影响。新闻纸价格从 1995 年初每吨 400 美元,上涨到 1995 年 6 月的 675 美元,涨幅超过 50%,许多报社都感到措手不及,纷纷以缩减报纸版面、压缩报纸面积、裁减雇员、提高售价来应付危机。如《纽约时报》周日版的零售价从 2 美元提高 2.5 美元。在香港,大多数报纸价格上涨了 25%。台湾则有 5 家报纸的售价上涨了 50%。临时性的提价和压缩成本的措施尽管在一定程度上保持了成本与价格的相对平衡。但提价则对消费市场产生了一定的消极影响,减少了报纸的销售量。从经济效益上看,并不一定减少了媒介组织的经济损失。所以,许多报纸仍然出现了亏损,甚至停刊。事实上,在 1995 年底根据各方面的信息反馈,已经出现了新闻纸价格上扬的趋势。但是各个报社对此认识不足,没有采取相应的措施,最终导致了很大的被动。

二、市场要素

媒介产品的价格策略能否实现,关键在于市场对价格的接受程度。而不是媒介组织的一厢情愿的主观意图。通过对市场要素的分析,媒介组织力求在自己的利润目标与市场销售的可能性之间找到一个平衡点。如果忽视了市场要素而盲目制订价格策略;既可能影响到媒介产品进入市场的竞争力,也可能影响到媒介组织最大化地实现利润目标。影响到媒介产品价格策略制订的要素比较多,而且也较复杂。在不同的情况下,这些要素对媒介产品价格影响的程度和方式有所不同。我们要根据具体情况,作具体的分析研究。这里我们只讨论几个比较重要的市场要素。

1. 市场需求

任何一种产品只要有市场,就反映了一定的消费需求。媒介产品也不例外。只有存在市场需求,媒介产品才有生存和发展的空间。媒介产品的市场主要是由市场的供求关系所决定的。而供求关系的如何则直接关系到媒介产品的价格。也可以说市场需求状况决定了媒介产品的价格。影响市场需求状况取决于两个方面,一是供方,当媒介产品的数量能够满足市场需求时,就能够保证市场和价格的平衡;当媒介产品的数量少于或超过市场需求时,就会导致市场和价格的失衡;二是需方,需方的规模太小、发展速度的缓急、构成特征的差异,也将影响到市场和价格。这两个方面的共同作用,最终影响到媒介产品的价格形成。因此,制订价格策略时,必须要考虑到市场需求状况及其特征。影响媒介产品需求的原因是多种多样的,有社会的、生产经营的原因,也有消费能力和水平的原因等等。我国从 90 年代初,消费品转向了买方市场,市场竞争加剧,企业加了广告投入的力度,都试图抢占媒介宣传的制高点以赢得市场的主动。这为媒介组织的广告销售提供了良好的条件。中央电视台对黄金广告时间段由最初的定价销售改变为招标竞价,因为按定价销售的方式出现了供不应求的局面。1995 年孔府宴酒夺得中央电视台黄金时间段的"标王"时,标的只有二千多万元。1996 年,名不经传的"秦池"以六千多万元的价格一举夺得"标王",价格涨了约 3 倍。1997 年"秦池"为了保住"标王",更是以 3.2 亿元的天价力挫群雄,比上一年增长了约 5 倍。这种飞涨的广告价格,反映了媒体的市场需求状况。从 1994 年至 1997 年,中国媒体价格普遍大幅上扬。其中电视最为突出,价格平均增长了约 300%。主要报纸增长了 150% 以上。而同期的商品零售价格指数只上升 37%。以下是我国几家主要电视台 1994 至 1997 年平均价格指数上涨图(图 8-1)。

媒介价格的大幅上扬,大大超出了同期的物价上涨水平。这一现象说明了广告市场对媒介需求关系的紧张,从而为广告销售价格的提高提供了有利的条件。虽然市场的供求关系在一定程度上反映了广告对媒介的需求状况,但是对于媒介组织而言,不应一味地追涨,毫无节制地提价。在制订价格策略时,媒介组织还要考虑到与广告主的长期合作,互惠互利的关系,建立起一种稳定的相互

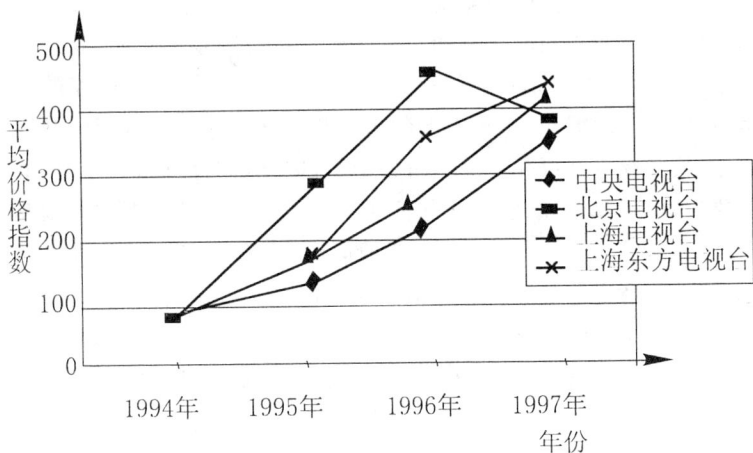

图 8-1 主要电视媒体 1994～1997 年平均价格指数对比图

资料来源:《现代广告》1998 年第 1 期

依存的利益共同体。这要求在价格策略中应包含的公共关系和长远发展的因素。媒介组织如果无节制地提价,从近期来看,可能会增加一些利润。但从长远来看,会阻碍更多的广告用户进入广告市场。同时,由于广告主广告投入增长的幅度过大,必须会增加经营风险,影响利润实现,进而影响广告主对媒介持续稳定的广告投入。这无异于杀鸡取卵,显然是不可取的。这需要媒介组织与广告主真诚合作,加强沟通,彼此信赖,同舟共济。中央电视台从实行投标竞拍起,一直采取的是暗标的方式。各个竞拍企业之间互相保密,这在一定程度上增加了投保的盲目性和投资企业的风险。在对1998 年的招标工作中,中央电视台改变了过去的做法,改为公开竞标。由于增加了价格的透明度,吸引了更多的企业参加了投标。1998 年的"标王"投出的标的为 2.08 亿元,比 1997 年的"标王"少了 1.2 亿元。从局部来看,收益似乎少了一些。但从总的情况来看,

1998年的竞拍收入比1997年多收入了十多亿元。这证明了中央电视台对广告销售的价格策略的调整是十分明智的，也收到了良好的效果。

2. 市场竞争

媒介组织在争夺市场的过程中，常常以价格竞争作为主要手段。市场竞争程度如何，决定着采取何种价格策略来应付竞争的挑战。所以价格策略的制订必须要进行市场竞争分析。

媒介产业作为一种新兴的朝阳产业，发展迅猛。各种媒介产品急剧增加。这一严峻的形势，迫使各个媒介组织调整自己的价格策略以赢得市场的主动。首先是媒介产品种类多、数量大，许多媒介组织纷纷以降价来抢占市场。以美国为例，到80年代末，美国的日刊报纸已超过1700种，其中晚报1275种，晨报400种，此外还有30多种日报和750多种星期日报。在弹丸之地的香港，截止1993年底，有报纸77种，总发行量超过200万份。我国到1989年底已有公开发行报纸1576家，期发行量达1528万份。在这种激烈的市场竞争中，一些媒介组织采取了低价位策略，先从价格上击垮对手，然后扩大市场份额。80年代末，香港出现了一元一份的苹果报，以其低廉的售价击垮了许多竞争对手。90年代中期，香港再度暴发报纸降价风潮，一批报纸由于财政上难以为继，只得停刊。可见，对媒介产品的市场竞争分析，是判定正确的价格策略的保证。

从价格策略的角度分析市场竞争状况，首先要分析市场的整体价格水平，以及竞争对手产品价格的构成状况。在同一市场的同一类型的媒介产品，其价格水平应当是基本统一或大体相近的。虽然，大多数媒介组织并没有采取一致的定价行动，但是为了市场竞争的需要，各个媒介组织都要参照市场同类的媒介产品的价格水平进行定价。媒介组织在实际的运作中，根据近期市场营销策略的需要，也可以单独地采取价格调整措施，以打击竞争对手，扩大市场份额。另外，由于媒介产品区域或行业性的垄断因素，媒介组织的价格策略的制订,也可以采取独立的定价行为,不受市场价格水平的绝对的制约。但是在绝大多数情况下,任何一个媒介组织媒介产品要受到来自竞争对手的很大威胁,在制订价格策略时,不得不充分考虑其重要的影响。对于竞争对手,要着重分析其产品的价格构成特征情况,它的价格优势在何处,它是如何形成价格优势的,它对本组织的产品构成威胁的要点在哪里,其影响程度如何。只有在搞清这些情况的基础上,媒介组织才能有针对性地调整自己的价格策略,适应市场竞争的需要。其次,要了解当前的竞争态势对媒介产品价格影响的程度。在一般情况下,竞争激烈时,会导致价格的下浮;而竞争缓和时,则能促使价格的稳定甚至上扬。再次,要注意竞争对手的新产品开发对现有产品价格的冲击及其发展趋势。新产品开发,尤其是具有科技创新意义的新产品进入市场后,因其成本下降或功能的更新,在竞争上能够形成价格的优势,对此必须有充分的估计。

3. 市场销售

市场销售决定着媒介产品的单位成本和利润实现,因而是价格策略的重要依据之一。首先,销售量的大小影响着利润水平的高低,进而影响到媒介产品的价格基础。只有当销售量达到一定规模时,成本才能不断下降,调整价格才有可能。其次,价格策略的分析还要考虑到销售过程中的产品定位策略。其实应该说,价格策略也是为销售中的产品定位策略服务的。每一种媒介产品都有它的特定的消费对象或消费层面。专业性很强的媒介产品由于它的销售面很狭窄,销售量不可能很大,只有维持较高的价位才能确保它的利润。对于大众化的媒介产品,由于它的市场适销面较宽,销售量较大,可以采取低位定价策略。应当注意的是对某些媒介产品在实行低位定价策略时,要分析这一价格策略对于提高销售量有无实质性的影响。如果没有实质性的影响,实行低位定价策略无异于放弃唾手可得的利润。例如,1997 年浙江教育出版社出版了《20 世纪心理学通览》世界心理学名著丛书,该丛书软面精装,大 32 开本,印刷、纸张均属上乘,印数为 3 千册。由于该出版社实行了"高品位,低价格"的价格策略,对这套丛书的定价明显偏低。作为学术价值很高的心理学丛书,低位定价并不一定能有效地扩大它的销售量,因为它的读者面是比较狭窄而固定的。非专业性读者不会因其便宜而去购买,而专业性读者也不会因其价格不便宜而不去购买。如上海人民出版社出版的台湾作者张春兴编著的《现代心理学》一书,71 万字,定价 30 元。这本书的定价较同类的图书面言,是较高的,但由于该书的学术价值较高,高位定价没有影响它的销售,自1994 年初版以来至 1995 年已四次再版。可见低位定价对专业性图书的销售不是根本性的因素。我们再以 1997 年中信出版社出版的《工商管理精要》丛书为例。该丛书也属于学术性很强的翻译的国外名著,与《20 世纪心理学通览》完全属于同一类型的图书,又是同年出版。应该说,这两套丛书具有很强的可比性,但两套丛书在价格策略上却有着很大的差异。《工商管理精要》丛书采取的是高位定价的策略。以该丛书中的"信息系统"一书为例,该书 15.6万字,8.5 印张,印数 2 万册,定价 15 元。《20 世纪心理学通览》丛书中的《心理诊断法》一书 15.5 万字,9.25 印张,印数 3 千册,定价 10 元。这两本书的性质均属专业性很强的学术译著,字数基本相当,但定价却相差三分之一。从我们对书店的经销调查来看,销售情况都不错。说明高位定价对这类书的销售影响并不大。而两家不同的出版社所采取的不同的价格策略则反映出了经营管理思想上的差异。

　　另一方面,媒介产品的价格策略必须服从于媒介组织的整体营销策略。媒介组织为了开拓市场,提高产品的竞争力,都要制订适应市场需要的营销策略。营销策略中所包含的种种销售手段与定价有着密切的关系。如折扣定价、优惠价格、降价,或赠送礼品、提供额外服务等,都含有价格策略的因素。究竟采取何种价格策略,要具体分析竞争对手的情况,市场情况和自身产品的特征,然后确定相应的价格策略。90年代初,国内一些出版社推出了印刷精美、包装别致的礼品书,这类书均采取了高位定价的策略。由于它适应了市场的需要,填补了市场空白,尽管价格较高,但销售仍然很好。因此,从媒介组织的营销策略的需要出发,制订与之相适应的价格策略,是保证价格策略协调统一、取得成功的基础。

三、媒介组织目标

组织目标是媒介组织实现其组织意图的计划和目的。这一目标集中地体现在两个方面,一是市场目标,一是利润目标。媒介组织的任何活动都是围绕着这两个目标展开或为之服务的。但是组织目标是通过营销策略、产品策略和市场策略等具体的策略来运作并实现的。作为组织目标实现途径之一的价格策略,对组织目标的实现有着重要的影响。

由于媒介组织的性质不同、市场不同、产品不同、现实条件不同,它们的组织目标自然也不相同。即使是同一个媒介组织在不同的发展阶段或不同的时期,其组织目标也会有所调整、有所变化。对于媒介组织来说,它适宜开发哪一种产品、哪一个市场,采取何种市场策略、价格策略,都关系到组织目标的最终能否实现。媒介组织的组织目标说到底要落实到市场和产品因素上。而这两种因素则又最后落实到价格策略上。就市场而言,媒介组织确定组织目标首先要对目标市场进行定位。媒介产品市场的需求因消费层次不同,消费习惯不同,对价格的接受能力也就必然有很大的差异。确定一个目标市场,总是与这个市场的价格接受水平,以及相应的价格策略密切相关的。对于大众化媒介产品的目标市场,通常采取低位定价策略,媒介组织主要通过扩大销量来提高利润水平;对于专业性或高档次的媒介产品的目标市场,通常采取高位定价策略,媒介组织主要通过获得较高的单位利润率来提高利润水平。因为在这一消费层面,扩大销售量往往是比较困难的。因此,可以说在确定了目标市场的同时,也应该确定了相应的价格策略。例如,从80年代中期开始,中国城市随着电视的普及,电影市场出现了疲软。电影票价尽管售价不高,但仍是观众稀少。那么,电影市场下滑的原因究竟是价格因素,还是产品的市场目标定位因素?亦或是其他的原因?中国电影界对此感到一片茫然。90年代中期,中国电影发行放映公司决定调整组织目标,把目标市场定位在高档次的进口大片上,并相应采取高位定价策略。自1994年11月起,把引进的进口大片在各大中城市放映。因为大中城市人口集中,市场空间大,形成了媒介产品的消费习惯;而且观众普遍文化程度较高,对媒介消费的质量要求较高,加以人均收入水平高,对价格的承受能力较强,在媒介消费上舍得花钱。根据这一分析,各放映公司把进口大片的票价普遍定价在20~30元一张,高的甚至达60元一张。这一价格是普通国产片的四到五倍甚至更多,但并没有因此使观众减少。中国电影市场反而出现了多年来少有的火爆场面。从1994年至1995年,上海市的票房收入从1.4亿元增长到2.3亿元,北京市从5000万元增长到9000万元,四川省从1000万元增长到4000万元。据北京市电影市场的统计,1996年4月全市票房收入为1300万元,其中两部进口大片《云中漫步》和《廊桥遗梦》即占1100万元,而同期放映的13部国产影片总收入仅2百万元。可见低位定价如果偏离了精确的目标市场定位,也不一定能赢得市场,媒介组织更无法实现自己的组织目标。

如何开发媒介产品是媒介组织的组织目标的又一重要步骤。为媒介产品判定正确的价格策略,则是确保实现组织目标的前提条件。媒介产品种类繁多,各不相同。不同种类的媒介产品对不同市场的消费者有不同的适应性。这种适应性的重要特征之一就是价格的差异。所以媒介组织在确定自己的组织目标时,总是把实现这一目标的产品策略与价格策略有机地统一起来。辽宁教育出版社把开发学术图书市场作为自己的组织目标,并坚持以低价位策略吸引消费者。90 年代初,辽宁教育出版社隆重推出了大型系列丛书"国学丛书",作为实施自己的组织目标的样板出版工程。这套丛书在低价位销售的基础上,为了更有效地扩大销售量,还实行了预付款 7 折至 9 折的折扣优惠,把价格进一步降低了下来。辽宁教育出版社的这一做法,从结果来看是非常成功的。作为学术性很强的图书,一般销售难度都较大,销售周期也较长。但"国学丛书"中有相当一部分已在短时间内不断地再版,受到了消费者的青睐,取得了良好的经济效益和社会效益。这一事实说明了,媒介组织的组织目标的实现,离不开正确的价格策略的支持。

第二节　媒介产品的定价手段与定价过程

媒介产品的价格是受众对使用媒介产品及其服务所应支付的费用,它反映了受众对于媒介产品的欲求和需要所愿意并能够承受的开支。媒介产品的价格既是媒介组织实现利润的主要手段,又是受众最为敏感、最容易影响媒介产品使用的一个重要因素。因此,媒介组织在开发市场、实施竞争策略的过程中,都积极有效地运用价格策略,以提高自己媒介产品的竞争力和市场份额,并逐渐形成了一系列行之有效的价格策略的基本手段。

一、定价的基本手段

1. 折扣定价

这是媒介产品在一定的时期内,在原来的价格基础上,按一定的比例给予相应的折扣优惠的方法。这一方法主要用于短期的促销。折扣定价对于吸引潜在的媒介产品的受众具有一定的吸引力,也是保持住老客户的一种较为有效的方法。但是折扣定价必须严格限定在一个规定的时间内。报刊等媒介产品采用这一价格策略,一般安排在新的年度征订之前。因为这段时期,各个媒介组织为争夺客户所采取的促销手段比较多。折扣定价是行之有效的、并能够被大多数人所接受的一种方法。但是媒介组织不能自始至终都采取折扣定价的方法,一方面它起不到促销的作用,另一方面会使受众产生反感心理,反而会产生负作用。这是在采用这一定价方法时要特别予以注意的。

2. 降价

这是媒介组织在激烈的竞争中较常使用的一种手段。在媒介产品市场竞争比较激烈的情况下,一些媒介组织发现自己的媒介产品的市场占有率下降,或试图有力地打击竞争对手并获得更高的市场占有率时,往往采用降价的手段。这就是所谓的竞争性降价。另外,由于新技术的采用,媒介产品的成本大幅度降低,为了进一步开发潜在的市场,迅速扩大产品销量,抢占市场销售的主动权,媒介组织也采用降价策略。1995年底,香港报纸发生了降价大战。一些报纸为了压制竞争对手,以降价促销。一批经济实力较差的报纸不得不宣布停刊,使整个报业市场的格局出现了新的分化组合。降价策略对于受众来说,可以带来很多的实惠和利益,但对于媒介组织来说,风险太大,损失太多,只能偶尔为之,不能作为一种长期的经营策略。降价说到底是经济实力的较量,必须有牢靠的经济基础作后盾,方可考虑采取这一策略。降价既可能给竞争对手以重创,也可能给自己造成很大的经济损失,造成两败俱伤。所以,采用降价策略必须有充分的思想准备,要考虑到各种可能出现的结果,对每种结果都采取应急措施和手段,防止事态向恶性方向发展和蔓延。因此,在实施降价策略之前,必须有明确的竞争对手和市场目标,并且应尽可能详尽地了解竞争对手的经营状况。同时,对潜在的市场作过认真的调查,对降价所产生的市场容量的扩充心中有数,切忌盲目行事,否则会适得其反。采用降价策略还会影响到媒介组织近期的利润实现,对媒介组织的整体经济运行会产生一定的负面影响,所以,对采用这一策略后所带来的近期和中长期的各种影响和作用,必须作出全面的评估。

3. 价格维持

价格维持一般是在同类媒介产品提价后,或媒介产品的成本提高后仍然保持原来价格的一种价格策略。媒介产品的价格应当尽可能地保持稳定,这是媒介组织建立良好的公众形象的一个重要内容,也是保证媒介产品的市场竞争力的一个重要条件。尤其是在媒介产品的成本上涨以后,在一定的时间内,尽量保持价格稳定,可以维护媒介组织的市场信誉和巩固媒介产品的市场占有率。价格维持从近期来看,经济效益上可能可蒙受一些损失,但从长远的战略角度来看,则是丢卒保车的明智之举。90年代以来,我国的通货膨胀率一直居高不下,对媒介产品的成本影响很大,很多媒介产品几乎是一年一提价,致使媒介产品的用户连年下降,受众市场呈萎缩态势。广东省中山医科大学主办的《家庭医生》杂志也面临着同样的问题。1994年对于是否要提价,该杂志也曾反复考虑过,但是为了稳定和巩固其市场份额,最后还是决定维持原价。尽管1994年的利润受了一些影响,而市场份额却仍然没有降低。1995年《家庭医生》在全国期刊发行中位居第12位,发行量达130万册,也是全国唯一的一个发行量超过百万册的医学普及杂志。而这正是保持竞争优势,创造良好的经济效益的先决条件。当然采取价格维持策略还要根据成本上涨的幅度和市场的整体竞争状况而确定。如果成本上涨过高,对媒介组织利润影响太大时,就不能采用这一价格策略。此外,价格维持的时间长短如何把握,也要从市场和营销实际出发,审时度势,灵活把握。

4. 提价

媒介产品的提价主要是产品的成本上涨因素造成的,但也有媒介产品的价格策略运用不当,或试图获得更高利润而导致的提价。由于生产原料、人员工资、营销费用以及服务开支等综合成本的不断上涨,媒介产品价格的上涨从某种意义上来看是不可避免的。成本上涨以后,必然要通过提价来消化掉成本上涨的因素,这样才能确保媒介组织的利润不致于下降。比如1995年在世界范围内出现的新闻纸价格暴涨,使得许多报社不得不通过提高报纸售价和广告售价来应付危机。但是,对于提价应有谨慎严肃的态度,许多媒介组织都试图把提价作为提升媒介组织经济效益的主要途径,这种认识是极其短视的。价格对于经营来说,它是一把双刃剑,既可以促进产品的销售,也可以破坏甚至毁灭产品的销售。对于提价这一价格策略如果把握得不好,会给媒介经营带来很多的负面影响。我国的图书价格自90年代以来,平均年增长率达30%以上,图书价格的暴涨已超出了市场的承受能力,导致图书市场萎缩,购买力下降、资金回笼延滞、销售周期过长,图书出版业出现了严峻的市场危机。据国家新闻出版总署统计,截止1996年5月份,全国图书积压金额已达81.39亿元,比上年增加26亿元,增幅近50%。这一结果正是图书出版价格策略严重失误所造成,毫无节制地提价并没有给出版社带来预期的利润,反而导致一些出版社经济效益下滑。以宗白华先生所著的《美学散步》一书为例,1982年版的定价为9角钱,1997年版的定价为15元。在这15年的时间中,各种涨价的因素自然是不可避免的,但这种涨价的幅度已经大大超过了周期的物价上涨水平,已经很难为市场所接受了。

二、价格制订的过程

媒介管理中的价格策略,一般着眼于宏观的原则性的内容,它为媒介产品的价格制订提供了明确的方向和指导思想,而价格策略的意图能否得到实现,则取决于价格制订过程。应该说,价格制订过程是价格策略的具体化,目的在于使价格策略成为具有可操作性的具体价格及其方法。因为,价格制订过程关系到价格策略的成败。

1. 尝试定价

媒介产品的价格制订过程通常是首先采用尝试定价法(tentative pricing)。尝试定价法既可以作为媒介产品在试销售期的试探性的定价手段,也可以作为老的媒介产品在提价时采用的一种方法。尝试定价虽然是一个临时性的"缓兵之计",为下一步的正式定价作准备,但对于媒介产品的定价过程来说,即是极为重要的不可或缺的一个环节。它是向媒介产品的受众市场所进行的试探反应的信息反馈的过程。媒介产品的价格是最容易引起受众强烈反应的一个问题,也是最容易引起市场波动的一个因素。受众对媒介产品的使用,很大程度上取决于它的价格。在中国媒介消费水平还很低,人们的收入还不是很高的情况下,媒介产品的定价更要适应市场的实际情况。一种媒介产品的定价能否为受众所接受,并不完全取决于媒介产品的质量,更不取决于媒介组织一厢情愿的价格定位,而是取决于受众市场对这一产品的价格可接受性程度及其媒介产品的市场构成情况。如何在媒介组织的定价意图与受众市场的可接受性之间找到一个平衡点,这就需要用尝试定价的方法对受众市场进行试探反应。根据试探反应的结果,再相应地决定最终的价格。中国 VCD 光盘的市场营销之所以会失败,给盗版 VCD 光盘造成可乘之机,其中的一个根本原因就是没有对市场进行尝试定价的试探反应过程。正版 VCD 光盘过高的价格使消费者望价兴叹,把他们拒之于市场之外。消费者只能从盗版 VCD 光盘市场中去寻找出路。因为正版 VCD 光盘的定价已完全超出了消费者的承受能力。1998 年 3 月国家新闻出版署决定将大幅度降低 VCD 光盘的价格,使之接近目前盗版光盘的价格水平。这一措施必将带动正版 VCD 光盘市场的全面启动。在对老的媒介产品的价格调整中实施尝试定价的方法,也不乏成功的范例。江苏省的《扬子晚报》是全国发行量最大的晚报之一,日发行量超过一百万份。它的价格在全国同类晚报中却是最低的。1995年每份售价仅两角钱。由于新闻纸价格的持续上涨和各项成本的加大,维持现行价格,报社已经难以经营了。于是在1996年上半年,对价格进行了调整。为了慎重起见,先进行了尝试定价。每份售价由两角上调至两角五分,在发现读者没有不良反应后,随即把价格上调至每份三角钱。经过了一年多的观察,这一价格读者完全可以接受,至1998年起,再上调到每份四角钱。在短短的不到两年的时间内,《扬子晚报》进行了三次提价。提价后发行量不仅没有下降,反而直线上升,从不到100万份提高到120万多份。《扬子晚报》的调价之所以成功,与它所采用的尝试定价的方法是分不开的。尝试定价及时反馈了读者对价格反应的状况,为过渡到正式定价创造了有利的条件。可以说《扬子晚报》所采用的尝试定价的方法,是我国媒介管理中价格策略运用的一个较为成功的范例。但是,由于在运用价格策略的具体实施方法过程中经验不足,也还存在着一些缺陷。比如《扬子晚报》在1996年的调整价格的时间,不在是新的一年年初,而是安排在中间,这一时机安排欠妥。另外把报价定在两角五分钱,在实际的销售中由于分币已经基本退出了流通,给报纸零售带来了很大不便。这是在制订报纸价格时所没有考虑到的,从而导致了一年内的第二次提价。提价的时间间隔如此的短也说明了对价格策略的整体进行安排还不完备,给人一种没有准备、突如其来的感觉。实际尝试定价并不是孤立的定价行为,应配合媒介管理过程中的价格策略和经营策略通盘考虑。因此,尝试定价必须考虑到这样几个因素:一是媒介组织的利润目标。利润目标是媒介组织实施媒介管理活动的重要目的之一,也是媒介组织生存和发展的保证。尝试定价正是为了试探受众对价格的反应,从而争取通过尽可能的高位定价来获得更高的利润。当然一些媒介组织在实施尝试定价的头一年或头两年为了扩大市场份额而放弃暂时的利润,但是牺牲暂时的利润以换取市场份额的提高本身就是为了最终获取更多的利润。所以尝试定价就是为了提高利润率的一种手段。二是要考虑到竞争对手的价格。实施尝试定价之前,应充分了解竞争对手的价格策略和产品定价,尤其是定价意图,并有针对性地在价格策略和其他策略上采取相应的反击手段,使媒介产品的定价更具有针对性和竞争性,从而通过定价提高媒介产品的竞争力和市场的主动性。三是媒介产品的价格目标。价格目标是指媒介组织就受众对媒介产品的质量和服务所能接受的价格程度而确定的价格水平。价格目标反映了媒介组织对市场的价格的驾驭能力和意图。对此,媒介管理者要对受众的价格接受能力和接受水平进行认真而充分的评估,在此基础上确定尝试定价。

2. 定价评估

媒介产品价格制订过程中的第二个重要步骤是提出定价的评估分析。要阐明定价的理由和依据是什么,以及相关的背景信息。评估分析的主要内容包括媒介组织的财务分析、利润与开支评估,市场销售状况等。其中首先要考虑的是利润评估。利润评估的主要根据是对受众市场和广告市场的分析。具体内容有:

(1)同类媒介产品的市场价格水平,以及在这一价格水平上的销售量。价格水平分为高、中、低档三个层次。不同层次的价格水平直接关系到媒介组织的利润水平。媒介组织应该着重开发利润率高,市场较为短缺的产品,以实现充分的利润回报。

(2)对媒介组织的营销能力,尤其是促销能力的评估。营销能力关系到能否把媒介产品转变为现实的商品。媒介组织仅仅有好的媒介产品而缺乏营销能力,同样是不可能实现预期的利润目标的。所以许多媒介组织都把营销网络的建设作为经营管理的核心环节,加以不断充实和完善。也可以说,营销能力的高低决定着一个媒介产品能否形成市场并具有发展前景。而营销能力最终表现为销售量。销售量的大小,则是媒介产品定价的重要依据。对于媒介组织来说,销售的内容有两个,一个是媒介产品,一个是广告。这两个方面的销售量都关系到媒介组织的利润实现,在销售过程中两者都是不可偏废的。或者说,它们是媒介组织生存和发展的两根支柱。

(3)对成本开支的评估分析。成本开支评估是媒介产品进行成本核算的基本方法。媒介产品只有在进行成本评估的基础上才可以进行定价。媒介产品的成本评估与工业产品的成本评估有着较大的区别,一是媒介产品的成本因素相对较为稳定,二是媒介产品的成本中变动成本所占的比重较大,三是媒介产品的成本评估,常常要考虑到广告销售的情况,如果广告销售收入较高,可以实行保本定价,甚至低于成本定价,其亏损部分由广告收入来弥补。我国的许多报纸进行定价时,报纸销售价都是低于成本的。如《广州日报》每年的纸张印刷补贴高达一亿元之巨,《扬子晚报》也达六千万。但是由于广告收入增加了,报社还是盈利的。它们之所以对报纸实行低于成本定价,主要是考虑扩大销售量,以吸引更多的广告主。这是媒介产品定价中必须具备的营销意识和全局意识。媒介产品的成本因素包括生产成本、促销费用、发行费用等多种因素。对成本的核算要把各种现实性的因素和一些不可预见的因素都要考虑进去,力求使成本评估全面、准确、留有余地。但也要避免把不相关的费用包括进去,使得对成本评估太高,影响定价的准确性,并进而影响媒介产品进入市场的成功概率和竞争能力。

(4)还要对媒介产品的效益状况进行可行性分析。这一分析主要是对计划方案提出的价格水平与尝试定价进行综合分析比较。当这两种价格水平相接近或相吻合时,就可以作为最后的定价方案加以确定。然而在多数情况下,两者之间还是有差距的。那么就要对整个媒介产品的目标方案和行动方案进行相应的评估。经过评估,如果制订的价格方案能够适应目标市场、营销策略和行动方案的要求,并能够赢得利润,这一定价方案就可以保留。如果通过分析,这一定价方案虽然符合市场需要,却最终使媒介组织无利可图,那么最佳的选择就是放弃对这一媒介产品的投资,以减少无谓的经济损失。所以对媒介产品的效益状况进行可行性分析,是媒介产品定价过程中不可缺少的环节。

3. 确定定价销售方法

媒介产品定价过程的第三个重要步骤是确定定价销售方法。在媒介产品的营销过程中,形成了一整套较为完善的定价销售方法。这些方法是媒介组织在长期的经营实践和理论探索中逐步总结出来的,具有很强的可行性和可操作性。决定媒介产品营销过程中的因素有生产经销方面的要素,有产品的因素,也有受众市场的因素,亦即买方的因素。这三方面因素最终总是以供求关系的平衡状况作用于定价销售过程。由于上述三种因素的作用力不同,影响方式不同,从而形成了不同的定价销售方法。这些方法主要有:

(1)零售价。直接面向用户的媒介产品在少量销售时,媒介组织通常都要制订一个零售价作为销售的价格。许多媒介组织都设有专门的零售部门承担零售业务,如出版社的读者服务部,报刊的零购部或邮寄服务部等。在销售广告这类大宗的媒介产品时,媒介组织应该提供统一的价目表,使用户能确切地了解具体的价格情况,以便于购买。

(2)折扣价。折扣价是在原来定价的基础上按照一定的比例打折扣的定价方法。折扣价一般以经销商为对象,对于稳定的、消费量较大的用户也可以给予折扣价。这一定价方法的目的是扩大销量、稳定用户网络、培育和巩固有力的经销商队伍。折扣价由于使用户可以获得直接的利益,往往受到普遍的欢迎。因而在促销中被当作一种常用的手段。折扣价可以实行不同的折扣比例,比例的高低要根据销售量大小来确定,通常情况下以累进折扣的方式较为普遍。

(3)承包价。媒介组织对媒介产品的销售与经销商经过协商达成共识的一种定价方式,即由销售商独立地完全承包媒介产品的销售,向媒介组织提出一个承包价,媒介组织不再向其他经销商提供经销权。承包定价的方式对于媒介组织来说,可以有效地减少和规避销售风险,减少销售费用。销售力量薄弱的媒介组织也多采用这一定价方式。同时媒介组织可以更加集中精力来提高媒介产品质量。

(4)招标价。对于供不应求的媒介产品,可以采用招标定价的方式。招标定价可以有效地激活买方市场的潜力,最大限度地提高媒介产品销售的经济效益。由于招标定价是以公开竞标的方式举行,也可以避免销售过程中的许多人为因素和幕后操作的弊端。1995年中央电视台率先引进了招标定价的方式,使广告销售收入大幅度提高。定价水平大大超出了人们的预先估计,出现了创下天价的"标王"。这充分证明了招标定价方式的优越性,而且它透明度高,便于操作。随后,浙江电视台、安徽电视台、北京电视台都采用了这一定价方式。

(5)渗透价。对于新上市的媒介产品,当受众市场对它还不是很熟悉时,以较低的价格投放到市场,使产品在市场充分渗透,从而提高市场的占有率。随着市场份额的逐步提高,再相应地调整价格来实现盈利的目的。这种定价方法尤其是对于报刊类的媒介产品最为有效。当读者形成了使用某种媒介产品的习惯以后,即使提价也难以使其放弃这一媒介产品了。

(6)差别价。对于同一种媒介产品,根据市场的实际需要,以两种或两种以上的价格出售。受众市场对媒介产品需求的差别也是有很大不同的。这种需求差异自然要从价格上反映出来,媒介组织根据这种需求差异实行差别定价的方法。比如,对于出版的经典名著,有的读者购买是为了珍藏,对包装印刷的质量要求就要高一些,对价格的承受能力也要强一些。而对于以阅读为目的的读者来说,他们对这方面没有太高的要求,更看重的是价格,所以出版商可以分精装和简装的不同形式,实行差别定价。80年代美国一些大出版社在出版经典名著时,推出了一批三至五美元一本的简装本,大大提高了销量,同时也并没有影响精装本的出版。这就是用的差别定价的方法。定价方法作为价格策略中最具技巧性和实际操作性的内容,越来越受到了媒介经营管理界的重视,在媒介管理的实践中发挥了重要的作用。

第三节　媒介管理中价格策略运用原则

　　媒介产品的价格策略是媒介管理中市场战略的重要组成部分。它反映了媒介组织的最高管理层对媒介的经营管理能力和市场把握能力。媒介产品的价格策略的制订,是建立在对媒介产品市场及其相关特征分析基础上的,绝不是主观随意性的决策,也不是毫无根据的推测。从我国的情况来看,国内的媒介经营管理水平基础较差,既缺乏训练有素的专业管理人才,又缺乏媒介经营管理理论的指导。许多媒介组织对媒介产品的价格策略的运用注重不够,随意性很大,缺乏对媒介产品市场相关信息的分析,更缺乏对媒介产品价格策略的研究,造成了国内媒介产品市场的价格体系相当混乱,没有一个稳定的价格机制,极大地影响了我国媒介产业的健康发展。迄今为止,我国媒介产业中的相当一部分媒介产品还没有形成一个完整的价格策略,导致了媒介产品市场的大起大落。我国的电影业、出版业和报刊业都面临着这一问题的严重困扰。这一经验教训说明了媒介产业的经营管理中必须制订出完善的价格策略,而媒介产品的价格策略则必须服从于媒介产业的市场特点和规律,遵循媒介产品价格策略的基本原则。媒介产品价格策略的基本原则有以下几个方面内容:

一、相对稳定的原则

媒介产品的形式一般比较稳定,受众对媒介产品的价格印象比较深刻。这种价格印象对受众使用媒介产品有着很大的影响。媒介产品价格的频繁变动不利于巩固已有的受众市场和开发新的市场。因此,媒介产品的价格应保持相对的稳定,不宜随意地提高价格。由于一些媒介产品的各种成本在不断地上升,提价也是很难避免的。但是媒介产品的价格变动不能过于频繁。每次提价的时间间隔不宜太短,提价的幅度也不宜太大。频繁的提价,大幅度的提价不仅会严重伤害受众的消费心理,而且会影响受众对这一媒介产品的信任感和信心,进而受众可能产生拒斥心理,对媒介产品的市场营销造成消极影响。我国近年来一些期刊几乎是一年一提价。提价的原因固然有成本上涨的因素,但是提价过于频繁,而且幅度太高,已超出了成本上涨的水平,试图通过提价来提高经济效益。然而提价并没有使这些期刊在经济上出现转机,反而由于订量的减少而陷入了更深重的经营危机。可见,提价并非是改善媒介经济效益的唯一出路。就我国目前的经济发展水平和媒介消费水平而言,国民收入还不高,个人消费中用于媒介消费的开支还不可能太多,受众对媒介产品的价格变动的反应是极其敏感的。因此,媒介产品的提价要慎之又慎。

二、确保利润的原则

媒介组织作为生产和经营性实体,经营状况的好坏直接关系到它的生存和发展。通过生产和经营媒介产品创造经济效益,这本身就是媒介组织的重要组织目标之一。在我国,媒介组织除了担负着宣传党和各级政府的方针、政策,丰富人民的精神文化生活的任务之外,还面临着如何完善经营管理,提高社会效益和经济效益的双重任务。尤其是媒介产业引进了市场机制之后,我国的媒介组织面临着的市场压力和竞争压力越来越大。过去,我国的媒介组织的经济来源完全依赖于国家财政拨款,市场意识淡薄、经营管理能力差。所以,对媒介产品的价格策略和整体经营管理关心甚少,以至于媒介产品的价格能维持十几年甚至几十年不变。三分钱一份的《人民日报》就曾维持过相当长的一段时间。媒介产品的价格已经不能反映出它的成本和价值。这种不考虑成本的定价方式,给媒介组织的经营造成了极大的困难,媒介组织也难以获得资金进行自我扩张,自我发展,许多媒介组织都出现了亏损。80年代,《人民日报》和《法制日报》都出现过净亏超过两千万元的赤字。这其中除了经营管理不力外,媒介产品的定价太低,背离了确保利润的原则是其重要原因。媒介产品定价确保利润,是媒介组织生产和经营的基本目的,也是生存、发展和积累资金的需要。只有形成了资金积累的实力,媒介组织的发展和壮大才有基础。所以,无论从现实的还是长远的角度来看,通过经营媒介产品获得利润积累,是媒介组织发展的根本出路。当然,利润率的高低也要根据市场营销和竞争状况来确定。作为一种竞争和促销手段,媒介产品在短时间内以低于成本的低位定价,以获得更多的市场份额或打击竞争对手,也是可以采用的一种策略,但其最终目的仍是通过提高媒介产品的市场占有率而获得更高的利润。这是退一进两的市场进攻手段。但采用这一策略必须有充分的市场评估和论证,不可盲目行事。

三、公平竞争的原则

市场经济就是竞争经济,是优胜劣汰的过程。当今的媒介产业竞争日趋激烈。媒介产品的内容几乎涉及到了社会生活的各个领域,从政治、经济、文化、宗教,到教育、娱乐、保健等,可以说是无所不在。媒介产品不仅品种多,而且数量庞大。面对有限的市场,各个媒介产品都要在激烈的竞争中夺得一条生路。在我国,目前仅有关质量方面的期刊就达二百多种,涉及到各个行业的质量标准、质量管理,以及质量监督和质量认证等诸多方面。媒介产品的市场竞争的激烈程度由此可见一斑。哪一种媒介产品要想在市场份额上提高一两个百分点都是极其困难的。而媒介产品的竞争手段也可谓是五花八门,多种多样。有靠发红头文件下达征订指标的,有用公款包销的,有通过赠送奖品、给予折扣促销的,也有通过提高质量来赢得受众的。然而价格竞争却始终是竞争的焦点,也是最直接有效的竞争手段。因此,媒介产品的定价要着眼于竞争的需要,有利于巩固和扩大市场占有率。在保证媒介产品有利润的前提下,可以根据竞争对手的价格策略和整个市场状况,把利润率定在一个合适的水平上,使定价更容易被市场所接受,更具有竞争性。

四、综合平衡的原则

媒介产品的定价是一项复杂的系统工程,它涉及到方方面面的诸多问题。媒介产品的定价既不是越低越好,也不是越高越好,价位要适度。如何把握这个"度",既关系到媒介组织的经济效益,又关系到受众的价格承受能力。因此,在定价过程中,综合平衡质量、服务、效果和市场竞争等因素是其基本原则之一。有的媒介产品虽然价格较低,但仍然没有市场。相反,有的媒介产品尽管价格较高,却能受到受众或市场的青睐。如中央电视台的广告价格是最高的,但仍供不应求,只能通过竞标的方式确定最终售价。这其中最关键的因素就是媒介产品的质量、服务、效果和竞争力。市场对媒介产品的选择,要遵循物有所值的规律。媒介产品定价所体现的物有所值,只有从其质量、服务和效果等方面反映出来。对于媒介组织来说,要把不断提高质量、服务、效果和竞争力放在管理工作的首位。唯有如此,媒介产品的定价才能真正落到实处。在报业管理中,报纸广告售价的主要依据是发行量,所以报业的经营管理者要想尽一切办法来提高发行量。发行量上去了,广告的售价也就随之上去了,经济效益也就自然提高了。我国广东省的《深圳晚报》在许多公共场所,如机场、码头、大型商场都设有免费赠报点,其目的就是为了提高报纸的发行量。对于广告主来说,发行量是广告效果的重要保证。因此,媒介产品的价格与质量和效果应该是相对应的。

五、开发市场的原则

媒介组织总是要以开发媒介产品的潜在市场作为一个重要的任务,因为,市场是媒介组织得以生存和发展的基础。但是,媒介产品市场的形成,往往是一个渐进的过程。尤其是对于新的媒介产品,受众的接纳和使用最初都持很谨慎的态度。作为受众消费媒介产品的最敏感问题的价格因素,往往成为突破受众心理障碍的关键防线,从价格上打开突破口,就可以吸引受众尝试使用该媒介产品。当受众已经形成对此种媒介产品的使用习惯后,即可考虑调整价格。所以,对于尚未形成规模市场的媒介产品,可以先采取低位定价的方式,以扩充受众市场的数量,充分挖掘潜在市场的潜力,不必把暂时的经济效益看得过重。媒介产品的规模市场一旦形成,经济效益就会水到渠成,自然而来。所以,媒介产品的定价必须有长远的眼光,着眼于未来市场的发展。

第九章　媒介产品的营销

　　媒介产品的发行与销售,是整个媒介产品经营的龙头,制约着产品营销的全过程。可以说,媒介经营管理的目标主要是围绕媒介产品的发行与销售而展开的。因此,媒介组织的发展、媒介产品市场占有率的提高,都要从扩张媒介产品的发行与销售能力上去寻找出路。对于媒介组织来说,建立一个完善的发行与销售网络是首要任务,以达到对市场充分渗透的目的。在此基础上,制订出可行的销售计划,核算和控制销售成本,委派高素质的销售人员开展工作,这个环节是销售过程中最重要的环节之一。发行与销售过程的组织,还需要以销售策略来创造性地推进营销工作的开展,制造市场营销的最佳"卖点",以达到事半功倍之效。由于市场环境越来越复杂多变,灵活多样的促销手段越来越显示出实用性的效果,因而备受媒介经营者的重视。

第一节　建立媒介产品营销网络

　　建立营销网络是媒介产品营销策略的首要任务,是开发市场的关键环节,也是媒介组织的生存之本。所以,许多媒介组织对建设营销网络的投资,像对硬件投资一样重视。一个完善的营销网络不仅可以有效地把媒介产品销售到各个细分市场,而且可以及时地反馈各种市场信息,为制订和调整市场营销策略提供第一手的可靠依据。从这个意义上说,营销网络是媒介组织的生存基础,媒介产品的营销状况可以通过营销网络得到全面而真实的反映。

一、媒介产品营销网络的含义

媒介产品的营销网络是指媒介组织为销售自己的媒介产品而专门设立的营销机构,它是通过建立统一的分销点、配备专门的营销人员、把媒介产品销售到各个细分市场的独立的营销体系。媒介产品的销售是媒介组织的最重要的任务之一。媒介组织能否生存和发展,很大程度上取决于它是否拥有自己的完善而有效的营销网络。一个再好的媒介产品,如果没有畅通的销售渠道,缺乏有效的销售手段和销售策略,就不能占有市场,也不可能产生经济效益和社会效益。媒介经营管理的一个重要任务,就是在抓住媒介产品的生产和开发的同时,紧紧抓住营销网络的建设,两者不能偏废。否则,媒介产品就会像一个跛足的跋涉者,是难以到达目的地的。

建立媒介产品的营销网络,是媒介经营管理的中心工作之一。当今,媒介组织在激烈的市场竞争中,已经强烈地意识到媒介组织的生存和发展必须有强烈的市场意识,而建立营销网络则是媒介组织有效地适应市场竞争的核心。有了完善的营销网络,媒介产品的市场销售就能够稳定有序地运作起来,从而确保媒介产品销售能力的不断提高。

我国的媒介组织长期以来重生产,轻营销,没有自己的营销网络,处处受制于人。这一弊端现已成为妨碍我国媒介组织走向市场、推进媒介产业化的最严重的障碍。报刊发行几十年来一直依赖于邮政发行系统,高昂的发行费令人望而生畏,但又不得不依靠邮发系统,否则媒介产品的发行就毫无出路。出版业长期以来完全依靠新华书店发行系统,单一的发行渠道,使得图书的发行量受到了很大影响。电影发行则由电影发行放映公司一统天下,由于发行放映公司本身对观众市场的了解也很有限,又没有什么得力的销售策略,电影发行基本上处于听天由命的状况。电影生产与市场营销的脱节,对我国的电影产业带来了极大的危害,造成了电影厂不敢轻易投拍新片,拍了怕拷贝卖不出去;放映公司又不敢轻易购买拷贝,买了又怕收不回投资,这样造成了恶性循环。其核心问题就在于,媒介组织没有建立起自己的媒介产品的营销网络,造成了媒介产品生产与销售的严重脱节。1995年,如果我国每部影片的投入拍摄成本平均为200万元的话,只能收回180万元;1996年投入拍摄成本200万元,只能收回150万元;而1997年投入拍摄成本200万元,最多只能收回120万元。我国每年投入市场发行的百余部国产片,不能收回拷贝版费的要占70%。这一事实清楚地说明了电影业忽视建立自己的营销网络,结果使整个电影生产厂几乎走向了绝路。现今大多数电影厂不景气、负债累累是一个人所共知的事实。

也正是从对这一痛苦的事实的认识中,上海电影业开始尝试从生产到营销的一条龙体系的运作,并建立了自己的营销网络。以原上海电影制片厂为基础,组建了上海电影电视(集团)公司,实行了影视生产发行一体化经营管理。江苏省的长江影业有限责任公司,也于1996年11月与中国电影公司联营,中影公司出资80万元以13.79%的股份参股长江影业。长江影业主要是以省、市两级电影放映公司为主体的股份制公司。中影公司作为中国最大的国外影片供应商和独立的电影制作机构,参股长江影业后,对于双方来说,可以利用各自的制片、供片和发行的优势,形成完整的制片,发行和放映的一条龙体系,减少发行环节,充分利用长江影业现有的发行放映的营销网络,全面提高经济效益。所以,媒介机构建立自己的营销网络是生存和发展的根本出路。

媒介产品的营销网络是媒介组织联接消费者和市场的桥梁。任何一种媒介产品都应该建立符合消费者的需要,并能够适应市场的不断变化的营销网络,这样,媒介组织就可以直接了解受众对媒介产品的反应,及时实现信息反馈,调整媒介产品的市场策略,赢得更多的市场机会。由于营销网络是直接与受众发生联系的,它对受众的情况必然了解得最准确最全面,这样媒介组织在决策过程中就能够避免因信息不准确而造成的失误。

二、如何建立媒介产品营销网络

1. 建立媒介产品营销网络的要求

媒介组织建立营销网络,首先应设立专门的营销机构,在最高管理层中有专人负责此项工作。一般的报刊都设有专门的发行部,大型的报刊通常成立专门的发行公司。我国的一些报业集团开始实行总编辑和总经理分工负责制。总编辑负责采编、印刷等编务管理,总经理则负责报业的经营管理,而经营管理的首要任务就是建立媒介产品的营销网络。我国第一家报业集团广州日报集团的报业经营管理是极其成功的。它的成功之处主要在于,建立了一个完善的营销网络。广州日报集团在原来报社发行处的基础上组建了独立核算、自负盈亏的发行公司,发行公司在广州市各主要街区开设了广州日报连锁店,连锁店专门收订、发行和零售广州日报和广州日报集团出版的其他报刊,并兼营一些其他的文化用品。通过这一营销网络,广州日报社把营销的触角直接伸到了读者之中。作为广州市委的机关报,个人订户占到总发行量的80%,这是非常难得的,在全国党报中也是罕见的。到1997年3月25日止,日发行量突破80万份,比上年同期净增长19万份。报纸销售量的增长又带动了广告收入的增长,《广州日报》的广告收入在全国报业中连年独占鳌头,1995年已达4.6亿元之巨,令人叹服。

建立媒介产品的营销网络,关键在于任用一批懂得媒介经营的管理人才。媒介经营,人才是本。有了人才,媒介经营才有保证,媒介组织才有稳定而持续的发展。我国媒介产业目前深感媒介经营管理人才的奇缺,人们都感到总编辑易找,而总经理难得。由于媒介产业具有一定的特殊性,各种媒介产品的特点又是千差万别,形成一个比较完善的媒介产品营销的知识结构,是需要一个相当长的过程的。这正是媒介经营管理人才缺乏的一个主要原因。欧美一些媒介组织对于新来的工作人员,往往是先干发行销售,然后再干记者编辑,目的在于有意识地培养媒介经营管理的复合型人才。媒介产品的营销网络建设所需要的不仅仅是几个决策层的领导人才,更需要在营销网络的各个部分中都能充分发挥作用的营销人才体系。他们在各自的岗位上能够各司其职,把领导层的决策意图贯彻在每一项营销活动之中,这样才能确保整个营销网络充满活力,兴旺不衰。但是营销网络中决策层的领导人才是灵魂。因为,媒介网络如何布局规划,如何进行营销,如何开发新的受众市场,主要取决于领导层的正确决策。决策的成败关系到整个营销活动的成败,关系到营销网络能否充分地发挥作用。因此,物色和选拔媒介经营管理人才,是保证营销网络成功的关键。

媒介产品的营销网络的建立,要从实际出发,立足全局观点,根据市场需要,合理地布局发行销售点。一般来说,媒介产品的市场需求量达到一定的规模,就应该设立一个发行销售点。同时,发行销售点的设立还要考虑到地域性因素、人口因素、市场竞争因素等方面的条件,在此基础上综合分析营销成本,合理安排发行销售点的密度和距离。媒介产品的发行销售点一般地域性的跨度较大,因为它必须把营销的触角渗透到市场的各个层面,这样才能有效地提高市场占有率。

2. 设立发行销售点的策略

根据受众对媒介产品的使用习惯、受众市场和媒介产品本身等因素方面的差异。发行销售点的设立主要有三种策略,即集中布点策略、分散布点策略和委托发行策略(不布点)。

(1)集中布点策略。由于受众的文化背景、媒介使用习惯和市场特征有很大的差别,媒介产品的营销网络的布点策略必须因地制宜,有的放矢,针对不同情况采取不同的布点策略。对于人口密集、文化程度较高的大、中城市,人们一般有使用媒介产品的习惯,而且媒介消费在整个消费支出中占有一定的比例,媒介组织一般采取集中布点的策略。广州日报社开设连锁店就是采取的集中布点的策略。集中布点可以利用密集的营销网络,对不同区域的细分市场进行长期的营销渗透,直接了解和掌握用户的动态,提供更为全面的销售服务。这是其他的销售方式所难以做到的。《广州日报》日发行的80多万份报纸中,除零售部分外,绝大多数是由连锁店收订上来的。广州日报社还以连锁店为依托,实行送报上楼服务,设立质量监督电话,逐户上门收订,征求读者意见,这些措施都极大地提高了媒介产品的影响,增加了新的读者。1996年3月至1997年3月,《广州日报》发行量净增近三分之一,个人订户从总发行量的70%上升到80%,从而形成了以广州市为中心并辐射邻近地区的稳定的读者市场。营销网络中集中布点的优势,在广州日报集团的营销实践中得到了充分的展现。

(2)分散布点策略。对于受众市场比较分散的地区,则应以分散布点的方式建立营销网络。所谓分散布点是指媒介产品营销网络的销售点的设立密度稀疏、距离较远。对于小城镇一般以分散布点为宜。小城镇除了人口没有大、中城市人口密集外,人口构成相对文化程度要偏低,对媒介产品的需求也较少,难以形成一个庞大而稳定的受众市场。营销网络设点过多,也无法赢得更多的受众市场份额,反而因营销成本的上升影响整体的利润水平。在媒介产业中,图书和电影是最能说明这一问题的。书店在大中城市的密度一般较高,除了大型的书店外,还有许多小书亭分散在各处。在我国的县城,通常一个县只有一两家书店。新华书店系统在县这一级的单位,所设立的发行销售点一般都不超过两个,主要原因是读者市场分散,难以设立更多的销售点。书店往往采取流动销售的方式,不定期地到农村销售。所以,我国农村图书市场的发展空间是很大的,但采取何种有效的营销方式,迄今没有找到完善的解决问题的方法。电影业情况与图书业很相似,电影院大、中城市非常密集,但县城一般只有一两家电影院。在我国苏南农村,经济发展起来以后,一些较富裕的乡镇为了改善文化生活,投巨资建成了硬件设施很豪华的电影院,但建起来以后很少使用,因为没人看电影。所以,受众市场的构成特征决定了营销网络中布点的方式。

（3）委托发行策略。对于极其分散的受众市场,不具备设立营销网络销售点的经营价值,则可以采取不设点委托发行销售的策略。上海的新民晚报是以上海市为主要市场的一家地方性的晚报,日发行量超过 170 万份,居全国晚报之首。它的主要读者市场在上海,但对上海邻近的地区也有一定的影响力,由于读者市场比较分散,新民晚报对零散读者市场采取了委托邮局发行订阅的方式。而在上海市区则采用了集中设点销售的策略。对不同的市场之所以要采取不同的营销网络设点的策略,主要是由读者市场的特征所决定的。

3. 分销网络的设立及形式

如何选择分销方式也是决定营销网络成败的一个关键因素。所谓分销,根据美国市场营销协会定义委员会 1960 年的定义,分销是指公司内部单位以及公司外部代理商和经销商的组织机构,通过这些组织,商品才得以上市营销。分销过程是通过商业中介环节把生产的产品转移和扩散于消费者的过程,它对于产品的市场销售是至关重要的一个环节。分销的目的在于合理地选择,配置中间商,及时有效地把产品送到用户手中。媒介产品作为一种特殊的商品,它的销售与其他商品有显著的区别。媒介产品往往时效性强,地域性特征浓厚。受众尤其对新闻媒介产品的时效性要求很高。受众的需求无法得到满足,必然要影响到媒介产品市场的成长和稳定。因此,如何从时间上和空间上对营销网络作出合理的安排是至关重要的。媒介产品的这一特殊性,决定了它不可能像其他产品销售那样,有很多的中间经销环节,一般只经过一个中间环节,即可把媒介产品直接送到用户手中。各个媒介组织结合自己的产品特点,组织特点以及受众市场特点,可以有针对性地选择不同的分销策略。

(1)设立分销机构。就一种是建立自己的分销网络,即分销由媒介组织自己设立的分销机构来承办。地方性的报社、中小型的期刊和电影制片商等媒介组织常常采用这种分销方式。它的优点是能够统一地执行销售计划和销售策略,及时反馈受众市场信息,减少中间流通环节,提高营销利润水平。采用这一分销方式的客观条件是,必须具有相对集中的受众市场或比较明确的用户,否则这一分销方式很难执行。目前,我国一些地方性的报纸和行业性的专业期刊都采用了这一分销方式。江苏省的《扬子晚报》就是采用了自办发行的分销方式,除了在省会南京市设立了批销点外,在各个省辖市都设立了《扬子晚报》分印点和批销点,直接由经销商向读者出售,确保读者每天下午两点之前能买到当天的《扬子晚报》。《扬子晚报》的营销网络建设是非常完善的,分销策略也是极其成功的。截止 1997 年 7 月 1 日,《扬子晚报》日发行量已突破 118 万份。其中南京市一地就达 57 万多份,成为全国最有影响的晚报之一。《中国质量认证》杂志是 1994 年创办的隶属于国家技术监督局的一家专业性很强的期刊,其主要任务是配合我国刚刚实施的 ISO 系列的质量认证工作。这一杂志的用户主要是各级政府技术监督部门、质量认证机构和各认证企业,所以用户是非常明确的,它也采取了自办发行的分销策略。与报纸自办发行还要通过零售商不同的是,它直接把期刊邮送到用户手中。它不断地从各认证机构收集认证企业的名单,所以发行量也稳步上升,从创刊时的一万多份上升到现在的五万多份。

(2)委托分销商进行分销。我国的许多报刊、电影和图书都是采用的这一分销方式。采用委托分销的方式,主要原因是受众市场过于分散,建立辐射跨区域的营销网络成本太高,或是媒介组织无法组织相应的营销网络,或是媒介组织的营销网络尚不健全。在这种情况下,往往采用委托分销的方式。我国的报刊分销长期以来,一直依靠邮政系统的分销机构。全国性发行的报刊几乎完全由邮政部门实行承包总分销。邮政部门利用其四通八达的邮政传递网络,在分销的力度上是很充分的。但是由于我国除了邮政部门以外,几乎没有专门的报刊发行的分销商,使得邮政发行具有很强的垄断性,在发行利润的分配上很不合理,发行费高达报刊价格的40%,致使一些媒介组织、尤其是发行量少的中小媒介组织无利可图甚至亏损。发行费的居高不下,是造成亏损的很重要的一个原因。这也是促使媒介组织走自办发行,实行自我分销策略的主导性因素。

从我国的目前情况来看,各个媒介组织联起手来,建立统一的自我发行营销网络,是我国媒介组织走向产业化的当务之急。否则,媒介产品发行销售长期受制于人的局面就无法改变,媒介产业化的进程将会受到很大的影响。从总体上来看,委托分销商分销发行有利有弊,要根据媒介组织的情况,媒介产品市场情况和媒介产品的特点作具体的分析,决定是否采用这一分销方式。

(3)实行组合型分销。从媒介组织的实际运作来看,许多媒介组织实行的是组合型的分销策略,往往把自办发行分销和委托分销结合起来。采用组合型分销策略的好处是,对于受众市场集中,便于建立自己的营销网络的区域,实行自办发行销售;对于受众市场分散,区域跨度大,发行成本太高,不便于建立营销网络的区域,实行委托发行销售。这样既兼顾到了媒介产品的市场占有率的巩固和提高,又兼顾到了能够降低营销成本,提高媒介组织的经济效益。上海的《新民晚报》在上海市区主要是实行自办发行的分销方式,对于邻近或边远的省、市、区则实行委托邮局发行的分销方式,这样保证了《新民晚报》的发行既抓住了重点又顾及了全面。

所以,对媒介产品分销方式的采用,要以提高市场占有率和竞争力为中心,以提高经营效益为目的,以完善营销网络为归宿,根据实际情况,灵活采用适合自身特点的分销方式,以充分发挥营销手段的作用,促进营销能力的提高。

第二节　媒介产品营销策划

媒介产品的市场营销是将产品转化为商品的过程,是从生产过程进入市场的过程,也是产品经过市场销售实现增值的过程。

一、重视媒介产品的营销

媒介产品生产出来以后,并不意味着它必然地被市场接受而成为商品,也并不意味着它必然地给媒介组织带来经济效益。所以,媒介产品与商品并不是同一个概念,而要使媒介产品真正地成为商品,其中的一个核心要素就是市场需求。从市场需求出发,把媒介产品变为商品的过程就是营销。营销过程与生产过程同样重要,它们是媒介组织经营管理的整体中两个既相联系、又相区别的最重要的部分。媒介生产是媒介经营管理的起点,媒介营销是媒介经营管理的终点。一方面,媒介产品的生产必须符合市场营销的需要,媒介产品要适销对路;另一方面,媒介产品营销又要指导媒介产品的生产,及时把市场信息、用户意见反馈到媒介产品的生产过程中来,使媒介产品能够真正适应市场需要的变化。在这一过程,如何组织实施对媒介产品的营销策划,是决定媒介产品能否赢得市场的至关重要的环节。

当今的媒介产品市场变化莫测、竞争非常激烈。营销的含义已不再是简单的买卖交易,而是充满了机巧和智慧。因此,现代营销理论引进了营销策划的概念。策划是指一种整体的谋略及其布置安排。媒介产品的营销策划就是在对媒介市场和产品进行调查分析的基础上,对营销过程的各个环节从整体上进行布置和安排,以提高产品的市场占有率和市场竞争力的过程。

当今的时代是一个信息的时代,智慧的时代。现代营销理论之所以提出了营销策划的问题,表明了营销过程实际上是一个如何更为有效地运用市场信息,进行创造性思维的决策过程。这是与传统的营销方法的根本区别。媒介产品作为一种特殊的消费品,受众的兴趣、需要和文化背景对销售过程的影响很大,同时,媒介产品的市场环境,包括政治、法律、宗教等社会背景,又对销售过程有一定的制约。所以,对媒介产品的营销过程进行全面的整体策划,是媒介组织决胜于市场的重要前提。

二、对媒介产品营销策划的认识

媒介产品的营销策划与传统的营销方法的最重要区别,就是为媒介产品找到最佳的市场机会、销售及促销手段。因此,营销策划首先是一种创造性的营销思维和方法,然后才是一种销售活动。创造性的营销思维和方法是营销策划的灵魂,它直接关系到营销活动的成败,缺少了这一点,营销策划也就失去了意义。所谓创造性的营销思维和方法,就是最有效地调动各种资源,利用一切市场要素,对销售策略和方法进行优化组合,扬长避短去把握最佳的市场机会点。其目的就是提高媒介产品的市场占有率,降低销售成本,增强市场竞争力,从而全面推动媒介组织经济效益的提高。

媒介组织面临的经营困难,往往并不在于媒介产品的质量问题,也不在于媒介产品的适销对路问题,关键在于缺乏营销网络,没有市场。而营销网络和市场问题的症结,主要原因是缺乏高水平的营销策划和组织人才。《广州日报》从1992年起,开始了报纸产业化经营的探索,首先把营销策划作为推进报纸产业化的突破口,以市场为导向,以产品为龙头,以多元化经营为核心,推出了营销策划的一系列的大动作、大手笔：把超市连锁店的销售模式移植到报业经营中来，在全国率先推出了报业销售连锁店；改进媒介产品的服务内容和质量，《广州日报》从四版扩展到现在的20至24版，吸引了读者，提高了发行量，并带动了广告收入的持续增长，广告收入连年在全国报业中位居第一；实行全方位规模化经营，创办或兼并了一批新的报刊，形成了包括《足球报》、《现代育儿报》、《老人报》、《岭南少年报》在内的一个庞大的报刊群，培育了一个覆盖面广、渗透力强的受众市场；开展多元化经营，除了报业之外，《广州日报》还把经营的触角伸进了房地产、信息、广告和服务等多种产业，大大增强了整体的经营实力。《广州日报》的这些举措，在全国报业中是具有超前意识的，因而也获得了很大的成功。目前它的年收入已超过10亿元，成为中国报业中的领头雁。《广州日报》的成功，主要在于它的营销策划。

营销策划是对原有的营销思维和方法的突破，因而要注重创新意识。销售不仅仅是销售一种产品，同样也是销售一种方法。而销售方法的创新，不仅对消费者产生吸引力，而且能够在林林总总的产品竞争中脱颖而出，出奇制胜。国外出版机构为了拓展图书的营销网络，常常组织读者俱乐部。读者俱乐部以提供优惠的图书为条件，吸引读者参加，于是自然形成了一个庞大而稳定的读者购书市场。读者俱乐部作为一种新型的销售渠道网络，它的销售方式与书店的销售方式有很大的不同。由于没有房租、营业税和运杂费等费用，可以大大节约营销成本，把这部分中间环节的费用节省下来后再让利于读者，无疑会受到读者的欢迎。这样既解决了卖书难的问题，也解决了买书难的问题，实现了买卖双方信息的直接沟通。读者俱乐部作为一种营销方式，它与传统的图书销售方式的区别首先在于，这是一种新的营销思维，它以俱乐部为纽带，与读者形成了一个互惠互利的长期而稳定的联络方式，改变了书店与读者之间仅仅是一种冷冰冰的简单的临时的买卖关系。应该说，读者俱乐部是一种具有创新意识的营销策划范例。目前,我国的一些媒介机构也在借鉴这种营销方式,但是如何使之适应于中国的读者市场,还需要付出艰苦的努力。

媒介产品的营销工作是最富有挑战性的工作,因为受众市场总是在不断地发生着变化,媒介产品的市场构成也在不断地发生着变化,所以需要具有创新意识的营销策划,以变制变,适应不断变化着的市场环境。江苏的《扬子晚报》是全省性的晚报,但该报在南京市发行时,专门增加了八至十二版的南京地方专版,由于南京人口集中,是媒介消费的中心,这一措施收到了很好的效果,吸引了更多的读者,扩大了市场占有率,在现有的 118 万的发行量中,南京市一地就占 57 至 58 万份,几乎是整个发行量的一半。在南京市场销售的《扬子晚报》,有 80% 是通过报刊零售点卖出的,对于南京市民来说,每天买《扬子晚报》就像每天喝牛奶一样,成为日常生活中不可缺少的一个部分。在全省性的晚报中加发地方性专版,在全国的晚报发行中可谓是别出心裁,匠心独运。这一成功的营销策划的独特之处在于,它打破了传统的晚报发行的思路,开创了晚报营销的全新的思维方法。

媒介产品的营销策划应注意营销过程的统筹整合。媒介产品是一种特殊的商品,制约着媒介产品营销过程的因素是多方面的,有经济的、政治的因素,也有法律的、宗教等方面的因素。这些因素都决定了媒介产品在市场的销售过程中能否取得成功,因此,对任何一个细节的忽略都可能导致整个营销策划活动的失败。在营销策划中,必须对这些因素作出充分而准确的评估与分析,对各种因素进行综合平衡、统筹兼顾,从中选择最优化方案。仅仅从市场营销过程的角度是远远不够的,尤其要注重经济效益的有机统一。英国作家拉什迪因创作了小说《撒旦诗篇》,被伊朗宗教界认为污辱了伊斯兰教,导致伊朗宗教领袖发出了在全球追杀拉什迪的指令,由此造成了英国与伊朗两国关系的紧张。虽然《撒旦诗篇》是畅销的,但由此给作者本人和国家关系带来的后果,可谓是得不偿失。可见,把握好营销策划中的各种因素的制约关系是至关重要的。

三、营销策划的步骤

营销策划的过程有其自身的特点和规律,必须按照相应的步骤,有目的、分阶段地实施进行。

1. 信息的搜集与分析

(1)信息内容。策划是一种决策过程,是一种着眼宏观、把握微观的整体决策过程。这种决策首先是建立在充分的信息支持的基础上的。当今的世界处于一个信息的时代,信息大潮滚滚而来。每一个信息都可能是一次新的市场机遇。没有信息的支持,营销活动就如同聋子和瞎子一样,会迷失方向。世界著名营销学家科特勒(Philip Kotler,1984)在阐述营销信息的意义时指出:"营销信息系统是一个由人、机器和程序组成的连接器和互有影响的机构,它收集、挑选、分析、评估和分配恰当的、及时的、准确的信息,以用于营销决策者对他们的营销计划工作的改进、执行和控制。"营销策划所搜集的信息内容,主要包括市场营销环境,受众市场构成和产品构成状况。市场营销环境包括微观环境和宏观环境两个部分。微观环境包括媒介组织,供应商、营销中介、顾客、竞争者和公众;宏观环境包括人口环境、经济环境、自然环境、技术环境、政治法律环境和文化环境。这些环境的因素对营销过程都发生着种种的影响,制约着营销的每一个环节。受众市场构成是指媒介消费者构成的地域、文化、年龄、性别、职业、经济收入和文化背景等方面的群体特征,还包括媒介消费者对媒介产品的态度,对不同媒介产品的使用习惯及其发展趋势。媒介产品的构成状况是指媒介产品的生命周期、不同媒介产品的结构比例、媒介产品在市场的销售状况和新产品的开发研究趋势。对这些信息的掌握都离不开信息的搜集和调查工作。

（2）信息搜集。在媒介经营管理中,媒介调查是搜集信息的基本方法。这一方法最初来源于社会学中的社会调查,在媒介经营管理过程中,经过长期的应用,已发展为一种比较成熟的技术,并被媒介组织所广泛采用。一些发达国家的知名媒介组织都定期地开展媒介调查活动,以了解媒介及其市场反应的动向,调整经营策略和产品策略,适应市场变化,积极开拓新的市场。这些调查有的是委托专业调查公司进行的,有的是媒介组织自己组织实施的,其目的都是为了及时了解媒介经营管理过程中所需的各方面的信息。我国中央电视台投资二千多万元,专门成立了央视调查中心,调查网络遍及全国,用以追踪媒介的收视率,了解观众对各档节目的反映,对于提高电视节目质量,巩固竞争优势起到了良好的效果。媒介调查的内容有的是与媒介产品营销直接有关的,如媒介产品的价格、种类、竞争状况等;有的与媒介产品的营销并没有直接的关系,如媒介的信用度、受众的年龄、收入等;但它能为营销策划提供重要的背景信息,是营销策划中不可缺少的内容。通过媒介调查,媒介组织可以更好地了解媒介产品的消费群体特征和市场特征,有的放矢地筹划营销策略。

媒介产品市场调查的主要内容指标有:各种媒介产品的市场占有率、收视(听)率、阅读率,人均单位消费量(时间)、消费支出,竞争状况、营销状况、利润状况,媒介组织的数量和类型,受众的年龄构成、性别、文化、区域、职业、宗教、经济状况构成,媒介使用习惯和频率,媒介使用类型,对现有媒介的评价以及对价格、栏目设置等反应。

（3）内容分析。分析应把握的要点是:目前市场的基本状况;主要优势产品有哪些,其成功的主要因素是什么;各种不同类型的媒介产品的状况如何;潜在市场的发展趋势如何;各媒介组织的经营业绩如何,采取了哪些营销手段,效果如何;自己的媒介产品的市场机会点在哪里,如何开拓新的市场。在分析过程中,要从现状分析入手,以媒介产品的未来趋势为导向,结合自身产品的特点,剖析利弊,扬长避短,研究出自己产品拓展市场的可能性和方法。

新民晚报集团在开展媒介调查、进行营销策划方面是极其成功的。《新民晚报》的现发行量超过170万份,居全国晚报之首,全国报业第二。如果仍然以提高现有的《新民晚报》的发行量,并以此作为新的经济增长点,显然是难度很大的。但是,新民晚报集团没有把目光完全盯在晚报上。因为媒介产品的其他领域的市场空间仍然很大,经过媒介调查,它先后创办了《漫画世界》、《新民体育报》、《新民围棋》、《新闻记者》等不同类型的报刊,并积极准备筹办《新民晨报》、《新民周刊》、《新民月刊》和新民出版社,形成覆盖媒介产品市场的各个层面的媒介产品群,从而提高市场竞争的优势,赢得最大的经济效益。新民晚报集团因此成为我国报业中实力最强的报业集团之一。相比之下,江苏省的新华日报社在媒介的营销策划水平方面与新民晚报集团尚存在一定的差距。新华日报社于80年代中期,先后创办了《扬子晚报》和《服务导报》,这两种报纸是属于同一类型的。其中《扬子晚报》到1997年下半年发行量已达118万份,《服务导报》达33万多份。以后,新华日报社又创办了与以上两种报纸基本上属同一类型的《每日桥报》。本来《扬子晚报》与《服务导报》两种报纸就基本上是在同一市场销售,相互间对各自的市场份额的进一步提高都有一定程度的影响。再加上《每日桥报》,进一步形成了对同一类型的媒介产品市场的进一步分割的局面,这对于同一媒介组织的媒介产品的竞争优势不是加强,而且削弱。事实也证明,这一营销策划是不成功的。《每日桥报》现发行量只有20多万份,发行量再提高一步非常困难。在媒介经营管理中,同一媒介组织在同一区域的市场中,销售同一种可替代性媒介产品是应力求避免的。不同的媒介组织在同一市场中开发可替代性媒介产品,也应是极其慎重的。新华日报社在同一个市场中投入三种同一类型的可替代产品,其实争夺的主要是自己的市场,说明了在营销策划的思路上还未能充分展开,总是抱着单一品种的媒介产品不放。这与新民晚报集团走多品种的媒介产品的营销策划思路有明显的差距。

2. 明确市场目标

在充分研究市场信息的基础上,要根据分析的结果,从媒介组织的实际情况出发,确定自己的市场目标。媒介产品的目标市场是媒介组织根据自己的产品特点和营销方式所要开发的销售市场。由于不同消费群体的需要不同,每一个市场对媒介产品的消费特征也不同。由此在总体市场中形成了层次不同、地域不同、职业不同、年龄不同的细分市场。通过对不同细分市的信息的搜集和分析,媒介组织就可以权衡和确定进入市场的机会和范围,并预测未来媒介产品的销量和期望利润水平。这对于媒介产品的市场定位和营销策划的成功都是至关重要的。确定目标市场,媒介组织首先要从自己的媒介产品出发,根据自身产品的特点,结合市场的实际情况,确定进入市场的机会点,所要进入的市场范围以及预期的市场份额。

3. 制定营销策略

营销策略是提实现销售目标的原则,指导思想,措施和手段。营销策略可以从宏观和微观两个方面去把握。宏观策略有市场细分策略、市场发展策略和市场竞争策略等;微观策略有产品策略、产品组合策略、价格策略、分销策略和促销策略等。在本章中,我们讲的主要是宏观的营销策略。市场细分策略要求媒介组织从自身的产品和资源出发,对所要占有的市场范围进行合理的选择和适当的限定,从总体市场中确定最适宜自己经营的特定的市场范围。如《北京日报》为了扩大对效区乡镇的市场占有率,专门出版了《北京日报郊区版》,以城郊社会文化生活为定位,适应郊区读者的兴趣和口味,区别于以城市生活为定位的《北京日报》城市版,从而满足了不同市场对媒介产品的不同需求。这就是一种典型的市场细分策略。市场发展策略是媒介组织在现有的目标市场的基础上,去开发新的目标市场的设想和措施。由于媒介组织的不断发展,市场销售形势的不断变化,往往需要媒介组织不断提高媒介产品的市场占有率,扩大经济总量,培养潜在的受众市场,这就需要开发新的媒介产品的受众市场。媒介产品营销策略主要方式有以下几种:

(1)密集性增长策略。即在现有的市场范围内,充分利用已有的产品和受众市场,扩张媒介产品的市场占有率。如《人民日报》为扩大发行量,进一步开拓华东市场,专门增加了《人民日报·华东版》,使报道内容更具有针对性,提高媒介产品对受众市场的吸引力,发行量有了明显的增长。实施密集性增长策略,所选择的市场必须是媒介消费群体比较集中,具有较大潜力的市场,这是决定采用这一策略能否收到实效的关键。《人民日报》之所以选择华东市场作为突破口,正是因为华东市场经济、文化发达,人口集中,是媒介产品消费最为集中的地区。

(2)一体化发展策略。媒介组织将独立的若干部分组合在一起形成一个整体,以更充分有效地利用资源,形成营销的集团优势。我国第一个报业集团广州日报集团即采取了这一发展策略,以《广州日报》为龙头,先后兼并和创办了《足球报》、《文摘报》、《岭南少年报》、《现代育儿报》、《老人报》、《交通旅游报》六个子报,形成了强大的市场竞争力,提高了市场份额,创造了更高的经济效益。

(3)多元化发展策略。媒介组织在发展媒介产品的同时,向其他经济领域拓展业务。如《新民晚报》在办好《新民晚报》及其四种子报刊的同时,把经营的触角伸向了其他产业,创办了印务中心、中日合资新民电子信息有限公司、新民出租汽车公司、新民实业公司、新民房产公司和大酒店等15家企业,形成了以报业为主,跨行业、多元化经营的格局,取得了非凡的经济效益。目前,跨行业、多元化的经营发展策略已成为媒介产业的一种重要的发展趋势。

(4)市场竞争策略。市场竞争策略是媒介组织为了自身的生存和发展,在市场竞争中巩固和发展自身的市场地位,而采取的措施和手段。竞争是市场经济的必然现象,也是优胜劣汰的过程,通过竞争,市场资源得到重新配置。媒介产业作为本世纪出现的新兴产业,市场竞争越来越激烈。媒介组织制订竞争策略,就是要扬长避短,巩固已有的媒介产品的市场,发展新的市场,开发潜在市场,通过强化媒介产品的竞争优势,实现提高产品的市场占有率和经济效益的目的。

由于媒介组织在市场竞争中所处的位置不同,要选择不同的市场竞争策略,提高竞争效果。市场竞争策略主要有四种类型:市场领先者竞争策略、市场挑战者竞争策略、市场追随者竞争策略和市场补缺者竞争策略。媒介组织要从自身的实际情况出发,确定适合自己的竞争策略。

市场领先者竞争策略。其主要内容是:扩大总需求量;保持市场占有率;提高媒介产品的市场份额。

市场挑战者竞争策略。这一策略的实施主体,一般是市场份额比较低,在市场中居于次要地位的媒介组织。为了求得进一步的发展,它必然要去争夺竞争对手已占有的市场份额,乃至取代市场领先者的地位。这一策略包含两个内容,一是要确定市场目标和竞争对手;二是选择恰当的进攻策略和手段,一般在分析对手情报的基础上,抓住竞争对手最为薄弱的环节展开全面的、连续的攻击。

市场追随者竞争策略。这是指在市场中处于次要地位的媒介组织,在市场竞争中追随处于领先地位的媒介组织所制订的市场策略。这一策略的形式通常是价格策略和促销策略。市场追随者竞争策略相对而言,市场风险较低,易于操作,比较适合于实力较为薄弱的中小媒介组织,但是在竞争中往往没有主动权,容易受制于人,这是它的最大缺陷。当一些媒介组织还没有能力对领先的媒介组织发起攻击时,也只能采取追随者竞争策略。追随者策略有三种类型,即紧跟追随、距离追随和选择追随。

近年来,我国电视广告价格每年涨幅都较大,但决定价格上涨幅度的根据主要是中央电视台的广告价格。地方电视台根据中央电视台广告价格的上涨幅度,再确定自己的价格水平的基准。总之,对于媒介组织来说,决定竞争策略选择的主要因素是媒介产品的市场占有率。江苏小天鹅集团营销总经理徐源在总结小天鹅产品的营销经验时说:一个产品的市场占有率达到40%时,可以左右市场,决定自己的营销策略,并且能够保持较高的利润水平;当产品的市场占有率达到20%时,也有一定的微薄利润,但要看别人的脸色行事;当产品的市场占有率只有10%时,利润状况很难稳定,企业随时都有被市场竞争风浪吞没的危险。这虽然不是就媒介产品而言的,但其中的道理对于媒介产业来说,可谓隔行不隔理,很富有启发意义。

市场补缺者竞争策略。媒介产品市场在走向集团化,规模化经营的同时,仍然有很多的空白点。这些市场的空白点是大型媒介组织无暇顾及或者有意放弃的。这部分市场通常规模不大,利润总水平不是很高,但并非是无利可图。对于这些市场空白点,如果实施补缺性经营策略,同样也是有利可图的。这部分市场空白点主要为小型媒介组织的市场经营提供了空间。美国著名营销专家菲利普·科特勒(1984)认为,实施市场补缺策略的经营者力求寻找一个或更多的安全和有利可图的市场补缺基点。一个理想的市场补缺基点有下列特点:①该补缺基点有足够的规模和购买力,从而能获得。②该补缺基点有成长潜力。③该补缺基点被大的竞争者所忽视。④公司有市场需要的技能和资源,可有效地为补缺基点服务。⑤公司能够靠已建立的顾客信誉,保卫自身地位,对抗大公司的攻击。

由于受众市场对媒介产品的需求越来越多样化和专门化。这为媒介组织实施市场补缺策略提供了重要的市场基础。而补缺策略的核心内容就是产品的专门化,即定向为某个层面的受众服务。

应该说,较之于其他产业而言,媒介产业实施市场补缺策略的市场空间很大,关键在于如何准确把握市场的补缺基点。比如,北京市的《精品购物指南》,就填补了作为我国商业中心北京没有传递购物信息大众传媒的空缺,而这一补缺基点的受众市场需求很大,所以,创办以来,发行量持续上升,现已达到几十万份,经济效益十分可观。再如国家技术监督局主办的《中国质量认证》杂志,创办于1994年底,是配合我国推行的ISO系列质量认证的专业期刊。由于我国参加认证的企业越来越多,所以这一期刊的发行量稳步上升,现已达6万多份。这也是实行补缺策略的范例。虽然《中国质量认证》杂志无论从发行量,还是从规模和效益上来看,都无法与《半月谈》等期刊相比,但是就其市场发展的速度和经营的稳定性而言,却可能是《中国质量认证》杂志要超过《半月谈》。所以说,各有所长。市场补缺策略也有它的优势。从总体上来看,小型媒介组织实施市场补缺策略,经营风险小,更有利于自身的发展。即使是一些大型媒介集团,为了提高整体竞争实力,均衡市场风险,在推进多品种媒介产品经营时,也常采用市场补缺策略。如广州日报集团创办的《足球报》就填补了我国没有足球专业报纸的市场空白,经过几年发展,成绩斐然,成为我国发行量最大的足球专业报纸。

最近,上海市政府对上海产品的市场竞争提出了要转变观念,由利润最大化转向市场最大化。短时间的利润最大化是暂时的,而市场最大化才能带来稳定的长久的利润最大化。可见,市场占有率是决定竞争致胜的灵魂和法宝。对于媒介产品来说,如何提高市场的占有率是每个媒介组织都必须认真对待的问题。这也正是营销策划的根本目的所在。

第三节　媒介产品销售计划

销售计划是媒介组织对媒介产品的营销过程中的各个环节和步骤所进行的整体安排和布置,是把营销策划的原则和思想具体化的过程。媒介组织的营销活动是有目的、有计划、有组织的过程,它必须服从于媒介组织的整体战略目标,使营销策划的意图和要求得到完整的贯彻落实。因此,必须制订详细的销售计划,作为指导营销活动的依据,并为销售资源的合理分配和营销过程的信息反馈与控制提供基本的运作方法。

一、媒介产品销售计划的制订

当今的媒介产品层出不穷,市场竞争越来越激烈,营销环境也越来越复杂。媒介产品的营销难度、营销成本和市场风险不断地加大。媒介组织要根据市场的情况和自身产品的情况来有效地实施营销活动,就应当制订完备的销售计划,来组织、协调、实施和控制销售的全过程。缺乏严密的销售计划的营销活动,往往会导致整个营销过程陷入盲目性和被动性,最后造成营销活动的失败,给媒介组织带来经济上和其他方面的损失,并可能丧失宝贵的市场机遇。在军事谋略中,人们常说知彼知己,百战不殆。媒介产品的销售计划就是从把握市场的实际入手,制定取胜于市场的谋略。因此,在现代营销活动中,销售计划已成为营销活动中不可或缺的一个重要环节。

销售计划从时间上来分有短期计划和长期计划。通常把一年以内的计划称作短期计划,把一年以上的计划称作长期计划。短期计划是针对近期的营销活动所进行的安排。长期计划主要是从整体的发展战略上进行部署。它们的侧重点有所不同。

制订销售计划主要包括五个方面的内容,即分析营销现状、提出销售目标、确立销售方针、预算销售开支和收入、实施销售信息反馈与控制。

1. 分析营销现状

营销现状分析是制订整个销售计划的基础,是确立媒介产品如何开展市场营销的先决条件。分析的主要内容包括:媒介产品的市场构成状况,具体有:市场的范围、市场细分的构成,各种媒介产品的市场份额、价格、利润率和销售量,各种不同媒介行业和不同媒介组织的竞争状况,消费者需求状况及其影响媒介产品的其他因素。对上述内容进行分析后,要作出综合评估,并对自己媒介产品的现有市场地位进行判断,对市场前景进行预测,推求出在现有条件下的市场需求量和市场发展的潜力。

2. 提出销售目标

市场目标是指媒介组织预计在一定时期内实现的销售总目的,包括销售量、销售额、利润率、市场占有率、投资回报率等。媒介产品的销售目标是销售计划的核心内容。销售目标的提出要根据整个媒介产业的宏观形势、自己媒介产品近年来的销售量和销售增长速度以及潜在市场的实际需求量,提出合适的指标,并留有一定的余地,以便在执行计划的过程中根据实际情况适时地加以调整。

3. 确立销售方针

销售方针是媒介组织营销过程中的指导思想和基本策略。确定媒介组织的销售方针的主要要求有三点:一是要从媒介产品市场的实际情况出发,有目的性、有针对性,避实就虚,争取市场的主动权;二是要从自己的媒介产品的特点出发,扬长避短,对目标市场有所侧重、有所选择;三是要从市场发展的未来趋势出发,抓住重点,努力发展具有潜力的市场,培养市场的新的经济增长点。在此基础上选择营销组合策略中的产品策略、价格策略、促销策略和销售渠道策略等具体策略的组合运用。

4. 预算销售收支

销售预算是对销售过程中的各项开支费用所作的预算,说明各种成本的营销费用,以及预期的利润或亏损。预算是营销活动进行财务核算的依据,也是最后确定销售利润或亏损的依据。通过销售预算可以督促检查营销各个环节,以节约营销成本,增强成本意识,控制各项开支,提高经济效益。

5. 处理反馈信息

销售计划的最后一个环节是营销信息的反馈与控制。在执行销售计划的过程中,要及时地把计划执行过程的各种信息、计划执行的进展情况,消费者对产品的反应等信息反馈到媒介机构的职能部门,使之不断地全面把握计划完成的动态,以便监督、调整和修改计划的实施,确保销售计划顺利完成。

二、媒介产品销售计划的实施

销售计划是销售工作的一个开端,更重要的是如何对销售计划进行实施,它既是销售计划的延伸,又是销售计划具体化的实现。媒介产品销售计划的执行,相对于其他产业来说,比较单纯一些。因为媒介产品的市场在短时期内一般变动不大,消费群体使用某种媒介产品的习惯也比较稳定。但是在实际的执行过程中,仍然有各种难以预见的问题会妨碍销售计划的实现。所以要及时发现问题,有针对性地加以解决。《广州日报》针对晚报咄咄逼人的竞争态势,发现读者对报纸的选择不仅是看报纸的内容,而且看报纸的发行服务能否满足他们的要求。从 1996 年第三季度起,《广州日报》对原先制订的销售计划在执行中又加以进一步的完善。它向读者承诺每天上午 8 点前对市内订户全部投递到户,确保把日报在第一时间送到读者手上,使个人订户从 1996 年占总发行量的70% 上升到 1997 年的 80%。《广州日报》还针对广州市已大量居民迁居到郊外的情况,派出专职发行小分队逐户上门收订。这些有力的执行计划的措施,确保了《广州日报》每年销售计划的顺利实现。销售计划的执行的主要措施是实施、检查、监督和控制。

因此,销售计划执行的任务是:(1)把实施的各个步骤落实到位,把计划中的每一个目标进行分解落实到每一个人、每一天。(2)要定期检查计划的实际完成情况,考核每一个部门和每个营销人员的工作实绩,帮助他们解决所遇到的各种问题。(3)要对计划完成的情况进行分析,得出影响计划进展的症结,观察不同市场销售状况和市场行情的新动向,了解产品的最新发展趋势,提出对策,制订应变措施。

近年来,《人民日报》销售计划连年难以完成,发行量从619多万份下降到现在的209万多份。其原因从客观上来看各种媒介对市场的争夺,导致了消费者的大量流失;从主观上来看,自身对市场的反应较慢,内容不适合读者的口味,导致了媒介产品竞争力的下降。在这种情况下,《人民日报》先后创办了《市场报》、《讽刺与幽默》、《中国质量万里行》等报刊,同时又开辟了《人民日报·华东版》,从而全面地调整计划,提高媒介产品对市场的适应能力。为了便于销售计划的执行,媒介组织大都采用了目标管理的方法,即把销售总计划分解为若干子计划,落实到各个具体的部门,由部门对各自的子计划再作进一步分解,落实到每个人,形成若干个子目标,以便考核评估。这对于计划的完成不仅是非常必要的,实践证明也是非常行之有效的。这样使职责明确,任务到位,便于考核。

在形成销售计划的总目标时,还要注意:(1)应对总目标进行合理的层层分解,形成切实可行的各个分目标。(2)要制订出检查目标完成情况的一整套考核办法。(3)要把责、权、利紧密地挂起钩起,奖惩措施明确,充分把每个部门和每个人的积极性调动起来。

当然,不是每个媒介组织在执行销售计划时都要引入目标管理的方式。各个媒介组织市场、产品、规模等各有不同,应当结合自身的特点,找到适合自己销售管理的方法和模式。如中央电视台一套节目的黄金时间段的广告,完全处于卖方市场,通过推测其单位价格已很不准确了,于是选择了拍卖的方法。1994年孔府宴酒夺得"标王"花费了2000多万元,1995年秦池集团夺得"标王"花费了6000多万元,1996年秦池集团为保住"标王"更是创出了3.2亿元的天价。中央电视台一套黄金时间的广告竞拍招标,一天拍得23亿元之巨,令人瞠目。而对于省、市级的电视台,各主要广告时间段还要进行推销,往往不得不采取目标管理的方式,把销售计划中的各项任务指标落实到每个部门和每个人的头上。这都是针对不同情况,提出的执行销售计划的不同方法。

三、要辩证地看待计划的制订与实施

在媒介产品的销售计划执行中,常常会出现一些问题,影响销售计划的完成。这些问题主要有以下若干情况:对销售计划执行的难度和复杂性估计不足,缺乏充分的应变手段和措施;对媒介产品市场的情况了解调研不够,计划制订没有针对性;销售计划没有充分考虑到不同市场的差异性和特殊性,缺乏有效的营销手段;销售计划制订简单化,目标定得太高,脱离实际,难以实际;销售计划过于原则化,没有可操作性;计划的实施难以落实到位;销售计划的内容各个环节衔接不紧,造成计划执行中前后脱节;没有完整的营销的组织框架和明确的营销指导思想,销售计划执行出现东一锤头西一棒的现象;销售计划制订没有应变的余地,缺乏对市场信息的跟踪反馈机制,使计划无法适应市场变动的需要。这些情况在许多媒介组织的销售计划制订和执行的过程中,都是经常发生的,它直接给整个营销工作带来了危害并造成损失,需要人们给予充分的重视。

媒介产品的销售计划的制订是一个复杂的系统工程。销售计划能否实现,关键取决于销售计划本身是否具有现实针对性、科学

性和具体可操作性。因此,销售计划制订的水准的高低是检验一个媒介组织管理能力高低的重要标志。世界一些知名的媒介组织都非常注重媒介产品的销售计划的制订工作,从理论上和实践上不断地加以总结完善,形成了媒介产品的销售计划制订的系统的理论。

美国媒介管理界强调:媒介产品的销售计划要根据计划类型的不同,侧重点应有所不同。对于长期的销售计划,主要着眼于配合媒介组织全面目标和主要任务的实现,巩固和提高市场占有率,扩大市场范围,增强消费者对媒介产品的了解和信息,提升媒介产品和媒介组织的形象,为媒介组织长期稳固地占领市场创造条件。短期的销售计划主要着眼于某一个特殊时期的销售策略,如为了竞争需要而采取的促销,增加销售点,开展广告宣传;同时要注重提高销售增长速度和利润率,降低营销的各项成本,扩展市场份额。因此,根据销售计划的不同类型,分清不同的目标和任务,才能更有效地提高执行销售计划的效率和效果。

第四节　媒介产品促销

促销是销售促进的简称,是指通过人员或非人员的方式,推动消费者认识产品所能带来的利益,以唤起消费者注意,加深印象,刺激需求和购买的过程。

一、媒介产品促销的特殊性

媒介产品作为一种特殊的产品,它的促销既有与普通产品的共通性,又有一定的差异性。其共通性在于它们都是商品,都要通过市场的流通来实现其商品价值和生产商的经济目的,都包含着商品的使用价值和价值的因素。但媒介产品又有其特殊性,不同于普通的商品,它和社会的政治、宗教、文化和法律等社会意识形态密切相关,受到它们的极大的制约。许多非经济性的因素对它的商业经营过程影响很大,它的销售和生产并不完全是由市场规律所决定的。所以,许多商业性的促销手段往往对媒介产品并不能完全适用或奏效。如何在社会的意识形态制约与媒介产品的商业行为之间找到一个令人满意的平衡点,是决定媒介产品促销成败的关键,也是媒介组织力求把握的重要尺度。

促销是媒介产品赢得市场的重要手段。一个好的媒介产品并不意味着它必然有广阔的市场前景,也不意味着它一定能创造良好的经济效益。它能否被市场所接受并占领市场,主要取决于消费者对它的认同程度。促销可以使消费者了解产品,唤起购买的欲望,改变态度并进而形成购买行为。在这一过程中,通过大众传播和人际传播加强与消费者的沟通,形成强大的宣传攻势和浓厚的市场氛围,对于促销是极其重要的。

1997 年 9 月 25 日起,南京市影视公司在全市推出了一部新影片《喜莲》,这是一部获得了政府"华表奖"并受到专家一致好评的优秀影片,但到底能不能打开市场,人们心里都没有底。于是,南京影视公司大胆地推出了《喜莲》放映不"甜"包退的促销手段,即观众若在半小时内感到不满意可以退还全部票款,这一促销手段使《喜莲》的上映出现了南京近年来国产片上映少有的火爆场面。9月 25 日在大华电影院进行试映,全天连放七场,仅有一人退票。前后在全市共放映了 400 多场,吸引了 9 万观众,票房收入超过 60 万元。而且这些收入全部来自观众自费的购票,因为此前两部国片巨片《大转折》和《鸦片战争》基本上已经掏空了各单位工会的活动费。在这样的情况下,能取得这样的销售业绩是非常难得的。同时也说明了即使是好影片,促销不促销效果大不一样。在上映《喜莲》之前,另一部城市题材的优秀影片《离婚了,就别来再找我》也同样在南京上映,其中也是在南京有名的电影院大华电影院放映了5天,票房收入总共只有四五千元,随后就无声无息地收场了。从这里可以看出,搞不搞促销对于媒介产品的营销来说,结果往往是完全不同的。即使是好产品,也需要促销。

二、媒介产品的促销形式

从促销的对象来看,主要有消费者促销、经销商促销和业务人员促销几种形式。在媒介产品的营销中,以对消费者的促销形式为主。媒介产品的促销形式多种多样,与普通商业营销的促销方式基本相似,这些形式主要有:竞赛与抽奖、回扣、赠品、折扣、样品赠送、退款、展览,此外还有广告和公共关系宣传。这些促销形式在媒介产品的促销活动中都是经常采用的。但具体采用哪一种促销形式,必须要对市场营销环境进行认真的考察和评估,经过缜密的策划,对所用采用的促销形式和效果进行综合评估,再根据促销成本和预期的利润水平进行测算后,才能决定采用哪一种促销形式。同时,促销形式的采用还要结合媒介产品及其销售的特点。如报刊促销一般在年底订阅新一年的报刊时,通常给予折扣优惠或赠品,而电影就不适宜这一促销方式。此外,促销形式还要考虑到市场竞争的状况,尤其是竞争对手的营销手段,然后再决定促销的形式和力度。

1. 赠品促销

这是指在购买或使用某种媒介产品时,赠送给消费者一定的礼品的促销方式。赠品促销的情形主要有三种:

(1)定期性赠品。通常是在每一年度或季度即将结束,消费者或经销商准备决定下一年度或季度的订单时,用赠品的方式,既可以沟通媒介组织与消费者或经销商的感情,也可以起到提示和广告宣传的作用。许多报纸和杂志,一般都在年底随报刊赠送年历等小礼品。礼品一般价格不太贵,如电子闹钟、雨伞、钥匙扣、手提袋等,但要有一定的文化品味,或使用时间较长,同时可以在礼品中印上媒介组织的标志,起到广告宣传的作用,达到一举两得的效果。媒介产品的经营机构也有搞定期赠品活动的。如我国的邮政报刊发行公司,在每年年底的报刊征订时都要赠送一些奖品。江苏省邮政报刊发行公司 1997 年对报刊订阅达到一百元的赠送一只报箱,订阅达到五百元的,赠送一台寻呼机,奖品颇为丰厚,促销力度很大。

(2)竞争性赠品。媒介组织为了在激烈的市场竞争中赢得优势、击败竞争对手,试图在短期内较大幅度地提高市场份额,用赠品促销的方式,使消费者得到切实的实惠,以争取一部分消费者,尤其是已被对手所控制的消费者。国外的一些媒介组织常用这一促销手段。我国一驻外人员回国后谈到在日本时所见到的媒介赠品促销时写道,在日本《读卖新闻》和《朝日新闻》是两大主要竞争对手,在每月末征订时,互相都想从对方手中挖走一些订户,于是采用了赠品促销的方式,以吸引订户,一般都赠送洗衣粉之类的日常实用品。对于读者来说,这两家报纸主要新闻内容并没有太大的差别,所以这个月订《读卖新闻》,下个月再订《朝日新闻》,每个月都能因成为"新"订户而获得赠品。这个事实一方面说明了媒介产业竞争的激烈,另一方面也说明了如果各个媒介组织都采用同样的促销方式,效果不会很好。所以对于竞争性赠品促销方式的使用要慎之又慎,必须经过周密的调查与分析。这一促销方式的优点是往往能在短期内突击性地提高销售量。其缺点也是比较明显的,即促销费用较高,经营风险加大,利润减少,只能偶尔用之,不能作为一种经常性的促销手段。而且竞争性赠品促销赢得的消费者往往并不是理性的消费者,这部分消费者通常不会很稳定。媒介组织在赢了这部分消费者后,怎么进一步巩固这一成果,也是一个很大的难题。

(3)新市场开发赠品。媒介组织为了开发新的市场或在现有的市场推出新的媒介产品,由于广大消费者对这一媒介组织或媒介产品还不熟悉和了解,通常以赠品促销的方式来吸引人们的注意,让人们熟悉和了解媒介产品,产生消费的需求。光明日报社主办的《中华读书报》是新创办的以知识阶层为对象的报纸,为了让这一层次的读者熟悉和了解它,《中华读书报》推出了向全国中小学校长免费赠送全年报纸的行动,耗资达 60 万元。这就是比较典型的新产品赠品促销的方式。这种形式在某种程度上具有广告宣传的意味,与上面的两种赠品促销有一定的区别,而且赠品一般是媒介产品本身,不涉及媒介产品以外的礼品,否则就会喧宾夺主,失去了新产品赠品促销的意义。消费者将关心的不是媒介产品,而是媒介产品以外的礼品。

2. 折扣促销

这是媒介组织或媒介产品的经销商在消费者购买或使用媒介产品时,给予一定的折扣优惠,以吸引消费者的方法。折扣促销在诸多的促销方式中是比较适合媒介产品的,也是媒介组织用得最为普遍的一种促销手段。不同的媒介行业,对于折扣促销通常有不同的处理方法。报刊一般在即将开始订阅下一年度或季度前的一段时间内,给予一定比例的折扣优惠,以吸引读者订阅。其中还可进一步分为区别性折扣优惠和无区别性折扣优惠。

区别性折扣优惠是指对待老订户和新订户的优惠比例上有所区别,给予老订户较高的优惠比例折扣。这种做法对老订户是一种鼓励。

无区别性折扣优惠是指不论新老订户都采用一个统一的优惠折扣比例。这对于新订户效果较好。

报刊的折扣促销要注意两点:一是时间要控制在年度或季度订阅前的短时间内。如果长期实行折扣优惠对吸引新订户反而会失去吸引力,起不到促销的效果,容易造成价格水分太大的感觉。二是折扣比例的幅度要恰到好处。折扣比例太大,使人感到“虚头”太多,价格有欺诈成分;折扣比例太小,对读者没有吸引力,起不到促销的作用。通常的折扣幅度在 5％～10％之间。

出版发行业也是用折扣促销用得最多的行业,它与报刊业不同之处在于:一是时间上比较灵活,可以任意确定时间进行折扣促销,但一般安排在一些重要的节日期间,如元旦、春节、儿童节、教师节和国庆节等,因为这些假日往往是图书消费比较集中的时间,折扣促销效果比较明显;另一种情况是举办书市或图书展销期间实行折扣促销,对于短时间的突击性销售效果较好。二是出版发行业促销对象除了直接用户读者之外,还有图书发行商。

出版发行业的分销层次多、分销渠道复杂多样,经销商对于出版商来说是市场营销成败的关键环节,所以对图书经销商的折扣促销,从某种意义上来说,比对读者的促销更为重要。对于图书经销商的折扣促销主要有两种方式:一种是短期的统一折扣优惠促销;另一种是根据订货量的不同,分别给予不同程度的折扣优惠。

我国出版业过去在计划经济的体制下,形成了比较稳定的发行扣率,长期保持在 33％左右。出版商也无需用折扣促销的方式进行市场竞争。近年来,一些新建的出版社和小型出版社,为了争夺图书市场,以提高折扣比例的方式进行促销,给经销商更高的利润回报,在一定程度上调动了经销商的积极性,其折扣率达 40％,有的甚至达到 60％。这种折扣促销的方式已经超出了常规,导致了图书市场的混乱和书价的失控。因此,折扣促销也有个度的问题,超出了一定的度,折扣促销也就失去了意义。

广播电视业在销售广告中,也较多采用折扣促销的方式,但方式相对比较单一,即采用销售量累进折扣率法,广告销售量越大,给予的折扣优惠率越高。这样做的好处是能够吸引有实力的广告代理商和广告用户,一次性地购买较多的广告时间,对于媒介组织来说,可以更好地安排广告计划,减少因销售广告产生的各项营销成本。

3. 展览促销

这是通过集中展示媒介产品进行的促销方式,也是我国近年来媒介组织采用的较多的一种促销方式。展览促销之前,一般通过各种媒体进行广告宣传,或由行业部门、媒介组织和媒介经销机构牵头发出邀请,吸引消费者、用户或经销商参加。通过展览,消费者、用户和经销商能够直接了解媒介产品的情况,这是广告宣传或其他方式所无法达到的效果。尤其是影视产品,经销商不通过观看,很难对放映的市场前景作出判断,因而也就无法决定购买。

我国近年由国家新闻出版署图书发行司牵头,举办了全国书市,迄今已举办了 8 届,这是一个由国内各大出版社和图书经销商参加的大型图书展览促销活动。1997 年 9 月在长春举办的第 8 届全国书市上,共有 12 万种出版物,有 1.5 万人参加,若再加上几个分会场的人数,总人数更可观,其中江苏版图书《跨世纪农村书库》一天就订出 64 万册。另一热门图书《拉贝日记》也一次订出 1.5 万册。这种销售业绩是通过其他销售方式,在如此短暂的时间内几乎是无法做到的。这也正是展览促销的最大优越性所在。

对于影视剧作品而言,买方不直接与媒介产品见面,几乎是很难成交的。由于电影电视剧每年的产量都很大,我国的电视剧现在每年生产上万集,如果不通过展览促销的方式集中规模较大的作品和买方,使他们直接见面,影视产品的销售将会极其困难,结果必然是卖的找不到买的,买的又找不到卖的。展览促销则提供了买卖双方直接交流的机会。所以展览促销是影视产品的主要促销方式。

展览促销的主要形式有:

(1)专题性展览促销。即围绕某一主题或专业范围而组织的展览促销,如少儿图书展销、广告图书展销、港台图书展销、动画片展销等。

(2)综合性展览促销。即不分专业、不分主题、不分类别的媒介产品展览促销。一般大型的展销会以综合性的居多,它能够适应不同层次消费者和用户的需要。

（3）独家展览促销。即由某个媒介组织生产的媒介产品的单独的展销。

（4）联合展览促销。即联合若干家媒介组织,集中数量较多的媒介产品进行展销。这种联合展览促销的方式用得较多,它能以较大的规模和齐全的品种吸引消费者和用户,也可以降低综合成本。

展览促销的作用,除了直接提高销售量外,另一个重要作用就是通过展览,提升媒介组织的公众形象,为长远的促销创造良好的公共关系的基础。展览促销正常间隔一段时间举办一次,频率不能太高,否则消费者和用户会失去新鲜感,起不到促销的作用。同时,展销的开支得不到有效的回报,也会给媒介组织带来经济上的损失。

4. 广告促销

广告促销是通过一定的媒介传播媒介产品信息的促销方式。广告覆盖面广、渗透力强,其促销的效果比较明显、直接。但是媒介组织对广告促销普遍重视不够,对这一形式采用得很少,尤其是广告行业本身就是媒介组织的一个部分,广告公司为自己做广告往往觉得可有可无。这其实是广告业,也是媒介组织的一个很大的观念上的误区。广告是市场竞争的制高点,是极其有效的促销手段,这在其他产业中早已得到了充分的证明。媒介产品如何运用广告手段来提高市场竞争力,扩大市场份额,开发潜在市场,是媒介组织必须认真对待的问题。一种媒介产品或一个媒介组织不为市场所了解,消费者、用户或经销商感到很陌生,它要被市场所接受几乎是不可能的。所以媒介产品和媒介组织非常需要广告对促销的支持。

我国著名导演谢晋在考察国外制片业后发现,中国电影之所以难以开辟国内市场、打入国际市场,一个重要的原因就是缺乏起码的广告宣传。国外影片在投资拍摄之前,把广告宣传就已经纳入了预算计划,它在整个预算中占有的比重相当大,有的甚至与拍摄费用相差不远,这也是对电影进行"包装"的一部分。广告宣传对于电影的促销效果是非常明显的。现在上海新成立的一批电影公司,如上海电影电视(集团)公司,实行了策划、创作、制作、广告宣传、发行和营销的一条龙整体化、全方位的经营管理,开始注重了广告的投入,提高了影片的经营效果,改变了以往制片商和发行商分离,都不愿投资广告宣传的局面。

媒介组织在需要提高广告意识的同时,也需要注重广告效果,掌握广告活动的规律。浙江教育出版社投入数百万元,在中央电视台做广告,开辟了我国出版社在中央电视台做广告的先例。这种敢为人先的精神是应当充分肯定的。但是从另一方面来看,如此庞大的广告投入,而且又是公共关系广告,而不是媒介产品广告,既没有其他的媒体策应配合,又没有后续的广告行动,这一广告究竟有多大的效果,对促销起到了多大的作用,是很值得商榷的。这也说明了对于我国的媒介组织来说,仅仅重视做广告是不够的,更需要重视如何做广告,即按照广告自身的规律去办事。这两方面结合起来,才是完整的广告意识。

5. 公关宣传促销

公共关系宣传促销与广告促销的主要区别在于广告是付费的,而公共关系宣传是不付费的。公共关系宣传促销是通过在大众传媒或其他的媒介进行宣传所开展的促销活动。由于公共关系宣传常常以新闻或各种评论的形式出现,没有直接的商业色彩,所以能够被公众更好地接受和认同,往往比广告有更好的宣传促销效果。公共关系宣传是广告所无法取代的。公共关系宣传的另一个优势是成本费用较低。媒介组织一般手中都有自己的大众传媒,或是与其他媒介组织有着天然的良好关系,这是媒介组织能够有效地开展公共关系宣传的得天独厚的条件。但是媒介产品的公共关系宣传要结合媒介产品本身的特点,选取一定的视角,挖掘其内在的新闻价值或艺术价值,避免带有明显的商业"炒作"的色彩,否则效果会适得其反。如新投拍电影,从主创人员的阵容、名演员的演出体会、拍摄花絮等,都可以作为很好的公共关系宣传的素材。

1997年谢晋执导的历史巨片《鸦片战争》,从筹备投拍,到拍摄过程,再到拍摄完成,前后全国各大新闻媒体频频予以亮相,造成了先声夺人之势。影片上映后,果然业绩不凡,全国票房收入达7千多万,其中至少还被各级放映单位截留了5千万。如果没有全国各大新闻媒介所作的"铺垫",《鸦片战争》要取得这样的营销业绩是难以想像的。在对《鸦片战争》的新闻宣传中,从谢晋用自己房产抵押筹资的前期"炒作",到后期迎香港回归前在港首映,都成了很好的新闻"爆炒"的题材,而且毫无商业色彩。因此,《鸦片战争》的公共关系宣传可谓是典范之作。如果用广告的方式宣传,不仅耗资巨大,而且不可能达到这样的效果。

媒介产品中另一重要的公共关系宣传方式是书评。国外图书促销主要靠书评。许多大众传媒都辟有专门的书评专栏或书评专版,也有专门出版的书评报纸和杂志,这样为书评的公共关系宣传提供了可靠而充分的媒介阵地。我国出版业销售不畅的一个重要原因,就是缺乏有效的促销手段,各种媒介为书评提供的阵地也太少,读者几乎无法通过大众媒介的途经来了解新书的内容与价值。最近广东省出版行政管理部门作出规定,对发表有关广东版图书评论的作者,每年定期预以奖励。这一措施的目的在于推动广东版图书的销售。广东省出版行政部门出台的这个奖励办法,从媒介经营管理的角度来看,在全国是具有市场意识和超前眼光的。

三、媒介产品促销中应注意的事项

在媒介产品的促销过程中,要注意把握好几个问题,这对于促销的成败是很关键的环节。

1. 要把握好促销的时机

促销的时机要根据市场和销售的情况来确定。促销时间安排超前或滞后都可能失去市场机遇。安排超前,市场还未充分认同或接受这一媒介产品,销售量会大打折扣;安排滞后,则其他媒介产品会抢占市场的主动权,促销难以达到满意的效果。如报刊的促销,通常在征订前的一个月的时间内,新影片上映前的促销一般也在一、两个月时间内。电影《鸦片战争》促销的时机把握,可以说是媒介经营公共关系促销的一个范例,它紧紧抓住香港回归前新闻界炒作回归题材的有利时机,不断借香港回归的东风大作宣传,然后在回归前夕隆重推出上映,一举获得成功。

2. 要注重各种促销手段的组合运用

各种促销手段应该说是各有所长,要达到理想的促销效果,必须结合市场营销状况,把各种促销手段结合起来。在实施广告促销的同时,又有公共关系宣传促销;在实施折扣促销的同时,又有赠品促销,这样能够相得益彰,事半而功倍。

3. 媒介产品的促销要有明确的目标和方案

实施促销策略要达到何种目的,经费预算是多少,要达到什么样的效果,具体采用哪种促销手段,都必须具体明确,有详尽而完整的实施方案,切忌无的放矢,盲目行动,否则,是不会取得实际效果的。

4. 促销方式要注重创新和多样化

促销过程实际上也是用具有吸引力的方式与消费者、用户和经销商的沟通过程。而有效沟通的实现,凭着单一的方式是显然行不通的。南京影剧公司对《喜莲》影片进行促销,之所以取得成功,关键在于促销方式的新颖。观众所感兴趣的不仅仅是《喜莲》这部影片,而首先是看《喜莲》影片不"甜"包退这一促销方式本身。这一促销方式实际上是从商业零售的促销方式中借鉴而来的,但在媒介经营中还从未尝试过,《喜莲》影片的借用应该说对媒介经营而言是一个创新,所以它的成功在于创新的促销方式。在媒介经营中,促销方式在传统的方式的基础上,要不断吸纳采用、借鉴、创新,这样才能使媒介促销活动不断地有所发展,有所进步,在媒介经营管理中发挥越来越大的作用,成为媒介营销中的出奇制胜的法宝。

第十章　媒介市场与消费者

　　法国销售学专家阿尔芒·达扬(1989)写道:"在手工作坊里干活的手工匠,都是根据顾客提出的要求,制作'定做的'产品。亨利·福特汽车公司却完全相反。它在许多年里向几十万人只推销一种颜色、一种型号的汽车——福特 T 型黑色轿车。手工作坊和福特汽车公司的产品不同,购买他们产品的人数当然也不会一样多:一家只有成百上千顾客,一家却是成百万名顾客。"在本章中,我们要研究的媒介市场和信息消费者与上述两种情况都不同,它介于两者之间,而且具体情况也十分复杂,可谓是媒介经营管理研究中的一个难题。

第一节　媒介市场的观照与分析

　　媒介市场研究是正确认识和了解媒介产品销售给使用它的消费者的过程。这一过程从媒介公司开始,涉及到消费者、广告客户、竞争者、政府法规以及市场经济的一般特性和规律。这一过程复杂而多变,因为媒介公司、政府或顾客团体的每一个行为都会影响到市场上其他要素的波动,进而可能产生连锁反应。因此,媒介领导者一定要关注并了解媒介市场的变化,要能预测其发展趋势和生存危机,并及时采取相应的行动。不关注媒介市场变化、也不进行市场分析的领导者,则可能导致媒介经营利润的损失或媒介公司的倒闭。

一、媒介市场的特点与类型

通俗地讲,媒介市场就是媒介产品买卖的地方。从媒介产品卖方的角度看,媒介市场就是有未满足需求的现实的和潜在的购买者的集合,而卖方的责任即是在符规合律的情况下如何最好地满足购买者的需求。巴西学者埃迪逊·桑托斯(Edison Santos,1987)在谈到这一问题时说:"'消费者是上帝!'这句人们翻来覆去'唠叨'的老话,说明了应当给消费者以真正的重视。不给予消费者以应有的重视,任何企业都不可能在市场上生存下去。"在中国传播界流行的"受众是上帝"的观念,也表明人们开始重视媒介市场。

1. 媒介市场的特点

媒介市场是与众不同的。首先,媒介公司能以同一产品进入不同的媒介市场;其次,媒介公司能够让同一产品(报纸、广播、电视、杂志等)满足不同购买者的需求;再次,媒介市场可以让买卖双方都从交易中受益;第四,媒介市场可以让买卖双方都感到满意。一个服装公司生产的儿童服装,它的消费者只能是儿童。但是,大众传播媒介却可以把产品卖给各种各样的受众、让许许多多的人的不同需求得到满足,并从中受益。这就是说,媒介市场有其自身的特点:(1)混合性;(2)复杂性;(3)风险性;(4)伸缩性。

2. 媒介市场的类型

媒介经营学者通常将媒介市场的分析划分为五个步骤:(1)确定媒介市场的类型;(2)理解媒介组织的目标;(3)确定对某一产品需求的特征;(4)确定媒介市场的结构;(5)对经济环境进行考察。那么,怎样对媒介市场进行分类并进而揭示媒介市场的特性呢?

根据麦曼莱斯(McManus,1994)的研究,报业市场一般可以分为:读者市场,广告主市场,新闻来源市场,投资者市场。作为交易"场所"的市场,不同的市场反映了不同的交易特点:读者付出金钱和时间而获得信息和娱乐;广告主付出金钱或物资而得到宣传的机会;新闻来源提供信息而获得受众的注意;投资者拿出资金和政策而换得利润与影响。媒介公司在市场经济条件下考虑自身的投资回报,关注市场的一举一动,不随便得罪读者、广告主和新闻来源,进而以最低的制作成本获得最大的传播效果,这没有错!但是,这不应导致媒介放弃社会责任和文化理想,漠视新闻规范和传播原则。社会效益重于经济效益,党性原则大于商业原则,恪守客观、公正、全面、平衡的准则,这应是媒介公司的基本考虑。

依据"谁在媒介市场上购买"的标准,我们可以将媒介市场分为:个人消费市场和组织消费市场。

个人消费市场由那些为满足自身及其家庭成员的精神需要而购买媒介产品的人们组成。这一市场的特点是:庞大、分散、流动、多样。个人消费者既是大众传播媒介产品的最终消费者,又是大众传播机构组织生产的终极目标所在。

组织消费市场由所有非个人消费者的团体组织组成,包括生产企业、服务企业、商业企业、政府机构、民间团体及各种非盈利组织。这些组织或企业购买媒介产品的目的多种多样:或继承文化遗产,或了解环境变化,或寻求知识,或了解政策……例如,学校就是书籍的最大消费市场,机关就是报刊的最大团体购买主顾。

依据媒介公司的产品特点,我们可以将媒介市场分为:广告市场,信息市场,智力市场。

广告市场由从媒介组织购买空间(版面)和时间(时段)以便向受众提供其产品和服务的广告主组成。广告主是报纸、广播、电视等大众传媒的最主要的出资者。对此,戴维·波特(1969)写道:"大众媒介作为商业所具有的偿付能力,在很大程度上依赖广告,而广告业又深深地依赖大众媒介作为自己的传播工具。如果没有广告业,美国的大众媒介是不可设想的,因为它们是一起发展起来的,互相依赖。"

信息市场由寻求具有新闻性、娱乐性信息的读者、听众、观众构成。受众,作为信息市场的主体,是通过付出金钱购买媒介产品(如书报刊及音像制品)或花费时间收听收看广播电视节目,来满足媒介赢利的目的或引起广告主的关注。

智力市场由追求知识与理想、着力提高自身素养的人们组成。这个市场较少受到广告主的重视,因此面向这一市场的媒介公司(如出版社)不易得到广告主的经济支持,而必须依靠媒介产品的直接交易来维持自身的生存与发展。

3. 辩证地看待媒介市场

虽然媒介市场可以分为不同的类型,实际上它们是相辅相成、紧密联系在一起的。有时,同一媒介产品可以适用于不同的媒介市场;有时,同一媒介市场又可以容纳不同的媒介产品。比如,发行公司可以将载有相同信息的《钱江晚报》向不同的读者出售,而媒介公司也可以把同样的广告空间向不同的广告主出售。其中,作为媒介市场的阅读该晚报的杭州市民,也许又是浙江卫视台、浙江文艺广播电台的忠实受众。通常,它们不是一种非此即彼的关系,而是一种可此可彼、亦此亦彼的关系。

对于投资者的媒介组织来说,个人消费市场与组织消费市场,广告市场、信息市场与智力市场,也不是截然分开的。组织是个人的有机结合,个人是组织的具体存在。不论是个人还是组织,都可能既是广告市场、信息市场,又是智力市场。再说,传播媒介和媒介经营研究将主要注意力集中于顾客,关注其需要和要求,然后再迎合顾客的兴趣来制作新闻、广告和娱乐节目,这样做虽然已被证明能赢得可观的经济效益,但是放弃传播主体的社会责任、对人类的精神家园造成的破坏也是巨大的。因此,我们主张重视媒介市场,并不意味着要用媒介市场来取代社会责任。事实上,重视社会责任的媒介公司同样可以制作出许多很有魅力的优秀作品服务于广告主和广大受众。一个高明的媒介领导者总是有分寸地对待媒介市场,既考虑媒介的自身形象和所应承担的社会责任,也考虑媒介的自身利益和广告主以及受众的实际需要。换句话说,就是能够在制作和传播讯息过程中,能够恰到好处地处理好社会效益与经济效益、媒介责任与顾客需要之间的关系,使其处于平衡、稳定的良好状态。

二、媒介市场的配置与表现

媒介市场是市场经济的一部分。媒介市场必须主动地适应并服务市场经济的特点和运行机制,因为市场经济对媒介市场具有制约性和主导性。换句话说,在一个国家,有什么样的市场经济形式或体制,就会有什么样的媒介市场。皮卡(Robert G. Picard)在《媒介经济学》(1994)一书中写道:媒介市场既受制于市场经济,又制约媒介市场内的各种表现与选择。就是说,媒介消费者与生产者在市场中的选择,必将受到市场行为的左右与影响;而交换行为如何在特定的市场条件下进行,又决定了产销双方的选择方案。于是,市场类型的差异,造成了市场结构的不同;而市场结构的差异,又造成了市场行为的不同。

1. 媒介市场营销

媒介市场营销是购买力和购买条件的集合体。它是指由一系列个体和团体的信息生产和消费活动构成,通过对信息产品的产出、销售和定价,使这些活动有助于在动态环境中促成令人满意的交换关系。

(1)媒介市场营销首先是一系列的多样化活动,它包括信息产品的设计、研制、试制,以及对现有信息产品的改进、包装和对不符合受众需求的产品加以淘汰;包括信息产品销售计划、措施的制订、销售网络、渠道、场所的建立;包括信息产品的促销与宣传,促销人员的招聘与培训,促销效果的评估与检查,以及信息产品价格的制订和销售条件、期限、折扣率的确定,等等。

（2）它是媒介公司、广告主和受众之间相互作用的特殊活动。媒介公司在营销活动中既是广告主与受众之间进行广告信息交换的中间人，又是社会信息的采集者和传播者。以广告主为基础的媒介公司只有在他们的媒介产品为受众所收看、阅读或收听时，才会对广告主有吸引力，媒介公司也才能从经济上生存发展下去。因此，为了"制造出"或吸引来更多的受众，媒介公司必须竭尽全力制作和生产精美、优秀的信息产品，使其能满足受众的需要、欲求和喜好。

（3）它应是一种媒介公司、广告主和受众都感到满意的交换关系。这三者中若有任何一方因对这种交换活动不满而退出，都会危及整个活动。但是，在这三者之中，"受众是否满意"是一个十分关键的因素，因为受众满意了，广告主亦会满意；而广告主满意了，媒介公司就没什么不满意了。对此，美国甘乃特报业总裁沃特森（Gary L. Watson，1997）说道："其他行业的企业可以采用'放之四海而皆准'的标准化经营模式在多个不同的市场上获得成功，但媒体业则不能。我们的报纸必须关注它所服务的那个市场，它必须反映当地受众感兴趣的新闻内容。"而受众的兴趣是不断变化的。所以，媒体业领导者要让包括本身在内的三方都满意，它必须拥有较之其他企业领导者更多的经营智慧和管理才能。

2. 媒介市场配置

沃特森（1997）认为："经营一家媒体公司并不像把一家麦当劳餐厅放到各个角落那样简单。在新闻界，每一个市场都是独特的，如果我们总是把每一件事都套进同一个模式，我们就会被束缚住成长的能力。"媒介市场既有广告市场、信息市场和智力市场，还有读者市场、听众市场和观众市场。作为媒介经营管理者，他们必须懂得每一个市场都具有不同的特质，必须使你的期望值与这个市场的真实情况相适应。一位媒介领导者必须是一位头脑灵活的人，他必须针对不同的市场采用不同的经营及冒险的方式。美国甘乃特报业集团针对市场多变的特点采用的是多市场经营策略。它建立了拥有不同类别的信息产品生产、供应的业务链群，从而使媒体集团的收益状况长期保持"东方不亮西方亮"的良好态势。在具体操作上，首先该集团在最近卖掉了不适合自己的日益亏损的广播电台和户外广告业务，而后将这些资金投入到新的更有利可图的地方；其次，该集团解散了全国性的广告销售集团，与其他广告公司合作，从而使报业集团的市场定位更具竞争力；第三，统一采购该集团下属 90 家日报社所需的新闻纸，降低了报纸的成本；第四，下大力气抓好两项核心业务——报纸和电视，报纸广告易受宏观经济形势的影响，而电视广告与国民经济的联系则不那么密切，两者结合可保证收益稳定增长；第五，开拓新的经营业务，寻求新的经济增长点，建立了 30 多个英特网的网站，在网上发行电子报纸。

媒介市场经营的多向性策略，不仅是指将不同类型的信息产品卖给不同的受众市场（读众、听众、观众），也是指将同类别但不同形式的信息产品卖给同一市场中的不同受众。比如人民日报社的印刷产品基本上是针对读众市场的，但它生产的报纸、杂志、书籍显然又是为了满足读众市场中不同层次的读者需求的。其实，即使是单一媒介（不论是报纸、杂志、书籍，还是广播、电视、电影），其经营定位也不应僵化、死板，而应是多市场、多向度、多层次的。这就像饭店里服务员端给顾客的一只拼盘，受众虽然口味不同、要求各异，但总能从中找到一道适合自己的菜。可见，媒介市场的配置应遵循混合性原则和多向性原则，使媒介产品在保持特色和优势的基础上，尽可能多地面向不同的市场和受众，从而获取最大的社会效益和经济效益。

但是，必须指出，要想使媒介产品的营销成功，仅仅把眼睛盯着媒介市场的混合配置是不够的，而必须使媒介经营中的各种要素一起协同互动、良性运作。我们以创办《金融网络》杂志作为案例来略加分析。首先，有人会问："这种杂志是否有足够数量的受众存在?"回答是肯定的,因为这是全国金融系统唯一的网络管理方面的专业杂志。其次,人们会问:"受众是否愿意花钱订阅?"当然愿意!金融行业有的是钞票,而且无需个人掏腰包。第三,又会问:"它对广告主有吸引力吗?"有!金融系统历来是电脑和软件的最大买主,是网络公司、电脑生产和软件制作厂家以及销售公司眼中的大肥肉。既然目标受众和广告主两大市场不存在问题,那么信息市场要解决什么问题呢?(1)组成强有力的精干的编辑班子,聘请印刷媒介经营管理专家担任顾问,由他们审查建议、提出经营策略。(2)制订获取文章的计划,与知名度很高的金融网络、电脑专家保持密切联系,以高额稿酬和良好关系吸引他们投稿,同时也要与一般作者保持沟通。(3)设定文章与广告的最佳平衡尺度,比如80%∶20%或75%∶25%。(4)设立电子信箱或接收文章的电子传输系统,这可以大幅度减少文字录入和校对的开支。(5)制订印刷和发行计划,从而一方面能满足受众对杂志的高质量的要求,另一方面能满足受众对发行的时效性的要求。(6)设立英特网网站,让全球读者均可在英特网上阅读这本电子杂志,并且还可以开展网上学术话题讨论,接受该杂志提供的其他富有特色的各种服务。同时,再对受众市场和广告市场采用混合配置策略。这样,即使有同类杂志竞争,也能确保经济效益稳定增长。

第二节　媒介市场的细分与定位

　　市场是媒介从事信息产品营销活动的舞台和战场。对其进行细分和定位,不仅可以勾划出不同细小市场的基本轮廓和特征,揭示出媒介经营面临的各种市场机会,为媒介产品营销活动提供选择和比较的余地,而且可以使媒介产品在市场上形成特色和优势,进而得到目标顾客的认同。

一、媒介市场的细分

1. 媒介市场细分的目的

任何媒介公司都无法凭借自身的力量,为媒介市场上的全部顾客提供服务,而只能以部分特定顾客(受众和广告主)作为自己的服务对象。事实上,明智的媒介公司也总是审时度势,从顾客中寻找、辨认出最有吸引力的并能满足其需要的特定顾客,作为自己的目标市场,使经营活动事半功倍,达到最佳化。

"市场细分化",是 50 年代中期美国学者温德尔·史密斯(Wendell R. Smith)提出来的一个概念。在媒介市场的分析中,通过市场细分,可以了解各个受众群和广告主的需求情况和目前满足的程度,发现哪些顾客群体没有得到满足或已充分满足,从而找出尚未满足需要的顾客作为目标市场;通过市场细分,还可以根据目标市场及其需求的变化,及时、正确地调整媒介产品组合,迅速、灵活地运用价格策略、促销策略,不断提高经营管理水平。

市场可以依据地理、人口、心理和行为等因素进行划分,也可以通过其他途径来界定,但是最重要的是要明确信息产品仅仅是针对某些人的,而不是面向全体顾客。在广播电视和专业杂志中,这些受众群体是很明显的。每一个电台电视台的节目设计都是为了指向特定的受众,他们可能是老人或儿童,也可能是妇女或男人,可能是知识分子,也可能是劳动群众,例如中央电视台《夕阳红》、《七巧板》等节目的目标市场就是很明确的。广播电视媒介根据年龄、收入和兴趣等标准细分市场,而后再进行总体设计和组合,就是为了一方面将有相同特点和爱好的市场层面的受众在一定时间内集中起来接受信息,另一方面又通过合理拼装将许多目标市场层面的受众吸引在自己的周围,从而形成规模效应。

当然,有的专业杂志可能就是以某一目标市场层面的受众为主,适当兼顾其他受众。比如关于钓鱼、种花、养生、航海、跑步、乒乒球和网球等专业杂志,就是以具有同一兴趣的受众为主要目标市场。

但是,一个十分明显的趋势是:人们更多地采用混合市场的策略。在今天,从头到尾阅读报刊的年代已经一去不复返了。因为,今天人们读报已不是一条一条消息依次读下去,而是用眼睛扫射整个版面,同时浏览各个标题、照片和广告,以极快的速度搜寻自己所喜欢的内容和版面。对此,麦克鲁汉(Marshall Mcluhan,1964)十分形象地描述道:"实际上人们并不是读报,而是每天早晨跳进报纸中,好像洗热水澡一样。"因此,报纸受众在报社管理者眼里已被视为一系列的市场层面,报纸所设计和编辑的不同版面和内容,只是为了满足不同市场层面的读者需求,而不是为了讨好所有市场层面的读者。

如果说报纸杂志是以空间的分割来确定不同的目标市场,那么广播电视就是以时间的分割来确立不同的目标市场。比如上午9~10点钟的节目是为老人安排的,下午5~6点钟的节目是为儿童安排的,而夜里10点钟以后的节目则更适合中青年人,但是新闻和文艺等综合性节目又是针对一般受众的。就像一张日报的混合编辑一样,广播电视的所有节目加在一起也是一种混合编辑,目的也是为了适应不同层面受众的需求。

2. 媒介市场细分的方法

(1)地理细分。即按照受众所处的地理位置、自然环境来细分媒介市场。这种细分,受众的经济状况、需求特点、需求总量和发展趋势等因素,易于辨别和分析,因此是最常用的一种细分方法。例如,《广州日报》与《兰州日报》、上海电视台与重庆电视台、《新华日报》与《西藏日报》等传媒的目标市场就很明显。

(2)行业细分。即按照受众所在行业、所干职业所作的划分。比如科技出版社、教育电视台、金融时报、林业报、交通电台等,其媒介市场的需求和特点也很明显,容易发现和把握。

（3）人口细分。即依据人口统计因素来细分媒介市场。在具体细分中,老年报、青年报、儿童报是依据年龄因素,《花花公子》、《女友》是根据性别因素,还有的是根据宗教、信仰、民族等因素。

（4）时间细分。周报、日报、晨报、晚报等都是以时间为因素所作的市场划分。

以上都是单一因素划分的方法,这种以选用某一因素对媒介市场进行细分的做法有简洁明了、受众清楚、需求明显、特点显著的优点,但是在媒介经营管理的实际运作中,往往需要在单一因素细分之后对某一媒介市场再以综合因素细分,因为受众的特点和需求差别常常极为复杂,只有从多方面去分析、认识,才能更有针对性地向他们提供信息和服务。比如以时间因素细分的晚报,就可以再从地理、人口等综合因素作出细分,从而可以将城镇普通市民确定为目标市场。

3. 媒介市场细分的原则

许多实践一再证明,成功而有效的媒介市场细分,应当遵循四项基本原则:

（1）可识别性。细分出来的媒介市场不仅范围比较明晰,而且也能判断出该市场的受众特征、需求强度和购买力的大小。换句话说,当媒介经营者需要取得该分市场的有关资料,就可以通过市场调研、分析及其他方式得到满足。相反,细分市场的概况模糊、受众不定、需求混乱,一切都不易识别和确定,那么这种细分是毫无意义的。

（2）可进入性。"细分出来的市场就是媒介公司能够对广告主和受众发生影响、产品能够展现在顾客面前的市场。"这要求媒介公司具有进入这些细分市场的资源条件和竞争实力,能够通过发行和传播渠道将信息产品传播到受众那里。

（3）可盈利性。就是细分市场的受众和广告主数量及购买力,足以使媒介公司有利可图,使其能够在完成宣传任务的情况下获得一定的经济效益。

(4)可稳定性。媒介所针对的细分市场应在一定时期内保持不变,否则不利于媒介公司制订较长期的媒介经营策略。

二、媒介市场的定位

1.媒介市场定位的步骤

媒介公司对市场经过细分并明确目标市场之后,必须再进行市场定位。市场定位有利于媒介公司塑造预定的形象,形成信息产品的市场特色,显示独特的竞争优势,也有利于防范和限定竞争对手,最大限度地争取目标受众和顾客的认同和喜爱。

第一个步骤:明确潜在的竞争优势。在这一步骤要回答三个问题:(1)目标市场上的竞争者做了什么?做得如何?知彼知己,方能百战不殆。(2)目标市场上的受众和广告主需要什么?他们的需求满足的程度如何?积极满足顾客的需要,既可以使媒介产品保持低廉的价格,也可以使媒介产品保持较高的品质,因为低劣的脱离实际需要的媒介产品没人愿意以金钱和时间来交换。(3)本媒介公司能够为此做些什么?怎么做?

第二个步骤:选择相对的竞争优势。即回答本媒介能够胜过竞争者的条件或能力是什么?可以在哪些方面做得比竞争者更好?

第三个步骤:显示自身独特的竞争优势。即通过一系列活动和具体运作,将这些独特的竞争优势印在目标市场或目标顾客的脑海里,使其成为忠实的顾客。这就要求建立并巩固与市场定位相一致的媒介形象,同时要避免或矫正与市场定位相矛盾的媒介形象。

2.媒介市场定位的依据

成功、有效的市场定位,应当从以下几个方面加以考虑:

(1)根据受众的特点定位。一要看受众规模,即在受众层面是否具备充分的数量,并进而带来一定的利润;二要看受众再生,即成功的媒介运作能激活多少潜在受众成为忠实受众,或者能吸引多少竞争者的受众到自己一方。

(2)根据广告主的情况定位。媒介公司吸引受众的主要理由之一是要能够把这些受众提供给想发展潜在顾客群体的广告主。只要这些受众特点与广告主的产品和服务特点相吻合,那么广告主就会乐意付钱。

(3)根据媒介的特点定位。通常,报纸和广播电台有很强的地方性,其受众和广告客户多集中在一定的区域之内;电视台尤其是卫星电视台则具有较强的全国性,其受众和广告主往往分布在全国各地。当然,就像广播电台要争夺异地顾客一样,电视台也使尽全身解数争夺地方顾客。

(4)根据信息资源的情况定位。由于社会环境、历史继承、社会分工等原因,不同的地方、机构往往也拥有不同的信息资源以服务相应的市场。北京是政治、文化信息中心,上海、深圳是金融、股市信息中心;教育部是教育信息的集散地,农业部是农业信息的枢纽。于是,这些地方和部门亦适合创办相应的媒介公司。

第三节　信息消费者的特点与权利

一、信息消费者与经营导向

1. 接受等于消费

戴维·巴勒特(David. Barrat,1989)认为:大众传播媒介采写制作的信息产品"像其他的产品一样,是工业加工过程的产物",而"电影节目或流行杂志的生产很像电冰箱或洗衣机的生产",并且"所有的生产都需要劳动分工、复杂的社会化组织和大量的高级技术资本投资。"因此,接受传媒信息即等于消费传媒信息。

既然是消费,那么就必然有交换或买卖的关系存在。作为生产者,媒介公司提供给消费者的是以最优秀的人才和最先进的设备生产出来的信息产品;作为消费者,广大受众回送给生产者的是金钱、时间和态度、行为上的变化。但是,人们对于将书籍、杂志、报纸等印刷媒介的读者和录音带、录像带、CD、VCD、电脑软件等音像制品的阅听人看作是消费者是容易理解的,而对于将广播台和电视台的听众和观众也看作是消费者的观点则难以接受,因为这些人一毛不拔却在日夜收听收看各种各样的精彩节目和有用信息。麦奎尔(McQuail,1992)坚持认为,电视观众不能被视为消费者,因为他们既不购买电视讯息,也不"消耗"电视讯息。对此,本·巴格迪坎(B. Bagdikian,1983)早就指出:"收听收看广播电视也不是免费的。他们什么都得付钱。""消费者在接收广播电视节目上的花费要比广播电视节目在播出中的花费要多得多。"他们不仅为"免费的"广播电视付钱,还要为"得到补助"的报刊付钱,为广告付钱,为广告所推销的商品付钱。然而,"他们所最依赖的传播系统——那些由广告支持的报纸、杂志、广播、电视却从来不把这些告诉他们。"因此,了解媒介经营管理上的这种戏法,既有助于解释上述错觉,也有助于正确理解"接受就是消费"和"接受者就是消费者"的观点。

2. 传播者主导还是消费者主导

在媒介经营管理中,一直有两种导向和两股力量左右着大众传媒的生存与发展。一种是以传播者(生产者)为中心的经营导向。对于新闻媒介来说,它主张传播者遵守新闻道德、秉持真实、客观、公正、全面、平衡的传播原则,承担社会责任,追求远大理想,为大众服务。这一导向的大众传媒,主要根据上级领导的指示和编委会的计划去采写编发(播)信息作品,缺少预先进行的市场调查,只凭直接和间接得到的片断反馈,就认定某些信息产品是市场所需要的,信息产品的设计和价格的制订完全由传播者(生产者)主观决定。另一种是以消费者(受众)为中心的经营导向。实行这一导向的大众传媒认为:"受众是上帝!它需要什么,我们就提供什么"。因此,媒介公司的一切计划与策略应以消费者为中心;发现并满足消费者的需求与愿望是媒介的责任;满足消费者的需要既可以避免政府的直接控制、减少采写编播人员的个人偏见,也可以更切合社会需要、获得长期的经济效益。但是,在具体实际操作中,社会主义国家的大众传媒大多采用以生产者为中心的经营导向,资本主义国家的大众传媒大多采用以消费者为中心的经营导向;在某个新闻媒介内,新闻部和编辑部多信奉传播者主导传播的观念,经理部和广告部多强调消费者主导传播的观念。

最近,日本经济研究中心理事长士志思征一在《"市场万能"主义可以休矣》(1998)一文中指出:"过去我们一直认为市场的功能是以对'价格'这一信号的反应为主。但是,问题在于能否把在瞬间内对质的信息进行判断这一任务全部交给市场。重新提出这一点有可能对市场经济的激流加以修正。"在媒介经营管理领域,消费者至上的市场导向,并不意味着媒介公司会以满足消费者的需要为目的,会充分尊重消费者的权利。为了实现最大限度的利润,资本主义大众传媒只是以此作为达到目的的手段。结果,这引发了一波又一波的消费者主义运动,消费者以此切实维护自身的权利和利益。对此,就连日本哲学家梅原猛都深感忧虑。他指出:"马克斯·韦伯曾说过,资本主义的西欧初期'一手拿圣经,一手拿算盘',而今天的资本主义世界已没有什么圣经,两只手里都拿着算盘,除了算盘之外没有任何规定人的行为基准。能赚钱就好,资本主义变得既无伦理也无文化","不能不说这正在变成一种非常可怕的状态"。①

事实证明,上述两种导向都有其无法克服的弊端,能够对这两种导向予以补充和修正的,也许就是在社会主义市场经济条件下

①［日］梅原猛:《回归哲学——探求资本主义的新精神》,上海:学林出版社,1996年,第123页。

中国大众传媒创立的"事业单位、企业经营"的导向。这一导向的基本观点是:以传播者为主导,以消费者为中心,社会效益与经济效益并重,传播者利益与消费者权益兼顾,实现传播者与消费者互助互利、和睦双赢的目标。采用这一导向的设想是:(1)传播者和消费者是基本利益的共同体,它们不分彼此,关系密切,唇亡齿寒;(2)消费者确实有自己的需要和权利,若得不到满足和尊重,他们会拂袖而去;(3)传播者具有满足消费者需要的条件和能力,并将此视为份内事;(4)但是,传播者也有自己的需要和权利应得到满足和尊重,否则他们也会弃之不干;(5)因此,这两者完全可以达成互谅互让、互惠互利、和睦相处的共进双赢关系。我们认为,这种整体互动的经营导向将会长期左右着中国大众传播媒介生存与发展,给它带来蓬蓬勃勃的生机与活力。

二、信息消费者的特点

信息消费者是信息传播的目的地,是媒介公司得以存在的前提和条件,也是信息产品的最终市场。因此,了解信息消费者的特点,对于媒介经营管理的重要性是不言而喻的。

西方媒介公司早就看到,中国是世界上最庞大的消费者市场(潜在顾客12亿),也是世界上发展最迅猛的消费者市场。因此,这个市场让西方媒介公司十分着迷和向往,而我国的大众传媒也应该加倍珍惜并充分利用。

关于消费者的特点,我们可以先从消费者在空间上的分布和存在的态势作出分析。

(1)众多性。在中国的任何日常的一天,其报纸的读者有5亿,广播的听众有9.5亿,电视的观众有9亿,信息消费者的人数是任何一个国家都望尘莫及的。

(2)混杂性。在中国12亿消费者中有56个不同的民族,有不同的党派和信仰,有不同的年龄和性别,有不同的文化程度和职业特点,等等,具有十分混乱、多样而又复杂的特点。

(3)分散性。这些消费者彼此分散居住,有的相距千里,不便联系,也很难让他们统一行动。

(4)隐匿性。这些消费者行踪不定,互不相识,素无关系,相互匿名。他们之间既无信息接受的协议,也无信息消费的准则;无共同感受,也无共同行动;他们对别人无控制功能,别人对他们也无可奈何;他们兴风作浪、呼风唤雨,但人们却不知道他们各自姓什名谁。

从信息消费者的购买和消费行为来看,其特点为:

(1)媒介:消费者购买的唯一对象。媒介作为负载信息和符号的物质实体,尽管它可以分为书籍、杂志、报纸、音带、唱片、影片等多种形式,但比起其他购买的对象,媒介要单纯得多,品种也少得多。

(2)信息:消费者购买的唯一目的。消费者为什么要付出一定的金钱、时间和代价来购买媒介?为了得到信息。信息是物质过程的思想内容,是具有意义的消息、事实或知识。信息是抽象的,不象物质那样具有实体或"质量"。信息虽无形貌、无重量,但却超过任何有形的物质和能源、能量,从而被人们喻为信息社会的真正财富和推动社会进步的重要动力。

(3)居室:信息消费的主要场所。读书、阅报、听广播、看电视的最佳地点是居室,虽然也有人在草地上读书、在电车上阅报、在走路时听广播、在大商场看电视,但这些毕竟不是主要场所。

(4)闲暇:信息消费的黄金时间。劳动时间、工作时间和睡觉时间肯定不是信息消费的最佳时间,闲暇作为"8 小时之外"的"可以自由支配"的时间,却是消费者尽情地接收和享受各种信息的主要时间。根据日本 NHK 广播舆论调查所 1975 年的调查显示:日本人平均每天看电视的时间为 3 小时,听广播 26 分钟,听音乐 8 分钟,看报 20 分钟,读书为 15 分钟。除去工作和睡眠时间,日本人接触大众传播媒介的时间占一天 6 小时休闲时间的三分之二。据联合国教科文组织的有关统计,世界发达国家居民平均接触大众传播媒介时间都已达休闲时间的一半以上。可见,闲暇的确是信息消费的黄金时间。

此外,对于信息消费者的特点,还可以从接受过程加以描述和认定,例如信息接受时消费者的视听性、信息性、精神性的特点等。

三、信息消费者的权利

根据有关法律条款和研究,我们认为信息消费者的权利有六种:

1. 选择权

这是信息消费者的一种最基本的权利,也是国际消费者联盟宣布的八种权利之一,即"消费者享有自主选择商品或者服务的权利。"在大众传播中,信息消费者面对众多的媒介和信息有权根据自己的需要、兴趣、口味和自己所能运用的方式作出自由选择——或喜爱或厌恶,或接受或拒绝,或收听或观看,没人可以强迫。法国学者贝尔纳·瓦耶纳(1986)写道:"报刊是为公众而制作的。报刊必须面向公众,而不是强迫公众向报刊靠拢。""每家报社都像一家商店一样,虽不能'量体裁衣',但至少在柜台中提供的大众消费品都是尽量制作和排列得吸引和讨好中等的消费者的。"对于这些商品,信息消费者有权进行比较、鉴别和挑选,有权拒绝"店主"和生产者的强制交易行为。

2. 知情权

信息消费者享有知悉有关方面真实情况的权利。对于大众传播来说,消费者有权要求大众传媒提供和通过传媒了解作为一个社会成员所应获得的种种真实的消息情报,有权及时得知政府、行政机构等的有关公共信息和国内外每天发生的重大事件或有意义的事件。特别是当有关信息涉及或影响到消费者的生活和工作,并且要求他不得不作出决定的时候,凡是有意扣留这些信息,或者传播假的或歪曲失实的信息,就是侵犯了消费者的知情权。知情权还包括消费者享有及时了解产品特性与功能、获得有关消费和消费者权益保护方面的知识的权利。

3. 安全权

大众传播媒介所提供的信息产品和服务不应有损消费者的人身安全和精神健康。大众传播媒介应该成为"公众的讲坛"和"社会的公器",而不应该成为个人或集团发泄私愤和侮辱他人的工具;它应该成为"人类灵魂的工程师"和精神文明的传播者,而不应该成为色情信息、虚假信息、暴力内容的"集散地"和精神污染的发源地。大众传媒最基本的准则就是:切忌损伤,即不要侵犯信息消费者的安全权利。

4. 隐私权

它是指信息消费者享有个人独处、对个人与公众利益、与公众事务无关的私生活进行保密、不受大众传媒打扰和干涉,以及个人的名誉和利益不受伤害的权利。任何人都有私生活,都有不愿让人知道的私事,也都希望不受打扰,有宁静独处的欲望,法律也认为这种权利应受保护。如果大众传媒以赢利为目的,不惜报道了他人的隐私,未经本人允许公开了其姓名、财产、身体、私人信件、日记、家庭矛盾等,侵犯了个人生活的安宁,引起了个人精神上的痛苦和不安,就是侵犯了他的隐私权。

5. 申诉权

即当消费者的正当权益受到侵犯时,他们有向政府或人民法院提出申诉并要求公开道歉和赔偿的权利。联合国教科文组织在《多种声音,一个世界》(1981)的报告中指出:"信息消费者有权把他所看到的关于个人生活条件、愿望、需求和痛苦的真实情况告诉别人。凡是用恐吓或惩罚迫使他保持缄默,或剥夺他利用传播渠道的机会,就是侵犯了这项权利。"在西方社会,信息消费者检举、揭发大众传播媒介诱导犯罪、传播虚假信息和色情内容,控告传媒干扰个人私生活,毁坏个人名誉,等等,都是在行使申诉权。

6. 监督权

这也是消费者权益保护法认定的一项权利。它是指信息消费者对大众传播媒介的运作和传播者的传播行为有察看并督促的权利,以免对社会和消费者产生不良影响或构成伤害。通常,信息消费者是根据法律条文、道德规范、行为准则等标准,并以写信、打电话、停止订阅、舆论声张等多种形式对大众媒介和传播者进行监督,促使其寻找适合国情、民情的途径和按照受众能够接受的方式行事。因为,在当代大众传播中,真正对大众传媒握有生杀大权的,往往不是几个领导者,而是广大的消费者。在美国,曾有一些消费者自发成立了专门对付虚假欺骗广告的监督组织;曾有一个宗教组织通过发动教徒抵制赞助商的产品,而成功地中止了一个低级不健康的电视节目的继续播出;曾有一个妇女反色情组织以给一年中最低级趣味的性感广告颁发塑料猪奖的形式,而使此类广告的刊播有些收敛。可见,受众或消费者的监督应是一种更有效的和更具权威性的监督。

认识和了解信息消费者的权利,既可以避免大众传媒由于侵权引起不必要的民事诉讼,也可以逐步在大众传播界形成尊重并维护信息消费者权利的良好风气。

第四节　信息消费者的需要与满足

凡是想要出售信息产品的媒介公司,首先应该了解那些想要购买这些产品的对象,了解他们有意或无意地掩藏起来的真正动机和需要,然后予以适当满足。对于信息消费者的需要和动机一无所知的人,是无法组织信息产品的生产和销售的。

一、需要：信息消费者的不懈追求

1. 动机和需要研究的回顾

在美国传播学界，最早对消费者的需要和动机进行探讨的著作有：贝雷尔森(B. Berelson)等人的《他们为什么阅读》(1940)、赫佐格(1942)的《日间连续剧听众的动机和满足》(1944)和贝雷尔森的《失去报纸意味着什么》(1949)等。1959年，伊莱休·卡茨(E. Katz)在驳斥贝雷尔森的一个错误观点的论文中正式提出了信息需要的理论。后来，英国传播学者布鲁姆勒和麦奎尔(J. Blumler & D. Mcguire)在《电视与政治及其作用和影响》(1969)一书中，着重探讨了英国"观众为什么看政治节目"和"观众需要哪一类政治电视节目"等消费者信息需要的问题。

大多教学者认为，消费者面对大众传播并不是被动的，而总是主动地选择自己所偏爱的和所需要的媒介内容和信息，而且不同的消费者还可以通过同一个媒介信息来满足不同的需要，并达到不同的目的。因此，不是传播媒介在使用人，而是人在使用媒介；而人使用媒介说到底只是为了满足其需要而已。

那么是哪些尚未满足的需求在促使消费者积极主动地选择媒介内容呢？施拉姆(W. Schramm，1949)曾用数学公式来说明：

选择的或然率＝报偿的保证÷费力的程度

这个数学公式表明，消费者满足需要的可能性越大，费力的程度越低，被选择的可能性越大。但这只解释了选择的现象，并未回答"有何需求"的问题。卡茨等人在《个人对大众传播的利用》(1974)一文中回答了这一问题。他们认为有五种社会需要导致消费者对媒介内容的选择和使用：(1)当出现各种紧张关系或发生冲突时，需要借助媒介信息来缓和；(2)出现新情况，发现新问题，需要通过媒介寻求有关情报加以解决；(3)媒介报道社会上出现了可以满足某些需要的少有的真实的机会，消费者盼望大众媒介进一步提供辅助性、补充性的信息或替代性的服务;(4)为了提高自身素养或获得某些知识和技术,需要利用媒介中合适的材料和讯息进行学习;(5)社会要求人们熟悉和掌握某些有意义的历史资料,消费者寻求大众传媒的记录和贮藏。

研究消费者的动机和需要,"是一种公认的理解消费者积极作用的办法。"但是,德弗勒和鲍尔—洛基奇(M. L. Defleur & S. Ball-Rokeach,1990)认为,这类研究过分强调了消费者的动机和需要,很难与更大的社会结构相联系。而且,"这种自认的因素是否真正说明媒介注意力的原因和满足感,也大可质疑。"

2. 为何要研究消费者的动机与需要

人类一切活动的基础,说到底是满足各种需要。人是有需要的动物。需要与人的本质和实际处境有关,它表现了人对物质、社会和精神方面的真正的需求。人若没有尚未满足的需要,特别是信息需要,就没有信息消费活动的发生。正是消费者的那些尚未满足的、具体的、特定的需要,规定了具体的、特定的消费活动。

没有需要,就没有生产。没有信息消费者的需要,也就没有大众传播活动。大众传播媒介要生存与发展,就必须善于发现、了解和研究消费者的动机和需要。

通过研究消费者的动机和需要,可以从中获得:(1)消费者购买信息产品的动机以及他们所受到的限制;(2)他们怎样获得产品信息和下决心购买的过程;(3)社会环境和舆论对他们动机和需要的影响;(4)他们接触大众传媒的具体条件和时间;(5)消费者对不同传媒形象的态度以及对征订、发行、收费和零售的看法;(6)他们对不同传媒的兴趣和使用习惯;(7)现有信息产品(如某部影片或某本书籍)所处的产品生命周期阶段;(8)设计、生产的新产品投放到受众市场后的大概情况和可能的趋势。这些信息情报,对于大众传媒有针对性地组织生产和销售,创造最佳的社会效益和经济效益,都是很有帮助的。

3. 如何研究消费者的动机和需要

研究信息消费者的动机和需要,就是客观地全面地正确地解释已获得的各种资料。通过分析消费者解释自己行为的方式和他们对自己行为说明的理由,可以从中发现他们掩藏起来的动机和需要。这意味着,研究者可以把消费者所说出的一切解释理由以及用行动所表现出来的信息,都可看作是包含着一定的需要和动机的因素。

在具体的研究中,首先应考虑到一些基本的原则:

(1)必须在研究了消费者的全部资料后才能得出结论,而不能根据零碎的、片面的材料匆忙下结论,更不能靠凭空想像得出结论。

(2)必须认真研究消费者的整个行为,而不是仅仅研究其行为的某一个方面,比如你不能在某位读者未读过某份报纸的情况下,要他回答这份报纸的订价贵还是不贵?

(3)必须记住消费者的需要和行为也是不断变化的,随着收入的增加、知识的提升、社会的进步,消费者也在变。

(4)必须联系信息产品及其服务对消费者进行研究,不要把消费者与媒介形象、产品质量、价格等割裂开来单独研究。

其次,应确定合理的研究步骤:

(1)个别交谈阶段。在个别交谈时,调查研究者应根据研究的范围,运用半指导性的或非指导性的方法,在消费者的家里交谈。在交谈时,调查者应该采取"中立的"态度。对谈到的问题,不要进行讨论,不要表示赞成或反对,也不要解释说明,不要作出自己的评价或提出解决的办法,更不要摆出自己是个权威的架势,向对方施加影响。你所能做的,仅仅是帮助对方消除疑虑,让他自由自在地表达自己的想法,说出心里话。

(2)小组讨论阶段。这种讨论,就是调查者把社会职业相同或相近的一群(8~10人)人召集在一起,让他们就第一阶段中提出的问题进行讨论。会议开两个小时左右。小组讨论和个别交谈一样要全部用录音机录下来,有时也可以使用录像机,但最好不让对方知道。这种讨论会不可能象个别交谈那样讲得全面、深刻,但从中可以了解到消费者对信息产品的内容、价值、服务以及媒介形象的看法,了解到他们的需求和动机。并且,这也有助于参加者说出在单独一个人时不愿表达或想说而未说出的某些意见和评价。

(3)抽样调查阶段。根据前两个阶段调查的情况,设计成问卷,而后抽样调查能够代表整体的一部分消费者,再以比例数为基础,进行推算和估计,从而得出目标市场的真正需求和消费者的真实动机。调查结果的正确性和科学性,取决于这项工作开展的深度和广度。被调查的人数越多,消费者的组成结构越复杂,其结果就越接近实际。

最后,应运用科学的研究方法。运用科学的研究方法,可以使研究者从各个个体消费者心理状态来判断集团和群体的心理趋向,可以使我们根据个体对媒介及其产品的意见和态度来推断和确定集团和群体的需求方向,还可以通过心理活动的分析找到消费者购买信息产品的内在动力、具体原因和基本过程。可以用于信息消费者的研究方法有:心理学方法,控制实验方法,调查研究方法,还有眼动摄影机、视向测验器、皮电反应记录器、视听测量器等研究技术也可用于这一研究。

事实证明,只要大众传播媒介根据对消费者动机与需要的研究结果制作、生产信息产品,就会受到消费者的欢迎。比如,在美国十分成功的儿童系列片"芝麻街",就是对儿童观众作了多年详细研究后才形成摄制形式的。美国广播公司(ABC)日常的杂志性电视节目"早安美国",也是经过大量的调查研究后形成的。他们所选择的主持人、节目编排法和节目内容,都是适应观众需要并为观众所喜爱的。

二、需要与满足需要的思考

1. 需要多种多样

需要是消费者对媒介产品的需求在头脑中的反映,是个体缺乏某种东西时的一种心理状态。根据需要的不同层次,马林诺斯(1931)将需要分为:生物性需要,手段性需要,综合性需要;马斯洛(1957)将其分为五类:生理需要,安全需要,社会需要,尊严需要,自我实现需要。这些需要都是由低层次向高层次或是以紧要性递减的顺序排列而成的。

根据需要的来源,约翰·加尔通(1978)将需要分为四类:同一需要,安全需要,福利需要,自由需要;奥斯卡·纽勒(1978)将其分为三类:同一需要,发展需要,超越需要。这里的同一需要、安全需要、发展需要是来源于生物系统的普遍需要;而福利需要、自由需要、超越需要是来源于人类自身的特殊需要。

在大众传播中,消费者的需要说到底是一种信息需要、精神需要。这一需要,通常还可以再细分为十大具体需求:求真、求善、求知、求新、求美、求和、求乐、求安、求慰、求富。虽然消费者的需要主要是信息的和精神的需要,但并不是说无需其他需要。事实上,所有的需要是交织在一起的,即精神需要与物质需要、高层次需要与低层次需要虽会有所侧重,但它们总是相互依存、交织重合的。

2. 需要灵活易变

兰登和戴文波特(Landan & Davenport,1959)认为:"一份报纸的价格,……无法通过供需的互动来决定,也无法通过生产成本得到反映。报纸售价的确定纯粹是独断专行。"因此,报纸的价格通常并不影响其订数或需求。曾有一项研究,对美国的213家报纸在25年间的发行资料进行过纵横对此研究,发现消费者对于日报的需求虽然有些波动,但在总体上是相对稳定的,没有明显弹性(Field,1978)。这是指美国的日报在订数上的需求变化,而不是指内容上的和其他国家的报纸销售上的需求变化。事实,消费者对内容的需要是灵活易变的,并且没有止境。在我国报界,读者的订数在 20 多年来一直有较大波动,有的报纸由 300 万份跌至 70 多万份,有的报纸由 10 多万份飞升 130 万份。

消费者对于书籍、杂志、电影、音带、碟片的需求,长期以来也一直受价格因素的支配。通常,当不同媒介产品的质量相同时,售价低的产品销量大;当不同媒介产品的售价相同时,质量高的产品销量大。

对于媒介产品来说,有时"免费的"媒介产品不一定大受欢迎。在双休日,向消费者发送的印满广告的报纸,往往会被人随手扔掉;一些通过组织下发的具有十分明显的说教气味的书籍,也会在极短时间内出现在废品收购站。无线电视与有线电视之争也是这样,前者"免费",后者付费,但有线电视的用户每年都以 10%以上的速度在增加,在中国的许多大城市,80%的居民都是有线电视的用户。这是因为,有线电视能最大限度地满足消费者的需要,即既能提供多频道的有线电视节目,又能提供多频道的无线电视节目,而且画面、声音清晰,而无线电视则不能全部提供这些服务。

3. 传播能满足需要

大众传播与信息需要的密切关系主要表现在三个方面:

(1)需要制约传播。消费者信息需要的性质、水准、强度、多少,决定着传播活动的规模、性质、水准和强度,而那些丰富多彩、生动活泼的传播活动也是以消费者的需要为前提和条件的,即没有需要就没有传播。

(2)需要与传播可以良性互动。在大众传播中,当传播者掌握了受众的需求,他们就会针对受众的需求通过恰当的内容和形式,以及一定的传播步骤来提高受众接受信息的积极性。其步骤一般为:刺激需要→表达需要→适应需要→满足需要;接着,再刺激或升华需要→表达需要→……如此往复循环,不断周转,从而在需要与传播之间就形成了一个良性互动的过程。

（3）大众传媒是满足需要的根本途径。受众当然可以直接从自然界和生产实践中获取信息，也可以直接从人际交往和组织传播中获取信息，以满足自己的信息需求。但是，在信息爆炸、需求急增的今天，这是远远不够的。广大受众必须通过用最先进的设备和技术武装起来的大众传播媒介，才能最迅速地得到来自世界各地的真实可靠的信息。可以说，当代受众一旦失去了大众媒介，就会立即爆发一场规模空前的"信息饥荒"。

第十一章　媒介组织的财务管理

　　媒介组织的财务管理,实际上是通过对资金的有效组织和合理运用,并使之增值的过程。它涉及到财务预算、财务分析、成本控制等诸多环节。其中最根本的环节是对资金运转的优化控制。所谓优化控制,并不是消极地减少资金支出,而是通过对资金的合理调配和使用,提高资金的使用效率和经营运作的利润水平。因此,财务管理需要对组织目标和每一个具体的经营管理的环节,作出准确、科学的评估,对预期产生的效益进行客观的分析,从而有利于正确的经营决策,减少成本支出,以期实现最佳的经济效益。

第一节　媒介财务管理的基本特点

　　媒介组织的财务管理是对生产经营过程中的成本、投资、利润进行核算,对资金、资产的使用进行预算、组织、分配和监控的过程。财务管理通过资金的分配和运转控制,对媒介组织各部门和媒介生产经营的各个环节进行计划、部署和调控,按照媒介组织制订的组织目标,充分有效地发挥各部门和各环节的职责及功能,以期取得最佳的经济效益和社会效益。

　　媒介组织作为生产媒介产品的社会组织,具有维护社会公共利益和实现经济效益的双重任务。而是否能实现经济效益,直接关系到媒介组织的生存和发展。因此,媒介组织必须遵循市场规律,对媒介生产经营的全过程进行财务核算和监控,以求不断降低成本,提高利润水平,通过有效的投资,加强媒介产品的市场竞争力。唯有如此,媒介组织才能有效地提高自身的管理水平和整体素质,在激烈的市场竞争中立于不败之地。

一、财务管理是一种内部管理

财务管理与营销管理有所不同,它是一种内部管理。它是通过建立和完善财务运作体系,科学地制订资金运转计划和方案,适时地组织和调配资金,强化各个环节中的成本核算,从而实现媒介组织的资金运转的最优化控制的一种方法。所以,财务管理更要应当从强化内部管理入手,以完善资金监控手段和反馈市场信息为核心。

这就要求媒介组织的最高管理层首先要把财务管理的职能放在全局的重要位置常抓不懈。在媒介经营管理中,许多机构把几乎全部精力放在了营销环节上,对财务管理过问很少,使得生产经营成本不断提高,影响了媒介组织的经济效益。因此,在媒介经营管理中,从最高管理层到普通员工,每个人都要牢固树立成本意识,这是创造一个良好的财务管理氛围的先决条件。

其次,媒介组织在进行重大的决策时,应吸收财务管理人员参与决策的制订,对决策的经济效益应有准确而全面的评估。事实上,媒介经营管理中的许多重大决策的失误,往往都与缺乏充分的财务管理的背景信息支持有着直接的联系,对项目的成本、效益缺乏科学的评估和测算。例如,我国近年来一些报业机构都忙于建报业大厦,本来这是无可厚非的。但是一些报社都要建全国最高的报业大厦,所以中国报业大厦的记录被不断地刷新。这种不顾经济效益、缺乏成本核算盲目追求形式的"第一"是极其盲目和危险的。这正说明了我国的媒介经营管理中还存在着严重的忽视经济效益、缺乏成本意识的现实问题。

再次,媒介组织的财务管理要建立起一支懂经营、善管理的高素质的财务管理人员队伍。对于媒介组织的财务管理人员来说,不仅要熟练地掌握财务管理的专业知识,而且还要熟悉媒介产品的营销知识。因为财务管理的许多内容都是与市场营销密切相关的。不了解市场营销知识,财务管理难以真正落实到位,对很多问题的分析也不可能准确而全面。许多媒介组织对财务管理人员的培养和挑选都很重视,从理论素养的提高到实践经验的完善,为他们提供了良好的条件,从而为形成一支可靠的财务管理队伍创造了条件。现代财务管理的核心问题是如何提高资金的使用效率。这一问题的提出,要求财务管理必须有全局的观念,能够及时洞察问题的症结,对整个经营管理过程中的各个环节作出全面、准确的评估分析,并找到解决问题的方法,以达到降低成本和提高利润的目的。为此,媒介组织要把成本控制和投资分析作为媒介活动中财务管理的工作中心。财务管理的一切工作必须围绕这个中心展开。这也是今后媒介经营管理中财务管理发展的一个重要方向。

二、财务管理是一种全程管理

财务管理渗透在媒介经营管理的全过程,贯穿于媒介生产经营的各个环节之中。媒介生产经营的起点是资金投入,终点是收益回报。这个完整的运转过程应当是媒介组织利润实现过程。但由于这一过程有许多中间环节,如投资、贷款、生产、营销、资金回收等等,几乎每一个环节都涉及到成本控制,哪一个环节的成本失控,都可能影响最终的利润实现,甚至可能导致经营的亏损或投资的失败。可见,对媒介经营管理实行全程财务监控是财务管理的客观需要,关系到整个媒介组织未来的发展速度。

在媒介经营管理的财务管理工作中,财务管理人员在长期的实践中,总结出了许多具有创造性的行之有效的方法。这些先进方法为提高财务管理的效能,发挥了积极的作用。比如分部门经费独立核算法,经费目标管理法,经济指标包干使用法,绩效挂钩分配法等等,这些方法在一些媒介组织使用后都产生了较好的效果。以分部门经费独立核算法而言,这一方法打破了在经费使用上职责不清、随意开支、浪费过大的旧的管理模式,实行按部门进行经费使用独立核算划拨,节余归己,超支不补。这样,从制度上入手,强化了各部门的成本意识和效益观念,把财务管理活动延伸到了媒介经营管理的各个环节当中。

我国第一家报业集团——广州日报集团,在推进报业集团改革的同时,在探索媒介经营管理中的财务管理方面也积累了许多可贵的经验。广州日报集团成立后,把发行处独立划出,在兼并广州市报刊发行社的基础上成立了广州市报刊发行公司,属于集团的二级公司,实行独立核算,自负盈亏。同时还成立了广州日报连锁店有限公司,也是属于集团的二级法人,实行独立核算。这个公司除了少数骨干由集团委派担任领导外,全部职工都是合同制工。集团除投资基本的设施和启动资金外,不负担员工的任何费用。员工的工资福利全部与工作业绩挂钩。这样既调动了员工和各部门的积极性,也极大地减轻了集团的经济负担,保证了集团的经济效益的提高。广州日报集团的成功经验在于,把财务管理与媒介组织推进现代企业制度有机地结合了起来,从而使财务管理更加科学化和规范化。广州日报集团财务管理的经验为中国的媒介经营管理树立了成功的典范。

三、财务管理是一种整体管理

媒介组织的财务管理并不是一个完全独立的活动,它应服务于媒介组织经营管理的整体需要,贯穿于经营管理过程的各项工作之中。财务管理是以对媒介组织的财务分析和经营效益的分析为依据的,在分析的基础上有针对性地对财务执行状况进行调整和控制。

首先,财务管理要立足对财务执行情况的分析,对媒介组织的整体运作情况进行全面的核算,找出影响经济效益发挥的主要因素。财务执行情况是对预算方案完成状况的反映,它全面综合了财务运作中成本、利润、开支等各种信息。分析财务状况是媒介组织进一步完善和调整经营战略,提出新的预算方案的重要依据。通过分析,媒介组织可以清楚地了解现实的经营状况和影响经济效益的各种因素的成因,找到解决问题的对策和措施。90 年代以来,我国的电视剧成为大众媒介产品市场的新投资热点,到 1997 年我国的电视剧年产量已达 1.5 万部(集)。然而电视剧的制作成本过高,使得电视剧的生产经营出现了大面积的亏损,生产难以为继。其主要原因是编导和演员的报酬太高,成为影响生产成本的最主要因素。针对这一情况,作为我国电视剧主要生产者和经营者的中央电视台,于 1997 年 8 月成立了中央电视台特邀制作人联席会,对生产成本居高不下的问题提出了对策,联手制订了电视片作业报酬标准的价格规范,遏制了成本不断上涨的趋势。这一规范规定:现代题材平均每集成本为 12 万元,最高 20 万元;革命历史题材平均每集成本为 15 万元,最高 26 万元;一般历史题材和革命战争题材平均每集成本为 20 万元,最高 40 万元。电视剧主创人员包括编、导、演每集报酬在 5 千元以下,特别优秀的不超过 1 万元。这一规范对于整个电视剧行业有效地降低生产制作成本,提高电视剧生产经营的经济效益起到了极大的作用。

　　其次,财务管理必须与市场营销策略等结合起来,从媒介经营整体运作和整体经济效益的角度,进行全面的把握和分析。媒介组织投资任何一种媒介产品或是一个项目,要对投资的效益和未来的发展趋势作出准确的财务分析,为此需要做到:

　　(1)要测算出投资回报率。即每年的投资收益率是多少,在多长时间可以收回全部投资。

　　(2)以市场扩张的可能性分析为基础,测算出市场份额提高的比率以及相应的经济效益。

(3)要考虑媒介产品的竞争力是否有充分的提高,在多大程度上能够有效地打击竞争对手,巩固和提高媒介产品的市场竞争力,以及在这一竞争力水平上所产生的经济效益。

(4)要考虑是否能扩充媒介产品的功能,吸引更多的广告主,以有效增加广告收益水平。如广播电视扩大发射功率,电视台增加频道以及增加新的栏目等。广告主看重的是广告效果,广告媒介功能的增加会相应地吸引更多的广告主对广告投入的增加。但是媒介组织的投资额与广告费可能增加的比率如何,则要根据广告市场的实际情况和媒介组织同行业的竞争状况作出客观的评估。

(5)要有利于媒介组织形象力的提高。媒介组织形象力是一种重要的无形资产,它主要指媒介组织的知名度和美誉度。在媒介市场的竞争中,无形资产与固定资产和资金一样,发挥着重要的作用,其价值是有形资产所无法取代的。媒介组织对于形象力这种无形资产,也需要进行必要的投资。虽然这种投资产生的效益显现得比较缓慢,但绝不是可有可无的。

上述的五个方面是财务管理的基本立足点,是确保投资和财务分析全面、准确、可靠的重要保证。

第二节　媒介财务管理的过程及概念

媒介组织的财务管理是由一系列相关的概念和过程构成的。这些概念和过程不仅是用以说明财务管理活动的基础,而且关系到如何运用这些概念来对财务管理的过程进行具体的操作。

一、财务管理的基本过程

媒介经营管理活动中的财务管理的基本过程可以简要描述

为：一是资金。媒介组织要用资金去购买设备和其他固定资产,如报社的印刷机、电视台的发射装置。同时资金还需用来购买各种原材料和支付人员工资等费用。生产过程也需要资金的投入。所有这些都是以资金为基础的。然后,媒介组织需要把它所生产的媒介产品销售给用户,由此实现资金回笼。当资金全部回收以后,媒介组织在这个资金的周转过程中实现了资本的增值,即产生了一定的利润,从而拥有了更多的资金,于是可以进行新一轮的生产经营活动。从资金到媒介产品再到资金回收的过程,是媒介财务管理的完整过程,从理论上来说,应该是资金增值的过程。这一运转流程见下面示意图(图 11-1)。

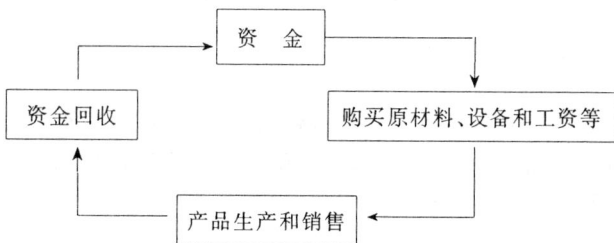

图11-1　媒介资金运转流程

　　如果我们把上述的资金运转过程不断地循环下去,那么媒介组织的生产经营就得到了不断的发展壮大。这一过程意味着,媒介组织通过生产媒介产品不断地实现资金回收,从而不断地创造出利润。只要媒介组织不停止这种运转过程,资金的运转就不会结束,财务管理也就不会终止。在这个过程中,媒介产品的价格充分反映了媒介组织的利润水平。因为媒介产品的价格越高,利润水平也就相应地越高。当媒介组织销出了所有的媒介产品并实现资金回收时,超出产品的成本,并使资金在数量上增加的那一部分,我们就称之为利润。当然从资金的投入到利润的实现过程是比较复杂的。其中包括许多可预见的和不可预见的因素,这些因素的任何变化都会影响到最终的利润实现,如市场风险因素、市场竞争因素、市场营销因素等等。我们在这里描述的仅仅是最常见的基本情况,如图 11-2。

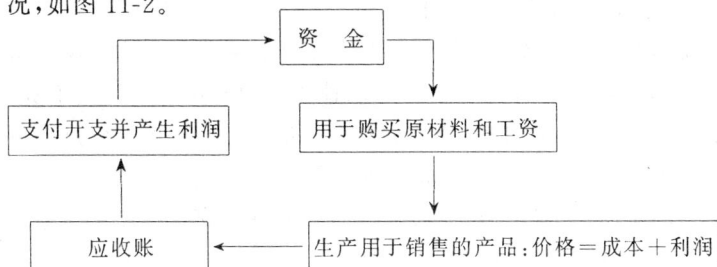

```
            ┌─────────────────┐
       ┌───▶│   资  金        │───┐
       │    └─────────────────┘   │
       │                          ▼
┌──────────────────┐      ┌──────────────────┐
│ 支付开支并产生利润 │◀─────│ 用于购买原材料和工资 │
└──────────────────┘      └──────────────────┘
       ▲                          │
       │                          ▼
┌──────────────┐      ┌────────────────────────────────┐
│   应收账      │◀─────│ 生产用于销售的产品:价格=成本+利润 │
└──────────────┘      └────────────────────────────────┘
```

图11-2　资金运转流程中的变数

在上述的财务管理过程中涉及到了一条列的有关概念,下面我们对这些概念作必要的解释和说明。

二、财务收入的相关概念

1. 流动收益(或运作收入)

媒介组织从日常的经营运作中所获得的收益都是流动收益。流动收益的概念是相对于非流动收益而言的。非流动收益是指不经常获得的、不可控制的和不稳定的收入来源,如存款的利息、社会或个人的赞助、捐助等。媒介组织的流动收益主要来自于两种渠道:一是广告销售收入,即媒介为广告主提供广告服务由此获得的收入回报。这种收入是许多媒介组织收入的最重要的来源。当今美国的报业的收入有 75% 来自于广告销售,而广播电视几乎全部收入都来自于广告。可见广告销售收入对于媒介组织来说是多么的重要。二是媒介产品销售收入。把报纸、杂志、电视、电影等媒介产品销售给受众,受众支付相应的费用,这就是媒介产品的销售收入。这种收入形式是一些媒介产品的主要收入。上述的两种收入是大多数媒介组织最重要的收入来源,也是其赖以生存的基础。媒介组织在多大程度上能够获得进一步的发展,主要取决于其收入的多少。

2. 流动开支(或运作支出)

流动开支是与流动收益相对应的概念。它是与媒介组织的运作过程和运作方式直接联系着的各种成本和费用,如租金、工资、营销和促销费用、原材料、贷款利息等。媒介组织生产经营过程中的每一个环节都涉及到成本的支出。这些成本支出是核算媒介产品价格的基础,也是核算利润水平的前提条件。媒介组织在财务管理中要注重节约各种费用,压缩非生产性的开支,以达到降低成本、提高利润水平的目的。

3. 运作资本

运作资本是媒介组织用于日常运作的基本资金,是媒介组织财务管理的重要组成部分。运作资本指的是流动资产(包括现金、应收账、存货等)和现行负债(包括应付账、各种应付的增长的开支)。

4. 现金流通

现金流通是指可以用于媒介组织运作的资金,它可以用于媒介生产经营的全过程。现金流通是媒介组织有效组织媒介产品生产经营的基本资金保障。购买原材料、支付员工工资和各种费用,都需要现金流通。

5. 开支

开支是财务管理中最需要控制的一个环节,也是最易失控的一个环节。在媒介生产经营中,开支是不可避免的。但是如何有效地节约开支,却大有文章可做。节约开支不仅需要财务管理部门的有力控制,还需要全体员工的共同参与。节约每一元的开支就意味着增加了一元的利润。财务管理的任务就是要了解每一个环节所需要的开支额度,以便进行合理的管理和控制。

6. 损益

损益是财务管理中的核心概念,其他的所有财务管理的概念都是以损益为中心建构的。所谓益,指的是收益,即利润,当收益超出开支时就产生了利润。所谓损,指的是亏损,当收益少于开支或成本时,就产生了亏损。媒介组织获得收益后,主要用于支付各种运作开支,或作为投资的资本用于购置各种设备扩大生产,或偿还贷款,或作为投资回报的分红分配给股东。赢利是媒介组织进行正常生产经营运作的基础,有了赢利媒介组织就能够保持生产经营的周而复始地循环运作。如果长期出现亏损,媒介组织则可能无法经营而最终破产。

7. 提高利润的机会点

媒介组织生产经营中总存在着若干个提高利润的机会点,其中两种最主要的途径就是增加效益和降低成本。这两种途径也是媒介组织赢利的最基本的手段。其他的机会点包括提高工效、增加有效的新的投资以获得最高的投资回报,利用现行的法规合理避税和降低税率,提高员工的技能和素质以全面提高生产力。关键在于媒介组织要善于抓住适合自身情况的提高利润的机会点,不断提高利润水平,扩大收益的渠道。

8. 投资回报

投资回报顾名思义就是媒介组织在生产经营过程中所花费的资金而获得的相应的利润。我们可以用一个最简明的公式来说明投资回报的问题:

$$投资回报 = \frac{利润}{投资}$$

上述的这个公式说明了投资回报的比率。投资回报率决定了利润水平。媒介组织的投资主要用于项目、设备、人员工资以及其他方面的费用。在媒介经营管理过程中,使用投资回报率的概念主要用于考察一个机构、一个部门或一个项目、一种产品的利润水平。投资回报是判断媒介组织经营管理水平和绩效的主要指标。

9. 偿付

偿付是指在一定的时间内对投资的资金进行偿还支付。偿付能力和偿付速度是评价媒介组织的投资效果的主要依据。偿付能力是媒介组织在一定的时期内偿还投资资金的能力水平。偿付速度是指偿还资金时间的快慢。一般来说,偿付的速度越快,说明投资效益越好,投资回报率越高。偿付金额包括本金和利息。对偿付金额要通过核算得出。核算的根据是对年度的最初投资所得的收益的划分。包括增加的收益和降低的支出。比如,广播电视投资一台调频发射机花费 100 万元,带来了增加的收益是 30 万元,同时由于减少了所需技术人员的人数,降低了人员工资是 20 万元,它的总收益是 50 万元。那么这个投资偿付周期就是 100/50＝2 年。

10. 资本投资

这种资金的投资主要为全部设施或主要设备的投资。媒介组织的设施和设备是生产经营的基本条件,包括办公场所、技术设备和其他设备。在现在的媒介生产经营中,技术设备的技术含量的高低决定着生产成本和产品的竞争能力。所以对于基本设施和技术设备的投资是不可缺少的。在当今媒介产品竞争激烈的时代,不断改进和更新技术设备是提高媒介组织竞争力的重要内容。

11. 折旧

折旧是指所投资的设施、设备在每年的使用中都有一定程度的损耗而降低其价值。至于这些设施和设备要经过多长时间完全失去了价值,则取决于它的折旧率,即折旧速度。一般来说,建筑设施和一些大型设备的折旧周期可达 20 年以上。大多数的办公设备如电脑、打印机、复印机等,其折旧周期很短,通常在三五年的时间。近 20 年来,随着技术革命的不断发展,媒介产业中新的生产技术不断出现,许多技术设备的折旧周期大大地缩短了。因此,对折旧率的把握要充分估计到技术创新的因素。

三、资产负债表的相关项目

资产负债表不是说明一个季度或年度的日常经营状况,而是说明媒介组织在某个时期的特定的环节上的资金状况。这一问题涉及到以下的一些问题或概念:

1. 流动资产

流动资产是媒介组织当前可以随时进行流通的财产,它的种类较多,有现金、适销的有价证券、银行存款、应收帐和媒介组织的存货产品都属于流动资产。之所以把它们称之为流动资产,是因为有较快的变现能力,具有较强的支付功能。这一特点是其他资产形式所不具备的。

2. 固定资产

固定资产是指建筑、厂房、土地和折旧周期较长的设备。其他资产负债表中包括了固定资产的内容。固定资产还包括媒介经营许可证的价值,作为媒介组织无形资产的商业信誉、商标、名号、技术秘密和营销网络的价值。无形资产的价值往往受到人们的忽视,其实它与有形资产同样重要,有时甚至更为重要。因为许多有形资产可以用资金在短时间内购置,而无形资产往往是长期积累的结果,也需要投入大量的资金。所以,媒介组织要对无形资产作出准确而合理的评估,以确定其有效的价值。我们假设某电视台的资产负债表的负债状况,其样式构成表 11-1:

3. 流动性负债

流动性负债是在资产负债表编制完成以后,最多在 12 个月内应当偿还的债务。它包括应付账、应付开支等项目。全部流动资产减去全部流动性负债,即为流动资金,亦称净流动资产。媒介组织近期的购买项目及应付账都属于流动性负债,在本年度中应当偿还的长期性债务也属于流动性负债。上述的这几个方面构成了流动性负债项目的全部内容。

表 11-1　某电视台资产负债表

1990 年 6 月 30 日

资产

　流动资产

　　现金　　　　　　150 000 元

　　应收账　　　　　300 000 元

　　合　计　　　　　　　　　450 000 元

　其他资产

　　地产和设备　　　8 000 000 元

　　经营许可证　　　　500 000 元

　　合　　计　　　　　　　　8 500 000 元

　总资产　　　　　　　　　　8 950 000 元

债务和净值

　流动性负债

　　应付账　　　　　180 000 元

　　利息支出　　　　60 000 元

　　税　金　　　　　55 000 元

　　合　计　　　　　　　　　295 000 元

长期性债务

　　集团公司借款　　2 300 000 元

　　银行贷款　　　　800 000 元

　　合　计　　　　　　　　　3 100 000 元

　总负债　　　　　　　　　　3 395 000 元

　　零售收入　　　　2 100 000 元

　　正常库存价值　　　550 000 元

　总净值　　　　　　　　　　2 650 000 元

　总负债与净值　　　　　　　6 045 000 元

322

4. 长期性负债

需要较长时间偿还的债务称为长期性负债,一般是指在资产负债表编制以后 12 个月以上需偿还的债务。长期性负债还需按期支付利息。抵押借贷和长期性银行借款,都属于长期性负债。这些负债都有作为债权人的法人或自然人。债权人有处置其债权的法律责任和权力,所以作为负债人的媒介组织必须与债权人严格按借贷协议办事,履行其偿还的责任和义务,避免发生法律纠纷。流动性负债和长期性负债的总和,构成了总负债。

5. 净值

净值是由媒介组织账面的库存价值和累积的零售收入(即媒介组织若干年累积的利润)相加而成的。将净值和流动性资产、长期性流动资产结合起来形成了总资产。净值反映了媒介组织的赢利状况和资产水平。

四、财务管理的其他概念

1. 借款

借款是媒介组织向外借用、筹措资金用于生产经营的行为。媒介组织在生产经营中很难完全依靠自有资金来进行扩大规模、加快发展速度,所以借款常常是不可避免的。借款反映在资产负债表上,尤其是长期性负债。借款必须有精确的财务分析、科学的决策方法,要从总体上权衡利弊,决定是否需要借款以及多少数量的借款,因为借款对损益会产生直接的影响。

2. 管理会计

所谓管理会计是指对媒介组织进行财务分析时,不是仅仅从财务方面去考虑问题,而是对改进和提高媒介组织的整体经营效益和运作效率提供有效的管理措施和手段。因此,管理会计与成本会计有着很大的区别。成本会计主要是考核各部门、产品和服务的绩效,管理会计则主要是从宏观管理的角度为决策管理提供基本的信息,实施监控和沟通的职能。管理会计的主要内容有:收益预测、开支的分类、各种预算方案的制订、资本投资、投资回报分析以及担当沟通信息的守门人(gate keeper)分析,如下面图 11-3 所示:

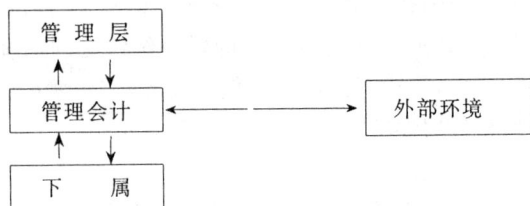

图11-3 管理会计的工作内容

3. 财务会计及其比率分析

财务会计是由专职会计人员,通常是注册会计师和银行工作人员对媒介组织的财务健康状况分析时所开展的工作。这种分析主要运用媒介组织的收益表和资产负债表来描述说明媒介组织财务状况和执行情况的不同方面的收益比率,其中包括公司的稳定性、资产利用状况、赢利状况等等。分析收益比率的内容主要有以下几种:(1)净值回报比率。这一比率说明了媒介组织的赢利能力,即作为利润的净值比率。(2)"酸性"比率(Acid test ratio)。这是用以测试媒介组织偿付能力的一种方法,即媒介组织应付其流动性负债的能力如何。(3)应收账成交额比率。媒介组织是否有效地使用了其流动性资产,即称之为应收账成交额。它显示了在一年内媒介应收的比率。它可以通过用销售额除以应收账来算出这一比率。我们假设销售额是 300 000 元,应收账是 60 000,那么应收账成交额比率就是 5。

第三节　媒介的财务预算

财务预算既是财务管理的一个环节,又是财务运作中的一种方法。财务预算是媒介组织对一定时期的资金运作提出的计划性布置和安排。它反映了媒介组织在未来一个时期内对媒介经营的资金分配、使用的总体设想和筹划,反映了媒介组织的重要的决策意图。预算过程要非常直接而明确地提出资金使用方案,对下一年的收益和支出情况进行总体性的安排。

一、财务预算的作用与要求

财务预算对整个媒介管理工作具有普遍的指导作用。它确立了本年度的工作中心和工作重点,使各部门的领导人明确了本年度经营管理的主要任务和努力方向,以及资金支配、赢利的目标和尺度。

财务预算必须具有全局的观念,针对不同部门的工作进程中的不同特点和不同阶段,以及经费使用情况,要进行统筹计划和统一安排,兼顾各部门的特殊需要,同时,也要在全局性观念的指导下对各部门的经费使用和赢利目标提出具体而明确的要求。在经费的计划使用上,要做到突出重点、兼顾一般、有的放矢、职责明确。对于收支平衡的把握,要力求在上一年的基础上做到进一步降低成本,提高利润水平,争取收大于支,即使有较大的项目投资,也尽量不要造成太大的透支,以免在今后的经营中造成沉重的债务负担。对于长期性债务,要通过认真核算,确保还贷能力的可靠性。

媒介组织在不同时期都有不同的组织目标。组织目标的确定代表了媒介组织的发展方向和经营意图,财务预算要充分考虑这一时期的组织发展目标的要求,在经费安排上提供充分的保障和有效的支持,确保组织目标的实现。财务预算并不仅仅是财务部门的事,应调动全体员工充分参与。这种参与不仅能够集思广益,吸收有益的意见和建议,改进和完善财务预算的方案,而且能够使全体职工都清楚地意识到自己的职责,积极配合财务部门认真地执行预算方案。因为,预算的制订过程也是最高管理层与各部门以及全体员工加强沟通,提高媒介组织的凝聚力和向心力的过程,实行决策的民主化的过程。这对于预算的制度是非常重要的。

二、财务预算的步骤与方法

财务预算首先要提出预算目标。预算目标是对全年的各项收入和支出情况提出的总的方案。具体内容通常包括五个部分,即收益、运作开支、运作利润、非运作开支、净利润或净亏损。我们假设某电视台的预算来说明预算构成的样式(如表 11-2)。

在制订预算过程中,财务管理部门先要落实各部门的预算,因为各部门的预算是整个媒介组织预算的基础。各个部门的预算提出以后,财务管理部门要根据媒介组织的总体要求,进行综合平衡,使之服从于全局的需要。同时全面综合各部门预算中的合理内容,把各部门的决策意图与最高管理层的决策意图有机地统一起来,达到对资金分配与收支平衡的最优化控制。媒介组织的财务预算方法主要有两种,一种是从上而下的预算,一种是从下而上的预算。媒介组织究竟采取何种预算方法,要视自身的具体情况而定。财务预算的制订要具有超前性,一般要求在新的年度(或财务年度)到来之前制订完毕。财务预算的时间安排也有两种方式,一种是自然年度时间法,一种是财务年度时间法。自然年度时间法是按照年历表的 12 个月的时间来安排财务预算的进度。财务年度时间法是媒介组织根据自己的需要,确定预算的 12 个月的时间进度,通常这一时间是跨年度的。

表 11-2 某电视台预算

收益	本年度	下年度（预算）
本地广告	5 000 000 元	5 200 000 元
全国广告	<u>800 000 元</u>	<u>960 000 元</u>
	5 800 000 元	6 160 000 元
运作开支		
直接开支	500 000 元	520 000 元
技术开支	120 000 元	140 000 元
项目开支	300 000 元	350 000 元
新闻	50 000 元	60 000 元
销售	20 000 元	22 000 元
促销	10 000 元	12 000 元
交通	50 000 元	40 000 元
<u>行政开支</u>	<u>400 000 元</u>	<u>410 000 元</u>
总运作开支	1 450 000 元	1 554 000 元
运作利润	980 000 元	1 270 000 元
非运作开支		
折旧	430 000 元	410 000 元
管理费	80 000 元	70 000 元
利息	<u>110 000 元</u>	<u>105 000 元</u>
非运作总开支	620 000 元	585 000 元
利润（或亏损）	320 000 元	685 000 元

　　制订财务预算最理想的方法是采用零数基础预算法。所谓零数基础预算法是指媒介组织在制订财务预算过程中提出一定的财务目标，而没有任何先前遗留的财务历史问题，亦即陈账。在零数基础预算中，所有指标都从零数开始，所以，媒介管理者在建立理想的预算方案时，就不必为历史上遗留下来的财务问题而担忧，如

债务、欠款、应收款等。采用零数基础预算法一般是在上一年的预算方案不成功的情况下,对下一年度的预算方案采取的一种新的经营管理思路。

所以,零数基础预算法的采用意味着要在预算方案中体现出新的市场营销观念和新的决策意图,在预算中要贯穿新的经营理念和新的经营策略。否则,采用这种预算方法就失去了它的应用意义,也无法检验采用这一预算方法所产生的效果。

采用零数基础预算法要从实际出发,认真研究市场变动的态势,分析媒介组织产品和经营的优势和不足,扬长避短,在市场竞争中不断适应市场的变化,以变应变,把握住市场竞争的主动权。

零数基础预算法并不意味着对上一年度预算方案的全盘否定,在研究总结经验教训的基础上,对于媒介经营管理者来说,既要有所创新,还要考虑到经营管理工作的连续性、整体性和系统性,对于上一年度预算方案中成功的、有益的东西要予以保留;对于上一年度预算方案中失败的,反面的东西要予以剔除,这样才能使新的财务预算方案更加科学、合理,也能保证新的预算方案的实施能够产生积极的效果。这正是采用零数基础预算方案的意义所在。

第十二章　媒介经营管理中的法律问题

媒介经营过程中出现的各种法律问题比较频繁。这些法律纠纷虽然不能完全避免,但是完全可能有效地防范。法律纠纷不仅给正常的经营管理造成严重的干扰,而且往往造成经济上和声誉上的严重损失。当今社会正走向法制化社会,媒介经营活动必须受法律的约束。媒介组织应当加强对自身的法律监督和对自身的法律保护,不断提高员工的法律素质。媒介运作中涉及到的法律纠纷的类型较为复杂,有民法、著作权法、广告法、保密法、刑法等,加之媒介自身的法律规范还不够健全,这给媒介运作中对法律规范的把握更增加了难度。

第一节　媒介与法律

在当今的社会中,大众媒介对人们的影响是多方面的,人们与大众媒介的联系也是多方面的。可以说,大众媒介已经成为人们生活内容中不可或缺的组成部分。人们通过大众媒介发布信息、了解新闻、学习知识、进行娱乐。大众媒介如此深入地渗透到社会生活的各个层面,以致它潜移默化地影响着人们价值观念的形成,并改变着人们的生活方式。

大众媒介犹如一把双刃剑,对它进行合理的规范和正确的利用,它能够为社会创造财富,促进社会的健康发展;如果它一旦偏离正确的轨道,则可能给社会造成严重的危害,甚至是灾难。因此,必须对大众媒介进行有效而规范的控制,而这种控制主要是通过法律制度来实现的。在现代文明社会中,如何把大众媒介活动纳入到法制的轨道之中,使之趋利避害,更好地促进社会的发展和进步,是目前亟待解决的一个重要课题。

一、媒介必须依法经营与运作

现代社会是一个法制社会,一切社会活动都必须在法律制度的规范下进行,任何社会组织和个人的行为都应受到法律的约束,没有超越法律之上的特权。大众媒介也不可能例外。一方面,社会需要大众媒介按照法律来开展活动,保障社会的正常秩序和公民及社会组织的正当权利;另一方面,大众媒介组织及其工作人员的正当权利和需要也必须受到法律的有效保护。否则,大众媒介组织就难以进行正常的活动。这是一个问题的两个方面。二者都不可偏废和忽视。偏废和忽视哪一个方面,都会给整个大众传播事业造成难以估量的后果。

人们常把新闻记者称为"无冕之王"。这意味着新闻记者在某种程度上掌握着社会舆论的"生杀予夺"大权。这就更需要新闻记者有强烈的自律意识和法制观念。因为如果新闻记者一旦滥用这种权力,就会造成整个社会舆论导向的迷失,引起社会的矛盾和冲突。新闻媒体之外的其他大众传媒的工作人员,也都是通过各种媒体对社会施加影响的,他们也同样对社会承担着相应的责任和义务,其行为必须受到法律的严格的约束。

近年来,无论是国内还是国外,因大众媒体引起的各种纠纷可谓是屡见不鲜。从国内的"新闻倒爷",到英国王妃因新闻记者追踪而丧命黄泉。这些问题许多是由大众媒介组织和新闻记者所引起的,给社会造成了极其恶劣的影响。这些问题也促进人们对大众媒体的法律问题进行了更加深刻的反思。这就是如何建立和完善适应现代社会的大众传播的法律体系,如何对大众传播工作者进行更有效的制约和自律。虽然解决这些问题不可能一蹴而就,但是也充分说明完善大众传播工作的法律体系,确实到了非解决不可的地步了。

大众传播工作者是社会中的一群特殊群体,扮演着重要的社会角色。他们的一举一动都对整个社会生活产生着特殊的影响。因此,除了大众传播的行业组织必须建立起严格的自律和监督机制之外,还必须以法律手段对大众传播组织和工作者进行有效的控制和制约。过去,对大众传播组织和工作者往往是从纪律规章方面强调得多一些,而用法律手段制约得比较少一些。这使得一些大众传播组织和工作人员,常常随心所欲,毫不负责地传播社会信息。虽然这种状况目前已经有了一定的改观,但力度还远远不够。尤其是我国新闻机构和其他媒介机构,往往都是以政府代言人的身份出现,与政府和司法机关有着密切的联系,因此,受到法律约束的外在环境更加自由和宽松。这实际上是不利于大众媒体的健康发展的。我国各级大众传媒所刊播的各类广告,违规违法者很多,尤其是地方的各媒体情况非常突出。国家明令禁止在新闻媒体上刊播的香烟广告,却常常见到以各种方式刊播。而工商行政管理机关真正处罚媒体的很少,实际处罚的基本上都是广告主。这样造成了各种媒体上违规违法广告层出不穷,屡禁不止的局面。

所以,即使是颁布了大众传播的有关法律法规,仍然不能说法律体系的建设已经完备,更重要的是法律的实施和执行。得不到有效执行的法律法规,无异于一纸空文。这正是目前大众传播法律体系建设中的核心问题。

二、法律必须保护媒介组织及其员工的权利

大众传媒组织及其工作者的正当权利的法律保护,是大众传播法律建设的另一项重要内容。在大众传播活动中,记者、编辑、作

者和其他工作者的合法权益受到侵害的事件并不少见。特别是对于新闻工作者来说,他们担负着重大的社会责任。他们的工作性质决定了必然要触及到社会上的一些地区、部门和个人的不正当的利益,并由此引起相应的矛盾和冲突。如果对新闻工作者不能采取有效的保护,他们的正常工作就会受到很大的干扰,甚至无法开展,作为社会"监视器"的新闻媒介就会失灵,发挥不了应有的作用。社会赋予他们的重要职业使命就无法完成。

在我国,各种法律法规明确提出了保障新闻和其他大众传播的正当权利。《中华人民共和国宪法》第一章第二十二条规定:"国家发展为人民服务、为社会主义服务的文学艺术事业、新闻广播事业、出版发行事业",从根本上确立了大众传播的法律地位。

同时,我国的大众传媒是党和政府的重要宣传工具,党和政府为大众传播活动提供和创造了各种有利条件,制订了一系列旨在保护大众传播活动的法律法规。尤其是对新闻采访活动,为一些权威的新闻机构提供的优越条件,在其他许多国家是难以看到的,但这并不意味着我国保护新闻工作者的法律体系已经很完善。应该说完全针对新闻工作者新闻活动的法律保护的完整而系统的规范体系,迄今还没有建立起来。比如记者的采访活动应该如何进行法律保护,如何进行规范。1991年在北京就出现了新闻记者采访某区法院开庭情况受到法警殴打的事件,殴打记者的恰恰又是一个执法机关。不能说法警对法律是无知的,问题的实质在于新闻活动的详细的法律保护措施的依据迄今还没有。可见,大众传播要真正走上法制化的轨道还有很长的路要走,还有许多基础性的工作要做。

三、加强大众传播法规研究

大众传播所涉及到的法律问题种类繁多,十分复杂。既涉及到法律理论中的许多前沿学理问题,也涉及到传播实践中的具体实际问题。由于许多问题带有跨学科的性质,所以对传播中的法律问题往往有不同的看法,并没有一个准确的定论,有一些问题还在学术界的继续探讨之中。

大众传播法制建设的完善也还需要理论界的进一步努力。大众传播中的法律问题一直是媒介管理中的一个重要内容。历来备受媒介管理界的重视。由于各国的具体情况不同,对媒介活动约束的法律体系也有很大的差异。从美国媒介管理中的法律体制来看,它主要侧重于媒介活动的外围的法律事务,即与媒介活动相关联的法律问题,而不是针对媒介活动本身制订的法律。如媒介活动中所涉及的民法、劳工法、广告法等等。应该说针对媒介活动的立法还不是很充分,也不是很完善。虽然美国以《第一宪法修正案》中所倡导的"新闻自由"而引为自豪,但同时美国的各级行政部门对媒介活动制约的法律条规也是很多的。对于如何准确地理解和把握"新闻自由"的尺度,缺乏具体可操作的法律规定。

因此,美国著名传播学家梅尔文·德弗勒和埃弗雷特·丹尼斯指出:"在这些领域中宪法所保障的新闻自由不是绝对的,而是有限的。但在实际生活中,新闻自由不仅依赖于宪法上抽象的规定,还依赖于法庭、官僚机构和政客们的日常决定。……进一步说,在特定的情况下,实际意义上的新闻自由也不同于理论上的新闻自由。"① 从媒介管理的角度来看,如何使媒介活动的法律制度具体化、规范化和科学化,是许多国家都面临着的一个共同问题。

媒介管理中的法律问题,贯穿于媒介活动的全过程,遍及媒介领域的各个行业。而且不同的媒介行业的法律问题有不同的特点,涉及到若干不同类型的法律领域。这些法律问题主要包括:媒介机构和媒介设施设立和使用的法律规定;新闻采编、文字创作和影视作品中的民誉权、隐私权和知识产权的保护法律规定;媒介活动中

---

① 梅尔文·德弗勒、埃弗雷特·丹尼斯著:《大众传播通论》,北京:华夏出版社,1989年,第123页。

的技术秘密和国家机密的保护的法律规定;媒介经营中的经济法、人事管理中的劳动人事法律法规;广告活动中的广告法以及其他的法律法规。

这些法律法规除了一些是属于媒介行业专门的之外,还有一些是普通的适用于多种行业的法律法规。所涉及到法律法规领域包括:新闻出版法、广告法、商标法、著作权法、保密法、民法、经济法和刑法等诸方面。就我国媒介领域的专门法律法规而言,广告法、广播电视的法律法规相对比较健全和完善,新闻出版要滞后薄弱一些。我国从1995年开始颁布实施广告法以来,以广告法为核心,以相关的法规为辅助的广告法律法规体系已经逐步建立和完善了起来。1997年8月1日颁布,同年9月1日实施的广播电视管理条例,从立法的质量上来看是比较高的,是一部比较完备的媒介管理法规。但从总体上来看,我们媒介管理中的法律建设仍存在着一些问题,最突出的有两点:

(1)立法速度较慢,跟不上媒介行业形势发展的需要。作为一个法制的社会,立法要先行。媒介行业尤其如此。立法的滞后,给媒介活动造成了一定的混乱,出现许多问题,都无法找到相关的法律依据加以处理和解决。

(2)现有的有关媒介行业的法律法规仍需进一步完善。我国目前在媒介法律的研究方面,整体上水平还不是很高,这不能不影响到媒介行业法律法规的立法过程中的适用性和科学性。

媒介行业的法律问题有其特殊性,它与其他领域的法律问题有很大的差异。不把握媒介业法律问题的特殊性,就不会有高质量的相关的法律法规文本,也不会有成功的媒介领域的司法实践。

1988年上海一记者因写一"疯女案"报道而被法院判有诽谤罪,成为全国第一起新闻记者因新闻传播活动被刑事处罚的案件,引起国内外舆论的哗然。同年9月香港《镜报》一篇文章《上海出现告记者热》,列举数起发生在上海的告记者案件,而且都是记者败诉而告终。著名报人冯英子先生在 1988 年第 11 期的《中国记者》杂志上著文指出："由于当事人的叙述不清,由于记者的记忆能力和表达能力,有时偶然'失实',也是不可避免的,不然,报道上又何必有'更正'这一类。可是'失实'同'造谣、诽谤'怎么能等同起来?……倘若偶有失实,便成诽谤,一经指责,便能判刑,则新闻记者岂不人人自危? 疯女案事件,是解放以来,第一次新闻记者被控为诽谤而判刑的事件。""疯女案事件"恰恰说明了我国在新闻法制建设和司法实践上的不完善。这种状况给新闻工作带来了很大的被动。

1988 年 7 月,上海还审理了我国第一例小说诽谤诉讼案。作家张士敏发表了长篇小说《荣誉的十字架》,作品中的主人 Z 的模特儿是以"背篓精神"而扬名全国的著名劳模杨怀远。这一案件虽开庭审理,但遭到了文学界的批评。这一案件仍然说明了大众传播业立法工作的滞后,已很难适应当今社会发展的需要了。

这并不是说记者和作家完全可以在写作中随心所欲而不受民法或刑法的约束,但是违法及其处罚的法律界限如何界定,其法律依据是什么,必须有一个明确的法律文本。否则在处理这类法律纠纷时,难免会无所适从,或是作出主观臆断的判决。

由于大众媒介是社会的中枢神经,是全社会关注的焦点,它的法律问题受到复杂的社会背景的影响和制约。政治、经济、宗教、法律和文化传统,都可能对大众媒介的法律问题产生深刻的甚至是决定性的影响。只不过是不同的国家、不同的政治体制和不同的历史时期,这些因素对大众媒介的法律体制影响的程度有所不同而已。这正是大众媒介法律问题错综复杂的一个主要原因。

资本主义制度声称是有着充分的新闻自由的。美国更是自诩为"绝对的新闻自由"的国度。但实际情况也并非完全如此。不仅政府以行政和立法的手段来控制着大众媒介,而且私人或私人组织以经济的手段来控制着大众媒介,从而确保大众媒介成为他们的代言人,维护他们自身的利益。正如梅尔文·德弗勒和埃弗雷特

·丹尼斯所说:"在特定的情况下,实际意义上的新闻自由,也不同于理论上的新闻自由。因此,我们下一步要看一看对传播媒介实行政治控制的机构,包括法院、立法机关、白宫、官僚,甚至公民。这些群体既对传播媒介施加正式的控制,又对情报流通有着非正式的影响。""州立法机关制定的法律对大众媒介有相当大的影响。它们可以修改或重写有关诽谤、误传、企业税、报纸广告、有线电视和许多其他方面的法律。……如果把行政部门也考虑在内,政府对媒介的影响就更加错综复杂了,包括白宫在内的许多政府部门和机构。有些联邦政府部门和机构的官员通过政府的分级保密制度对情报施加影响,有些官员则对流向新闻界和公众的情报施加非正式影响。"①

　　在中国,大众媒介是党和政府的喉舌,担负着重要的职责和使命。党和政府对它有着严格的要求,进行了严格的管理,对大众媒介的控制和管理运用行政性手段要多一些,相对而言运用法律手段进管理要少一些。尤其是新闻媒介,一旦出现了一些法律纠纷时,往往通过法律手段来解决的比较少。因为新闻机构,特别是一些著名的新闻机构,在中国有着特殊的社会地位,政府对它们实行了特殊的保护政策。如果动辄对新闻机构诉诸于法律,难以维护新闻机构的权威性和公众形象。这是中国特殊的新闻机构的体制所决定的。但这种状况从今后的发展的趋势来看,必须要加以改变。新闻机构作为一个法人,它与其他法人、社会组织和公民都享有同样的平等权利,不应有任何特殊之处,更不应具有超越法律约束的权力。

　　广告业的法律法规,由于与经济的关系比较密切,受政治、宗教等意识形态因素的影响要小一些。各国在广告的立法方面相对比较完善。我国从 1987 年 10 月颁布了《广告管理条例》以来,先后

　　① ［美］梅尔文·德弗勒、埃弗雷特·丹尼斯著:《大众传播通论》,北京:华夏出版社,1989 年,第 121 页。

于 1988 年 1 月颁布了《广告管理条件施行细则》,于 1995 年 2 月颁布实施了《中华人民共和国广告法》等一系列法律法规,应该说我国的广告立法已经初步完备了。但是在实际的执法过程中,严格执法的力度还不够,在一定程度上影响了广告法的实际效用。这一问题应当引起充分的重视。

媒介组织在媒介运作过程中,出现一些法律纠纷往往是难以避免的,但是积极的防范和妥善地处理仍是十分重要的。

(1)要强化媒介工作者的法律意识,尽量避免可能出现的法律纠纷。事实上,只要有充分的防范意识和认真的工作态度,绝大多数的法律纠纷是完全可以做到防患于未然,或是可以避免的。1997年 11 月 25 日,中央电视台《焦点访谈》记者到山西省采访潞城交警沿途设卡乱罚款。记者在公路沿线乘车来回跑了两三天,仔细观察,发现了问题的症结。潞城交警对过往的运煤车辆不论空车还是装载车均按超载处罚。了解到这一规律后,中央电视台记者专门安排了一辆没有超载的货车,并事先过磅,然后上路,果真被按超载罚款。这一过程全被记者用摄像机记录了下来,可谓是证据确凿。假如采访的记者不作充分准备,随便采访被处罚的车辆,则可能会确因超载而授人以话柄,引起不必要的法律纠纷。这一采访细节的处理,足见《焦点访谈》记者在新闻采访中过细的法律纠纷防范意识。因此,每一个媒介工作人员,不仅要熟悉大众媒介相关的法律法规,而且还要通过实例分析和具体的工作实践,来把握运用这些法律法规的能力和技巧。

媒介组织要对员工开展法律教育,灌输法律意识,使员工人人树立牢固的法制观念。对于工作过程中可能产生的法律纠纷,必须交由决策层进行集体研究,必要时应咨询法律专家,然后再作决定。在涉及到敏感的报道、宣传以及合同等重要事务时,要认真落实,严格把关,确保媒介的运作的万无一失。

(2)媒介组织应当设立专门的法律顾问,使其参与媒介组织的日常运作和重大决策。对于媒介组织的各项工作,都应放到法律的角度进行充分的考虑,保证不违规、不犯法。无论从宏观的把握上,还是细节的微观把握上都要力求做到合理合法。这样才能使媒介组织在根本的大方向上不误入歧途、不迷失方向。这是一个根本的原则性问题。《江苏健康报》因出卖刊号并造成恶劣影响而被国家新闻出版总署撤销。1995 年 11 月,四川人民出版社因侵犯云南《奥秘》画报社著作权和商标权,经法院审理调解后,赔偿 25 万元,并登报赔礼道歉。此类的例子屡见不鲜,往往结果都是相同的。这说明了媒介组织缺乏法律工作者的指导,在日常管理中尚未具有法律意识,最终不仅给媒介组织造成了经济上的损失,更重要的是极大地损害了媒介组织的声誉和公众形象。其实媒介组织只要聘请法律顾问参与决策和日常管理,这些法律纠纷是不难避免的。

(3)媒介组织出现了法律纠纷时,不要消极地回避。在弄清事实、责任和利害的前提下,按照法律程序和规定妥善地加以解决。无论通过诉讼手段还是非诉讼手段,都要着眼于维护媒介组织的利益和声誉,既不可文过饰非,也不可无原则地迁就和退让。

在处理法律纠纷中,应尽量聘请律师参与。由于律师是专业的法律工作者,对法律的专门知识和法律程序比较熟悉了解,往往能抓住问题的要害,大大提高工作效率,加快法律纠纷解决的进程。所以,律师的作用是非专业的法律工作者所难以替代的。同时,由于一些律师对媒介行业的法律法规可能不一定很熟悉了解,媒介组织应积极配合律师的工作,尽可能提供媒介行业法律法规的背景材料。

第二节　各种媒介中的法律问题

大众媒介是一个复杂的庞大的系统,它涉及的门类繁多,包括新闻、出版、影视、广播、广告、音像等等。各种媒介涉及到的法律问题既有共性,也有差别,应当有所区别地进行处理。从媒介运作的过程来看,从采访、写作、编辑、出版、发行,每一个环节都与法律事务密切相关,都关系到不同门类的法律规范。从媒介管理的角度来看,媒介组织要采取有效手段,对媒介运作的全过程进行法律监控,避免违法犯规,确保合法经营。这不仅要善于把握不同媒体运作中的法律问题的敏感点,常容易出现法律纠纷的各个环节,还要严格区分法律问题的是非界限。这就需要对媒介行业的法律法规娴熟地掌握,并能灵活地加以运用。在此我们对不同的媒体的法律问题的要点,分别进行论述。

一、新闻活动中的法律争议

在新闻活动中,最容易引起法律争议的问题主要有三种类型:一是隐私权的侵犯;二是诽谤行为侵害;三是对国家和社会组织秘密权的侵害。这三种类型的问题在不同国家的新闻活动中都是无法避免的问题。

1. 隐私权

从法律上来看,隐私权属于名誉权的一种。这一法律关系属于民法调整的范围。但它又与其他的名誉权有所不同。隐私是一种客观的事实,它是属于个人的不愿告知他人或不愿公开的事情。如果将个人隐私公开,则可能给当事人造成名誉上的损害,或精神上的压力和痛苦。我国《民法通则》中没有提到隐私权的概念,但司法机关有明确的司法解释。最高人民法院《关于贯彻执行〈中华人民共和国民法通则〉若干问题的意见》(试行)第140条规定:"以书面、口头形式宣传他人的隐私,应当认定为侵害公民名誉权的行为。"从而明确地提出了隐私权侵害违法的问题。但是隐私的内容究竟包括哪些?从法律上如何加以界定?并没有明确的法律依据。但是从司法实践来看,隐私的内涵是约定俗成的。由于这一内涵也有不明确的一面,给人们对这一概念的准确把握也造成了一定的困难。

1997年9月,北京市零点调查公司在一项关于隐私权的随机抽样调查中,被调查者甚至认为个人的身体健康状况也属于隐私的范围,说明了隐私的范围在现代社会中有扩大的趋势。当然人们日常生活中认为的一些隐私权,并不一定完全具有受到法律保护的意义,如上述的个人健康隐私的问题。虽然对于隐私权范围的法律性界定不是十分明确,但是法理上的解释应该说是比较充分的。

通常认为隐私权侵害的内容包括:非法监视监听他人行踪;故意窥视拍摄他人在住所的私生活情况;故意刺探了解他人的通信及私人文件的内容;非法调查他人性生活及财产的状况;非法以口头、书面或其他能使他人知晓的方式披露公开他人的隐私资料等行为。

新闻活动中侵犯他人隐私权的法律问题,较之一般的民事法律问题要复杂一些,因为对一些重要的事件的采访、报道不可避免地要涉及到一些当事人的隐私,如性犯罪中的受害人,甚至是性罪错中和一些流氓犯罪中的犯罪嫌疑当事人,对于其真实姓名,或犯罪过程中的某些具体细节,都不宜公开报道。如果以猎奇或其他目的故意公开披露当事人隐私的,则更是明显的违法行为。

80年代,河北一女作者在采访我国著名女作家杨沫后,未经杨沫本人同意,公开发表了《杨沫的初恋》一文,侵犯了被采访人的隐私权,成为近年来我国最大的一起媒介侵犯隐私权案。因此,对于涉及到个人隐私的内容的发表,必须征得当事人的同意,媒介组织在接触到这一类内容时,也应严格审核把关,避免可能出现的法律纠纷。

从新闻活动的实践来看,新闻活动中涉及到的隐私权的侵犯应该说有两种类型,一种是不违法,但有悖于新闻职业道德。这一类问题,应当由新闻行业的自律手段加以处理。另一种是明显侵犯了当事人的隐私权,属于违法行为。其行为应由法律手段进行处理。

一般说来,在司法实践中,对新闻活动的隐私侵害的法律责任的追究是比较宽松的。不是十分突出的侵害行为,或不是出于主观故意、没有造成严重的后果,通常不会追究新闻工作者和媒介组织的法律责任。但这不能成为新闻工作者和媒介组织放纵自己行为的思想依赖。新闻工作者和媒介组织都要以严格的新闻职业自律的规范,来开展新闻活动。

2. 诽谤行为

我国《民法通则》第101条规定:"公民的人格尊严受法律保护,禁止用侮辱、诽谤的方式损害公民、法人的名誉。"我国《刑法》第246条也规定:"捏造事实诽谤他人,情节严重的,处三年以下有期徒刑、拘役、管制或者剥夺政治权利。"可见,诽谤行为受到民法和刑法两种法律关系的调整。

新闻是以对客观事实的真实报道为基础的。新闻工作者所编写的内容应当以事实为依据,客观地反映情况。但是在新闻实践中,也不能完全排除新闻报道中的失实,有的甚至给当事人造成了一定的损害。这里既有客观的因素,也可能有主观的因素。如对某些事实暂时无法一一核实调查、被采访人的陈述有误,或是记者工作疏忽等等。

但是,新闻失实究竟在何种情况下才构成诽谤行为,无论从新闻实践还是从司法实践来看,对这一问题的研究都还不够充分,司法实践中也没有一批比较成功的典型案例。不过近年来,因新闻所引起的诽谤诉讼事件,还是时有发生的。如前面所述的上海"疯女案",还有王国藩状告作家古鉴兹的长篇纪实报告文学《穷棒子王国》诽谤侵权案,结果都以原告胜诉而告终。1997年12月,王洛宾之子王海成诉陕西作者晓雷及《作家文摘报》、《鸭绿江》杂志的诽谤侵权案也开庭审理。原告称晓雷的文章提到王洛宾与罗姗的一段共同生活经历,并生下一名叫李颖的女儿,后被王洛宾抛弃。对于此类的诉讼和审判,争论很多,社会反映不一。如上海的"疯女案"就引起了新闻界的强烈的反应。那么,新闻工作者是否完全可以不受民法或刑法中诽谤法律条款的制约呢?答案是否定的。

对新闻工作者的行为是否构成诽谤行为,应主要考虑以下几点:(1)是否出于主观的故意,特别是恶意的故意;(2)是否有明显的捏造事实的行为;(3)情节是否严重,已对当事人造成了重大的伤害;(4)是否造成了严重的后果或较大的社会影响。只有综合这四个方面的情况进行综合分析,才能确定是否构成诽谤行为。对于新闻工作者来说,是否具有主观故意应视为构成诽谤行为的主要情节。

3. 泄密行为

新闻活动中会引起法律纠纷的第三种情况是泄密行为。国家保密局为此制订了《新闻出版保密规定》。泄密行为被侵害的客体可以是国家,也可以是企事业法人、社会团体。由于新闻工作者在采访的过程中,经常会接触到一些国家机密或企事业单位的技术秘密,这些秘密的泄露就会给国家利益和企事业法人的利益造成损失,所以新闻工作者要树立牢固的保密意识。

1996年江苏省某报在报道公安机关侦破一起敌特案例时,详细地描述了侦破的技术手段和过程,造成了严重的泄密事件。

近几年,当马俊仁率领的"马家军"连连夺得世界中长跑冠军时,一记者在记述"马家军"的长篇报道中,把马俊仁总结了20多年的训练方法这一重大技术秘密,几乎是每个细节都和盘托出,使我国仅有的几项具有国际领先水平的体育技术秘密毁于一旦。

美苏在冷战时期,许多重要情报都是从公开出版的新闻媒体上搜集到的。60年代,大庆油田的地点曾是我国一个重要的国家秘密。但是日本人正是从《人民画报》中铁人王进喜的一张新闻图片中,准确地测定了大庆油田所处的位置。可见,新闻工作中的任何一个细微的疏忽,都可能造成泄密。

当然,对于什么是秘密,新闻工作者和政府部门往往有不同的看法,因为他们的价值标准不同。在美国就曾经发生了一起轰动一时的美国政府与《纽约时报》就五角大楼的绝密报告在新闻媒体上披露而引发的对簿公堂案。1971年6月,《纽约时报》驻白宫记者尼尔·希恩获得了一份250万字,共分为47卷的关于美国介入越南战争损失报告的绝密文件。《纽约时报》将其公开发表后,在美国引起了一场轩然大波。司法部长约翰·米切尔在尼克松总统的授意下,以"使美国国防利益以及国家安全受到巨大的损害"为由,禁止继续刊登。但最后美国最高法院援引美国宪法第一修正案,竟以6比3的裁决,判定美国政府败诉。所以,对新闻活动中涉及到的秘密,有时也会产生不同的解释。

二、出版活动中的违法违规行为

出版的法律问题集中表现为三个方面:一是非法出版的侵权行为;二是著作权的侵权纠纷;三是违规出版行为。

1. 非法出版的侵权行为

非法出版侵权行为是许多出版社都遇到过的共同问题,它的危害性很大,不仅给出版机构造成了严重的经济损失,而且还经常给出版机构造成声誉上的损害。因此,这种行为不仅要承担民事法律责任,有的还要承担刑事法律责任。

非法出版的情况主要有两种:一种是盗用名义出版被侵权的出版机构事实上没有出版过的作品,通常是一些低级、庸俗,甚至是色情的作品。另一种是对出版机构已经正式出版的作品进行盗版复制,从中牟取暴利。这种侵权行为,通常给出版市场造成很大的混乱,影响出版机构出版物的市场发行,并带来无序的价格竞争。由于盗版发行不必支付作者的稿费和各种税费,所以其成本是很低的,必然对正版发行造成很大的冲击。如VCD影碟,正版的价格中,三分之二是版权和税费的成本,所以销售价格很难降下来。而盗版的仅仅是直接的生产成本,所以其低廉的价格必然对正版的市场形成了很大的威胁。1997年,我国著名电视节目主持人倪萍的自传《日子》一书刚出版不久,即在全国一些地方被盗版。盗版书的发行量比正版书的发行量还要大。太原不法书商列原生与西安友谊印刷厂联手盗印《日子》一书,以书价的40%至45%批发销售,造成了严重的危害。

对于非法出版行为,出版机构要做好积极的防范措施,在一定程度上是可以防患于未然,或减少损失的。如美国西蒙与舒斯特国际出版公司向中国提供版权,由中信出版社出版的"工商管理精要"丛书,每本书上都贴有 Prentice Hall 的防伪标签,从而使盗版者无计可施。对于已经发现的盗版行为,出版机构应当迅速通过法律手段加以处理和解决,以防盗版行为的进一步蔓延和扩大。同时,出版机构还应依靠政府的力量和司法机关的法律措施,对盗版行为予以打击,从根本上铲除盗版的生存土壤。

2. 著作权侵权纠纷

这是出版中最常见的法律纠纷,也是引起诉讼最频繁的法律问题。我国对著作权的保护已逐步走上了法制化的轨道。在媒介行业的诸多法律中,我国的著作权法的建设起步是较早的。1990年9月7日,我国颁布了《著作权法》。1991年5月24日,又颁布了《著作权法实施条例》,从根本上改变了我国著作权保护无法可依的状态。

出版机构在媒介管理中对著作权的法律问题的处理主要有两点:一是著作的合法使用问题;二是著作权的界限认定的问题。著作权的合法使用包括署名权、修改权、保护作品完整权、发表权、使用权、报酬权等。

著作权是作者的劳动成果,凝聚着作者的创造性劳动,任何人或组织都不得随意侵犯他人的著作权。在出版管理中,对作者的准备出版的著作要进行严格审查;对没有经过原作者同意而盗用他人著作权的行为必须予以坚决的制止;对尚有争议的著作要审慎处理,在没有调查清楚之前,不能轻易出版,以免造成法律纠纷;出版机构出版具有侵权性质的著作,必须要承担连带的法律责任。所以,出版机构对于著作权的把关、审查要慎重行事,确保万无一失。

1992年12月,海南出版社出版了由王同亿主编的《新现代汉语词典》和《现代汉语大词典》两本书。中国社会科学院语言研究所和商务印书馆发现这两本书系抄袭语言研究所编写的由商务印书馆于1956年出版的《现代汉语词典》,是十分典型的著作权侵权事件。1993年7月15日,语言研究所和商务印书馆向法院提起诉讼。法院于1996年12月24日开庭审理认定,被告王同亿和海南出版社构成著作权侵权行为,判决王同亿和海南出版社向原告语言研究所和商务印书馆赔偿损失14.79万元。这一具有全国影响性的著作侵权案向全国的出版机构敲响了警钟,在出版工作中,不严格以《著作权法》办事,在今后是行不通的,试图凭侥幸心理蒙混过关的心态是不可取的。王同亿和海南出版社的教训深刻地说明了这一点。

3. 违规出版

这是出版业中一种比较普遍的现象,也是出版法律纠纷中一个较突出的问题。违规出版是出版机构故意违反国家有关出版的政策法规的规定,以不正当的途径和方式进行出版的行为。违规出版虽然在程度上还没有到必须用法律手段加以解决的地步,但是它往往给今后的工作造成潜在的隐患。因为违规出版通常是不受法律保护的,这样在出版的后续环节中如发行、印刷等,任何一个环节发生问题,处理起来都会非常被动。

我国出版业目前违规出版的现象比较严重,突出的表现在买卖书号、刊号、超范围出版、虚报印数等问题上。这些问题在近年来我国的出版行业情况比较严重,影响了出版业的健康发展。在违规出版行为中,以中小型出版社为多,大型出版社也偶有发生。

买卖书号是近年来我国出版业中相当普遍的违规出版行为。它有多种的表现形式,如直接买卖书号、协作出版、包销出版等等。虽然国家新闻出版总署三令五申加以禁止,但这种状况并没有彻底的改观。买卖书号不仅是一种急功近利的短视行为,而且也是对读者、对社会极不负责的态度。由于买卖书号,出版社已无法对出版过程进行监控,从而导致一批思想上有严重问题、甚至庸俗黄色的图书流入市场,给图书市场造成了很大的混乱。

我国的出版社一般都有比较明确的出版范围的分工,超出自己的出版范围出版,不仅给出版行业的宏观管理造成混乱,而且容易引发无序市场竞争和相关的法律纠纷。比如地图的出版,我国长期以来都是由专业的地图或测绘出版机构负责出版的。但近年来,一些其他的出版机构看到了地图出版的良好的经济效益,也纷纷挤入这一行列。实际上这不仅是违规出版,而且还侵犯了他人的著作权。由于非专业地图出版社对相关的专业出版业务往往不熟悉,造成了许多地图出版物质量低劣、错误百出。

虚报印数的违规出版行为主要是在版权页中隐瞒出版物的实际印刷量,以达到减免税费的目的。虚报印数还使一批出版物在发行过程中,脱离正常的发行渠道,进行发行的"体外循环",造成发行工作的混乱。这些出版过程中的违规行为,在出版管理中造成的危害是很大的,给出版机构的声誉和经济效益都会带来损害,而且容易造成法律纠纷。所以,必须引起媒介管理层的高度重视。

三、广告与法律、规章

广告活动的法律问题在媒介管理中是最复杂、涉及面最广的一个领域,也是法律纠纷出现最为频繁的。媒介管理者不仅要严格地把握住法律的界限,而且还要有应付各种法律问题的思想准备,熟悉广告活动中每一个环节所涉及到的相关法律法规。

1. 广告活动的法律法规

广告活动的法律法规主要包括三个方面：一是广告的专门法律法规；二是民法及相关法律；三是刑法。

广告的专门法律法规是专门针对广告活动而制定的，用以规范广告活动的行为。它是广告活动的法律依据。

在广告活动中造成民事侵权，广告发布者、广告主、广告经营者要承担相应的民事责任。广告的民事侵权行为主要方式有：损害未成年人或残疾人身心健康；侵犯他人专利权；在广告中贬低他人产品或服务；非法使用他人名义和形象；侵犯他人合法民事权益。以上行为均属民事侵权行为，是法律所不允许的。

在广告活动中，对社会造成严重危害，构成犯罪的，要承担相应的刑事责任。追究广告活动中刑事责任的主要情形有：发布虚假广告，造成严重危害，非法所得数额较大，以诈骗罪论处；假冒他人注册商标，发布虚假广告情节严重的，以侵犯知识产权罪论处；广告活动中，非法使用国旗、国徽、妨碍社会管理秩序，情节严重的，以侮辱国旗、国徽罪，妨碍社会管理秩序罪论处；严重侵犯公民人身权利的，也应承担刑事责任；广告提供伪造、变造等虚假证明构成犯罪的，要承担刑事责任；广告监督管理机关和广告审查机关的工作人员玩忽职守，滥用职权、徇私舞弊后果严重的，可按玩忽职守罪、徇私枉法罪论处。

由于广告的法律问题涉及面太广，有关广告的法律法规不仅数量庞大，而且种类繁多，变化迅速。不仅是一般的媒介管理人员，即使是专门的法律工作者也难以全面地了解和掌握，这给媒介管理过程中对广告的法律监管带来了很大的困难。

就美国而言，直接涉及到广告的主要法律就有《印刷物广告法案》、《联邦贸易委员会法》、《侵权行为法重述》、《统一欺骗性贸易活动法令》、《商标法》、《惠勒——李对联邦贸易委员会的修正案》、《克莱顿法案和罗宾逊——帕特曼法案》、《联邦食品、药物和化妆品法》、《公共卫生吸烟法案》等等。其中《印刷物广告法案》颁布于1911年,是世界上最早的广告法规。

英国有40多种法律法规涉及到广告,主要的有《公平贸易法》、《儿童与青年法》、《食品与药物法》、《消费者保护法》、《医药治疗广告标准法典》、《销售促进法典》、《商标法》等。

我国在广告的法律建设方面,虽起步较迟,但已比较完备,形成了以《广告法》、《广告管理条例》、《广告管理条例实施细则》、《药品广告管理办法》、《医疗器械广告管理办法》、《化妆品广告管理办法》和《广告审查标准》等法律法规为主体的完整的广告法律法规体系。

广告法律法规的颁布,为媒介管理活动提供了基本的法律标准和依据。

2. 广告行业自律的规章

除了国家正式颁布的法律法规以外,一些国家的广告行业组织和国际广告行业组织,为了维护行业活动的正常秩序,配合政府的管理,还制定了广告行业自律的规章,用以约束广告组织的行为。国际商会于1956年5月,通过了《广告活动标准纲领》;1963年又通过了《国际商业广告从业准则》。

美国是推动广告自律运动最早的国家,在1911年就公布了广告十诫,随后又成立了广告诚信委员会,专门取谛不良广告。1965年美国广告联盟颁布了《美国工商界广告信条》。1975年美国广播人协会又制定了《美国电视广告规范》。这些广告自律规章,主要是针对媒介组织在媒介管理活动中,对广告实行自觉主动的监管而制定的,它不仅净化了广告活动的环境,而且也有力地推动了广告组织自身的健康发展。如《美国工商界广告信条》提出的广告活动的八大基本准则是:(1)讲求事实,(2)守信负责,(3)公平竞争,(4)不作引诱,(5)明白保证,(6)价格确实,(7)不得夸张,(8)诚实推荐。这些准则已成为媒介组织实行广告活动管理的重要依据和准则。

四、广告传播中的法律问题

广告活动中媒介管理所涉及的法律问题主要有三个方面:广告内容的法律问题、广告媒体的法律问题、广告审查的法律问题。这是广告媒介管理中法律监督的最核心的三大环节,抓住这三大环节,其他的法律问题都迎刃而解了。

1. 广告内容

广告必须真实、合法,符合社会公德和民族文化传统,这是对广告内容的基本要求。我国的《广告法》第4条规定:"广告不得含有虚假的内容,不得欺骗和误导消费者。"广告的真实性是广告活动的起码准则,也是广告活动的主要目的。

各国的广告法都把真实性作为广告的首要的和基本的规范。日本关于广告的法律九项基本原则中,就有四项涉及到禁止虚假和欺骗性广告。法国设有专门的广告法,但在相关的法律中,首先强调了对虚假广告的管理。在《商业手工业引导法》中,法国对虚假广告提出了进行刑事处罚的规定。虚假广告不仅是对社会的一种严重危害,对媒介产业自身的健康发展也是祸害无穷。它破坏了广告业的公平竞争秩序,败坏了广告业和媒介的整体社会形象。虚假广告的主要类型有:消息虚假、品质虚假、功能虚假、价格虚假、证明虚假。这其中的任何一种虚假行为都是法律所不容许的。

禁止虚假广告不仅是广告主的责任,也是广告经营者和发布广告的媒体组织的义务。传播发布虚假广告的经营者和媒体,与广告主一样必须对虚假广告的后果承担法律责任。80年代初,我国逐步恢复广告活动以来,虚假广告的现象比较突出。80年代在国家工商部门及其消费者协会的广告投诉中,浙江省永嘉县和河北献县的虚假广告占了大多数,成为了社会的一大公害。造成这一状况的原因,既有国家行政管理部门执法力度不够的因素,更有媒介组织在对广告审核管理中疏于把关的因素。

从总体上来看,我国对虚假广告的处罚力度是不够的,尤其是对刊播虚假广告的媒体,往往是采取宽容迁就的态度。这在客观上助长了媒介组织对广告法律审核管理责任心的松懈。1996年广东巨人集团在上海的媒体上发布的"巨不肥"广告,声称"一天减一斤",被工商部门判定为虚假广告,并处以8万元的罚款。这是我国近年来对虚假广告罚款额最高的一个案例。但这种处罚主要是针对广告主的,对于发布广告的媒介则网开一面。这一做法不利于促进媒介组织加强自身的法律管理。发布虚假广告,对其造成的后果应承担相应的民事责任;情节严重的,还要承担相应的刑事责任。所以媒介组织在媒介管理中不可掉以轻心。

除了广告的真实性,对广告内容的合法性,各国都有不同的法律规定。我国的《广告法》对广告内容的合法性作出了以下规定,广告不得有下列情形:

(1)使用中华人民共和国国旗、国徽、国歌;

(2)使用国家机关和国家机关工作人员的名义;

(3)使用国家级、最高级、最佳等用语;

(4)妨碍社会安定和危害人身、财产安全,损害社会公共利益;

(5)妨碍社会公共秩序和违背社会良好风尚;

(6)含有淫秽、迷信、恐怖、暴力、丑恶的内容;

(7)含有民族、种族、性别歧视的内容;

(8)妨碍环境和自然资源的保护;

(9)法律、行政法规规定禁止的其他情形。

我国的《广告法》对广告内容中所涉及到的产品质量、数据、专利、特殊产品如麻醉药品、放射性药品等也作出了明确的规定,并严禁以新闻报道形式发布广告,在大众传播媒介上发布的广告应有广告标记,以区别于非广告的新闻和其他信息。

国外的广告法,对广告内容也有不同的规定。英国的广告法律中严禁以下广告行为：

（1）不正当或欺骗的广告；

（2）使用虚假或恶毒的、攻击性的广告语言；

（3）使用未经证实或无法证实的广告叙述；

……

（7）性病、百日咳、鱼鳞癣、痈疗及减肥药广告和催眠术广告。

2. 广告媒体

对广告媒体的法律规范是媒介管理中的又一重要问题。广告媒体是传播广告信息的载体，是广告活动赖以存在的前提。广告媒体的形式多种多样，有大众传播媒体、户外媒体、店铺媒体等等。其中最常见的是大众传播媒体。刊载广告的大众传播媒体中，以广播、电视、报纸、杂志的使用频率最高。由于广告媒体的性质不同，它的影响和作用也各不相同。某些产品因其对人体健康有一定的危害，或有专门的用途等原因，必须对刊载它的广告媒体进行适当的控制，避免其过度传播而给社会带来负面影响。所以，广告法律对广告媒体的使用作出了相应的规范。

对广告媒体使用的法律规范主要有三种情形：

（1）禁止某些种类的大众媒体发布广告。这种情况虽然不是很普遍，但在一些国家也确实存在。如挪威就禁止广播电视广告。还有一些国家虽然设有完全禁止广播电视广告，但对其播出的时间有严格的规定。法国和比利时都规定，国家电视台每天播放广告的时间不得超过 24 分钟。

（2）对某些特殊的不宜倡导和鼓励消费的产品，在使用大众媒体时要给予特别的限制。如香烟和烈性酒是许多国家都严格禁止在大众媒体上发布广告的。我国的《广告法》第 18 条规定："禁止利用广播、电影、电视、报纸、期刊发布烟草广告。禁止在各类等候室、影剧院、会议厅堂、体育比赛场馆等公共场所设置烟草广告。烟草广告中必须标明'吸烟有害健康'。"英国自 1965 年起禁止在电视上做香烟广告。美国自1977年起禁止电台、电视台播放香烟广告。我国的一些大众媒体以变相的方式时常播放烟草广告,这仍然是一种违法的行为。对于烈性酒发布广告,各国的规定不尽一致,但也是严格加以控制的。我国对烈性酒在大众媒体上发布广告虽然没有绝对禁止,但也是有所限制的。

(3)对于一些特殊的产品或服务在大众媒体上发布广告,必须出具相关部门的证明和遵守有关的法律规定。如医药产品、食品、化妆品、金融服务和招生培训等。美国的广告法律规定医药产品不得声称有治愈效果,不得滥用"完全"、"无害"、"无风险"等词语。英国对药品广告的法律规定更为详细,分为一般规定和特别规定。一般规定有四条限制,特别规定有九条限制。日本的广告法规定,禁止利用医生等职业人员的名义保证医疗效果或进行推荐的广告,禁止未获批准的药品进行广告宣传。我国的《广告法》中对医疗产品、食品、化妆品和金融服务等广告都有专门的规定。另外又单独颁布了《药品广告管理办法》、《医疗器械广告管理办法》、《化妆品广告管理办法》和《广告审查标准》等法规,对各种媒体发布上述各类的广告都作出了明确而具体的规范。

3. 广告审查

广告运作中媒介管理的第三项内容是对广告的审查的法律问题,即审查广告活动的各个环节是否具有合法性。广告审查工作头绪纷繁,责任重大,既涉及到广告发布的媒体、广告主和广告经营者,也涉及到广告的内容、广告的表现方式及广告发布的相关证明。

我国在1993年由国家工商局单独颁布了《广告审查标准》,它所涉及到的主要方面有:广告的表现方式,如画面、形象、语言、文字与音响,比较广告;广告产品的类型,如家用电器广告、药品广告、农药广告、兽药广告、医疗器械广告、医疗服务广告、食品广告、烟酒广告、化妆品广告,金融服务广告,以及教育培训广告等;儿童广告,即以儿童使用的产品或有儿童参加演示的广告。《广告审查标准》对广告审查的标准、内容和要求都作出了详尽的规定,具有很强的可操作性,是我们在对广告的媒介管理过程中所必须能熟练地加以运用的。我国的《广告法》第27条规定:"广告经营者、广告发布者依据法律、行政法规查验有关证明文件,核实广告内容。对内容不实或者证明文件不全的广告,广告经营者不得提供设计、制作、代理服务,广告发布者不得发布。"

我国的台湾地区对广播电视广告的审查也有比较完整的法律规定,对广播电视广告内容的审查标准作了如下规范:广告之内容有下列情形之一者,应不予许可:

(1)损害国家利益或民族尊严。

(2)煽惑他人犯罪或违背法令。

(3)伤害儿童身心健康。

(4)妨害公共秩序或善良风俗。

(5)散布谣言、邪说或淆乱视听。

广告之内容有下列情形之一者,得不予许可:

(1)涉及比较性质时,未能证明其真实。

(2)广告主题与推广宣传之商品、服务或观念无关。但引导性广告不在此限。

(3)广告主题以推广宣传个人为主。

(4)使用之语句不符合语法。

(5)以特定学校、教师或学生为之推广宣传。

(6)房地产广告,涉及价格时,未作明确标示或以增值为主题。

(7)电影广告,未标示级别。

(8)避孕器材、妇女生理用品广告,以实体或人体展示商品性能或安排儿童演出。

(9)妇女生理用品广告,用语欠雅或提示、诱导妇女从事有损个人健康之活动。

(10)化妆品广告,贬抑或排斥自然美。

(11)有赠奖之广告,未明示赠品之名称、形状、价值、特性、功能、数量、赠奖方式及截止日期。

(12)其他违反公共利益。

总之,对广告活动中媒介管理的法律问题的把握既需要有坚定的原则性和细致的工作态度,也需要有对法律和广告专业知识的融会贯通的运用能力。媒介管理工作者,对广告活动中的每一个环节,每一道程序,都必须严格把关,对不符合法律规定的广告,要严肃地加以纠正和制止,以免除以后可能造成的法律责任。

此外,媒介管理者还要对广告活动中所涉及到的各种合同中的法律责任和义务进行审核,以确保权利和义务相适应,合同的履行具有可靠的法律依据。

对广告活动的法律监管是媒介管理中不可或缺的一个环节,如果对此放任自流的活,就会使整个广告活动失控并出现混乱,最终有可能导致媒介管理的其他工作前功尽弃,给整个媒介管理工作造成严重的后果。这是媒介组织在管理过程中必须引起高度重视的问题。

第三节　媒介管理中法律问题的处理

在媒介活动中,出现一些法律问题往往是不可避免的。既有可能出现被他人侵害的情况,也可能出现侵害别人的情况。不论是出于故意的,还是非故意的,只要造成了侵害的事实,就必须承担相应的法律责任,就要通过一定的法律途径来解决这一问题。妥善处理好这一问题,是媒介管理过程中的一项重要任务。处理问题的出发点是有利于保护媒介组织的合法利益,以事实为依据,以法律为准绳。由于媒介行业中的法律法规还不是很完善,媒介的法律问题往往又有其自身的特殊性。因此,在处理这类法律问题的过程中要注意把握以下几个主要环节。

一、分析问题的性质

对于媒介活动中出现的法律问题,首先要对事件进行定性分析,它是属于一般的违规,还是涉及到民事法律责任,或者是刑事法律责任。在定性分析的基础上,再看其程度如何,属于较轻程度的还是严重程度的。弄清这些问题以后,才能决定是否要采取法律手段来解决问题,以及采取何种法律手段来解决问题。否则,就会陷入盲目境地,造成不必要的经济损失和精力的浪费。

同时,分析问题的性质有一个必要的前提,就是必须有充分的事实根据。对事实根据把握的程度如何,直接关系到对问题的定性把握。所以,在处理媒介问题过程中,要收集和占有各个方面的相关事实证据。在一些媒介法律纠纷的诉讼中,常常久拖不决或草草收场,一个很重要的原因就是缺乏充分的有法律效力的事实证据。没有事实证据,对问题的性质就无法作出判断,更无法进一步加以解决。当然定性分析要以有关法律为依据。

案例:《广西广播电视节目报》诉《广西煤矿工人报》关于电视节目预告表著作权侵权案。

《广西煤矿工人报》(被告)从1987年起,每周一从《广西广播电视报》(原告)上摘登电视节目表。1988年2月和1989年5日,原告登报声明:未经准许,不得转载本报的电视节目预告表。1989年9月广西版权局下发《关于广播节视节目预告转载问题的通知》,规定禁止未经许可转载他人电视节目预告表。但被告仍继续转载。原告在经向版权局申诉裁定、被告拒不执行情况下,于1991年11月向合山市法院起诉,状告被告侵犯原告著作权。1991年11月,合山市法院审理认为:电视节目预告表属于预告性新闻范围,应视为时事新闻,不享有著作权。任何人可自由使用不受限制,原告诉诉讼请求无法律依据不予支持。原告不服,继续上诉于柳州地区中级法院。经过三年审理,并咨询最高人民法院意见,作出二审判决。判决认为,电视节目预告表应享有一定的民事权利。根据我国实际情况,应予适当法律保护,但不具有著作权意义上的创造性,不适用著作权法保护。

这一案例的争执焦点是电视节目预告表这种独特的形式,是否具有著作权的意义。从现有的《著作权法》来看,没有现成的说明。如果电视节目预告表,不受著作权法的保护,它应当受到哪种法律的保护,从司法实践和新闻实践来看,都没有先例可鉴。但是,尽管电视节目极不受著作权法的保护,也不意味着它不享有其他方面的民事权利。因为在制作电视节目表的过程中,毕竟投入了一定的人才、物力等成本,所以它应当享有一定的民事权利。最后,从民法的角度对这一侵权问题进行了定性,从而解决了这一法律纠纷的法律适用问题。从法律关系上来看,民法与著作权法是普通法与特别法的关系,特别法没有规定的,可适用普通法的规定。但从媒介管理的实践来说,在适用普通法的过程中,由于对媒介行业的特殊性顾及的很少,采用法律类推的方法,并不能十分有效地解决媒介法律问题的实际情况。所以,还要通过媒介立法的不断完善,才能从根本上解决对媒介法律纠纷定性的法律依据问题。

二、分清法律责任

媒介管理中出现了法律纠纷后,要迅速分清法律责任,以便按部就班地加以处理。区分法律责任主要应弄清:由谁造成了侵权?侵权属于何种性质?侵权的程度如何?造成的后果是否严重?应承担何种法律责任?等等。分清法律责任,是确定侵权主体的必要条件,也是进入诉讼或非诉讼程序解决问题的前提。媒介活动中造成侵权法律责任的形式是多种多样的。侵权者可能是一个,也可能是若干个,其中有主要责任者,也有次要责任者;可能是一方有责任,也可能是双方都有责任;有民事法律责任,也有刑事法律责任。侵权的性质和程度不同,所应承担的责任也就自然不同。只有分清这些法律责任,才能针对不同的情况,采取不同的策略和措施,有的放矢,迅速而有效地处理好法律问题。

案例:吴敢诉作家袁成兰杂文创作名誉侵权案。

1994 年 2 月,江苏省徐州市女作家袁成兰因发表在《上海法制报》上的《梅花奖舞弊案随想》的杂文,被文中提到的梅花奖舞弊者,原徐州市文化局局长吴敢提起名誉侵权诉讼。梅花奖舞弊案,在全国很有影响,是已有定论的事实。全国的许多新闻媒体都作了公开报道,并批评了作为当事人之一的吴敢。袁成兰仅是引用了报纸上公开报道的事实,有感而发,创作了《梅花奖舞弊案随想》一文。这一行为应当说是抨击时弊的善举。因此,无论从法理上来说,还是从事实上来说,都不构成对名誉权的侵害。所谓名誉权的侵害,必须是出于诽谤的目的捏造事实或是披露他人隐私等非法行为。但是徐州市两级法院有法不依、有法乱依,判决袁成兰侵权成立并败诉。袁不服据理力争,申诉于江苏省高级法院,经过三年多审理,纠正了这一错判。

这一案件的实质在于:袁根据报刊发表的事实材料而创作的杂文中涉及到抨击时弊丑恶现象,究竟算不算名誉侵权?界定媒介活动中名誉侵权的法律依据是什么? 它与一般的名誉侵权有何不同? 与此案相似的是 90 年代初,著名作家吴祖光也是从报上看到北京某商厦非法对顾客搜身的报道,有感而发写了一篇杂文,也被某商厦提出名誉侵权的诉讼。结果也以原告的败诉而告终 。虽然这两个案子都经历了三年多的审理分清了是非,但是其过程是充满了曲折艰难的。这一案例表明,在媒介法律纠纷中,不论是原告和被告,都要在分清法律责任的基础上来维护自己的合法权利,这样才能确保公证合理地解决法律纠纷。

三、确定处理方式

媒介活动中出现的法律纠纷,在弄清问题性质和法律责任后,着重要考虑通过何种方式来处理和解决问题。确定处理和解决问题的方式要考虑到这样几个因素:(1)试图达到何种目的,主要从经济利益考虑,还是从社会影响考虑,亦或是兼而有之。(2)适用于何种法律,是否具备充分的法律依据。(3)是否具有相应的人力、物力和财力来处理这一法律问题。(4)准备通过非诉讼还是诉讼的途径来解决问题。在充分考虑这些因素的基础上,应认真咨询律师和法律专家的意见,然后再采取相应的法律行动。

一般说来,解决法律纠纷的方式主要有三种:非诉讼方式,民事诉讼方式,刑事诉讼方式。

(1)非诉讼方式。这是纠纷的双方不经过诉讼程序,以协商、调解等方式达成协议。但这种协议必须具有法律的有效性,能够维护双方的合法权益。

(2)民事诉讼方式。当事一方,通常是被侵权的一方,对对方的侵权行为提起民事诉讼,通过法庭审判来获得民事权利的赔偿。

(3)刑事诉讼方式。这是有关当事人在媒介经营活动中,触犯了国家的刑法,由国家检察机关向法院提起公诉,依法追究其刑事责任。

作为受侵害的媒介组织或个人来说,应积极主动地提供有关证据,配合国家司法机关的工作。同时,应当注意的是对于侵权者,除了国家检察机关追究其刑事责任外,被侵权者也可同时一并提起民事请求,使自己受损害的民事权利得到赔偿。由于媒介法律纠纷的实际情况是极其复杂的,处理和解决问题的法律背景和政治背景又不尽相同。当事人只能从实际情况出发,权衡利弊,尽量以最能保障自己权益的方式来解决问题,不要使问题的处理过于复杂化。

案例:大陆电视节目主持人杜愚诉香港《前哨》杂志诽谤案。

1995年6月11日,香港《前哨》杂志在6月号上刊登署名文章《陈希同下台前后的北京》,指称北京电视台女主持人杜愚与某领导被人捉奸在床,给杜愚造成巨大损害。对于《前哨》杂志的无中生有的诽谤,北京电视台经过慎重调查后,全力支持杜愚通过法律诉讼,追究《前哨》杂志的法律责任。杜愚委托香港廖绮云律师事务所代理此案,并向《前哨》杂志正式发出律师信,要求赔偿精神损失费一百万元,公开登报道歉。经过反复交涉,最后《前哨》同意赔偿15万元,正式登报道歉。但不久,《前哨》杂志在1997年5月号上再次以《陈(希同)王(宝森)同时与一女电视节目主持人有染》为标题,蓄意挑起事端。对此,北京电视台以单位法人的身份,把《前哨》杂志再次推上被告席,对它提出诉讼。

在这一案例中,被侵害人之所以用法律诉讼的方式来解决问题,不仅仅是着眼于经济上的补偿,更重要的是通过诉讼本身就是肃清消极影响,打击侵权行为,为被侵害人恢复名誉的过程。所以处理这类纠纷,首先要考虑到社会影响的问题。同时,杜愚和北京市电视台以不同主体的身份分别提出诉讼,不仅是因为被告所侵害的客体不同,而且可以更有效地打击侵权行为,使侵权者为此付出沉重的代价。这一连环诉讼方式的设计可谓是匠心独运,有效地保护了被侵害者的利益。

随着媒介行业对社会生活的参与程度越来越高,由媒介活动引起的法律问题也越来越多。除了传统的媒介形式以外,新的媒介形式的出现又带来了新的法律问题。如信息高速公路上出现的色情、泄密、非法侵入他人信息系统等等。由于媒介行业的立法仍不完善,传统的媒介形式所引起的法律纠纷依然是层出不穷。仅就我国90年代后期的新闻活动的法律纠纷来看,近几年新闻官司共发生1000多起,新闻界的败诉率达30%。出版行业的诉讼案件更是数不胜数,出现了一批在全国有影响的案件。广告活动中违法犯规的现象也相当普遍。这些都说明了除了在客观上要加强媒介法制建设,营造一个良好的媒介活动的社会环境外,更要从主观上从媒介行业内部管理方面强化媒介工作者的法制观念,建立一套完整的内部监督和制约机制,使媒介活动在法律的轨道上健康、有序地发展。目前,我国河北省已经出台了地方性的新闻工作活动法规,这是我国第一部地方性新闻法规,1997 年 5 月,在北京成立了新闻与传播法制研究中心,我国有了权威的新闻与传播法律的学术机构。1997 年 8 月,我国颁布了《广播电视管理条例》,出台了广播电视活动的完整的行政法规。这一切都标志着中国的媒介产业正迎来了一个充满希望的法制化的时代。

第十三章 广告公司的经营管理

广告公司有不同的类型,其经营范围和特点也不同。广告公司应根据自身的特点和市场状况进行准确的市场定位,确定市场经营的方向。广告公司经营必须形成自己的特色,以赢得市场的优势。制定正确的经营策略,不断开发潜在的客户市场,抓住市场发展的每一个机遇,是广告公司稳定发展的关键。人才优势和技术优势是制约着广告公司发展速度和经济效益的决定性因素。挖掘客户市场,巩固与客户的关系是广告公司经营致胜的法宝。广告公司还应根据客户的特点,灵活制定不同的营销手段,要善于抓住不同细分市场的特征,有的放矢地实施市场营销策略。

第一节 广告公司及其经营策略

一、广告业的崛起与兴盛

近 20 年来,随着世界范围内经济的迅猛发展,广告业在全球已成为发展最为迅速、最有影响力的新兴产业。现代经济的发展是以信息传播为主要特征的,即所谓的信息经济时代。这一特征为广告业的勃兴提供了难得的机遇和巨大的市场空间。同时,广告业所开展的卓有成效的传播活动,又不断地刺激了市场需要,加速了产销沟通,反过来又推动了经济的进一步繁荣。经济与广告相互依托的整体互动,确立了广告业在当今经济发展中的稳固的地位。广告业成为现代经济发展的润滑剂和有力的支撑点。可以说,当今经济的发展也无法离开广告的支持。企业家都把广告看作是市场的制高点,不断加大对广告的投入。由此广告业在国民经济中所占的比重不断上升。以世界经济和广告业最为发达的美国为例,1989年美国的广告费总额达1239.3亿元,占国民总产值的2.4%,人均广告费开支499美元。世界上广告业规模仅次于美国的日本,1990年广告费总额428亿美元,广告费占国民总产值的1%以上,人均广告费311美元。

我国自1979年广告活动恢复以来,广告业的发展可以用日新月异来形容它的发展速度。广告业发展的速度,始终以超出同期国民总产值数倍的速度快速增长。广告经营额从1981年的1.18亿元,占国民总产值的0.024%,人均0.177元,发展到1995年的273.269亿元,占国民总产值的0.473%,人均广告费22.77元,增长了近20倍。广告从业人员从1981年的1.616万人,发展到1995年的47.737万人。广告经营单位从1981年的1160户,发展到1995年的48082户。90年代是广告业的高速增长期。广告营业额年均增长速度超过30%。1995年与1990年相比,短短五年间,广告营业额增长了10倍多。广告业的发展状况,可以说是整个国民经济发展的晴雨表。我国的广告业的发展在整个国民经济发展中起到了引导、推动的作用,发展速度具有很大的超前性。

然而,我国广告业在蓬勃发展的同时,也出现了一定程度的盲目和无序的现象。广告公司过多过滥,广告经营不规范,广告从业人员素质普遍较低,破坏了广告业发展的内部环境,导致了广告市场的混乱。我国广告公司普遍规模较小,平均每个广告公司仅有10人左右,人均营业额水平低。同时,广告业的盲目发展,又导致了过度竞争,一批批广告公司不断倒闭。1997年上海市的广告业营业额达42亿元,比上年增长了50%,而广告公司则大幅下降,截止年底,全年广告公司倒闭 300 家左右,占总数 2700 多家广告公司的九分之一。在广告业迅速发展的过程中,广告公司如何在激烈的市场竞争中站稳脚跟,提高自身的生存能力和竞争能力,是每一个广告公司都面临的重要课题。而提高生存能力和竞争能力的根本出路,主要在于广告公司要制定适合自身发展特点的经营策略。

二、不同类型的广告公司

广告公司有不同的类型。不同类型的广告公司的市场经营策略也有所不同。广告公司的类型主要有四种。

1. 全面代理型广告公司

它具有从市场调查、媒体购买、广告策划、设计制作、广告评估和广告发布等全面服务的能力。这类广告公司一般是大型广告公司,人员素质高,资金实力雄厚,市场开发能力强,客户主要以大企业为主。

2. 广告设计制作公司

这类公司规模较小,它所能提供的服务主要是为广告物进行设计和制作,如平面设计、橱窗设计制作、户外广告制作等等。这类广告公司所占的比例很高。

3. 广告策划公司

这类公司通常由具有较高专业素质的广告人才组成,人数不多。它既不制作广告,也不代理广告,仅仅为广告主提供广告创意或广告策划服务。当今的广告运作中广告策划是灵魂和核心,对广告投资效果有着决定性的影响,所以高水平的广告创意和广告策划受到了广告主的普遍青睐,也为广告策划公司的生存提供了市场。

4. 专业性媒介代理公司

这类公司的经营方式主要是从媒体购买广告版面或广告时间

段,然后在市场寻找需要购买媒体的广告主进行销售,从中收取销售差价。它一般不提供广告制作和广告策划服务。

不同类型的广告公司有不同的市场目标,有各自不同的优势。只要善于因势利导,扬长避短,就能够取得良好的经营业绩。大型广告公司经济实力雄厚,各类专业人才济济,与各大媒体关系密切,具有较高的专业水准和全面的代理能力,往往能赢得大宗业务。但是其运营成本较高,经营风险相对也较大,运作不当不一定能取得较好的经济回报。例如我国最早建立的几家中外合资大型广告公司中,麦肯·光明广告公司仅有微利,而电扬广告公司则几乎连续出现亏损。这也说明了大有大的难处,小有小的优势。

由于广告市场分布很广,不同的广告主对广告的要求也不同,小型广告公司可以充分发挥其市场信息灵敏、经营渗透力强、人员活动范围广的优势,赢得自己的市场生存和发展空间。所以,不论大型广告公司,还是小型广告公司,只要采取正确的经营策略,都能在市场中发挥所长,各得其所。

三、广告公司的经营策略

1. 正确的市场定位

广告公司要采取正确的经营策略,首先必须对自己采取正确的市场定位,即确定所要开发的目标市场。广告市场的开发是广告公司生存和发展的基础。开发什么样的广告市场,如何开发广告市场,在多大程度上能开发广告市场,决定着一个广告公司的前途和命运。

广告市场庞大而又复杂。这其中有广告费用数量的不同,有产品或产业性质的不同,有企业类型的不同,也有地域因素和文化背景的不同。广告公司如何选择适于自己开发的广告市场,既要从广告市场的特点出发,也要从广告公司自身的特点出发,把这两个方面有机地结合起来确定自己的市场定位。这样既能不断地建立和巩固已有的市场阵地,又能不断发展潜在的市场。如北京电通广告公司是日本电通与中国合资经营的广告公司。它所开发的广告市场主要是日本在华投资经营的企业,诸如松下公司,东芝公司等著名企业。在最初的几年,这些企业的业务量占了全部业务的一半以上。因为电通广告公司作为一家世界知名的广告公司,本身与日本著名企业及其国外的分公司合资企业就有着密切的联系。这为北京电通公司开发国外在华投资企业这一广告市场创造了得天独厚的有利条件。北京电通正是利用这一优势,确定了自己的目标市场,对自己进行了准确的市场定位,所以开发市场一举成功。其他来华合资经营的广告公司情况大致相似。这正是国外广告市场经营策略的高明之处,也是它们看准了中国广告市场并能够成功开发的重要条件。以下是我国几家著名的广告公司 1995 年主要服务范围及其主要客户市场情况。

表 13-1　六家著名广告公司的经营情况

广告公司名称	1995 年营业额排名	主要服务范围	1995 年主要客户名单
上海工合广告展览公司	未进入前 50 名	广告设计、制作、代理和发布,侧重户外广告开发设计、制作,擅长公益广告宣传	万宝路、可口可乐、雪碧、开利冷气、AT&T、宝利来照像、百事可乐、索尼、健伍、麒麟啤酒、朝日啤酒、大金空调、金星、大宇、轩尼诗、飞利浦、得利红茶、屈臣氏、健力宝、华乐汽贸、金星电视、飞跃电视
麦肯·光明广告有限公司	5	客户服务、创意、媒体计划和购买、媒体和产品市场的调查与分析、产品促销与公关活动广告播放效果等	白兰氏鸡精、生力啤酒、雀巢、吉利、强生等跨国公司客户

广告公司名称	1995 年营业额排名	主要服务范围	1995 年主要客户名单
北京北奥广告公司	18	大型户外广告代理；大型文体活动的广告宣传和集资工作；对国内外广告客户全方位策划代理和专业性服务等。	鲜京集团、大宇汽车、大宇电子、大韩航空、浦项制铁、乐天集团、可口可乐、康柏电脑、亚洲航空、春兰空调、现代集团、康佳电子、富士胶卷、人头马 XO、嘉士伯、金利来、固特异、TCL、三洋、东芝、三星、金星
电扬广告有限公司	17	广告代理业务，包括：设计、制作广告，实施媒介投放、市场调研、媒介监测以及有关商业讯息服务等。	美国电服电话公司、高露洁、壳牌、杜邦、哥伦比亚咖啡、卡夫食品等。
中国国际广告公司	7	提供广告策划、创意、设计，组织工业展览、国际经济技术交流活动，大型公关活动。	万家乐、理光、飞利浦等
海润国际广告有限公司	11	媒介代理，创意、平面设计、影视制作、市场调研、户外广告、招贴、筹办大型社会活动等	上海利华、维维豆奶、重庆奥妮、长城电器、雅确表、兽王皮衣、咸阳彩虹集团、联想 1＋1 电脑、顶新国际集团、臣功制药、威海和源制呢、福日电视等

资料来源:《国际广告》1996 年第 3 期。

从以上国内主要知名广告公司的客户市场构成特点来看,它们都以准确的市场定位而拥有一批各具特点的客户群,或是以地域性客户市场为特征,如麦肯·光明,北京电扬均以国际性跨国公司及其海外合资公司为目标市场;或是以产品客户市场为特征,如中国国际广告公司所列举的客户都是生产家用电器产品的广告客户;或是以混合型客户市场为特征,如海润国际广告有限公司,所服务的客户包括不同地域的、不同行业的客户。广告公司进行市场定位就是确定了自己开发市场的目标与方向,是制定经济策略的重要基础。

2. 赢得客户市场的有效手段

广告公司进行市场定位只是制定广告经营策略的第一步,更重要的是还要有赢得客户市场的有效手段。

广告客户是广告公司赖以生存的基础。广告公司要赢得客户,首先要加强与客户的沟通,并能提供高质量的广告服务,从而得到客户的充分信任。信任是合作的前提和基础。在一个新客户与广告公司初步接触之前,客户对广告公司往往不会很了解。那么广告公司应要善于推销自己,让客户充分、全面地了解自己,以赢得客户的信任。这里要注意以下几个问题:

(1)广告公司必须有为客户提供成功的广告服务的成功案例。这对取得新客户的信任是最有说服力的条件。广告公司在运作的各个阶段,都应投入精兵强将,精心策划,精心组织、精心制作,甚至可以暂不考虑利润,尽力推出成功的广告案例。这对于新的广告客户无疑是最具说服效果的现身说法。成功案例的示范效应不仅会赢得新客户的信任,而且其他客户也会慕名而来。这将对发展潜在的客户市场创造有利的经营环境和条件。

(2)广告公司要注重对自身的广告宣传,树立起良好的商业信誉和企业形象,适时地开展公共关系活动。这是赢得市场的又一重要方面。广告公司注重为客户做广告,却往往忽视了为自己做广告。其实,广告公司对自己的广告宣传是广告经营策略中一个极其重要的组成部分。广告公司的商业信誉和企业形象,对吸引客户起着重要的作用,也是与客户进行有效沟通,保持与客户良好合作的先决条件。

广告要建立自己的商业信誉,在经营过程中就不能仅仅从自己的角度考虑问题,而要真诚地处处为客户着想,考虑客户的利益。因为客户的利益得到了保证,广告公司的利益才有保证的基础。尤其是在与客户长期的合作中,这种经营理念就显得更为重要。沈阳电视台广告部主任在全国广告界是颇有知名度的。他所承包的沈阳电视台广告部在 1988 年的经营中,广告收入位居全国省辖市电视台广告收入的第一名。他的成功经营之道在很大程度上在于建立了与客户相互信任的合作关系。近年来,沈阳许多工商企业出现了经济效益下滑。为此,马永纯对相关企业实行了广告收费倾斜政策。他深入到沈阳小型拖拉机厂、沈阳水泥厂、沈阳联营公司等企业。为他们免费或半费播出广告,扶持企业走出困境。因此,沈阳电视台不仅赢得了社会的高度赞誉、建立了良好的企业形象,而且在客户中形成了极佳的口碑和商业信誉,为发展潜在的客户市场起到了很好的促进作用,各地广告客户纷纷而来。1996 年沈阳电视台广告部实现广告收入 3350 万元,是 1985 年的 80 多倍。这一经营业绩充分说明了提升企业的组织形象是广告经营中重要的策略。

(3)广告公司应当为客户提供优质高效的广告服务。广告主投资广告目的在于取得良好的广告效果,对产品促销发挥积极的作用,从而取得较好的广告投资效益。而广告主能否获得满意的广告效果,关键在于广告公司的服务质量和水平。因此,为客户提供优质高效的广告服务,是广告公司经营策略立足之本。

广告大师奥格威说:"开发新客户的最简单的办法,就是制作好广告"。高质量、高水平的广告服务,不仅是广告公司整体专业素质和水平的重要标志,也是客户评价广告效果的唯一标准。因为只有高质量、高水平的广告,才能给广告客户带来真正的利益,使广告客户的广告投资得到充分的回报。作为规范的高质量的广告运作,其经营成本自然要比不规范的劣质的广告运作要高一些,比如前期的市场调查和后期的广告效果评估在很多不规范的广告运作中都被省略了,这就难以保证广告制作质量和广告效果。在这一问题上,广告公司与客户经常也会发生意见分歧,但广告公司应充分说明规范的广告运作所多花的一点小钱,是为了保证广告效果获得更多的大钱,客户是能够理解与配合的。

所以,降低广告的运作成本在任何时候都不能以牺牲广告质量为代价。广告公司应从内部的管理的各个环节力求规范化,保证和提高广告服务的质量和水平,这才是稳定与客户的业务关系,不断开拓客户市场的最便捷而有效的方法。

广告公司制定经营策略要注重培育和形成自身的经营特点和经营优势。不同的广告公司经营的侧重点不同,专业特长不同,开发市场的能力也不同。每一个在市场竞争中能够站稳脚跟的广告公司都有自己的经营秘诀。这个经营秘诀归结到一点就是它的经营特色,并能够把这个特色转化为现实的经营优势。或是拥有媒介代理能力的优势,或是创意策划的优势,或是设计制作的优势,或是户外广告开发的优势,或是地域市场的优势,或是对某一类产品和行业代理熟悉的优势。总之,广告公司可以从不同的方面来确定自身的特色和优势,这样就能在林林种种的广告公司中独树一帜,脱颖而出。

客户对广告公司的选择总是要考虑这个广告公司有何专业特长,能够组织起有效的广告策划,设计出成功的广告作品。广告公司没有自己的特色和优势,就难以对客户产生吸引力。当今的广告市场的激烈竞争,使许多广告公司都意识到必须采取差别化的经营策略,即形成自身的专业特色和优势。尤其对于中小广告公司来说,由于它所提供的广告服务内容不可能很全面,从整体实力上更无法与大型广告公司抗衡。但是中小广告公司可以集中力量强化某一方面的特色,如平面设计、户外广告、广告调查等,仍然能够争得一份自己的市场空间,形成与大型广告公司抗衡的资本。因此,不论何种类型的广告公司,都要力争在经营特色和优势上下功夫,以确定在竞争中形成的独特的市场优势。

第二节　广告市场的开发经营

广告市场开发是广告公司经营的根本导向，也是广告公司经营管理中的一个主要任务。广告公司经营的出发点是市场，终结点是效益。抓住这两头，经营管理就全盘皆活。没有市场，效益就无从谈起。当然没有效益，市场也就失去了意义。但是无论如何市场开发毕竟是广告公司经营的起点，对经营管理中的后续环节起着牵一发而动全身的作用。

一、广告市场开发的途径和计划

广告市场的开发要从两方面入手：一是要巩固已经占领的市场，维持与现有客户的良好的合作关系；二是要不断提高市场份额，开发新市场，形成广告公司经济发展的新的增长点。搞好广告市场的开发，对于广告公司的生存和发展是至关重要的。如何从上述两个方面实施广告市场开发的策略和步骤，则需要广告公司制订完整的广告市场开发计划。广告市场开发计划是决策层每年工作计划中的首要任务和头等大事，从总经理、部门经理到普通员工都要参与市场开发计划的研究和制定，集思广益，力求得市场开发计划切实可行。同时要使市场开发意识成为每个员工在广告经营中的自觉行动。

广告市场开发计划的制订要注意四点：

(1)要有目的性。即在这一时期内，广告公司在市场所占份额的比率要达到何种程度，在这一市场份额的水平上试图实现多少利润；明确本公司在市场上所处的地位，以及所应采取的竞争策略；确定市场开发的区域、行业或项目，所需采用的经营策略，凡此种种都必须突出一个明确的目的性。市场开发计划的目的不明确，就容易造成盲目行动,无的放矢,达不到预期的效果。

(2)要有针对性。市场开发必须从实际情况出发,发现和抓住市场的空白点或薄弱环节,谈到拓展市场营销的突破口,并据此加强营销攻势,出奇制胜地提高广告市场的占有率。广告市场的不同时期有不同的特点,同一时期的不同区域的广告市场也有不同的特点。广告市场开发就是要抓住这些特点,因势利导,不断扩大成果。只有抓住了广告市场的特点进行市场开发,才能做到事半而功倍,有成功的把握性。

(3)要有可操作性。广告市场开发分为几个阶段,每个阶段有哪些具体要求,由谁来组织实施,经费如何安排,如何进行定性定量考核,都必须有明确而具体的措施、说明和指标。这样才能保证整个市场开发过程有条不紊、分工明确,计划的整体实施才能落实到位。所以在制订广告市场开发计划时,要有严谨而周密的思路,对每一个细节,每一个可能出现的问题做到心中有数,成竹在胸,在任何时候、任何情况下都能够应付自如,左右逢源。

(4)有可行性。也就是说市场开发计划要有实现的可能。广告市场一切的目标设定不是凭主观的想象,而是要从市场的实际情况出发,要以广告公司的现有经济实力和经营能力为基础,对广告市场开发的每一个步骤,每一个阶段要进行认真的市场调查和论证,在安排市场份额的扩张指标时,应留有一定的余地,以保证计划所提出的目标能够如期实现。切不可把市场开发计划的目标订得太高。目标订得太高,一方面超出广告公司现有的经营能力和水平,最后无法实现反而会影响员工和管理层的信心和积极性,同时也可能对广告市场进行破坏性的掠夺式开发,影响今后的市场发展。另一方面,即使是采取了一些特殊的措施和补救手段,勉强达到了预期的目标,完成了计划中所提出的经营额和市场份额,但往往难以保证广告运作的质量,并可能损害与客户的关系,危及广告公司的形象和信誉,为以后市场的开发和巩固带来隐患。短期争得的市场份额很快还会降下来。

所以,广告市场的开发不能操之太急,而要稳扎稳打、步步为营,稳中求快。开发一块,占领一块,巩固一块,做到循序渐进。任何急功近利的做法,只会适得其反,遗害无穷。唯有如此,广告公司的经营才能健康、有序、稳定地发展。我国广告业中综合实力排名前50名的广告公司,几乎没有哪一家是靠几年的功夫一夜之间发展起来的。大多数是在我国广告经营恢复之初组建的,经过十多年的稳步发展,逐步跻身于我国广告业的前列。即使是国外著名广告公司在中国设立的分公司或合资广告公司,也都经历了一个较长的市场开拓期,才逐渐在市场站稳了脚跟。

广告公司的经营与其他行业的经营有一定的差异,客户对广告公司的选择,要综合评估广告公司的信誉、水平、经验和实力,而这些条件不是一朝一夕就能获得的,必须在经营的实践中有一个不断积累的过程。对于广告公司来说,总是先巩固已有的客户市场,然后再开发新的客户市场。广告市场的获得只能是一个渐进的过程。所以,广告公司形成一个较高的市场占有率,往往需要一个较长的周期。当然,一些广告公司在市场扩张中,可以形成一个阶段的高速增长期。但这是需要很多条件制约的。从内部条件看,广告公司必须有强大的资本实力、先进的技术条件,高素质的专业人才,正确的经营策略。从外部条件来看,广告公司必须有大量的潜在的客户市场,宽松的市场环境,并且没有强有力的竞争对手。当这些条件基本具备时,广告公司适时抓住市场发展的机遇,实现阶段性的跳跃式发展也是完全可能的。

二、广告市场开发的方法和原则

广告市场开发是最能体现广告公司的经营决策水平、经验智慧和市场运作技巧的环节。国内外许多著名的广告公司在长期的经营实践中,逐步总结并形成了较为完善的市场开发的经验、技巧和谋略。这些内容概括了广告市场开发共性特征,成为人们在广告市场开发中所应共同遵循的方法和原则。

1. 要善于选择客户

广告市场开发的对象就是广告客户。广告客户既是广告公司经营的对象,又是广告公司的合作伙伴。能否拥有和形成一个具有一定规模的客户市场,直接关系到广告公司经济效益的实现和今后长远的发展。但是广告的客户市场本身也是十分庞杂的。各个客户的情况不同、要求不同、产品不同、信誉不同,并不是每一个广告公司都能适应所有的客户,相反也不是每一个客户都适应所有的广告公司。在客户对广告公司有所选择的同时,广告公司对客户也应有所选择。因此,广告公司不能对所有的客户都来者不拒,而要在决定接受客户的业务之前,通过与客户的接触,对客户进行考察,充分了解客户的特点和资信状况,然后再决定是否与之合作。美国著名的广告大师奥格威提出了选择客户的十条标准:

(1)来找我们的广告的客户的产品,必须是令我们引以为骄傲的。

(2)除非我们确信我们会比客户的前一家广告公司干得出色,否则我们不接受他们的聘用。

(3)我谢绝产品销售长期下降的客户。

(4)搞清楚可能成为你的客户的广告主是不是希望他的广告公司有利可图是很重要的。

(5)如果一家客户看来于你无利可得,他能促使你做出出色的广告吗?我们没有能从健力士黑啤酒(Guinness)或者罗斯——罗伊斯那里赚到多少钱,但是他们都是给了我们宝贵的机会,使我们能大显我们高超的创作力。没有别的办法能比这个办法更快地把一家新广告公司推到前台。

(6)厂商和他的广告公司之间的关系就像病人和医生间的关系一样密切,接受一个客户之前,你需要弄清楚,你是否确实可以和他愉快地相处。

（7）我谢绝把广告看成全部营销活动中的边际因素的客户。他们有一种很令人尴尬的做法：每逢别处要用现钱，他们总是从广告费上打主意。我更喜欢那些视广告为须臾不可缺少的必需之物的客户。

（8）我不接受实验室测试还未完结的新产品，除非这种产品是已经投放全国市场的另一种产品的必不可少的部分。广告公司在试销市场上为新产品开路，比受理已进入市场营销的产品花费更多，何况新产品十中有八是夭折在试销市场中的。在总的利润率只有5％的情况下，这种风险我们是担不起的。

（9）如果你有创作有效广告的抱负，千万不要揽"协会"为客户。

（10）有时可能成为你的客户的广告主提出和你做生意，但有条件，要你雇一位他认为在管理他的广告方面不能缺少的人。这样做的广告公司的结局是招来了一帮为政客搅乱公司的行政，导致部门不和。我有时雇一些有才干的人，但有条件，他们不能把他们的关系客户夹带进来。"①

奥格威这里所说的选择客户的十条标准，是他从事几十年广告活动的经验之谈，对广告经营者有深刻的启发意义。但是他所说的十条标准是针对他所处的时代和地域环境而言的，未必完全符合我国广告公司的情况。对此要把握其精神实质，灵活地加以运用。根据我国广告公司的经营环境，我们补充几条选择客户的标准：①要选择产品有市场潜力的客户；②要选择资金能及时到位的客户；③要选择尊重广告公司的客户；④要选择有真诚合作意向的客户；⑤要选择重视广告投入的客户；⑥要选择有良好的商业信誉和组织形象的客户。

① ［美］大卫·奥格威：《一个广告人的自白》，北京：中国友谊出版公司，1993年，第39～43页。

2. 要善于抓住广告市场发展的各种机会点

广告市场的发展是不平衡的。各个广告细分市场的特征千差万别,各不相同。从时间上着,广告市场在不同的发展阶段,不同的时期,发展速度不一样。从 1981 年至 1996 年 15 年间,广告发展速度最快的 1993 年,年增长速度近 100%,而 1982 年,年增长速度仅有 12.7%,相差 80% 多个百分点。

从地域上看,广告市场发展也极不平衡。据 1996 年底的统计,在全国 366.63 亿元的广告经营额中,北京市、上海市、广东省,分列前三位,经营额分别为 92.47 亿元、62.21 亿元和 40.45 亿元,其三者之和占到全国广告营业额的 53.22%。而宁夏、青海、西藏则分别仅有 0.29 亿元、0.23 亿元和 0.016 亿元,相差达几百倍之多。

从媒体来看,各个媒介广告收入差别很大。据 1994 年的统计,本年度报纸广告收入达 50.54 亿元,电视广告收入达 44.76 亿元,分别占全国广告经营额的 25.2% 和 22.3%。而广播广告和杂志广告收入便分别为 4.957 亿元和 3.95 亿元,所占全国广告经营额的比例为 2.5% 和 2%。与前两种媒体相比,相差达十倍多。

从产品来看,不同类型的产品在广告上的投入相差很大。据 1996 年底的统计,生活资料的广告投入最多,占总数的 53%,其中食品、家用电器、药品、化妆品名列前四位,而生产资料的广告投入仅占总数的 34.2%。在这种广告市场发展的不平衡中和差异中就蕴含着极其丰富的市场机会点。广告公司如果能准确发现、善于把握、因势利导,就会达到事半功倍之效,大大提高自身的市场竞争力和整体实力。

其实,一些著名的广告公司的发展关键就在于抓住了几次广告市场发展的机会点,从而赶上了发展的快班车。应该说,抓住一次重要的市场发展的机会点,甚至比平时付出十倍的努力更为重要。所以,广告公司的经营决策层应当有强烈的市场发展机遇意识。

我国近 20 年来,广告业的发展突飞猛进为广告公司的经营提供了前所未有的历史发展机遇。全国广告经营额由 1981 年的 1.18 亿元,发展到 1996 年的 366.64 亿元,15 年增长了 30 多倍。在这一背景下,我国的一批善于把握机遇的广告公司在激烈的广告市场竞争中脱颖而出。

1995 年全国广告业综合实力和营业额均排名第一的上海广告公司就是一个突出的例子。这家广告公司成立于 1962 年,是当时为数不多的几家专业广告公司之一。但是它的真正发展主要还是在 80 年代以后。1990 年以后,我国的广告市场进入了又一个黄金发展时期。1990 年广告营业额为 25 亿,1991 年为 35 亿,1992 年为 67.9 亿,1993 年为 134 亿,1994 年为 200 亿,1993 年为 273 亿,96 年为 366.6 亿。这几年的广告营业额率平均增长幅度在 50% 左右。上海广告公司抓住这一难得的发展机遇,根据广告市场专业化分工越来越细,客户要求服务越来越全面的特点,为了适应市场的需要,先后成立了展览公司、市场调研公司、影视公司、传播公司和赛科公司六家全资子公司,与国外合资成立了上海奥美广告有限公司和上海非凡广告设计有限公司,把经营的触角伸到了国内市场的各个角落,形成了从市场调查、创意策划,到媒体发布、公关展示等全程系列化的高质量、高水平的广告服务体系,从而形成了强大的市场竞争优势。在 1992 年全国首届广告公司综合实力评估中即名列榜首,1993 年营业额全国排名第一,1994 年营业额全国排名第三,1995 年综合实力和营业额均排名第一。上海广告公司自 1990 年以来之所以保持长盛不衰的发展态势,最根本的原因就是始终抓住市场发展的每一个机会点,根据市场机遇制定经营策略,适时调整和完善经营体系,实现了经营业绩的超常规、跳跃式的发展。

3. 要善于发现、培养和发展潜在的广告市场

广告市场的形成和发展,有与其他产业市场规律相似的共性特征,也有其自身的特点和规律。任何一种市场都是由盛到衰,再由衰而盛波浪式地发展的。广告市场的发展也不例外。因此广告经营者要有超前意识,不断发现和开发潜在的广告市场,以确保广告经营的连续性和稳定性。

广告潜在市场的形成,首先依赖于宏观的经济环境和产业发展背景。随着经济和社会的全面发展,不同的产业经济必然会阶段性地出现不同的经济热点。这个经济热点往往是广告潜在市场的基础。如我国 80 年代中期的洗衣机、电冰箱等产品为标志的家用电器行业的崛起,90 年代初期的保健产品产业的繁荣,90 年代中期食品产业的高速增长,都为广告注入了大量的资金,为广告市场的快速发展提供了宝贵的发展机遇。

以我国的保健品产业为例,1992 年我国保健品销售额为 26 亿元,1995 年已发展到 300 亿元。这种发展的速度是惊人的,同时,保健品产业对广告的投入同样是惊人的。我国的一批著名的保健品生产企业,年广告投入量都在五千万元以上。对于这种新兴产业的潜在广告市场,并不是每个广告公司都有眼力能够把握这一机遇的。因此,广告经营者就要善于关注各种产业的发展趋势,善于分析和识别新兴产业发展的主导倾向,不断培养和创造出广告市场新的经济增长点。

广告潜在市场还存在于竞争日趋激烈的产业之中。竞争是市场经济的必然产物,也是市场优胜劣汰的过程。市场竞争的发展导致了市场竞争的不断加剧。广告作为市场营销战略和促销策略中的一个重要组成部分,是市场竞争的制高点。谁占据了这个制高点,谁就赢得了市场竞争的主动权。当某种产业或产品市场竞争加剧时,必须要加大对广告的投入。生产企业在采用市场赢争策略时,首先要考虑的就是要如何加强广告攻势。这样就为广告潜在市场的开发创造了广阔的发展空间。

90 年代以来,中国的白酒市场竞争日趋激烈。从 1994 年起,中央电视台对黄金时间段《新闻联播》后的一分钟广告与《天气预报》片头、片尾广告,19 点报时等 17 块标版公开招标,一直到 1998 年由中宣部和广电部对白酒广告进行了一定的限制而取消了白酒投标,其间标王一直都是被白酒所垄断。孔府宴酒、秦池集团屡夺标王。1997 年秦池集团更是以 3.2 亿的惊人手笔创下标王纪录。从这里可以清楚地看出白酒业竞争激烈的程度。3.2 亿的标王竞价,招致了社会的种种非议。然而,秦池集团的老总说,我们每天开出去的是一辆桑塔纳,换回的是一辆凯迪拉克。正是在这一行业激烈竞争的背景下,中央电视台从 1994 年起广告收入每年以 50% 的速度增长。仅 1995 年,中央电视台广告收费就三易价格,每次均有大幅增长。1996 年初,A 特段 15 秒广告收费已达每次 6 万元,周末为 6.4 万元。自 1996 年起,我国的 VCD 行业又掀起了新一轮的广告大战,因为年产 1500 万台的 VCD 市场容量只有 1000 万台,只有加强广告攻势,才能取得市场竞争的主动权。在 1998 年中央电视台广告竞标中,共有九家企业参加了 VCD 广告的竞标,投入资金 9 个亿,平均每个企业投入一个亿。其中爱多 VCD 以 2.1 亿竞得标王。1998 年《新闻联播》后的 A 特段广告中,最多时 VCD 广告占了一半。VCD 市场的白热化的竞争态势成为了广告市场最有潜力的一个新的增长点。

开发广告潜在市场要从对广告细分市场特征的把握中找到切入点。广告主对广告服务要求有着很大的差别,各个不同地区的广告市场,不同行业的产品市场也有很大的差别。这些差别构成了广告市场的细分特征。就广告主而言,有的广告主强调媒介效果,有的广告主强调平面设计,有的广告主强调广告策划,各个侧重点有所不同。

再以地域性市场细分特征来看,广东市场以家电业为主导性特征,四川市场以白酒、饲料为主导性特征。这些市场的产业特征无疑是本地广告市场开发的主要目标。能不能进入这些富有潜力的广告市场,对于广告公司来说,意味着能否在广告市场中占有一席之地,形成有效的竞争力。如果放弃这些具有很大潜力的正在兴起的广告市场,则无异于放弃市场发展的机遇和竞争的主动权。所以,对广告潜在市场的开发,不能忽视广告市场的细分化特征。

广告潜在市场的开发,对于广告公司而言,必须形成自身的经营特色和优势。不断创造和开发新的媒介技术、新的媒介资源。广告经营与其他产业的经营一样,必须走特色经营之路,形成人无我有,人有我强的优势。现在广告市场的竞争,从某种意义上来说,就是特色经营的竞争。广告公司除了能为客户提供通常的广告服务之外,要应形成自己特色经营的优势,以更有效地吸引客户。

欧洲广告集团董事长贝尔纳·罗布尚(法国)指出:"广告的作用正是要'突出差别',通过增加产品、服务,以至人的某种'想象的价值'来使人惊奇,使人诧异,使人受到诱惑"。而广告公司所要创造的这种"突出差别"就在于特色经营。美国杂志广告之父汤普森在 19 世纪末购买了一家小型广告公司后,发现这家小型广告公司在市场上毫无优势可言。但汤普森通过观察发现,杂志是一个传播效果很好,却远未被充分利用的媒体。关键在于没有集中力量开发利用这一媒体,使这一媒体的特色优势没有能充分发挥出来。于是他全力以赴专门开发经营杂志广告媒体,形成了特色优势。不久他完全垄断了杂志广告市场。1896 年汤普森将其控制的各个广告机构合并为一个公司,即 J·沃尔特公司或称 JWJ 公司。这个公司的最大经营特色就是杂志广告。汤普森因此而获得了"美国杂志广告之父"的称号。汤普森经营广告公司的成功之处,就在于他走了特色经营之路。从这里可以清楚地看到,广告公司的特色经营决定了它的市场发展前景和市场竞争力。

近年来,我国广告业中的一批后起之秀,以特色经营在广告界纵横捭阖,呼风唤雨,大有咄咄逼人之势,成为广告界中的一匹匹

"黑马"。如广东省广告公司成立于我国恢复广告活动的 1979 年，在广告界中属"晚辈"。但是广东省广告公司率先在中国广告市场推出了以市场调查、广告策划、广告创意为核心的特色经营服务，在国内广告界带来了全新的广告运作观念，受到了客户的信任和欢迎，赢得了广告市场。它所代理的格力电器、丽珠药业、蓝鸟服装等几十家大型企业的知名品牌，由于发挥了富有特色的广告运作方式，成功地为客户把产品推向了市场。在 1995 年全国广告公司综合实力排名中名列第三，营业额名列第四，一举跨入全国广告业中的领先行列，成为广告业中的佼佼者。

第三节　广告经营的运作管理

不同的广告公司在广告运作管理的过程中，可能会设置不同的部门，设计不同的运作程序和管理环节，这一特征往往表现为不同广告公司的经营思路和管理风格。然而不论以何种方式对广告经营的运作过程进行管理，广告经营过程的主要环节应该是基本相同的，广告经营的最终目的也是相同的，即通过加强广告经营管理提高综合经济效益。可见，广告经营的运作管理过程的基本因素有共通之处。在此，我们从广告经营运作的主要环节，来分析这一管理的基本过程及其特征。

一、广告代理运作

最初的广告经营就是从广告的媒介代理业务发展起来的。早期的广告公司主要为报纸销售广告版面。1841 年伏尔尼·帕尔默在美国创办了第一家广告公司为报纸代理广告业务，从中抽取 25％的佣金。可以说广告业的发展与广告代理是密不可分的。所以早期的广告经营也称为广告代理业（advertising angency）。从广告经营的角度来看,广告代理业务量的大小、广告代理水平的高低、广告代理范围的宽窄,都直接影响到广告公司的经营效益。

什么是广告代理业?也即如何理解广告代理业的含义;世界最著名的广告公司之一,日本电通株式会社编著出版的《广告用语事典》解释说:"以接受广告主的委托,代广告主进行广告活动为职业。……它的职能就是接受广告主的要求,替广告主作好市场调查,确定广告方针,选择媒体,制作广告物,同媒体单位订立广告合同,等等。其次,它还要担负从媒体单位购买广告版面或时间的业务。最近,广告主的要求涉及市场营运所有项目,所以它的活动内容也大为扩展,范围异常广阔。"① 可见,广告代理是一个发展的概念,从最初的媒介代理销售,到后来的广告代理设计制作和媒介发布,再到现在的提供的全面的广告服务,即包括从市场调查、广告策划、广告设计制作,到媒介购买,广告效果评估的全程运作。可以说,广告代理业的发展,正是广告经营从简单的媒介代理销售,到大规模的产业化经营的过程。

世界上最早的广告代理业务发轫于 1800 年英国人詹姆士·怀特(James White)所创办的 White & Sun 公司。怀特专事为广告主提供媒介代理的业务。这一时期的广告代理被称为版面销售时期,即 Space Seller。1841 年,美国费城的 V·B。柏尔默(Volney B Palmer)在新泽西为《锐报》代理广告业务。早期的广告代理是非独立的,它依附于媒体,因此在经营发展上受到很多限制,难以形成大气候。

其后,随着广告业的发展,广告代理不再为某一家报纸承揽广告业务,而成为了独立的经营者,即所谓的版面捐客,它同时从若干种媒体以批发价大量购买广告版面,然后再销售给广告主,从中获取利润。到了 20 世纪以后,随着广告业的进步和客户要求的提

---

① 日本电通株式会社编著:《广告用语事典》,北京:中国摄影出版社,1996 年,第16 页。

高,广告代理的主要任务已不仅仅是销售媒体了,而且还提供广告设计制作。从此,广告代理走向了全面服务的轨道,其内涵也进一步扩大了。

随着经济的不断发展,市场竞争的加剧,广告作为促销手段的作用日益显得重要。广告主对于广告在市场竞争中所发挥的作用,寄予了更多的希望,也提出了更多的要求。广告代理由此进入了全面服务的时代。

作为全面代理的广告活动,既不是广告主委托广告公司单一地购买媒介,也不是广告公司仅仅为广告主制作广告,而是由广告公司提供从市场调查、产品销售分析、广告定位、设计制作、广告策划、媒体购买,以及广告效果评价等一系列的完整的服务。广告代理的内涵再一次发展和丰富了。

广告公司的广告代理流程首先是从 AE(account executive)开始的。我国广告界把 AE 有的译为广告业务员,有的译为客户服务员,还有的译为联络员,都不太妥当。结合 AE 的作用,可译为广告业务主办较为贴切。AE 的主要作用是联络广告客户,追踪、分析广告市场和广告主的动态,把广告主的需求及时传达给广告公司相关执行部门。同时,把广告公司的经营能力和其他信息反馈给广告主,促成广告公司与广告主在广告策划、广告创意、广告定位、媒介购买等具体的广告活动中达成共识,共同推动广告运动的开展。AE 是广告公司经营的"龙头"和先锋。广告代理业务的承揽,广告客户关系的沟通、发展和巩固,主要取决于 AE 的工作状态。所以,AE 作为广告代理活动的第一个环节,对整个广告经营都是十分重要的。要成为一名出色的 AE 很不容易,他既要有较全面的广告专业知识、宽阔的知识面,又要有很强的人际沟通能力。广告公司在注重对 AE 选拔的同时,也要注重对 AE 的培养和提高,从理论上和实践上两个方面使之逐渐成熟起来。

作为一名成功的 AE,必须具备 5A 的素质:(1)分析

（Analysis），对市场、产品、消费者和广告客户的全面分析能力；（2）接触（Approach），要善于通过接触与公司内部人员的协商配合，与广告客户的有效沟通；（3）联系（Attach），要能把握与各个方面的密切联系，营造和谐、融洽的工作关系和公共关系；（4）进攻（Attach），要富进取精神，善于主动出击，不断开拓市场，赢得客户；（5）核算（Account），要有强烈的成本意识、核算意识、投入产出意识，对于经营的每一个环节都能算出细账，注意节约开支，提高利润，及时收回应收款。

确定了代理业务后，广告公司要做的工作主要有：

（1）要深入地了解有关客户及其产品的全面情况，包括考察客户的生产经营状况、产品在当前市场中的地位，整个行业的市场背景，竞争状况等各方面的背景信息，以准确地进行广告定位，确定广告的诉求重点。

（2）要了解客户的营销意图和整体广告预算。根据营销意图确定广告的发布区域、媒体，根据整体广告预算，编制广告计划、媒体发布计划，避免广告发布的支离破碎，缺乏整体广告效应的弊端。尤其是广告发布和广告运作不能与营销运作相脱节，使广告效应的促销作用不能充分发挥。所以广告运作必须与营销运作很好地衔接、协调起来。

（3）要充分与客户沟通。广告公司代理客户的广告业务，应当与客户充分地沟通，力求在广告运作上与客户达成共识。客户委托广告公司代理其广告业务时，总要对广告公司的广告运作提出一些意见和要求，广告公司要认真地听取并积极地采纳。由于客户往往对广告运作的特点和规律所知甚少，他们所提出的一些要求和意见，不一定是正确的，那么广告公司应尽量进行解释和劝说。如果客户坚持自己的要求，广告公司则应说明将会出现的后果以及责任是非。

（4）要与客户签订合同。广告代理确定后，广告公司与客户应就广告代理业务的内容、责职、标的、结算方式,以及违约责任等,以法律协议的方式签订正式的合同文本,以此来约束和规范双方的行为,保证双方的权利。

(5)要保持经常性联络。广告公司应安排专职人员负责与所代理客户的联络,并形成定期回访制度,不断了解客户的意见,反馈各种信息,以便于调整运作计划,完善广告运作流程。总之,广告公司要以出色的广告代理水平让客户满意,这是稳定和加强与客户关系的最有效的途径。

二、广告企划运作

现代广告的发展从六七十年的广告定位时代,到八十年代的广告创意时代,再到 90 年代的整合传播时代,广告观念和广告运作水平不断向前推进。然而在这几个不同广告观念的发展阶段,有一个共同的内容受到了普遍的重视,这就是广告企划。所谓广告企划,就是根据产品,市场状况和广告环境,通过具有创新意义的创意和广告策划,制定出广告传播、广告媒体发布和广告实施的完整的策略规划。广告企划是一种完整的广告运作过程。对广告企划的理解和完善也是随着广告观念的不断进步而发展的。广告企划的鲜明特点是它的系统性、完整性、创新性和整合性。系统性是指广告企划作为一个母系统,它是与广告调查、广告创意、广告媒介策略、广告实施策略等一系列环节密切相关、互为整体的。完整性是指广告企划是根据广告运作的特点和规律,对广告活动所作的全面的部署和安排,而不是对某一具体的广告活动或广告策划所作的计划和安排。创新性是指每一个广告企划都必须是具有创新意义的适用于某一个企业或产品的唯一方案,不能具有普遍的适用性。企划方案应当是从特定的营销环境,广告环境出发,对特定的产品的广告传播具有明确的针对性。整合性是指广告企划运作要综合市场、产品、传播和环境各种要素,从中确定最佳的广告传播定位和广告传播策略。或者说完整的广告企划方案是建立在对各相关要素的分析的基础上的。

广告企划运作的起点是市场调查和营销分析,核心是广告创意和策划,终点是广告效果评估。这其中的每一个环节都关系到广告运作的成败。广告企划对广告公司来说,既是广告公司为客户提供广告服务的一种运作方式,也是开发广告市场的一种经营方式。因为客户在考察广告公司是否具有全面的广告代理能力时,关键是看它的广告企划运作水平。正如美国广告大师奥格威在总结开发客户秘诀时所说的:"开发客户的最简单的方法就是制作好广告。"而制作好广告的重要基础有赖于好的广告企划。

从广告公司的经营角度来说,对广告企划运作管理的主要任务有两个方面:

(1)要确保广告企划的高质量和高水平,以赢得客户的充分的信任。广告公司在接到了客户的广告企划业务后,要集中最强的阵容,安排市场调查、设计、策划等各部门的骨干力量,全力以赴搞好企划。必要时对本公司在某些薄弱环节可能影响到企划质量的,可以聘请同行高手参加企划工作。广告公司对广告企划活动必须予以资金上的充分保证和其他后勤配套服务的充分保证。有些广告公司对于广告企划及其前期工作不愿投入必要的资金,尤其是广告企划的某些关键性环节如市场调查、广告效果评估。因为这些环节花费资金较多,偷工减料也不易被察觉。但是缺乏这些环节的背景信息的支持,广告企划的质量就难以得到保证,并有可能导致企划的失败,危害客户的利益。其后果是不仅会丢失现有的广告客户,而且会影响到未来的广告客户市场的发展。因此,广告企划的质量对广告公司的经营效益和今后市场的发展,有着不可忽视的潜在影响。对此,广告公司管理层的领导,如业务总经理、策划总监等应亲自对广告企划的每个环节进行全程监督,并认真落实广告运作的组织实施,使各项工作都能落到实处。对于重要客户的广告企划,广告公司的决策层领导应亲自参与,给予特别的重视,确保万无一失。

(2)广告公司实施广告企划运作时,要充分征求客户的意见,了解客户的意图,及时与客户沟通。广告公司通过 AE 的联络,应适时举行客户说明会,由客户代理说明客户的产品、市场营销、广告预算等有关情况,广告公司企划人员认真听取客户代表的意见和介绍后,在此基础上提出企划的基本思路。广告企划方案形成后,广告公司要征询客户的意见,对广告企划的意图和作用向客户作充分的说明和解释,以力求获得客户的理解和认可。然后,广告企划才可以进入实施阶段。

奥格威(1993)对广告企划运作提出了五个要点,可视为广告企划的核心问题:(1)当我第一眼看到这一广告时,它是否就紧紧抓住了我的注意力?(2)我是不是希望自己也想到这个点子;(3)是否是很独特?(4)是否完全符合公司的策略?(5)是否可用 30 年以上。美国另一著名广告大师扬则提出了广告企划的五步骤:①搜集有关原始资料,尽可能全面,辨别真伪;(2)反复思考;(3)内心构思;(4)产生创意;(5)验证、使用。这些世界级广告大师的经验和智慧的总结,应成为我们进行广告企划运作时所遵循的基本原则。

三、媒体运作

媒体是广告公司发布广告信息的载体和表现广告的手段,也是与受众进行沟通的桥梁。没有媒体,广告公司有再高的水平,也无异于巧媳妇难为无米之炊。广告公司在代理广告业务、进行媒体运作中,有两种情况,一种是广告公司本身拥有媒体,一种是广告公司需要从传媒机构或其他方面购买媒体。广告公司通过媒体运作既是为客户提供服务的一种重要手段,也是获得经营收益的主要途径。因此,媒体运作在广告经营中具有特殊的地位。广告活动的最终结果都要落实到媒体运作上来。

1. 购买媒体的版面和时段

为了提高综合经营效益,广告公司应当掌握一批具有影响力的权威性的媒体,努力与媒介机构建立起良好的关系,实行互惠互利、优势互补。客户对广告公司的选择,经常要考察其媒体发布能力。所以,一些有实力的广告公司时常买断某些媒体的全部或某一栏目、时段的广告发布权,以此来吸引客户。当然少数客户,可以自己购买媒体,或自行委托广告公司购买媒体,以节约媒体的广告发布成本。但是由于独家使用媒体的综合利用程度较低,从总体上来看,并不一定能为客户节约广告媒体发布的总支出。所以,绝大多数客户主要还是通过广告公司来购买媒体。另一方面客户所购买的媒体的广告发布时间,必须配合整个广告企划中的媒体计划。而由客户购买的媒体往往在发布时间上,很难符合媒体计划的要求。广告公司在广告企划中对媒体计划已有安排,可以提前购买媒体,以确定最佳的广告媒体的发布时间。此外,也不是所有的客户都有整段、整块的媒体购买能力,或是计划安排媒体的能力,所以,这些客户更希望通过广告公司购买媒体。广告公司由于客户较多,对于已经被广告公司买断发布权的广告媒体,广告公司可以通过对不同客户广告媒体计划的合理安排,为不同的客户提供最佳的,成本最低的广告发布时间。这样,广告公司就能充分利用拥有媒体的优势,创造出更高的经济效益。同时,也可能为客户节约媒体发布的成本。

从法律上来看,对于影响最大的四大大众传媒,即广播、电视、报纸和杂志,世界许多国家都有基本相同的规定,即新闻传媒不得直接向广告用户销售媒体的广告发布版块或时间段,同时广告用户也不得直接从新闻媒体购买广告发布的版块或时间段,只能通过广告公司进行媒体买卖,但分类广告除外。这就为广告公司的媒体运作经营创造了良好的条件。现今的许多大型广告公司都定期地有计划购买一定数量的各大传媒机构的媒体,以吸引广告客户,开辟广告媒体经营的经济效益。如广东蓝色火焰·熊猫广告有限公司独家代理了电影频道的 A3、A4、B1 各 45 秒的广告时间段，以及 19:40 的 50 秒广告时间段。由于电影频道是仅次于一频道的收视率最高的频道之一,蓝色火焰·熊猫广告有限公司买断了这些广告时间段后,自然对客户产生了吸引力。因此,它赢得了爱多VCD、东宝空调、今日集团乐百氏、中路保龄、珠海华丰等一批知名企业及其产品的全面或部分代理权。

2. 建立相互信赖的合作关系

在许多情况下,广告公司为客户进行广告企划后,要临时性地购买广告媒体。由于媒介机构也有自己的广告发布计划,尤其是受众使用率高的媒体,通常也是广告用户所看好的媒体,临时购买、插入广告非常困难,这样广告公司媒介机构难免会产生一些矛盾和冲突。这就需要广告公司与媒介机构之间建立一种相互信任的合作关系。这既有利于媒介机构的长远利益,也有利于广告公司提高媒体运作经营的效率。台湾著名广告学家樊志育提出:"广告公司与媒体公司之间,存有'剀切空间'的关系,比如,广告主对于想要得到的节目或插播时间,就想得到手,而且认为争取广告时间是广告公司的职责,所以广告公司与媒体公司,若不建立剀切关系,断难获得通融。"[1]

3. 要善于选择媒体,确保广告效果

广告公司为客户实施媒体策略,进行媒体运作时,要善于选择媒体,以保证良好的广告效果。广告公司在代理客户的广告业务中,媒体购买自然由广告公司来落实。由于广告公司可以从客户付给媒介机构的购买媒体的资金中,获得 15% 的代理费。这容易诱使广告公司盲目追求广告媒体的发布量,或选择价格较高的媒体,以获得更多的代理费。但是广告公司应本着对客户负责的态度,着

---

① 樊志育:《广告学原理》,上海:上海人民出版社,1994 年,第 22 页。

眼于长远的市场经营战略和自身形象的提高,不能忽视广告效果而片面地去追求代理费收益。要把媒体的广告发布效果作为媒体运作的唯一出发点。

因此,广告公司实施媒体运作要考虑这样几个因素:(1)媒体的发行量、收视(听)率、接触率;(2)媒体的权威性、影响力;(3)媒体的传播范围及其受众构成特征;(4)媒体与行销产品之间的关系;(5)媒体的价格和人均到达率成本;(6)媒体发布的同类产品的广告效果的个案。只有对上述因素进行综合分析评价后,才能决定选择何种媒体。在选择媒体时,还要考虑到从广告企划方案和目标市场需要出发,根据不同媒体的特点,实施媒体组合策略,以期提高不同媒体组合的整体传播效果。但这一过程的实施,仍然要以对媒体的评估为基础。正确的媒体选择是广告企划成功的前提,也是广告公司确保广告效果,稳定与客户关系的基础。

4. 要善于推销媒体,开发媒体

广告公司的媒体运作,要善于推销媒体,开发媒体。媒体是广告经营的重要资源。由于广告市场的不同、地域的不同、产业的不同,客户对媒介的要求、媒介购买能力差异也很大。因此,尽管有丰富的媒体资源,但是客户市场往往不一定能完全适应它。这就需要广告公司善于掌握媒体推销技巧,开发媒体的销售市场。媒体销售首先要建立专门的媒体销售机构和专门营销人员队伍。现在的媒体机构和拥有媒体的广告公司都设立了媒体销售部门,专门负责媒体的销售工作。媒体销售与广告其他环节的销售活动相比,有其自身的特点。这些特点是:(1)媒体销售具有独立性。它可以脱离广告经营的其他环节而独立存在。一些广告客户可以单独购买广告媒体,而不需要其他广告服务。(2)媒体销售具有稳定性。购买媒体的客户,尤其是大客户一旦建立了业务关系后,它们就会成为媒体的稳定客户。保持和巩固这种关系,需要专门的营销人员,不断反馈信息,进行业务沟通。(3)媒体销售具有风险性。媒体销售由于受到媒体发布时间的严格限制，与广告其他经营环节不同，具有很大的风险性。广告公司投资了媒体以后，如果不能及时把媒体推销出去。就会造成很大的损失。作为媒体机构来说，媒体销售是其收入的主要来源。如果不能把媒体的广告销售出去，就无法开发和利用自身的媒体资源，影响媒体的经济效益。

5. 媒体销售要形成网络

各个广告公司之间、广告公司与媒体之间、媒体与媒体之间，要建立行业性的协作关系，及时沟通信息，交换市场需求动态，相互推荐客户。因为任何一个广告公司或媒体机构由于信息渠道的限制、市场的差异，其市场销售能力都是有限的。它不可能掌握所有客户的情况和需求信息。尤其是跨地区的客户与媒体之间信息沟通得更少，这必然要影响到对媒体资源的开发利用。而客户对不同的媒体，或不同地区的媒体有不同的要求，它不可能完全了解各个媒体的情况。如果建立起媒体行业性协作网络，就能有效地沟通媒体市场，激活广告市场对媒体的需求，充分利用和开发媒体资源。中央电视台目前有八个频道开播，除了第一频道的黄金时间段外，其余频道的广告版块都需要寻找客户市场。因此，中央电视台委托了900多家广告公司代理销售其广告版块，形成了遍及全国的媒体销售网络，从而保证了广告媒体销售任务的圆满完成。

6. 要主动出击，采取多种营销方式

我国的不少广告公司和媒体机构形成了坐等客户上门的习惯，对于媒体销售还缺乏足够的市场经营意识。媒体销售与其他产品销售一样，要采取积极主动的姿态，主动出击市场，推销媒体。推销媒体的过程不仅是销售媒体的过程，也是调查和熟悉媒体市场的过程。熟悉了媒体市场就能够更有针对性地开展媒体营销活动，提高媒体营销的效率。其实，媒体市场的潜力是很大的。媒体营销人员通过与客户的沟通，使客户能够清楚地了解所推销的媒体的特点和作用，产生购买媒体的动机和愿望。有人说广告营销百分之六十靠的是劝说,对于媒体销售来说同样如此。广告公司和媒体机构只有主动地出击市场,才能发现更多的客户,创造更多的市场机会。同时,媒体销售还需要有灵活多样的营销方式,如各种媒体的联销、优惠销售、批发销售、包干销售、买断销售、竞价销售等,以获得最佳的销售效果,降低营销成本,减少营销风险,最大限度地提高利润水平。

四、客户管理运作

客户是广告公司的服务对象。广告公司的职责就是为客户提供高质量的广告服务。同时,广告公司也从为客户服务的经营中获得相应的经济回报。因此,客户是广告公司经营的基础,也是广告市场竞争的焦点。如何维持和发展与客户的合作关系,提高对客户的市场占有率,是各个广告公司经营管理中所面临的共同问题。

1. 客户管理的基本要点

AE 是广告公司与客户联系的纽带。广告公司加强对客户的管理,首先要从提高 AE 的素质,强化 AE 的职责入手,以此建立起与客户的良好的合作关系。台湾著名广告学家樊志育先生提出了在 AE 的职责中,突出强调了 AE 在客户管理运作中所应把握的基本要点:

(1)经常关切客户的业务;

(2)保持你的客户销售稳健;

(3)先赢得客户的尊重,关爱自然随之而生;

(4)尊重你的客户;

(5)壮大客户信心;

(6)凡事都要抢先客户一步;

(7)不要卷入客户内部纷争;

(8)提供创意是你的天职;

(9)要有胆识;

(10)要负责任;

(11)对事不对人;

(12)随时注意市场状况;

(13)让广告公司每一部门参与并熟悉你的客户;

(14)使你合作的创意人员建立信心;

(15)要做一个优秀的推销员;

(16)学习如何与他人沟通;

(17)书面意见,以扼要为主;

(18)你代表的是广告公司整体,而非你自己;

(19)假若你想成长壮大,应该放开胸襟,任其自由发挥。

作为广告公司来说,要想与客户建立起真诚合作、互惠互利的牢固关系,广告公司应当处处设身处地为客户着想,维护客户的利益,为客户的广告经费精打细算,尽量为客户节省开支。樊志育先生提出:"广告主和广告公司之间有所谓'共鸣空间'。以广告公司而言,并非只取得广告业务而已,而是要确实掌握广告客户行销问题所在,向广告客户提出建设性的提案,保持长期的伙伴关系。"①当然,广告公司与客户的"共鸣空间"是以相互尊重为基础的。广告公司要充分听取客户的意见和要求。同时,广告公司也有应有自己的原则,不是一味地迁就客户不合理的要求和主张。过于迁就客户就意味着放弃原则,不仅会损害自己的利益,也将会损害客户的利益。从长远的眼光来看,坚持原则就是维护客户利益的最有效的手段。最终总会得到客户的理解的。

2. 发现和培养客户的策略

广告公司为了不断提高经营业绩,应不断地发现和培养新客户。随着经济的发展,新产品的开发,新兴产业的兴起,广告客户的数量呈不断增长的趋势。广告公司的经营效益要得到提高,规模要

---

① 樊志育:《广告学原理》,上海:上海人民出版社,1994年,第21页。

得到发展,就不能总是把眼光盯在老客户身上,而是要发现和培养新的客户。不发展新的客户,广告公司的发展是没有前途的。发展新客户的过程,既是扩张市场份额的过程,又是对市场进行重新选择,甚至是重新定位的过程,寻求新的发展机遇和新的经济增长点的过程。广告经营固然主要是客户对广告公司的选择,但同时也是广告公司对客户的选择。这种双向选择对于双方来说都是优胜劣汰的过程。奥格威对广告公司选择客户就曾诚恳地告诫过:在一定的情况下,应该放弃无法合作的客户。要避开那些和你气味不相投的客户,拒绝会破坏工作人员的士气的客户。奥格威还指出,开发新客户必须有新的经营手段和竞争手段。广告公司没有独特之处是很难赢得新客户的。对于广告公司在广告代理运作中如何保持与客户的愉快的合作关系,国外的广告经营大师们总结出了这样几条经验:[1]

(1)保持密切关系;

(2)与客户接洽的应不仅一人;

(3)减低成本并让客户知道代理为他省了多少钱;

(4)不要只把兴趣放在媒体佣金上;

(5)使自己成为客户产品及行销方式的专家;

(6)主动作实地访查;

(7)对于所提出的创意工作加以热忱推销;

(8)提出完整的工作报告。

这些广告代理运作经验对我们来说具有很强的现实意义。奥格威初创广告公司时,为了发展客户也采取了四条重要的经营策略。一是邀请有关广告专业刊物记者吃饭,请他们借用传媒扩大公司名声;二是每年举行一两次演说制造新闻,提高公司声誉;三是开展对与广告主有联系的人(调研人员,公共关系咨询人员、管理

---

① 李天印:《国际广告巨人经营秘诀与名言》,北京:中国广播电视出版社,1995年,第35~37页。

工程师、版面营销人员）的公关,与他们交朋友,借用人际传播扩大公司的影响力;四是运用直邮信件,向各相关人士传递公司的有关信息。这几个方面其实归根到底,目的都是通过扩大公司的影响力,开展有效的公共关系为公司发展新客户打下基础。正由于奥格威采用了独特的营销策略和竞争手段,使他在客户开发运作中取得了巨大的成功。奥格威在事后总结说:"如果我以正规的方法,按部就班地办我的公司,可能要 20 年的时间,我才能达到目前的地位。我既赔不起时间,也赔不起金钱。"

第十四章　印刷媒介的经营管理

　　印刷媒介包括报纸、图书、杂志等，是媒介经营的最早的领域。报纸和图书是印刷媒介产业中的两大支柱性行业。二战以来，在电子媒介的强烈的冲击下，印刷媒介经营虽然受到了很大的压力，但由于受众对印刷媒介产品的使用习惯根深蒂固，加之印刷媒介产品仍有自身的特点和优势，它仍然拥有庞大而稳定的市场，这为印刷媒介的发展创造了良好的市场条件。所以至今印刷媒介产品在整个媒介产业中始终占据着主导性地位，与电子媒介产业难分仲伯。印刷媒介经营要根据自身的特点和优势，研究受众市场的需求，开发适应市场不同层面需求的产品，既要抓畅销产品，更要抓长效产品和精品。这样才能在激烈的市场竞争中立于不败之地。印刷媒介的发行与销售对于整个经营具有特殊的意义，必须采取有效的营销和促销方式来推动印刷媒介的经营效益。

第一节　印刷媒介产业分析

　　印刷媒介是大众传媒的最早的形式，它的产生、形成和发展经历了漫长的历史时期。中国汉代，约公元50年就有了售书的书肆。公元700年左右，发明了雕版印刷。公元762年印刷的书籍已上市销售。至公元10世纪印书业已形成初步的规模，11世纪印书业已相当发达。这就是世界上最早的印刷媒介产业的雏形。但是真正具有大众传播意义上的印刷媒介的出现,并把它作为一种产业来经营出现于19世纪的欧美各国。当时的欧美发达国家如英国、法国和美国已经出现了发行量超过百万份的报纸。图书出版随着文化教育的兴盛更是迅猛发展。图书、报纸经营作为一种新兴产业的出现,得到了社会的承认,并产生了可观的经济效益。印刷媒介作为一种产业的投资,已完全具备了商业经营的意义。因此,媒介产业正式诞生于现代经济生活的舞台上。

一、印刷媒介产业兴起的原因

印刷媒介包括报纸、杂志、图书三种主要的大众传媒。作为产业经营来说,报纸是印刷媒介产业中的先导。应该说最初的印刷媒介产业的出现,主要是以报纸为标志的。虽然图书出现得比报纸要早,但是作为一种产业经营来说,它始终没能形成商业经营的气候和规模。报纸成为大众传媒后,不仅为印刷媒介产业开拓了市场,而且造成了一大批具有媒介消费习惯的读者群体。报业的兴起又进一步推动了图书市场的发展,因为印刷媒介读者对印刷媒介产品市场具有共享性。报业市场对图书市场的带动作用是很大的。当今图书业在印刷媒介产业中已成为经营规模最大、效益最好、实力最强的行业。杂志的兴起是在本世纪以后,尤其是在40年代以后。以美国为例,二次世界大战是美国杂志业发展的一个转折点。1950年美国有杂志公司2100家,1980年增加到2800家。在过去的30年中,杂志公司的数量增长了33%。杂志数量从1950年的6960份,上升到10809份,增长幅度超过了50%。现在美国的杂志增长仍然保持着这种高速度,每年都有250种新杂志诞生。

印刷媒介产业的兴起,是以市场对印刷媒介的消费的形成为前提的。对媒介产品的消费是现代生活方式的主要特点之一。印刷媒介产品为人们的信息交流、文化娱乐、新闻传播以及宣传教育等提供了重要的载体。印刷媒介由于信息承载量大、制作简单、携带方便,在媒介产品市场消费中具有不可替代的优势。虽然当今电子媒介的出现,尤其是电子读物诞生以后,对印刷媒介市场产生了一定的冲击。但是受众长期形成的使用印刷媒介的习惯要想一下子完全改变是根本不可能的,而且印刷媒介面对电子媒介的挑战,也在不断地改进和完善,以更好地适应受众的需要。可以说,在电子媒介的强大的压力下,印刷媒介仍然牢固地占领着一块庞大的受众市场。据美国对成年人在 80 年代期间媒介使用率的统计调查,各种主要大众传媒的使用率情况如下:报纸 69％,杂志 28％,广播 66％,电视 86％(Compaine,1982;Dominick,1983)。报纸在各种媒介的使用率中仍位居第二,足见其深远的影响力。从新闻受众了解新闻所使用的大众传媒来看,印刷媒介甚至超过电子媒介,占据着优势,似乎令人不可思议。据戈林和布鲁姆(Gollin & Bloom,1983)统计的 80 年代初美国新闻受众使用大众传媒的构成情况如下:报纸 69％,电视 67％,广播 48％。就受众了解新闻使用大众传媒的动机而言,受众对报纸的使用率超过了电视和广播。这说明了印刷媒介在今天仍然有其旺盛的生命力和广阔的市场空间。正因为印刷媒介有如此稳固的市场基础,所以它的经营利润水平才与电子媒介不相上下。据美国对 1984 年各种主要大众传媒产业的利润水平的统计,情况如下:报业 18％,广播电视 18.5％,商业杂志 14％,消费者杂志 11.5％,广告 10.2％。从这里可以看出,报业与广播电视基本相当,杂志业的利润水平超过了广告业的利润水平(刘强,1996)。

近 20 年来,在改革开放的大背景下,我国的印刷媒介产业发展异常迅猛,由过去计划经济下靠政府财政拨款生存的事业性机构,一跃成为我国经济发展中最为迅猛的支柱性产业,成为引人注目的新的经济增长点。1995 年我国印刷媒介产业中仅图书业一项,在国民经济的盈利性行业中就超过了汽车、石油、建筑等传统性支柱产业,排序第八,令人难以置信。1995 年,我国图书出版品种在 101381 种,总印数 63.22 亿册,总码洋销售达 243.66 亿元,从业人员 30 多万人,其中出版社职工有 5 万多人,专业编辑 3 万多人,形成了一个完整的图书产业体系。从报刊业来看,我国有报业从业人员 13 万人,期刊从业人员近 7 万人。以如此之少的人员,创造出如此巨大的经济效益和社会效益,不能不说印刷媒介产业是一个低投入高产出的重要产业。它在现代经济体系中发挥着越来越重要的影响和作用。

我国的印刷媒介产业化经营起步较迟。改革开放和市场经济给我国的整个媒介产业,包括印刷媒介产业带来了勃勃生机和巨大的活力。1979 年是我国印刷媒介产业重新起步的一个起点,由此我国的印刷媒介产业走上了经济发展的快车道。

表 14-1　**印刷媒介 1978 年与 1995～1996 年主要数据的比较**

时间	出版社	出书品种	图书印数	期刊品种	报纸品种	期刊发行量	印刷能力	排字能力	书刊发行网点
1978 年	105 家(中央 53,地方 52)	14987(初版 11888)	37 亿	930	186	7.16 亿	未统计	未统计	未统计
1995～1996 年	563 家(中央 220,地方 344)	103630(初版 60525)	62.6 亿	8135	2202	24.3 亿	3900 万令	265 亿字	8.9 万处
增长率	436%	691%(初版)509%	69%	774%	1083%	239%			

从上述表 14-1 数字的比较可以看出,我国在从 1978 年到 1996 年的十几年间,印刷媒介产业的发展是惊人的,实现了超常规、跳跃式的历史跨越。这种发展速度大大超过了同期的国民经济发展速度,说明了我国印刷媒介市场潜力是巨大的,也反映出社会进步、经济发展和人民生活改善对于印刷媒介消费要求的迫切性。其中期刊数量的增长在 1979 到 1981 年的两年间,达到了每年平均递增 42.5% 的高速度。我国在八五期间,共销书 321.37 亿册,销售码洋 632.78 亿元,年递增 19.1%,大大高于 GNP 的 12% 的水平。目前我国在世界上图书出版品种、报纸的出版品种和发行量都是世界上最大的,在全球印刷媒介产业中占有重要的一席之地。

从世界范围内来看,印刷媒介产业正显出蓬勃生机,长期保持着健康的发展态势。目前世界各地年出版图书共约 64 万种,平均每年以 4%的速度递增。在西方发达国家形成了一批国际性的有着强大经济实力的出版公司,不仅垄断了国内的出版市场,而且在国际版权交易和出版物贸易中占据着绝对的统治地位。美国目前图书年销售额约 190 亿美元,其中大出版社的图书销量即占全美的 50%。世界出版业中排名第二的德国贝格斯曼出版公司 1994年销售额达 200 亿马克,其中图书约 63 亿马克,相当于 380 亿人民币,比我国图书销量的总和还多。印刷媒介产业中的大集团对整个市场起到了很强的控制作用,具有一定的垄断性。这种格局在印刷媒介产业中将长期地保持下去。

二、印刷媒介产业的经营特点

在整个媒介产业中,印刷媒介属于传统型的媒介产业。由于印刷媒介产业形成的历史较长,它的市场基础比较稳定,相对来说经营的市场风险较小,投资周期短,资本可大可小,投资回报率较高。从美国的情况来看,印刷媒介的投资回报率已经超过了汽车、钢铁等支柱性产业,平均税前利润达 15%左右。因而吸引了大量的投资。资本的过度涌入不仅带来了印刷媒介产业的过度竞争,而且造成了对印刷媒介市场资源的掠夺式开发。结果破坏了印刷媒介产业的有序发展,带来了种种深刻的隐患。我国从 1995 年半年起,图书购销全面下降,册数下降 13.6%,码洋下降 9.3%。科技新书目、社科新书目征订不到 1600 册的品种达 87%。这种状况影响了印刷媒介产业的进一步发展。

印刷媒介产品市场需求的不断增长,为印刷媒介产业的发展创造了良好的市场环境;同时对印刷媒介产品的品种和质量也提出了更高的要求。印刷媒介产业为了适应市场的这一需求,产品呈现出了多元化的特征。各种形式、类型的印刷媒介产品层出不穷,几乎覆盖了社会生活的各个领域、各个层面,诸如政治、经济、文化、教育、宗教、体育、卫生、娱乐等等。我国目前仅质量方面的期刊就多达两百多种,涉及到质量管理、质量监督、质量认证等领域,以及各个行业的质量管理。丰富多彩的印刷媒介产品,给读者的挑选提供了很大的余地。读者完全可以根据自己的爱好来选择自己所喜爱的读物。1995 年美国出版图书达 6 万多种,德国有 5 万多种,日本有 4 万多种,我国高达 10 万多种。印刷媒介产品的多元化,既满足了市场的不同需求,提高了自身与其他媒介产业竞争的能力,又为自身产业经济的发展增添了活力,提供了新的发展机遇。

印刷媒介产业在发展的过程中,不断地根据市场的变化,充实和调整自己的经营方向和策略,完善产业经济的机制,发挥自身的优势,提高了适应市场的能力。二次世界大战以后,随着世界经济的高速增长,带动了整个印刷媒介产业的发展。印刷媒介产业开始向规模化、集团化和多元化经营的方向迈进。首先是消费市场的扩展刺激了印刷媒介产业规模的急剧膨胀,在这种情况下,印刷媒介产业开始走向了规模化发展的道路。美国在 1910 年仅有 13 家报业公司,占有全国报纸 2% 的市场份额,平均每个报业公司有 4.7 份报纸。1930 年有 55 家报业公司占有全国报纸 16% 的市场份额,平均每个报业公司有 5.6 份报纸。这时报纸的市场集约化程度还很低。二次世界大战是印刷媒介产业发展的一个转折点。到了五六十年代,美国报业公司的数量翻了一番。1970 年报业集团公司已占有市场份额的 50%,并控制着 63% 报纸的发行。1980 年美国的报业集团公司已拥有全国报纸三分之二的市场份额,控制了 73% 的报纸发行,平均每家公司有 8 份报纸,至此,印刷媒介产业规模化的格局已完全形成。

印刷媒介产业在走向产业经济的过程中,逐步探索和形成了具有自身产业发展特点的经营方式和发展模式。当然这个过程也经历了长期的探索,并付出了相当的代价。因为印刷媒介产业是一种特殊的产业,印刷媒介产品属于一种精神文化产品,它与政治、法律、宗教等意识形态有着不可分割的关系,所以它既有商品的特征,又不完全等同于其他商品。准确地把握印刷媒介产品的意识形态特征和商品特征这两个方面,并在二者之间找到一个适中的平衡点,这就是印刷媒介产品生产所要把握的尺度和所要遵循的特殊的产业经营规则。

第二节　印刷媒介产品市场的构成要素

　　印刷媒介是报纸、杂志、图书等总称。印刷媒介产品市场是读者对印刷媒介产品需求的现实性和可能性的统一。所谓需求的现实性,是指读者需要用印刷媒介产品来应付和满足工作、学习、生活中的各种需求。所谓需求的可能性是指读者在消费印刷媒介产品时,有方便的购买渠道和充分的经济支付能力。缺少任何一个条件,都不可能形成印刷媒介的市场。

　　印刷媒介市场是整个媒介产业中历史最为悠久的市场。印刷媒介作为最早出现的大众媒介,是最早走向产业化的媒介行业。相比之下,印刷媒介的市场化成熟度高,市场基础稳定,市场需求庞大。这都是印刷媒介产品市场的得天独厚的条件。仅以我国图书出版中的教材和教材辅助读物而言,现在每年的销售额占整个图书销售额的三分之一,约80多亿元,这是一个十分庞大的市场。印刷媒介产品之所以有稳定的市场,主要原因在于印刷媒介产品具有不可替代性,即其他媒介产品难以完全取代它。印刷媒介产品的阅读方便、便于携带、记录,这是电子媒介产品无法相比的。现代电子读物尽管具有信息贮存量大、直观性强,但至今仍没能对印刷媒介构成较大的威胁。人们仍然习惯于使用印刷媒介产品。就电视而言,它的丰富的表现力、强烈的现场感、迅捷的时效性,应该说对于新闻报道来说,比报纸的形式要优越得多。但即使在传媒最为发达的美国,人们通过报纸获得新闻的比例,仍然要比电视要高。这似乎是不可思议的。而实际上,这恰恰反映出了受众对媒介产品的使用习惯决定着媒介产品的消费方式。人们长期形成的对印刷媒介产品使用习惯上的很强的依赖性,正构成了印刷媒介产品的市场基础。另一方面,印刷媒介产品的使用范围极具广泛,这也是它的市场开发的又一有利条件。印刷媒介产品在教育、新闻、文化传播、资料保存等方面具有不可替代性,发挥着独特的作用。它渗透于社会生活的各个层面,影响着人们的价值观念、文化传统、意识形态和社会舆论,成为社会中重要的信息工具和传播手段。因此,对于社会生活来说,它是不可或缺的有机部分。

印刷媒介产品的市场构成因素是多方面的。在不同的情况下,各种因素所发挥的作用各不相同,但是有一些核心因素支配着印刷媒介产品的市场基础。在此我们对这些构成因素进行简要的分析。

一、印刷媒介的消费能力

印刷媒介的消费能力决定着印刷媒介产品的市场容量和市场发展潜力。消费是印刷媒介产品市场存在的基础和条件。市场规模的大小取决于消费能力的大小。印刷媒介的消费能力主要取决于经济收入的总体水平。一般来说,经济收入高,用于印刷媒介产品消费的支出自然会较大一些。反之,经济收入水平低,用于印刷媒介产品的消费支出自然也就会较少。以图书消费为例,1995年我国人均购买图书的支出为11.1元人民币,相当于德国的1.1%,美国的1.48%。这一消费水平与我国国民收入的水平是相吻合的。1995年我国人均国民收入为六百美元左右,美国人均国民收入为两万多美元。这种收入上的差距从根本上决定了印刷媒介的消费能力。同时,印刷媒介产品的消费能力还受到消费者文化需求因素的影响。一般来说,城镇居民的文化水平比农村居民要高,对文化需求也较为迫切,因而在印刷媒介的消费能力上显得比较强烈,这也影响了印刷媒介产品的消费能力。一些富裕的农村社区,其经济收入要远远高于城镇,但在印刷媒介产品的消费能力上却显得很低。这主要是由文化需求因素所决定的。所以,城市的印刷媒介产品的消费能力要远远高于农村。

二、媒介使用习惯

受众在长期的媒介使用过程中,对不同的媒介产品形成了不同的使用习惯。这种使用习惯反过来又决定了他们对不同媒介的消费方式和消费水平。本世纪二三十年代以前,媒介产品市场是印刷媒介的一统天下。20年代后,随着广播这一新的大众媒体的出现,尤其是40年代以后电视的出现,对印刷媒介产场产生了巨大的冲击,构成了严重的市场威胁。由于广播电视表现力强,传播及时,具有新闻、教育、娱乐、艺术等综合功能,使得印刷媒介相比之下大为逊色。一大批原先的印刷媒介产品市场的受众,逐步被电子媒介吸引了过去,由此使整个媒介产品消费市场中的受众媒介使用习惯也发生了很大的变化。从总体上来说,电子媒介已取代印刷媒介,成为整个媒介产业中的主力军。媒介使用习惯的变化,不能不影响到原来的媒介产品市场的构成格局。从传媒业最为发达的美国来看,美国的报业市场从50年代开始,在广播电视的冲击下,每况愈下。从1950年的每千人报纸拥有量的478份,下跌到1980年的每千人360份。报纸阅读率从五六十年代的80%,下降到1970年的56%。而同期的广播收听率稳步上升,尤其是调频广播开通后,收听率稳步上升,从1973年的28%,上涨到1990年的70%。电视的收视率更是稳居榜首,始终稳定在85%左右。媒介使用习惯的变化,使受众市场产生了转移。这一状况,最终影响到媒介产品的消费方式和消费量。

三、印刷媒介产品的内容、品种和质量

市场本质上反映了人们的一种需求关系,以及实现这种需求的可能性及其过程。印刷媒介产品的内容、品种和质量直接关系到能否有效地满足消费者的需求,并进而决定了印刷媒介产品的市场。从广义上讲,现代管理意义上的质量是一个综合的概念,它包括产品的内在品质、功能、品种、外观设计和服务等多种内容。

消费者使用印刷媒介产品首先考虑的是能否满足自己的需求,是否有实际的使用价值。这是消费者购买媒介产品的主要动机所在。作为印刷媒介产品的生产经营者,就要深入地了解消费者的需求,分析消费动机的特点和变化趋势,组织实施产品的生产经营。国外的一些著名的印刷媒介经营机构都要定期地开展受众市场调查,其目的就是及时了解消费者需求动向,并根据需求动向来组织生产和市场营销。

其次,印刷媒介产品的品种是影响消费者消费行为的另一重要因素。当今印刷媒介产品市场越来越趋向于多元化,消费者对印刷媒介产品的需求也呈现出多层次、多元化的特征。印刷媒介产品由于制作成本低、周期短,实行多品种经营正是印刷媒介产品的优势所在,也是它能够与其他媒介产品进行市场竞争之所长。品种多样化,消费者就有了更大的选择余地,就能够实现个性化、差别化媒介消费。这与现代媒介消费的主导趋势是一致的。我国在1995年图书出版品种超过了10万种,图书市场显现出一派勃勃生机。图书市场的空前繁荣是与图书的多品种经营策略密切相关的,它极大地满足了消费者需求,刺激了市场购买力。

此外,印刷媒介产品的设计、编辑质量、选题、服务等因素,也都不同程度地影响着消费者的消费行为。

四、印刷媒介产品的价格

价格是市场营销过程中的最活跃的因素之一。价格策略构成了印刷媒介产业经营的核心内容。价格既反映了产品的成本和价值,也反映了经营者对市场的把握能力。消费者对印刷媒介产品的价格是极其敏感的。价格直接影响到消费者对印刷媒介产品的接受程度,以及消费承受能力。所以,价格在很大程度上决定着印刷媒介产品在市场实现其商品价值的可能性。

印刷媒介产品的价格是消费者对使用印刷媒介产品及其服务所应支付的费用,它反映了消费者对于印刷媒介产品的欲求和需要所愿意并能够承受的开支。这里有一个很关键的问题,即消费者愿意与能够承受。这个问题关系到能否把印刷媒介产品充分地市场化,有效地沟通生产经营者与消费者的双向营销关系。

所谓愿意,是指印刷媒介产品符合消费者的需求。所谓能够承受是指印刷媒介产品的价格水平,消费者在经济上有能力支付相应的费用。这两个条件缺一不可。缺乏其中的任何一个条件,印刷媒介产品的市场营销都会遇到困难和障碍,对营销过程产生不利的影响。如果价格太高,即使是印刷媒介产品符合消费者需求,但消费者没有购买能力,印刷媒介产品就难以形成市场。如果价格太低,印刷媒介产品不能反映出其生产成本和价值,生产经营者无利可图,不愿意生产,同样也难以形成市场。如何在消费者的可接受程度与生产经营者的合理的利润水平之间找到一个基准点,需要对消费者的价格承受能力进行深入的调查分析,否则就可能制约印刷媒介产品市场的健康发展。

我国印刷媒介产品价格自 1990 年以来,上涨速度之快、幅度之大,已经超出了市场的承受能力,给繁荣的印刷媒介产业带来了沉重的打击。我国图书价格在"八五"期间,年平均涨幅超过 15%,其中 1992 年为 13.24%,1993 年为 21.79%,1994 年为 15.79%,

1995 年高达 26.82%。根据对全国 35 座大中城市图书报刊 1994～1997 年的价格调查,1994～1997 年三年间,平均价格上涨了一倍多,年均递涨 26.4%,1996 年达 37.8%,有的城市甚至超过了 50%。1997 年 1～6 月,35 座大中城市平均上涨了 17.9%。6 月份涨幅超过了 30% 的有:天津、济南、哈尔滨、合肥,上涨幅度分别为 32.2%、31.1%、30.9%、30.3%;涨幅超过 20% 的有:北京 23.2%、沈阳 20.4%、大连 22.9%、深圳 22.7%、南宁 20.4%、海口 27.8%、昆明 25.5%、西安 21.9%、南宁 21.8%。根据对哈尔滨市的调查,1994～1997 年上半年,图书报刊价格上涨了 1.3 倍,年均递涨 29.1%。中央报纸、地方报纸和杂志上涨幅度分别为 1.5 倍、1.2 倍和 1.8 倍,年均递涨 35.7%、30% 和 40.9%。这种上涨幅度已大大超过了同期物价的涨幅和生产成本的上涨幅度。价格上涨已经完全失去了控制,违背了市场经济的规律,给我国尚未成熟的正在发展中的印刷媒介产品市场带来了严重的后果。

这首先表现在图书报刊消费总量和人均消费额的下降上。印刷媒介产品市场从 1994 年开始出现下降,到 1996 年下降幅度不断增长。扣除物价因素,1996 年印刷媒介产品销售量的下降幅度较之 1995 年,实际下降了 13.3%。据哈尔滨市对 100 户居民的抽样调查,书报杂志占居民文化教育支出的比重从 1993 年的 18.7%,下降到 1995 年的 14.9%,1996 年再进而下降到 13.2%。再从单册书价来看,1982 年平均每册 1 元,1988 年为 3 元,1996 年达 10 元。1984～1996 年间涨幅达 745.4%。比同期物价涨幅 720.98% 还要高出 24 个百分点,平均年涨幅为 18.2%。其中 1994、1995、1996 年图书报刊的涨幅为 33.5%、15.2%、37%,比同期物价涨幅 21.7%、14.8%、6.1%,分别高出 11.8%、0.4%、31.9%。1996 年在 14 类商品中图书报刊的涨价幅度位居第一。过度的涨价,使得印刷媒介产品市场的消费能力迅速下降。1981～1990 年人均购书为 5.56 册,而在书价上涨最快的 1991～1995

年,人均购书下降到 5.15 册。

印刷媒介产品大幅涨价的另一个直接后果是由于市场购买力锐减,导致流通不畅,产品出现大量积压。据国家新闻出版总署的统计,截至 1996 年 5 月底,全国图书积压金额已达 81.39 亿元,比上年净增 26 亿元,产幅达 50% 左右,使图书生产经营部门举步维艰,困难重重,许多印刷媒介生产经营企业都出现了亏损。

五、印刷媒介产品的流通方式

印刷媒介产品的市场销售与电子媒介有很大的不同,电子媒介受到时间、空间的制约较少,市场流通因素对它的营销影响不是很大,而印刷媒介产品在很大程度上依赖于流通过程,可以说市场流通方式决定了印刷媒介产品有没有市场,以及有多大的市场。印刷媒介产品的生产者通常不直接与消费者进行接触,而是通过经销商把产品推向市场。经销商能否有效地销售产品,直接关系到能否有效地开发市场。

印刷媒介产品的流通,首先要考虑到如何布点,即在最具有销售潜力的市场开设经销网点。我国印刷媒介产品的消费市场的主体在大中城市。大中城市居民的平均收入水平较高,文化基础较好,印刷媒介产品的消费已成为生活方式中不可缺少的部分,因而是一个主要的市场。我国大中城市一般都没有规模较大的新华书店和各类专业书店,作为图书销售的主要渠道。报纸杂志也设有专门的门市和各种零售点。对于农村市场来说,由于消费者非常分散,人均消费水平较低,图书销售通常由供销社设立代销点。至于报刊零售点,在农村几乎很难看到。农村书报销售点的这种设置的方式,与其市场的需求能力是相适应的。

其次是销售网络的设置,亦即销售点的面的布局安排。除了设立一些规模较大的书店、报刊门市之外,还要强化销售的渗透性,设立一批适应不同消费层次需求的、方便消费者购买的各种形式的零售点。这些零售点通常设立在居民小区、车站码头、市区中心、影院商场，由于这些场所流动人口多，购买能力也是非常可观的。通过点面结合，从而能够建立起适应性强，渗透面广、灵活多样的销售网络系统，有效地提高销售能力。

再次，媒介产品的流通方式还取决于经营者与消费者双向沟通的程度。经营者必须充分地了解消费者，才能向他们提供所需要的印刷媒介产品，如果经营者与消费者之间存在着很大的隔阂，那么经营者就无法有效地销售印刷媒介产品。我国的不少新华书店由于长期以来形成的官商作风，加之对媒介经营的经验知识了解不多，经营中能够提供给消费者的图书非常有限，同时出版社出版的许多好书却又被新华书店拒之门外，造成了"想买的买不到，想卖的卖不掉"这一奇怪的现象，所以迫使一些出版社走自己发行的路子。出现这一现象的主要原因就在于经营者与消费者沟通得太少，经营者不了解市场行情，导致经营没有明确的目标，最终影响了营销过程。

第四，取决于流通的服务质量和水平。就报刊发行而言，我国的报刊发行过去长期完全依赖邮发系统。由于邮发系统独家经营，服务质量差，投递不及时，在很大程度上影响了读者对报刊的消费。尤其对于报纸来说，它的时效性很强。而报业经营又面临着广播电视的强大的竞争压力，所以报纸的送达时间直接关系到新闻的时效性和对读者新闻消费的满足性程度。邮发报纸投递最快也要到第二日上午，这样在很大程度上影响了受众对报纸的消费。

目前，我国的许多报纸在大中城市都建立了自办发行的销售网点。读者能够及时地阅读到当天的报纸，从而大幅度提高了受众对报纸的使用率，有效地开发了报业的潜在市场。广州日报集团以改善报纸发行服务质量为突破口，提高报纸的市场占有率。它所采取的措施主要有，一是在全市设立报纸销售连锁店，方便读者购买；二是逐户上门收订和投递，确保订户在每天的第一时间，即早晨八点之前在读者用早餐时就能看到当日的报纸。由于改进了报纸的发行方式,提高了销售服务质量,报纸的订户大幅上升,特别是个人订户,从 1996 年占总发行量的 70%,上升到 1997 年的80%。个人订户在所有的订户中占广大多数,这在我国的机关报中是较为罕见的。广州日报集团以改革发行方式带动整个报业经营的发展和市场的扩张,对我们是富有启发意义的。

第三节　印刷媒介产品生产经营的组织

印刷媒介产品的生产经营既要求具有高度的专业化和协作性,又要求善于把握市场机遇的经营领域。一方面它要求印刷媒介的生产经营者具有较高的文化素质,全面的知识结构,谙熟受众的文化需求,另一方面它又要求印刷媒介的经营者具有成熟的市场经验、高超的经营技巧和超前的经营谋略。由于印刷媒介的生产经营是一种知识性产业,所以生产经营者自身的文化知识的素质自然是极其重要的,是能否熟练地驾驭这一知识性经营领域的重要前提。印刷媒介的生产经营还涉及到不同的专业领域、不同的业务部门,如编辑、制版、设计、印刷、发行等若干方面。如何把不同的专业部门很好地协调起来,围绕同一个经营目标有效地开展协作,这需要生产经营管理者具有把握协调全局工作的能力。因此,印刷媒介的生产经营者的一个重要职能就是有效地组织起印刷媒介产品的生产经营过程。这一过程主要包括以下几个环节:

一、消费者需求和动机调查

印刷媒介产品的生产经营必须以市场为导向。市场客观地反映了消费者对印刷媒介产品的需求关系和动机指向。这种需求关系和动机指向从根本上决定了印刷媒介产品的市场的命运。印刷媒介产品作为一种精神文化产品,它与消费者对精神和文化的需求密切相关。这种需求和动机就是印刷媒介产品市场变动的标志,反映着市场未来的走向。因此,印刷媒介的生产经营者必须根据消费者的需求和动机来把握市场行情,组织实施生产经营过程。

消费者对印刷媒介产品的需求和动机总是在不断地发生着变化,影响这种需求和动机的因素很多,也很复杂。这就要求印刷媒介的生产经营者时刻关注着消费者的需求和动机的变化,找准产品进入市场的最佳切入点和最佳时机,以灵活多变的市场经营策略取得市场经营的主动权。

我国自从70年代实行独生子女政策以来,许多家庭对独生子女的教育都给予以特别的关注,在独生子女的教育和文化消费上投入了较多的资金。这一趋势带动了儿童出版的市场繁荣。在当今的许多家庭的印刷媒介产品消费中,儿童读物占了很大的比重。针对市场的这种需求特点,国内一批出版机构迅速抢占儿童出版物市场,找到了一条重要的经营发展的途径。浙江教育出版社于1991年适时推出了《中国少年儿童百科全书》,在市场上畅销不衰,一时洛阳纸贵。从1991年初版到1996年6月,短短的五年时间内,先后印了15次,平均一年重印三次,印数达65万册。

浙江教育出版社在编辑出版这套丛书前后,进行了多次深入的市场调查。首先他们在市场调查中发现目前市场还没有少儿百科全书类的丛书,所以他们决定了这一选题。其次,他们多次深入到中小学中,调查少年儿童的阅读意向和兴趣点。比如,他们在选编花卉的内容时,收集了很多的资料,在决定取舍时感到无从下手。于是他们调查了小学生的兴趣和需求意向,最后决定仅选编了几种花卉。再次,他们之所以确定少儿百科全书这一选题,还在于他们事先了解了现在的少年儿童知识面越来越宽,有强烈的求知欲望。正是根据了这些对少儿需求和动机的调查的结论,浙江教育出版社迅速确定了选题,成功地把这套少儿百科全书丛书推向了市场,取得了良好的社会效益和经济效益。可见,印刷媒介产品的生产经营中对消费者需求和动机的调查,是有效地组织印刷媒介产品生产经营的一个重要的环节。

二、印刷媒介产品的市场策略和产品定位

印刷媒介生产经营组织数量庞大,产品种类繁多,市场出现了产品趋同化的现象。这不仅使印刷媒介产业处于低层次竞争的无序化状态,而且大大影响了印刷媒介产业的整体经营效益。在我们的现实生活中,当大众传媒铺天盖地而来,无时不有、无所不在的同时,受众对大众传媒的需求更趋向于个性化、差别化。或者说,大众传媒正逐渐走向"小众化"。这一特征决定了印刷媒介产品市场的细分市场特征越来越明显。千人一面的"大路货"越来越受到消费者的冷落,而适应某一个特定消费层的印刷媒介产品则越来越受到人们的欢迎。

对于媒介机构而言,再生产经营"大路货"的印刷媒介产品,市场成功的机率越来越小,无差别化的市场经营策略时代很难再有大的作为。因此,如何对印刷媒介产品进行市场定位,选题策划,制定正确的市场策略就显得尤为重要。现在的印刷媒介产品市场竞争非常激烈,市场发展空间越来越小,但同时可挖掘的市场潜力仍然很大。关键在于如何进行准确的产品定位,并实施相应的市场策略。就印刷媒介的宏观的市场环境来看,市场的确已经相当饱和了,但从某一局部的经营领域或市场层面来看,还有许多市场空白点。只要抓住这些市场空白点,仍然可以大有作为。诚然,实行无差别化的市场策略,从经营管理上来说是省时、省事、省钱,但产品的市场营销的难度却越来越大。如果抓住某一个特定的市场层面进行开发,则可能会获得意想不到的成功。

"小众化"的印刷媒介产品,不等于市场小,也不等于效益低。事实上,"小众化"的产品同样可以赢得大市场。中国是一个印刷媒

介产品消费的大国。它的人口数量庞大,消费总量很高。但是人均印刷媒介产品的消费水平还很低,各地市场发展也极不平衡,因此,潜在的市场是巨大的。只要产品定位准确、市场策略得当,任何一块潜在市场开发出来都会是十分惊人的。

以陕西省出版的《女友》杂志为例,它的发行量已达 100 万份。《女友》杂志的成功首先得益于它的准确的产品定位。在《女友》杂志走向全国市场之前,可以说关女性的专业期刊并不少。而为什么单单《女友》能独树一帜、脱颖而出呢?我们先考虑一下它是如何进行产品定位的。以往我国的女性专业期刊是以整个女性为阅读对象的,实行的是无差别的市场策略。看起来市场的适应面很广,但实际上却失去了印刷媒介产品的个性化。

这个特点在我国整个期刊经营管理中都表现得很突出。据 1994 年的统计,年平均期发行量在一千至一万期之间的有 5122 种,占总数的 64.62%,平均期刊发行量 10 万册以上的有 509 种,仅占总数的 6.43%,亏损面占 41.1%,财政补贴共支出 2.872 亿元。在全国 8133 种期刊中,发行量超过百万册的仅有 21 种,占总数的 0.258%。我国期刊业整个经济效益低下的经营状况,与产品定位与市场策略有很大的关系。

我们回过头来再看《女友》杂志是如何通过准确的产品定位和市场策略赢得市场的。女性专业期刊从市场的消费层面来看,已婚妇女是很少自己掏钱购买的。一方面是工作和生活方面的原因,使她们很少有时间阅读报纸杂志。另一方面是经济上的原因使她们不愿意自己掏钱消费女性专业杂志。事实上,大多数女性专业期刊的订阅者是各机关、企事业单位,而并非是个人。女性专业杂志的主办者通常也是各级妇联组织。之所以由妇联组织来主办女性专业杂志,其目的就是利用各基层妇联组织的网络来销售杂志。但实际上,个人市场的消费能力被忽视了,市场潜力没有得到挖掘,加之上级妇联组织对基层妇联组织在媒介产品销售方面的影响力日趋降低,使女性专业杂志的市场消费出现了萎缩。这种萎缩恰恰是印刷媒介产品市场的一个新的机遇。《女友》杂志正是适应了这一市场需求,对女性专业杂志进行了重新的产品定位并采取了新的市场策略,摆脱了以往女性杂志过多的说教的气息,以贴近生活、自然清新的风格,征服了读者,赢得了市场。

三、制订出版计划

印刷媒介组织在实施生产经营的过程中,都必须根据市场环境和自身的经营意图,制订出一定时期内的出版计划。出版计划的制订是一个极其复杂的系统工程,是印刷媒介经营管理中的一个不可缺少的环节。

出版计划既是媒介组织对未来的经营目标所作的全面的布置和安排,又是媒介组织在对市场调查分析的基础上对实施一定时期的市场目标和经营目标所提出的实际操作的步骤和措施。所以出版计划是印刷媒介组织一定时期内的经营管理的指导性纲领,它反映了决策者的经营策略意图和指导思想。各个印刷媒介组织制订的出版计划方法不同、内容不同,但主要的环节和基本过程是相同的。具体包括:

1. 市场调查与分析

这是制订出版计划的基础和依据。中国兵战中强调知彼知己,百战不殆。媒介产品的市场经营也是同样的道理。只有在充分了解市场行情和竞争对手的前提下,才能根据市场的实际情况,提出符合客观情况的计划。如果仅仅从主观臆测出发,缺乏深入的市场调查和分析,可能会盲目行事,导致主观想像与客观实际相背离,最终计划不仅无法实现,还可能造成难以预料的经济损失,丧失难得的市场机遇。

2. 选题策划

这是以出版经营计划提出创意和实施性的方案。选题策划的创意是指对出版的媒介产品的主题内容进行具有创造性的构思设计,抓住市场已经出现或将要出现的市场热点,组织和推动媒介产品的市场销售。选题策划是一种独特的经营思维方式。这种思维方式的作用在于能够发现市场的空白点和促使印刷媒介产品畅销的手段和途径。选题策划还必须具有市场超前意识,能够准确地预测媒介产品的流行趋势。在其他媒介组织尚未发现将要流行产品的潜在市场时,就能占领市场的制高点,以先声夺人之势取得市场竞争的主动权。选题策划也是一种新的营销方式。这种营销方式强调了营销创新的作用。这与传统的营销思维方式是截然不同的。

3. 计划的内容与实施步骤

出版计划通常是在一年时间内完成的。在这一年内,有哪些工作、目标和任务,要提出一个总目标,然后再把它分解为每个月的具体的实施步骤和方案,即所谓的子目标。同时对每个目标计划的完成情况,应建立起相应的评估办法。既要检查计划执行的进度完成情况,又要考核计划完成的质量和经营收益的情况。对计划内容和实施步骤的安排要留有充分的余地。因为市场的行情是瞬息万变的,计划的内容中必须要考虑到市场变动的各种可能性,并对每一种可能出现的情况,提出应变性的措施和手段。这样就能确保计划具有可操作性,实施起来井然有序,游刃有余。

4. 经营效益测算和评估

出版计划制订的主要目的,就是要通过对经营过程的规定安排,营销创新,以期取得最佳的经营效益。因此,计划的内容中必须有对经营效益的测算和评估。经营效益的测算和评估首先要建立在上一年度的经营业绩的基础之上。新的计划只能以原有的效益为基础,提出相应的增长幅度。如果超出原有的效益指标太远,往往是艰难实现的。经营效益的测算和评估就不可能准确。而测算和评估本身也就失去意义了。其次,经营效益的测算和评估,必须以现有的市场规模、经营能力、产品生产开发能力和销售网络等状况为依据。每一个印刷媒介生产经营机构,在经营过程中,都形成了与其经营实力相匹配的市场规模、经营能力、产品生产开发能力和营销网络。这些综合性的条件决定了媒介机构的基本收入水平。而市场规模、经营能力、产品生产开发能力和销售网络的形成是一个渐进的积累过程。所以对经营效益的测算和评估必须建立在现有的相关经营条件和能力的基础上。

5. 财务预算

出版的生产经营的组织实施过程,实际上是一种投入产出的过程。虽然它与其他产品的生产经营有一定的差异,但也是以资金的投入为前提的。出版的生产经营投入的环节很多,包括编辑、印刷、发行、广告、促销、版税、贷款利息等等。财务预算首先要对本年度出版计划的经费支出有一个总体的预算,提出经费投入的总规模,然后对每个收支环节的经费进行准确的计算,以便核算成本和利润,对所要投入的资金在计划上予以保证和安排。财务预算要从出版经营的战略高度着眼,突出本年度的经营战略重点,在资金上给予充分的保证和支持,切忌平均用力,不分主次,使资金效益得不到充分发挥,影响资金投入的收益水平。同时,财务预算还应强化成本意识和效益观念,在出版生产经营的每一个环节都力求节约开支,多创效益,不断开拓经营渠道和收益来源,以期实现财务预算提出的利润目标。

四、选择产品经营策略

印刷媒介组织在发展过程中,不同的发展时期有不同的目标和任务。同时,印刷媒介的产品市场也在不断地发展变化,每一个时期的市场都有不同的特征。受众对印刷媒介产品的消费需求、兴趣点也总在不断地转移,由此决定了印刷媒介产品市场的变动趋向。另一方面,印刷媒介组织为了提高产品的市场份额,实施产品的竞争策略,也需要不断调整完善自身的经营策略,审时度势地制订新的市场营销方案。所以,必须从自身的实际条件和客观的市场环境出发,选择适当的经营策略。可选择的经营策略主要有以下几种:

1. 单一产品策略

印刷媒介组织集中精力,运用资金、人力、物力优势,着力开发经营单一的印刷媒介产品,努力提高单一产品在市场中的占有率和竞争力,形成单一的产品市场优势,同时放弃其他种类的印刷媒介产品的经营。如我国甘肃省出版的《读者》(原《读者文摘》)杂志社就是采用的单一产品经营策略的经营方式,使《读者》杂志的发行量达到 350 万册(截止 1995 年底),位居全国杂志发行量的第二位,形成了覆盖全国的稳定的消费市场。采取单一产品的经营策略,通常是出版机构的规模、人才、物力、财力资源有限,无力开发经营更多的媒介产品。单一产品策略的优点是能够集中全部力量和资源,全力以赴抓住一个产品,开发经营单一的产品市场,相对而言,在经营运作中便于管理,营销网络易于建立,所投入的人力、物力和财力也无需很多。其主要缺陷是不易均衡市场风险。当该产品出现经营危机时,由于没有其他媒介产品来维持经营,就有可能导致印刷媒介组织的倒闭或破产。

2. 多品种策略

与单一产品策略相反,多品种策略是开发经营多种印刷媒介产品的方式。实施多品种策略目的在于占领受众市场的各个消费层面,扩大市场收益面,提高市场全面占有率,不断扩张市场的经营规模,力求获得更多的市场机遇,加快媒介组织的发展速度。同时也能够有效地均衡市场风险,提高媒介组织对市场的应变能力和适应能力。我们在前面提到过的广州日报集团之所以发展迅速,获得了很高的经营效益,主要得益于它所采用的多品种经营策略。广州日报集团除了办好主导媒介产品《广州日报》外,还先后创办了《足球报》、《岭南少年报》、《广州文摘报》、《交通旅游报》、《现代育儿报》、《老人报》等一系列报刊。这些媒介产品适应了社会不同层面对媒介产品的需求,提高了产品的渗透能力,形成了产品的群集性整体优势,充分发挥了营销网络的潜力,使媒介生产经营的各种资源得到合理的配置和利用,既均衡了市场风险,增强了整体竞争实力,又加快了发展速度,提高了经济效益。我们应当注意的是多品种策略是以人才的优势、营销网络的优势、资金的实力和市场开发经营能力为基础的。媒介组织在不具备这些条件的情况下,如果贸然采用多品种策略,就会适得其反,造成经营上的失误,不仅不能均衡市场风险,加快发展速度,提高经济效益,反而会造成沉重的经济负担。

3. 产品包装策略

印刷媒介产品的包装策略是指对印刷媒介产品的内容、版式和装帧进行设计,并在广告宣传中进行定位诉求,突出产品的风格个性,提升产品的档次,以有效地吸引消费者,扩大市场销售。印刷媒介产品作为一种精神文化消费品,它在设计上所表现出的文化品味、审美性因素对消费动机产生着直接的影响。提高印刷媒介产品的包装效果,可以刺激消费者的购买欲望,从而提高产品的销售能力。在现代营销观念中,人们把营销的要素归结为三个方面,即产品力、营销力和形象力。可见形象力是营销过程的核心要素之一。产品包装策略的目的就在于提高产品的形象力,进而达到扩大产品销售的效果。前面我们提及的《女友》杂志,除了它的准确的产品定位之外,它成功的另一个原因得益于它所采用的超前的产品包装策略。《女友》杂志在全国的杂志中,率先采用了国际流行的大32开本,封面以高雅亮丽的人物肖像为主体,版式设计图文并举,清新灵活,突破了传统的呆板的版式设计模式,封面与内页均以优质纸张印刷。《女友》采用了全新的包装策略后,以高品位的形象很快征服了消费者,赢得了市场,在全国女性杂志中成为唯一的突破百万册发行量的期刊。

4．精品策略

所谓精品是相对于普通"大路货"的印刷媒介产品而言的。精品不仅是在内容的编辑上达到很高的水准，而且在设计、印刷质量上也能达到一流的水平。因此，精品是一个整体的质量的概念。印刷媒体组织实施精品策略，不仅仅是试图通过出版精品的品种，提高这一产品在市场的竞争力和占有率，更主要的是通过实施精品策略，来提高印刷媒介组织的市场声誉、组织形象和消费者的信任度，从而为印刷媒介组织的长远的发展，建立一个良好的市场基础。尤其是在我国目前印刷媒介产品市场鱼龙混杂，产品质量良莠不齐，出版物过多过滥的情况下，有计划、有目的、有步骤地推出精品出版物，能够最有效地恢复消费者的信心，建立媒介组织的市场信誉，塑造良好的公众形象，培养稳定的受众市场，从而不断扩大产品的市场规模。国内外的一批著名出版组织，长期以来致力精品出版策略，赢得了巨大的市场空间，创造了良好的经济效益。如《牛津大辞典》编纂 70 年才定稿，兰登书屋的一本 35 万字的语言词典修订了 80 年，我国编纂的《汉英词典》也用了 18 年。之所以出版社旷时费日地编纂修订，都是为了坚持精品出版策略。实施精品策略既要着眼于提升媒介组织的形象力和市场信誉，也要着眼于扩大市场销售，而不能一味追求没有市场经营效益的短时的"轰动效应"。我国有些出版社片面地把精品策略理解为极品策略或豪华包装策略，陷入了市场经营的误区，遭到市场规律的严厉的惩罚。如某出版社推出的极品精装本《二十四史》定价 16 万元，限量发行 100 套。《北洋军阀史期》33 册 16 开精装本，定价 1.6 万元。价格如此之高的所谓"精品"究竟能有几个人买，是不言而喻的。我国的儿童图书出版也面临着同样的问题，一味强调豪华包装的"精品"，定价过高，超出了消费者的承受能力，结果导致了市场的萎缩，购买力的下降。所以，精品出版物应当也是适合市场销售的产品。如 1996 年辽宁教育出版社出版的《新世纪万有文库》丛书，这是一套经过认真编辑出版的精品丛书,80％定价在 10 元以下。新书预告后,两个月内邮购定单就达三千多份。这是把精品策略与市场营销有机结合的成功范例。这一经验值得我们很好地总结推广。

5．品牌策略

品牌是一种产品区别于另一种产品的名称、标记、符号及其组合运用。其作用在于使消费者对特定品牌的产品建立起稳定的印象,与并竞争对手的产品区别开来。现今的媒介产品营销与其他产品一样,已经进入了品牌营销、品牌竞争的时代。创造名牌产品,消费名牌产品已成为一种社会风尚。因为优秀的品牌是质量和信誉的标志,它更容易得到消费者的认同和接受。媒介组织通过培养和创造名牌媒介产品,能够更有效地提高媒介产品的市场占有率和竞争力,最终为提高经济效益创造有利条件。印刷媒介组织实施品牌策略,应根据自身在市场中所处的地位和实际经营状况而确定采取何种方式,运用何种手段,经历哪些阶段来具体实施品牌策略。如果产品处于品牌的初创阶段,那么主要任务是迅速提高品牌的知名度,扩大品牌的影响力,运用各种媒介形成全方位的强大的宣传攻势,必要时,可以辅之以广告和公共关系宣传的手段,提高宣传的综合效果。如山东人民出版社出版的《老照片》,由于开展了从广告到书评等多种形式的宣传,不仅在很短时间内形成了很高了知名度,成为了名牌产品,而且也提高了整个出版社的声誉。品牌初创时期培养名牌的重点是强化受众的认知度,使消费者建立起强烈而稳定的品牌印象。如果媒介产品已进入品牌发展的成熟期,即已经具有了很高的知名度和影响力,那么媒介组织推进品牌策略的重点就在于进一步提高品牌的美誉度,并利用已具有一定知名度的品牌对媒介产品进行延伸综合深度开发。如《新民晚报》社以《新民晚报》为龙头,利用《新民晚报》的品牌知名度,相继创办了《新民体育》、《新民围棋》等报刊,还组建了新民大酒店等经营实体。上海的《小主人》报在全国率先进行了无形资产评估,其品牌价值近 7000 万元。该报以品牌作为无形资产投资参与江苏某印刷厂的经营和利润分成。辽宁人民出版社则以品牌优势与美国美登高公司合资经营冷饮，年创利以初期的 400 万元发展到 800 万元，采用品牌策略经营，获得了巨大成功。

6. CIS 策略

CIS 是 Corporation Identity System，即企业识别系统的简称。它是从整体上规范、塑造和传播企业形象和企业理念的方法体系。这一系统由三个子系统构成：视觉识别（Visual Identity），简称 VI；行为识别（Behavious Identity），简称 BI；理念识别（Mind Identity），简称 MI。

印刷媒介组织是以其产品与消费者实现双向沟通和行为互动的。虽然媒介组织以赢利为目的，消费者以消费为目的，但是双方在沟通的过程中并不仅仅是一种单纯的金钱交易的关系，同时还有观念的融合、情感的沟通、文化的交流。这些非直接的市场因素在市场互动的过程中，却对整个营销过程产生着深刻的影响。这些综合性的非营销因素构成了媒介组织的形象力。这一形象力集中在媒介组织的视觉识别、行为识别和理念识别系统的三个方面表现出来。

视觉识别要求媒介组织在标志设计、产品包装等方面具有统一鲜明的特征和风格，形成强烈的视觉冲击力，使消费者在接触以后留下深刻的印象，并能区别于其他媒介组织的产品。如广州日报集团连锁店就采用了统一的具有鲜明特征的标志设计，使消费者能够形成视觉的认同感，并进而成为对媒介产品的认同感。

行为识别是媒介组织内部在管理制度、生产过程中，以及对外的公共关系活动中所表现出的行为方式和行为规范。

理念识别是 CIS 的核心。它是媒介组织的经营哲学理念、文化精神的集中体现，代表了媒介组织决策层的观念和意志。媒介组织的经营过程，都是在一定的经营理念的支配下展开的。比如印刷媒介组织究竟是把媒介产品单纯当作赚钱的工具,而不择手段、不讲信誉,还是在为社会奉献人们所需要的精神食粮的同时,获取应当得到的合理的利润。这就是两种不同的经营哲学理念和文化精神。而不同的经营哲学理念和文化精神,在媒介组织长期的经营实践中,就会逐渐地积淀成它的公众形象和信誉,并对其产品的经营产生积极或消极的影响。

报业经营中所强调的媒介信用(media credibility),其实就是CIS中的理念识别系统。一个公众形象很差、信誉很低的媒介组织,能在市场长期稳定地发展下去,应很难想象的。所以,媒介组织导入CIS的目的就在于提升和改善媒介组织及其产品的形象力,不断提高产品质量和服务水平,加强媒介组织与社会公众及消费者的沟通,从而推动产品的销售和整个印刷媒介产业健康有序的发展。

第四节 印刷媒介产品的发行与销售

发行与销售是把印刷媒介产品推向市场,使其变为商品的过程。印刷媒介组织通过使印刷媒介产品变为商品,才能使其投入得到回报,并在投入产出的过程中实现资本的增值,达到经营赢利的目的。

发行与销售是生产与流通之间的桥梁,决定着整个印刷媒介产品的经营状况。从我国印刷媒介产业的情况来看,发行与销售一直是制约着整个产业发展的"瓶颈"。由于发行和销售渠道不畅,不仅出版市场没能得到充分的开发,而且已经出版的图书报刊出现大量的沉淀积压,导致资金回笼缓慢、出版发行周期过长,甚至出现了大量图书报刊报废的现象。

出现这一现象的主要原因是印刷媒介产业中生产与销售严重

脱节;发行与销售单一化的垄断性经营致使流通渠道不畅;媒介经营者素质低下,经营规模普遍较小,难以形成集团化规模经营优势;零售网点少,分布不均匀;流动资金缺乏;信息反馈不灵。这些问题导致了印刷媒介产品市场出现了"想买的买不到,想卖的卖不掉"的奇怪现象。发行与销售滞后的状况严重地制约了印刷媒介产业的整体发展速度。如果把发行与销售的"瓶颈"问题解决了,那么印刷媒介产品市场则一活皆活。

所以,发行与销售对整个印刷媒介的生产经营来说,有牵一发而动全身的作用。媒介经营管理中有关印刷媒介的发行与销售的问题主要有以下几个方面:

一、发行与销售的模式

印刷媒介的发行与销售有多种方式,在长期的经营实践中,一些发行与销售方式比较定型化了,并被广泛采用,从而形成了几种各具特点的发行与销售模式,主要包括以下几种:

1. 委托寄销制

零售商从出版机构或批发商进货进行销售,销售不完可以将书刊退还给出版社和批发商。这种营销模式的特点是鼓励零售商多备货,扩大销售量,但对于出版商和批发商来说,则经营风险相对比较大,销售铺底资金占用量太大,资金周转速度不快。这种销售模式适宜于有强大经济实力或出版规模的大出版商和批发商所采用。同时零售商应具有较高的信用度。日本的出版行业主要采用这种销售模式,退货率 30%左右,最高达 38%,杂志为 15%左右,平均约 25%。

2. 销售代理制

出版商将印刷媒介产品的经销权委托给一家或数家经销商代理销售。经销代理商享有经销权,而不享有媒介产品的所有权。它仅仅是受出版商的委托对媒介产品进行销售。同时它也不承担产品积压和资金周转的风险。销售代理方式分为独家总代理和区域市场代理两种,出版商一般实行区域市场代理较多。因为具有覆盖全国市场,具有完善销售网络的经销商极少。分散代理也可以均衡市场风险,提高销售速度。

3. 批发经销制

出版商将印刷媒介产品向中间经销商进行批发销售,中间经销商亦称批发商,再向零售商进行批发销售。出版商拥有比较稳定的批发商,更愿意采用批发经销制,因为这种方式资金回笼较快。批发商通常也有一批稳定的零售商和销售网络,它通过大进大出的批发销售,很快也能将产品推向市场。为了确保批发经销畅通无阻,出版商在确定出版选题时,通常要广泛征求批发商的意见,在得到批发商的答复后,再决定是否出版,以及发行量多少。同时为鼓励批发商进销更多的产品,出版商都要采用浮动扣率制,即进销量享受的浮动扣率越高,进货成本就越低。所以许多批发商采取联手进货的方式,以期获得更高的扣率。对出版商来说,这种方式更能刺激批发商大批量进货,从而最大程度地缩短出版发行周期,提高资金运转效率。

4. 自办发行制

出版机构对于有能力发行与销售的媒介产品,不通过中间商销售,而是利用自己的发行与销售渠道进行销售。自办发行不仅能够节省大量的发行开支,而且可以提高发行服务质量,直接掌握销售的主动权。河南省的《洛阳日报》于1985年首创报纸自办发行的先河。这一运作方式很快在我国的报业经营中推广,被国内多家报刊出版机构所采用,实践证明是成功的。报纸的自办发行多以地方性报纸为主,这样便于建立发行与销售网络,降低发行成本,提高经营效益。图书和杂志自办发行通常是以专业性的书刊或已有现成发行渠道的书刊为主。

近来,国内一些出版机构对于有市场、效益好的畅销图书也开始推行自办发行,以期争取更大的综合经济效益。但是自办发行要从实际情况出发,尤其要熟悉印刷媒介市场的行情,拥有稳定的销售渠道,否则自办发行不仅不能创造更高的经济效益,反而有可能造成意想不到的损失。沪版图书1994年由新华书店上海发行所发行的总码洋为4.56亿元,出版社自办发行总码洋为5.12亿元,店、社发货比为1:1.2。浙版图书1993年由江苏省新华书店发货总码洋为9000万元,出版社自办发行的总码洋为1.59亿元,店、社发货比为1:1.7。闽版图书中的两大主力福建科技出版社和福建教育出版社,1995年来自办发行比例更高达80%以上。但是一些出版社由于对自办发行疏于管理和经济效益的考核,带来了很多的负面效益,造成了严重的存货积压。1994年底上海30余家出版社存货达3.5亿元,库存数占当年自办发行总码洋的60%,福建9家出版社1993年底库存达3459万元,而自办发行的码洋只有4000多万元,核算起来自办发行是亏本的。

5. 混合销售制

出版商与经销商同时开售批发和销售业务,零售商并不是固定地从批发商那里进货,而是同时也从出版商手中进货。零售商根据批发和销售折扣的优惠程度、服务水平的好坏、发货速度的快慢,决定从哪种渠道进货。这样,在出版商与批发商的发行与销售业务上产生了一定的竞争性,各自都力求通过提高综合服务水平来吸引零售商。美国的书刊发行与销售大多采用这种营销方式。对于零售商来说,这是一种有更大选择的自由空间的营销方式,对零售商很有好处。但是也容易导致出版商和经销商产生矛盾,影响两者之间的合作。

6. 调拨配货制

这是我国出版行业一种特有的营销方式,即在新华书店的系统内部,根据需要,实行调拨配货。这种营销方式,减少了周转的环节,缩短了发货时间,提高了流通的速度,但容易造成经营中权利关系的不清和结算的困难。如何进一步完善这种发行与销售的体制,还需要不断地探索和总结。

7. 定价销售制

出版商对自己出版的书刊,要求经销商和零售店严格按出版社指定的价格进行销售,而不得随意降低价格销售。由于印刷媒介产品市场竞争的日趋激烈,各经销商和零售店之间往往以降价竞争促销,使同一书刊在市场上的销售价格相差很大,导致了整个出版市场秩序的混乱,而且使得出版商、经销商和零售店之间的关系难以协调。定价销售就是在取得出版商、经销商和零售店达成共识的基础上,实行统一的定价销售,从而能保护整个出版业的产销有序化经营。这一营销方式是日本在长期印刷媒介产业恶性竞争的反思中,总结出来的已被证明行之有效的经验。目前,我国书刊市场也出现了竞相降价促销的势头,定价销售制对我国出版业应当有所启示。

二、发行与销售的机制

印刷媒介产品的经营,主要依赖于发行与销售。发行与销售决定了整个营销过程的活力,抓住了这个环节,就能激发起营销工作的生机。所以,发行与销售是印刷媒介组织经营的首要问题。而建立起一种发行与销售的有效机制,则是印刷媒介产品经营中纲举目张的切入点。把机制的问题解决了,其他的问题都能迎刃而解。

印刷媒介组织在经营实践中,逐步探索和总结出了一系列的发行与销售的有效机制。媒介组织运用这些机制,结合自身的条件和市场特点,加以了灵活的运用,取得了显著的成效。发行与销售的主要运作机制包括:

1. 产销一体化

出版机构不仅组织印刷媒介产品的编辑、印刷、出版,而且还负责产品的发行与销售,对出版物实行全过程的一条龙经营。这种经营机制的优越性在于:可以直接控制和掌握市场的各种需求信息和营销动态,迅速反馈给生产部门,及时调整生产和营销策略。由于出版商直接控制着发行和销售,不需要依赖中间经销商、出版经营就具有了很强的自主性和灵活性,不必受制于人,减少了中间流通环节,既降低了营销成本,提高了竞争能力,又能把本来分配给经销商的一部分利润收归己有,从而大大提高了出版商的综合利润水平。1993年2月,江西省成立了以省属出版社为核心的产销一体化出版集团。这一集团集出版、印刷、发行、物资供应于一体,以资本经营为纽带,实行多层次跨地区经营,形成了强大的规模经营优势。另一方面,产销一体化经营,由于出版商与经销商是一个整体,有着利益上不可分割的联系,经销商必然要千方百计通过改善发行与销售的服务质量,来提高产品对消费者的吸引力。同时,出版商也会从经销商的角度出发,去考虑产品如何才能适销对路。这种利益的一致性,促使从出版到发行与销售的每个环节都要充分考虑到市场的因素,以形成产品的综合性的市场营销力。广州日报集团在产销一体化经营方面是一个极其成功的典型。广州日报集团为了扩大《广州日报》的市场份额,从改进发行与销售入手,全面提高服务质量。一方面采取上门收订,送报到户,确保上午八点之前送报全部结束;一方面实行连锁店销售,为读者提供了更加及时、方便的服务。因此,订户大量增加。订户大量增加的主要原因正是报纸发行与销售服务质量提高的结果。这对于邮发是难以想像的。当产销主体分离时,发行与销售的服务水平往往难以提高,最后影响到整个印刷媒介产品的市场营销。这也正是印刷媒介组织要实行产销一体化经营机制的根本原因所在。

2. 经销商经营

出版商只负责印刷媒介产品的生产,经销商负责印刷媒介产品的经营。出版商与经销商是一种松散的,但又相应依赖于协作关系。经销商经营是利用建立起来的发行与销售网络,进行批发和零售。经销商经营的优势在于它的营销网络较为完备、市场渗透力强。营销网络在当今的经营活动中被视为最重要的市场资源之一，是推进市场销售、开发市场的最有效的工具。由于经销商与零售商有稳定的业务关系，或者是经销商设有自己的零售店，这使得它在经营中有得天独厚的优势。规模较大的发行商对印刷媒介产品市场还具有一定的垄断性的控制作用，在市场中发挥着举足轻重的作用。

日本的出版物一半以上是通过出版社→经销商（取次店）→零售商这一流通机制进行销售的。日本的图书经销公司有300多家，每年经销出版物约2800种杂志，35000种新版图书35万种再版图书，流通总量达40多亿册。其中东京出版贩卖、日本出版贩卖、大阪屋、栗田出版贩卖、中央社、日教贩卖被称为六大经销公司。东京出版贩卖和日本出版贩卖规模最大，年发货量分别为5千亿和7千亿日元，两家的市场占有率达70%以上。与东京出版贩卖有协作关系的出版社约有3100家，零售书店9500个。与日本出版贩卖有协作关系的出版社约3000家，零售书店有1万个以上。

但是经销商经营也有不少的弊端。不同区域的经销商出于市场竞争的需要，很容易划地为牢，各自为政，难以形成统一的市场营销策略和经营规范，造成营销秩序的混乱和无序。而印刷媒介产品的市场销售业绩，在很大程度上取决于经销与营销推广的力度。由于经销商对市场和印刷媒介产品认识上的偏差，往往一些具有市场潜力的印刷媒介产品得不到经销商的重视和认可，而难以进行有力的营销推广，从而丧失了宝贵的市场机遇，使出版商的前期努力前功尽弃。形成了规模性经营的经销商，一旦具有了垄断性后，营销工作的质量往往会下降，在印刷媒介产品的整体利益分配上，较少顾及到出版商的利益，可能会给印刷媒介产品市场的进一步发展带来隐患。另一方面，如果经销商的规模太小，分布过于分散，不仅营销成本会过高，中间环节多，经营效益无法得到保障，并进而影响到发行与销售的速度和质量,而且也难以对市场进行有效的渗透和控制,经销业务常常显得力不从心,无所作为。

我国从1992年起,一些省份的新华书店相继组建了发行集团。1992年12月山东德州地区新华书店率先组建了德州新华出版发行集团,成为全国首家图书改革的试点单位。到1995年底,该集团图书销售发货总收入达3.58亿元,比1992年的1.3亿元增长了321.68%。1993年9月山东省图书音像发行总公司成立,它是以省新华书店为核心层,市县各级新华书店为紧密层的集团公司。1992年广西玉林地区成立了图书发行集团。该集团立足玉林市场,面向桂东南,经营效益大幅提高。到1995年底,玉林地区8个县级新华书店中有7个店年销售额超千万元,占广西县级新华书店年销售额超千万元总数的43.7%。总经销额比1991年的77.8万元增长了232.6%。1996年年销售额突破2亿元。继山东、四川、江西、浙江成立了出版发行(企业)集团之后,广东、河北、湖北、黑龙江等新华书店也组建了图书发行集团。由于发行集团有营销上的巨大优势,它已成为我国目前发行业经营的一个主导性趋势。

3. 联进分销与产销联合

印刷媒介产品的经销商为了降低进货成本,获得更优惠的扣率,联合向出版商订货,然后由各经销商进行分销。联进分销减少了进货环节,降低了运营成本,缩短了发货时间,提高了综合经营效益,也为新书推广迅速抢占市场赢得了宝贵的时间。联进分销主要为中小型经销商所采用,在资金实力不够强大的情况下,运用这种方式,能够获得与大型经销商同样的优惠扣率条件。

产销联合是出版商与发行商实行联合经营的一种方式。它以利益分配为纽带,以利润的动态分割为基础,实行产销直接见面,联合经营。经销商销量越大,所得的利润分割就越多。由于把销售量与利润分割水平联系起来,这对经销商扩大销量产生了直接的刺激作用。这也是产销联合经营区别于常规经营的主要特点所在。而出版商由于有了销货方的有力的销售支持的保证,可以节省更多的人力、物力和财力专心致志地集中于印刷媒介产品的生产、开发和市场调研。这样通过把产销方的利益捆绑为一个整体,最大限度地调动了双方的积极性,充分发挥了各自的资源优势,可谓是各施所长,各得其所。在保持产销双方产权形式不变、经营格局不变、隶属关系不变的情况下,使印刷媒介市场的产销资源得到了优化配置。尤其在我国现有的出版和发行机构还没有完全按照现代企业制度和市场规则运作的情况下,实行产销联合经营不失为一种较好的经营方式,值得认真的总结和推广。

吉林文史出版社在全国出版行业中,是一家名不经传的小型出版社,图书的销售难度较大,在当前图书市场激烈竞争的市场环境下,几乎没有什么优势。于是它与四川省新华书店实行了产销联合经营,走出了图书经营的一条新路子,达到了资源共享、优势互补的目的。由于产销联合经营的机制中形成了新的利益分配方式,四川省新华书店加强了对吉林文史版图书的经销力度。它利用全省各地市县基层新华书店的网络优势,批发零售并举,全面推向市场。吉林文史出版社在 1995 年 7000 万元的发货量中,有三分之一是通过四川省新华书店销售的。可见这种经营运作机制的生命力是十分强大的。日本出版发行的产销联合经营的机制比较特别,它是通过相互参股来实现的。

日本最大的出版经销商,日本出版贩卖和东京出版贩卖,有50%至 60%的股份被一些著名的出版商所控制,如日本最大的出版商讲谈社、小学馆都是日本出版贩卖和东京出版贩卖的主要股东。这是一种更紧密的产销联合经营,但又不同于产销一体化经营机制,出版商与经销商相互参股既保持了各自的相对独立性,又形成了利益上不可分割的利害关系,可以说谁离开了谁,都会造成利益上的损失。应该说,这是在市场运作的规则下,更为合理、更为科学的产销联合经营的机制。

再从我国的报业经营来看,目前许多报社都实行了自办发行。但是由于各个报社实行单兵作战,营销成本很高。对于发行量较少的出版社,自办发行的营销成本居高不下,使报社无利可图。同时,由于营销网络的不完善,报纸订户分散,许多订户无法投送。而邮发形成的完善的网络资源又造成了严重的闲置和浪费。其实,如果报社与邮发实行新型的产销联合经营的方式,采取利润与发行量相关联的动态分割,在兼顾双方利益的同时,又能充分调动各自的积极性。最近,深圳的几家报纸实行自办发行后,促使了邮发发行资费的降低和服务质量的改善,所以报界权威人士认为,报业与邮发的暂时分离,可能会促成酝酿两者在新的条件下重新联合的机遇,这就是产销联合经营。

三、零售与零售网络、零售方式

零售是直接面向消费者的经营活动,是整个印刷媒介产品经营的决定性环节。所有经营活动的最终结果都要落实到零售各个环节上来。因为消费者是印刷媒介产品的直接使用者。印刷媒介产品的零售是以设立零售店或零售点,如书店、报刊门市、售报点等方式,直接向消费者按书报订价出售媒介产品的经营活动。所谓零售,是相对于批发而言的,是指零星地、小批量地向消费者出售书刊等媒介产品。零售的对象一般为零散的消费者,他们购买书刊以阅读和使用为目的,而不是以经营为目的。零售按码洋的标价销售,而批发按码洋的折扣价销售。这也是两种销售方式的主要区别。

零售是整个营销的"龙头"。零售搞活了可以把各个营销环节带动搞活。反之,如果零售上不去,那么其他经销环节搞得再好也不会有出路。所以,印刷媒介经营总是要从零售这一环节找到突破口,而零售突破口的切入点有两个:零售网络的分布与设置;零售方式的组织与策划。

1. 零售网络的分布与设置

(1)要突出核心市场。印刷媒介产品的核心市场集中在城市地区。由于城市的经济收入高,文化需求旺盛,对图书报刊的需求量很大。这是印刷媒介产品市场的主体部分。市场销售的绝大部分是由城市这一核心市场所实现的。图书报刊的经营机构都以城市为销售的中心,在零售网络的分布与设置上,通常都要在市中心设立大型书店,报刊门市,在人口密集的居民区设置小型书店、售报亭、流动书报销售站等,以尽量抢占核心市场的销售份额。

(2)要注重发展和渗透潜在市场。印刷媒介产品的潜在市场是指媒介消费尚未充分发育的、人均购买力低、分布广泛的小城镇和农村市场。这一市场虽然比较分散,人均购买力低,但人口的绝对数量极其庞大,蕴藏着巨大的市场潜力和市场机遇,也常被经销商所忽视。这一市场一旦开发利用起来,其市场容量难以估量。但是由于这一市场的高度分散,给零售网络的设置带来了很大的困难。所设的零售点,一般销售量都不会太大,营销成本相对较高,影响了经营效益。如果在这一市场不设零售点,则又会失去很大的一块市场。我国县级基层新华书店针对这一市场特点,采取了由供销社实行图书定点代销的方式,既占领了市场,又降低了营销成本。

(3)要点面结合,以点带面。一方面要重点建设好一批有规模、有影响的大型书店、报刊门市,形成一个门类齐全、备货充足的专业性图书报刊市场。一方面要在居住人口和流动人口集中的地区,如居民小区、车站、码头、机场、超市、旅游景点等设立形式多样的零售点,以方便读者购买,扩大销售量。实行点面结合就能最充分地利用和挖掘图书报刊的市场资源,发挥各种形式的零售网络的特点,增加零售总量规模。

2. 零售方式的组织与策划

零售方式的组织与策划是如何运用有效的营销手段,结合市场的特点来提高营销效果的问题。零售方式是零售商以何种方式向消费者销售印刷媒介产品的过程，也是零售商如何有效地与消费者沟通的过程。事实上，传统的零售方式由于缺乏与消费者进行有效沟通的手段，大大影响了销售的效果。因为读者市场的构成是有一定差异的，消费者的需求也是有一定差异的，这些差异都影响到零售商采用何种方式进行零售更有效，因此这就需要对零售方式的组织与策划。当今在图书报刊零售中，所采用的零售方式的类型很多。进行零售方式的组织与策划所要遵循的基本原则就是因地制宜、因时制宜、形式多样、行之有效。这里我们介绍几种较为常见的图书报刊的零售方式：

（1）零售店（点）。零售点经营是指设立专门的图书报刊的零售门市，销售图书报刊媒介产品。零售点经营是印刷媒介产业经营中最古老的，也最有效的一种零售方式。目前世界各国的图书销售绝大部分是通过零售店销售的。一些发达国家的报刊主要也是通过零售店销售的。日本最大的图书经销商的销售收入中 65%是杂志，图书仅占 35%。日本出版业发达的一个主要原因在于它有一个庞大而完善的图书报刊零售店系统。日本现有图书报刊零售点88300 个，其中书店 27800 个，CVS（24 小时超市）售书店 46000个，车站书报亭 12000 个，生协 2300 个，书房 2000 个。平均每4500 人就有一个书店。我国现在各种经济成分的图书零售发行店（点）86000 多个，其中国有零售书店 10700 个，供销社售书点32000 个，集体和个体书店 9000 个，其他售书店 13000 个，形成了以城市为中心，遍布小城镇和农村的图书零售店（点）。但是相比之下，我国书刊零售点还没有日本多。这说明了在印刷媒介产业经营上的差距。我国图书报刊经营中存在的一个最突出的问题就是重批发、轻零售，重课本、轻一般图书，重大书店、轻零售网点。这三点归结到一点就是轻视零售点的建设。所以加强零售点建设是我国提高印刷媒介经营管理水平的当务之急。

（2）连锁店。连锁店经营是近年来图书报刊零售业中颇为流行的方式。其主要特点是用统一的店名、统一的标记和装潢、统一配货添货、实行统一定价、统一经营管理,跨社区或跨地区的零售经营方式。连锁店零售经营充分利用规模大、资金集中、信誉好和网络化的优势,降低零售经营成本,提高对市场的覆盖率和渗透力。现代化的连锁店经营还实行了电脑网络化管理,能够及时把握各个零售点的销售情况,大大提高了进货、添货的速度和效率。

广州日报集团在我国的报业经营中,率先进行了报刊的连锁店经营,取得了巨大的成功。在连锁店为龙头的带动下,广州日报集团出版的各种报刊零售量和发行量大幅度提高,实现了报刊市场化经营的根本突破。可以说,广州日报集团的成功经营之道,连锁店经营是其中主要因素之一。青岛市新华书店批销中心,以连锁店的方式在人口集中的地区如居民区、车站、码头等处,设立了40多个书刊连锁经营点,年销售额占批销中心年销图书总量的一半,效果十分突出。

在西方发达国家,连锁店经营在其零售业中占有重要的一席之地,在销售总量中所占比重较大。英国最大的连锁书店史密斯公司有450个连锁店,年营业额达12亿英镑,占全国图书零售总额的13.3%。日本最大的连锁店纪伊国屋,在国内有34家书店,国外20家书店,年销售额达974亿日元。美国连锁书店的营业额占全国图书营业额的22%,其重要地位可见一斑。

我国图书报刊的连锁店经营刚刚兴起,与发达国家相比还有很大差距。1995年11月,以江西3S蓝色书屋为基础的席殊书屋开业,标志着号称中国第一家全国性连锁书店——席殊书屋的连锁经营正式启动。此前,1995年10月1日,广州席殊书屋开业,而后1996年7月28日,北京席殊书屋开业。1997年1月1日,上海席殊书屋开业。1997年2月1日,美国旧金山席殊书屋开业。同时,武汉席殊书屋也准备开业。另外,福建的晓风书屋也是实行连锁化经营较早的书店,目前它形成了跨泉州、厦门、漳州等地区的连锁化经营,拥有8家连锁书店。但总体上来看,中国连锁书店还处于起步阶段,连锁店数量少,资金实力差,经营管理层次低,与发达国家的连锁书店相比尚不具有可比性。主要原因是国内的大集团没有介入连锁店经营。相反国外的连锁书店经营都是以大集团参与为基础的。西方连锁店通常分为全国性连锁书店和地方性连锁书店。美国最大的全国性连锁书店巴恩斯与诺布尔公司在1993年共有916家中型连锁书店,781家购物中心和135家超级连锁书店,到1996年超级连锁书店发展到380家,可见其规模之大。1993年在美国30490家书店中,连锁书店占41%,连锁书店管理店4%,可见其数量之多。

(3)邮购。邮购是出版商或经销商以邮寄的方式向消费者出售书刊的方式。采用邮购这一零售方式的主要原因是消费者无法从零售书店购买到所需要的图书报刊;对于零星、分散的消费者缺乏完善的销售渠道;通过零售店购买对于消费者来说时间太长;专业性较强的图书报刊由于发行量小、目标市场明确、有稳定的销售渠道,邮购能有效地降低营销费用。实施邮购零售,首先要把邮购的图书报刊媒介产品的信息发布出去,并尽管进行信息反馈。通常的做法是在各种媒体上发布邮购图书报刊的信息,或向有过邮购经历的消费者定期邮寄书刊目录,或通过读者俱乐部及其他渠道向读者推荐书刊。目前图书销售的电脑互联网络已经开始运作,为邮购信息的浏览查询提供了极大的方便。我国的邮购零售多属于被动邮购,即消费者主动向销售商写信汇款购书。由于书刊的货源常常无法保证,给消费者带来一定的损失。

国外发达国家的邮购零售以主动邮购为主,即按名单寄送广告,征求读者邮购,对于推销专业性和学术性图书效果较好。在实施主动邮购时,还可以发放读者调查表,以充分了解消费者的兴趣和涉及的范围,增强主动邮购的针对性,避免盲目性和徒劳无益的广告寄送。美国的邮购零售中,1984 年的邮购零售额占全国销售总额的 25.6%,1994 年更提高到 34%。这个数量已经十分可观。我国的邮购零售业还比较落后,在图书报刊销售的比较中微乎其微,也没有专门的邮购公司。它主要作为市场销售的补充手段,因此,发展的市场空间很大。

(4)读者俱乐部。读者俱乐部是由经营者以读者入会的方式,向读者提供优惠的零售服务而建立起来的图书报刊销售。读者俱乐部零售的最大特点是价格便宜,购买及时、针对性强。这是它能够生存下来,并具有竞争力的主要原因所在。一方面,俱乐部通常从出版社直接大批量进货减少了流通的环节,往往能得到比经销商更为优惠的扣率,从而降低了综合成本,使书刊价格能大幅降低。国外的读者俱乐部大部分图书是购得版权后重印的,所以价格更低。另一方面,俱乐部由于无需采用店面销售,节省了大量的房租租金、仓储费、运费、固定资产折旧和额外的销售人员的工资等费用,由此大大减少了各种成本支出。这些节省下来的各种综合性成本,累积起来是非常可观的,俱乐部把它作为让利综合俱乐部成员的优惠价格和俱乐部的利润,不仅对消费者有很大的吸引力,而且也使俱乐部有利可图。

读者俱乐部在西方发达国家的书刊零售业中所占的比重较为可观。主要原因在于读者俱乐部经过了长期的发展,经营运作相当规范,信誉度高,已经形成了稳定的会员网络。美国 1926 年出现了最早的读者(图书)俱乐部。现其有各种俱乐部 166 家,其中成人俱乐部 145 家,儿童俱乐部 21 家。会员人数占全国总人口的 3%,达700 至 800 万人(1993)。1994 年在全美国的销售额中占 17%。

我国目前读者俱乐部数量很少,主要有两种形式。一种是以出版社为龙头组建的。如辽宁人民教育出版社组建的读者俱乐部,主要经销本出版社出版的各类图书。一种是经销商组建的读者俱乐部,如席殊读者俱乐部,它经销各个出版社的各类图书。读者挑选的余地较大,参加的人数也较多。

最早的读者俱乐部诞生于 1891 年的德国。1923 年美国人哈利·舒尔曼提出了"购书者俱乐部"的具体设想,并于 1926 年成立了"每月图书俱乐部"。俱乐部中有专家小组,从成千上万种的书籍中挑选出一部分书目,向会员推荐,每个会员每年至少应购买 4 本书。1950 年 6 月 10 日,德国成立的"贝特尔斯曼读书俱乐部"标志着现代读者俱乐部的出现。1954 年它的会员达 100 万人。1960 年达 300 万人。1967 年起,开始跨国经营,先后在西班牙、法国、美国等全球 17 个国家和地区设立 35 个分部,会员达 2500 万人。1995 年进入我国上海,目前已有 10 万多会员。西方的读者俱乐部主要有三大部门;即接纳部、出版部、发行部。接纳部负责对申请入会者进行注册登记。出版部负责编印定期寄发给会员的目录和再版图书。发行部负责寄发目录、图书和游艺品,从出版公司进货,与会员结算书款等事项。

(5)其他零售方式。除了上述的几种零售方式外,还有流动销售车、书刊展销会、特价书店、旧书店、超市以及购物中心书刊零售点等。其中超市与购物中心书刊零售点是近年来发展较快的一种零售方式。由于这些场所顾客流量大、购书方便、购书频率高,销售量增长速度很快。德国的考哈夫公司在所属的 80 个购物中心都设立了书刊销售点。其中科隆购物中心的书刊品种多达 4 万余种,形成了很大的书刊零售规模。近年来我国超市和购物中心设立书刊零售点也越来越多,不仅拓宽了图书零售的渠道,搞活了印刷媒介产品的市场,而且也给超市和购物中心增添了营销环境的文化氛围。

四、推销与促销

印刷媒介产品的推销是出版社或经销商委派具有专业知识和技能的媒介营销人员,通过推荐、劝说的方式,直接向客户或消费者销售图书报刊等媒介产品的过程。推销是市场营销中最简单而又最有效的手段。美国在 1984 年用于推销的费用高达 1720 亿美元,而广告费用只有 890 亿美元。各类推销人员超过 800 万人。可见推销在营销中是何等的重要。

推销实际上就是以人际传播的方式来传递有关的产品信息,唤起顾客购买的欲望,达到销售的目的。由于推销活动中的人际传播较之大众传播,目标更明确、更具有针对性,所以效果一般也更好。推销的基本手段是宣传、推荐和劝说。这种宣传、推荐和劝说要从顾客的现实需求出发,以激发顾客的购买动机为目的。

因此,推销人员首先要了解顾客的需求倾向及其特点,有的放矢地开展宣传、推荐和劝说活动,提高推销的实际效果。

其次,推销要结合印刷媒介产品的特点和实际情况,如书刊的内容特点,对顾客的宣传、推荐和劝说要有所侧重、突出重点。在推销过程中,推销人员应不失时机地向顾客展示印刷媒介产品的样本,使他们有一个直观、感性的印象,进一步强化其购买的动机。这一环节对顾客了解产品内容和特点,建立起信誉是极其重要、不可缺少的。

再次,推销要产生实际的效果。推销的成效如何,最终要以销售业绩为衡量的标准。推销员在寻找销售目标时,应尽可能确定有购买动机和购买能力的对象,以提高推销的成功概率。

印刷媒介产品由于其内在的文化特性,市场需求的差异很大,所以在推销活动开展之前要对目标市场进行具体的分析。根据目标市场的差异和特征,选择适合目标市场实际需求的品种和数量结构。同时,推销也是整个市场营销的信息反馈过程。推销员在推销过程中,应及时把顾客对印刷媒介产品的内容、价格、服务等方面的意见反馈到决策层,以便采取相应的对策和措施,调整和完善推销乃至整个营销策略。

另外,推销还应与其他营销、促销手段相配合,上下协调、整体推进。推销作为营销活动整体中的一部分,一方面要有相对的独立性,一方面它又与其他营销过程有着密不可分的联系。因此,推销就必须与其他营销手段有机地结合起来,以提高整体营销效果。例如,推销与价格策略相配合,以富有诱惑力的折扣定价,对顾客产生更大的吸引力。总之,对推销活动的安排和筹划,要从营销的全局出发,使推销服从于整体营销,推动整体营销。

　　促销是营销促进的简称(Sales Promotion 简称 SP)。所谓促销,按台湾著名营销和广告专家樊志育的看法:"从狭义而言,是指支援销售的各种活动。从广义而言,凡是以创造消费者需要或欲望为目的,企业所从事的所有活动,均属促销的范畴。"[①]印刷媒介产品的促销与其他行业产品的促销一样,主要分为两类,一种是消费者的促销,其主要方式包括样品折扣券、减价、赠奖、竞赛等。一种针对经销商的促销,其主要方式包括折扣、免费产品、推销金、产品推广津贴、合作广告等。促销的实质在于刺激消费欲望、强化购买动机,促进购买能力的提高。促销是一种行之有效的营销方式,尤其是对近期的销售业绩的提高,效果比较明显。美国每年发放的用于促销的各种折价券超过 900 亿张,每人平均一年收到 400 多张。1980 年的促销费用高达 490 亿美元。促销在营销活动中的影响之大,由此可见一斑。

　　促销对于印刷媒介产品的销售有着非同寻常的意义。因为印刷媒介产品的消费大多属于理性消费。消费者购买书刊都要经过认真考察,仔细挑选。任何一种印刷媒介产品的市场份额要想增加哪怕是一两个百分点都是极其困难的。另一方面印刷媒介产品的市场销售与经销量的努力有很大的关系,加强对经销商的促销力度,可以直接有效地提高销售效果。因此,促销是提高产品的市场竞争力,增加销量的一种有效手段。印刷媒介产品与其他产品的促

---

　　① 樊志育:《促销策略》,上海:上海人民出版社,1995 年版,第 1 页。

销相比,既有一定的共通性,但也有其特殊性。把握好它的特殊性,是取得印刷媒介产品促销成功的关键。对此,在开展印刷媒介产品促销时,要把握好以下几个问题:

1. 明确促销的目标

促销目标的确定是针对市场的变化和市场环境的实际情况,所采用的相对应的措施和策略。这就要求对消费者和市场类型、规模、消费心理特点、市场潜力、发展趋势以及市场机会点等因素有全面的了解和把握,根据市场的这些情况,提出相应的促销思路和促销手段。如 1997 年,针对我国图书价格过高,消费市场疲软的状况,南京市新华书店举办了"老版本老价格"的图书促销活动,销售场面火爆异常,大批书商涌入书市,大量抢购。1997 年底三联书店开展了 9 折向读者让利活动,也取得了较好的效果。这两个促销活动的成功,关键在于在对市场分析的基础上,确定了促销的目标,并根据这一目标制定了相应的促销策略和手段。

2. 选择适当的促销方式

选择何种促销方式关系到促销效果的好坏。选择促销方式的出发点首先要考虑促销方式能切合消费者的需求动机,符合消费者心理,能激发起消费者的购买欲望。这是达到预期促销效果的前提。

从促销作用于消费动机形成的方式来看,主要有两种,一种是促使消费者认知过程的形成,即通过促销使消费者对印刷媒介产品从不了解到了解,从一般的了解到深入的了解,从普遍的印象到深刻的印象,进而唤起消费者的消费需求。这种促销大多以公共关系宣传和广告的方式来实现的。一种是以各种奖品让利方式的促销,通过使消费者获得某种实惠,促成消费者形成功利性的需求动机。这种促销包括优惠券、折扣、赠品、有奖销售等。

采用何种促销方式,要考虑到三方面的因素:一是消费者的类型;二是媒介产品的特征;三是市场环境的因素。要综合这三方面因素,最后确定选择哪种促销方式。

其次,还要考虑到促销成本。促销成本的支出与产品的预期销售额之间应当有一个适当的比例,与所开发的市场的规模之间同样要有一个适应的比例。促销的根本目的是为了提高产品的销量和市场占有率,最后实现较高的利润目标。如果促销成本太高,就有可能得不偿失,所以要摒弃不计一切代价,不考虑成本的促销活动。促销也要适可而止。

再次,促销的方式要符合产品的特点和市场的特点。每一种促销方式都有它的适应性和针对性,而不是对所有的情况都适用的。在决定采用某种促销方式的时候,就要充分考虑到它是否适用于媒介产品和市场的情况。对于某种书刊的促销方式是适用的,对于另一种书刊促销这一方式很可能就不适用;对于某种市场适用的促销方式,对于另一个市场也可能不适用。这需要结合媒介产品和市场的特点作具体的分析。

3. 要把握好促销的时机

印刷媒介产品的销售有其特殊性,比如报纸、杂志的征订通常是以年度为周期的,只有在征订之前开展促销才能产生一定的效果。图书的促销一般也安排在新书上市之前。所以,促销时机的把握,必须要服从印刷媒介产品的这一销售特点。同类产品为争夺市场份额,若采用竞争性策略,可采用抢先促销的手段,即在别人尚未采取促销行动之前,率先促销,以争得先声夺人之利。利用提前促销的有利条件,抢占竞争的有利地位,迅速扩大市场占有率,挤压竞争对手的市场空间,不让其有充分的反击余地。在媒介产品市场出现下滑趋势时,则要当机立断,采用适当的促销手段,激活市场,扩大销量,尽快制止市场销售下滑趋势的进一步蔓延。如果为了推进市场发展战略,促销则要抓住市场出现新的需求的时机,激活市场的潜在需求,扩大市场规模。

4. 促销形式构多样化

印刷媒介产品的市场在不断地变化,消费者的需求也在不断地变化,促销方式要适应不断变化着的市场和消费者的要求。印刷媒介产品的促销方式中,从来没有哪一种一成不变的"灵丹妙药",也没有哪一种永恒的"致胜法宝"。只有因时而变、因地而变、因人而变,才能以变制变,灵活有效地发挥促销的作用。促销方式如果一味地随大流、人云亦云,则必然失去驾驭市场的主动权,最后陷于被动的境地。90年代以来,图书促销中,名人签名售书风光一时,各路名人争相仿效,结果泛滥成灾,效果越来越差。1992年以后,挂历出版市场异常红火,在高额利润的驱使下,各个出版社竞相进入挂历出版市场。过度竞争导致市场饱和。各出版社纷纷降价促销,竞相比降价的幅度,似乎除了降价促销外,再也无计可施了。最后,不仅出版社无利可图,经销商经营风险也太大,把这一市场很快搞得气息奄奄,濒临绝境。促销恰恰起了很大的负面作用。

5. 要重视公共关系宣传促销

公共关系宣传促销是通过大众传播媒体和面向公众的公共关系活动,传播印刷媒介产品信息,以帮助消费者了解产品,提高产品的美誉度的过程。大众传播媒介的公众信誉度高,运用大众传播媒介开展宣传可以达到广告所达不到的效果。所谓宣传的概念是相对于广告而言的,宣传是以不付费的方式传播有关产品和企业的信息,它对消费者动机的形成更加有效。图书报刊评论是印刷媒介产品公共关系宣传的一种独特的方式。书刊评论不仅能向消费者提供最新的出版动态,而且通过对书刊的评价,引导和帮助读者更准确、全面地了解书刊的内容,进而产生购买的愿望。西方印刷媒介发达的国家不仅有一批专门的书刊评论杂志,而且许多著名的报纸都辟有专门的书刊评论专栏,定期推荐新书,引导读者阅读。书刊评论业成为依附于印刷媒介产业中的一个重要的从属性产业,自然在书刊促销中成为不可替代的有效手段。一般情况下,在制订完整的出版计划中,就应该包括书评筹划的内容。印刷媒介的生产大国美国,也是全球书评业最为活跃的国家。设有书评专栏的著名报纸有:《纽约时报》的星期日版副刊《纽约时报书评》、《洛杉矶时报》星期日版副刊《洛杉矶时报书评》,以及《华盛顿邮报书评》、《环球报书评》等。新闻期刊和综合性期刊中《时代》周刊、《新闻周刊》、《大西洋》、《哈泼斯杂志》等都有书评专栏。在评论性期刊中,《纽约图书评论》、《美国信使》、《星期六评论》等书评最有影响。西方其他的一些国家也都有一批著名的书评杂志,如英国的《文汇》、《伦敦杂志》、《英国图书新闻》,法国的《读书》、《法国新评论》、《新文艺》,德国的《强音》、《图书评论》,日本的《图书》、《读书人周刊》、《青春与读书》等。近年来,我国的书评业随着印刷媒介产生的崛起也有了长足的进步,涌现出了一批书评杂志,除了原来较有影响的《读书》杂志外,还有《中国图书评论》、《博览群书》、《书城》、《书品》、《书屋》、《书缘》、《书与人》等一大批书刊杂志。另有专门的书评报纸如《文汇读书周报》、《中华读书报》、《书讯报》等。一些著名的报纸还开设了书评栏目,如《人民日报》、《光明日报》、《新闻出版报》、《广州日报》、《新民晚报》、《扬子晚报》等。此外《中国图书商报》还试办了《全国畅销书排行榜》,这是将印刷媒介产品的公共关系活动与公共关系宣传有机地结合起来的一种传播活动,同样也达到了很好的公共关系宣传的效果。

五、新书推广

新书是印刷媒介产品经营的重要市场资源,通过新书推广能够不断形成新的销售热点,带动整个图书的市场营销的开展。新书出版推向市场以后,决定新书市场销售的因素,并不仅仅是新书的质量和它对市场的适销性,更重要的是如何运用各种营销手段进行新书推广。这个环节在很大程度上决定着新书销售的市场前景。

新书推广必须要有周密的市场推广计划。制订新书市场推广计划,首先要分析市场的需求状况及其特点,即新书在市场上是否有适销的可能性。根据市场分析的结论,再决定将何种新书作为重点推广的新书,以及将何种新书作为一般推广的新书。同时还要考虑将何种书作为畅销书加以推广,将何种书作为常备书加以推广。在此基础上,还要确定新书推广的时间安排、人员组织、促销方式、经销预算,以及推广的区域和范围。

其次,新书推广应有完备的促销策略。促销不仅是刺激市场需求的重要手段,也是创造市场需求的有效方式。新书推广有没有促销措施,促销措施是否到位,效果大不一样。浙江少儿出版社对一批重点新书进行广告促销后,销售量成倍增长。国外的出版商和图书经销商在新书出版前和出版后,都要制定完备的促销策略,以提高促销的效果。通常在新书推广的营销预算中,都要把促销费用列入预算当中。新书推广的促销策略要根据出版前、出版后的不同阶段,落实不同的促销手段,并对不同的促销手段进行组合运用。新书出版之前,可以通过广告、信息动态、新闻来着力制造气氛,吸引人们的注意,形成广告和公共关系宣传的累积效应,加深人们的印象,为新书进入市场造成"先声夺人"之势。新书出版后,则主要通过新书展示、各种推展会、店面广告、新书评论、有奖销售、赠品销售、作者签名销售等促销手段,进一步扩大新书的影响,强化人们的消费动机,创造新书热销的舆论氛围,从而全面推动新书的市场销售。

新书推广要注意把握新书进入市场的时机,以快制胜,抢占市场销售的最佳销售的制高点。新书推广要争取在第一时间上市销售,尽量成为首家或第一批新书上市书店。有时尽管新书上市的时间仅仅相差二三天,但对销售量的影响却很大。因为新书上市后的前期销售量很大,越往后,销售量就越少。抢在第一时间上市就意味着夺得了很大的一部分市场份额。同时,在第一时间新书上市的书店,能够通过消费者购买过程中人际传播的连锁效应,形成"热点书市"效应。而后上市新书的书店则很难形成"热点书市"效应。

江苏省南京市上市的新书,个体书店总要比国有书店要快几天,尽管是短短的几天时间,在市场竞争中就能赢得主动的位置。

新书推广还要善于抓住重要的媒体事件,及时地利用媒体事件,扩大图书的销量。1998年英国王妃戴安娜因车祸身亡。原来,我国某出版社曾出版过戴安娜传记,但一直没能销动。戴安娜去世成为全世界关注的重要事件。这时该出版社不仅迅速推出了积压已久的戴安娜传记,并立即加印,投放市场后一销而空。1998年中央电视台播出了电视连续剧《水浒》,掀起了全国性的《水浒》热,一些出版社不失时机地出版了《水浒传》和《水浒》连环画,在市场顿时成为了抢手货。这都是利用媒介事件进行新书推广的成功范例。

畅销新书上市要注意安排好不同品种畅销新书上市的时间距离。一般来说,两种畅销新书上市,间隔距离不宜太近。时间太近会影响会上市畅销新书的销售效果。因为每一种新书畅销有一定的周期性规律,把握这种周期性特点,就能够利用好每一次市场热销的机遇,适时地把新书推向市场。

新书推广还要控制好新书上市的品种和规模,注意新书与再版书之间的搭配和比例。对于数量较大的新书推广,要有所侧重,突出重点,切忌平均用力。我国在1995年新书出版的品种超过了10万种。但是整体的经营效益并不高。问题的症结在于新书出版的数量太多太滥,精品不多,"长效书"和"常销书"缺乏。新书与再版书之间的比例失衡,新书出版的规模太大。而可供经销商和消费者挑选的余地并不大。所以经销商往往对大批的新书感到无从下手,推向市场没有把握。在我国出版新书达10多万种的同时,美国年出版新书约6万种,德国5万多种,日本4万多种,而这些国家的再版率却很高。日本每年有再版书达20多万种,可供书目30万种。德国再版书30万种,可供书有70万种,而我国可供书目除教材外,仅有10万种左右。可见,我国新书出版与营销与再版书之间的比例严重失衡。这恰恰是造成新书出版品种多而经营效益不高的主要原因。

第五节 印刷媒介产品的国际市场开发

随着经济的发展和社会的进步,全球经济和文化一体化的进程越来越快。各国之间的政治、经济、文化、教育交流的日益频繁,为出版业的国际化交流与合作创造了有利的条件,形成了印刷媒介产品的国际性市场。印刷媒介产品的国际贸易、国际版权贸易异常活跃,成交额逐年上升。因此,开发印刷媒介产品的国际市场,成为许多出版商和经销商的一个新领域。另一方面,印刷媒介产品的规模化产业经营,出现了一批跨国经营的出版商和经销商,它们把触角伸到了世界各地不同的国家和地区,掌握着国际市场的需求动态,客观上也要求把国际市场作为目标市场。这两个方面的因素决定了现代印刷媒介产品的国际市场已经完全形成,并成为出版商和经销商竞相开发的主要目标。

国际市场的书刊贸易和版权贸易,是发达国家印刷媒介产业经营中的重要组成部分。发达国家由于实力雄厚,国际市场开发得早,它们在印刷媒介产品的国际贸易和版权贸易中占据着绝对的主导地位,控制着国际出版业市场的经营。发达国家已经形成了一批专门从事印刷媒介产品的国际市场经营的专业公司,如英国的布莱克韦尔公司、道森公司、科利特斯发行公司,法国的国际图书爱好者公司、国际发行与出版公司,美国的英格拉姆国际公司、贝克与希勒国际公司,俄罗斯的国际图书公司,日本的丸善株式会社。这些国际著名的图书进出口公司经营数额庞大,在国际市场的占有率高,覆盖范围广。1994年美国出口图书达17亿多美元,进口为11亿美元,英国出口达9.72亿英镑,日本出口图书198.7亿日元,进口234亿日元。这些著名的图书进出口公司占据了其中的很大的市场份额。一些发展中国家通过开发印刷媒介产品的国际市场,也获得了可观的经济效益。90年代初,阿根廷年均出口图书达4300多万美元,墨西哥达3400多万美元,哥伦比亚则高达8000多万美元。这种业绩对于中小发展中国家来说,是了不起的成就,表明了印刷媒介产品的国际市场开发是大有可为的。因此,印刷媒介产品的出口成为了发展中国家的一支重要的新兴产业。许多国家政府为了进一步开发国际市场,不仅组建扶持了有实力的图书进出口专业公司,参与国际出版、图书市场的经营,而且给予税收上提供减免增值税、营业税的优惠税收政策,既达到了传播本国文化,扩大本国国际影响的目的,又增强了本国印刷媒介经营组织参与国际市场经营的竞争实力,可谓是一举两得。

一、建立专业化经营公司

开发印刷媒介产品的国际市场,首先需要建立适应国际化经营的、形成规模的、有实力的专业化经营公司。印刷媒介产品的国际化经营,有一定的特殊性,它要求熟悉国际市场的特点,有一支高素质的经营队伍。因为国际市场的经济背景、政治背景和文化背景与国内市场相比有很大的差异,不熟悉、了解这种背景,印刷媒介产品就难以适应国际市场的需要,也就无法打开国际市场,或者即使勉强进入国际市场,也难以有所作为。我国出版业开发国际市场的步伐始终较慢,主要原因就是不熟悉国际市场的特点,印刷媒介产品不适应国际市场的需要,没有建立起具有开发国际市场能力的专业化经营公司。中国国际图书贸易公司是我国建立最早、最有影响的从事图书国际市场开发的专业公司,据该公司统计,1949年至1993年的38年间,对外发行的45种外文版的13866种书刊中,马克思、列宁和毛泽东的著作,政治理论著作和基本情况介绍类图书共计9082种,占出口品种的65.5%。在经营指导思想上,只算政治账,不算经济账;重视发行数量的增长,不重视货款的回收,经济效益低下,在国际市场上难以有所作为。在经营的组织环节中,一切以我为主,从我出发,不重视市场调查和信息反馈,图书的适销性差。所以,我国出口图书在国际市场的竞争力差,市场份额微乎其微,不仅无法与西方出版大国相抗衡,即使是与香港、台湾等地区的出口量相比,也相差甚远。据1990年的统计,世界各国和地区的图书出口,美国为6.5亿美元,英国为5.25亿美元,德国为3.6亿美元,日本为3.1亿美元,中国台湾为2.1亿美元,中国大陆仅为0.063亿美元,只有中国台湾出口量的3%。

二、选准经营品种,优化经营策略

印刷媒介产品的国际市场开发,必须选准经营品种,并采取相应的经营策略。开发国际市场要有自己的产品优势,有了产品优势,才能有市场优势。这样就要研究国际出版市场,究竟需要哪些品种,需求量有多大,消费者有哪些特点,经营者都必须十分清楚。以中文或中国版的图书出口为例,国际市场对中文或中国版图书的需求主要有三类:一类是教育类图书,随着中国在国际地位的提高,以及汉文化在世界各地的传播,汉语教学在世界各地升温,国际图书市场对汉语教学的用书需求量很大。另一类是中国传统文化类图书,如中医、武术气功、烹饪、针灸,以及各种传统名著。由于中国文化在全球的影响深远,居住在世界各地的华侨、华裔和外国人都希望了解中国的传统文化,这样就形成了一个很大的中文或中国版图书的国际市场。从一些发达国家进口中文或中国版的图书数量来看,可以充分说明这一点。1994年美国中文图书进口为4700万美元,从中国大陆进口仅为500万美元,占11%。而欧洲、加拿大和东南亚进口的中文图书则达1亿美元,中国大陆出版的图书为1500万美元,占15%。应该说,国际市场对中文图书需求量还是比较大的,但是由于我国开发国际市场的能力较差,在国际中文图书市场中没有竞争力,难以形成市场优势。还有一类是有关当代中国政治、经济、文化的图书。当今世界各国对中国政治、经济、文化的研究越来越深入,研究人员也越来越多,迫切需要对现代中国的全面了解,所以这类图书在国际市场的交易中呈现不断上升的趋势。《中国日报》英文版是面向世界英语读者的一份综合性报纸,现已发行到一百多个国家和地区,在美国、英国等地都设有分印点。

三、了解进口国,提高针对性

印刷媒介产品的国际市场开发,应了解进口国的消费特点和习惯,了解市场构成特征,有针对性开展营销和促销活动。发达国家对出版物的质量要求一般都较高,消费者对出版物从纸张、装帧设计,到印刷、装订的需求都很讲究,但我国出口图书的印装质量一般都较差,影响了在国际市场上的销售和图书的附加值。如中国大陆出版的《王力文集》在国际市场的售价为100多美元。而台湾出版的同样的书,定价却高达1000多美元。主要原因就在于中国大陆出版的图书印装质量差,价格上不去。另外,进口国消费者的消费习惯和特点,也影响到对出版物的市场需求。比如我国出口到国外的《川菜烹饪》一书,从选题到印刷质量都很好,也很适合国外消费者的需求。但是在使用计量单位时,作者按照中国消费者的习惯仍使用了"钱"、"两",国外消费者根本无法掌握,致使一本本来很有市场销路的书最后却失去了市场。如果出版社的编辑和经营人员熟悉国际市场情况,这一失误完全可以避免的。

四、重视版权交易,推进合作出版

开发印刷媒介产品的国际市场,版权交易和国际合作出版是一种重要的形式。近年来,国际出版市场的版权交易和国际合作出版日益活跃。这是一种更为便捷、更为有效的开发国际市场的途径。各国的出版商和经销商利用自己在本国市场建立起来的营销网络优势,与外国出版商和经销商可以达到优势互补、资源共享的目的。现在每年 10 月在德国法兰克福举办的图书博览会,是世界最有名的国际版权贸易市场,每年都有大量的版权交易在此成交。许多国家的出版商通过版权交易,开拓了国际市场,增加了经济效益的渠道,也使本国的出版资源得到了充分的利用。1994 年 5 月,美国的兰登书屋公司出版的《热点地区》一书,通过版权贸易、德国、法国、日本、意大利、韩国、印尼等 12 个国家出版商分别购买了翻译版权,成交额超过 100 万美元。西蒙与舒斯特公司出版的《心灵猎手》通过版权贸易,翻译版权被荷兰、意大利、日本购买,成交额达 42 万美元。我国近年来开展的版权国际贸易与国际合作出版活动也很频繁,1988 年成立了专门的版权贸易代理机构——中华版权代理总公司。此后,国家版权局还批准成立了十多个对外版权贸易代理机构。到 1995 年底,我国已审批图书进出口公司 31 个,开展国际版权贸易和对外合作出版。我国的国际版权贸易和对外合作出版呈现出不断上升的势头。仅福建省的出版社 1995 年与境外版权贸易即达 102 项,每家省属出版社都有国际版权贸易和对外合作出版业务,既把我国的图书推向国际市场,同时又把国际市场的优秀图书引入了国内市场。这种互通有无、互相促进的国际合作的经营方式,极大地发挥了现有出版资源效应,提高了经营的效益与水平。

五、确立目标市场,打进发达国家

国际印刷媒介产品市场的开发,要确立重点的国家和地区作为目标市场。国际出版市场的消费水平发展仍不平衡,需求差异很大。经济发达的国家和地区,由于人均收入水平较高,印刷媒介产品的需求量自然较大。这应当成为国际出版市场开发的重点。据统计,1993 年世界图书销售总额为 697 亿美元,而西方 20 个主要国家 1992 年的图书销售额即达 510 亿美元,在图书消费总量上占据了绝对的优势。再从人均图书消费水平来看,德国人均为120美元,挪威为115美元,芬兰、瑞典为95美元,美国为90美元,英国为61美元,日本为58美元。我国1994年和1995年,人均图书消费分别只有1.3美元和1.8美元,占同期人均GNP值的0.29%和0.31%。不同国家经济发展水平的差异,从根本上决定了印刷媒介产品消费水平的差异。以下是一些国家人均GNP与人均购书额。

表14-1 九国人均GNP与人均购书额

单位:美元

国家	人均GNP	人均购书额	人均购书额占人均GNP(%)
美国(1995)	24000	90	0.37
日本(1995)	245000	93	0.38
韩国(1977)	670	3.3	0.49
尼日利亚(1977)	380	2.2	0.57
肯尼亚(1980)	394	2.8	0.58
喀麦隆(1976)	320	2.49	0.78
泰国(1969)	180	1.19	0.66
印度(1995)	300	2.11	0.70
中国(1994)	440	1.3	0.29
中国(1995)	570	1.80	0.31

资料来源:《中国图书商报》,1997年11月14日,第4版。

因此,印刷媒介产品的消费大国应成为国际市场开发的主要目标。当然发展中国家的印刷媒介产品的市场也不能忽视。由于发展中国家的经济发展速度较快,印刷媒介产品的人均消费水平增长也较快,市场同样有很大的潜力。印刷媒介产品的国际市场的开发,还要考虑到文化上的关联性。如我国与日本、韩国以及东南亚,均属东亚文化圈,文化交流的历史渊源很深,文化认同感强。因此,这些国家和地区对我国印刷媒介产品有着天然的需求,具备稳定的市场基础,应当作为重点开发的目标。

第十五章 电子媒介的经营管理

约翰·克罗斯比(John Crosby)在《喧嚣的时代》(1971)一文中写道:20世纪是喧嚣的时代——"物质之声、精神之声和理想之声——我们掌握着所有这些声音的历史纪录。事情毫不奇怪,因为我们几乎所有令人惊叹的技术力量都已投入到当前反对寂静的攻击中去了。"在这个攻击中,电子媒介在企业家们的经营与指挥下冲锋陷阵、势如破竹,把现代的"喧嚣"直接送进了教堂、学校和家庭,并让人们逐渐上瘾而无法脱身。电子媒介在昼夜不停地向公众提供新闻、知识和娱乐的同时,也获得了巨额利润,为自身的发展插上了腾飞的翅膀。

第一节 广播电视业的认识与阐释

广播电视业是中国最为庞大、复杂和最具影响的媒介产业系统。据国家统计局1997年的统计公报,我国现有中、短波广播发射台和转播台744座,广播人口覆盖率85.8%。1000瓦以上电视发射台和转播台1295座,电视人口覆盖率87.4%。因此,正确地认识和科学地管理广播电视业,无疑具有极其重大的现实意义。

一、频道稀有论与电波国有论

1. 频道稀有论

本世纪初诞生的无线广播以及20年代发明的电视,现已几乎遍及世界所有国家,在地球上的任何地方已经都能听到广播和看到电视。世界180个国家中,除欧洲的圣马力诺和列支敦士登之外,都已有了无线广播电台,已有约85％的国家开办了电视台。估计全世界的收音机数量已有21亿架,即全世界人口中平均每两人一架,电视机约有7亿架,平均每6人1架。联合国教科文组织编写的《世界交流报告》(1992)认为"目前在世界的大部分地区,低频带和中频带已经饱和",而甚高频调频广播又有一些传播上的局限性。另外,电视频道也将在近十年内逐渐达到饱和。彼得·杰伊(Peter Jay)在《广播电视的未来》(1977)一文中写道:"频谱有限,即广播和电视台的播出频道为数有限,必须有某种方式或某人来分配这些频道,决定谁使用哪条频道。"它不可能像办企业那样让每一个有资金的人都来搞广播电视业,也不可能像日常交流中那样让每一个人都在广播电视中尽情发表自己的意见和各种信息。无限制地开办广播台和电视台,或者任意使用任何一个频道传播音像信息,不予以合理控制和科学规划,只会造成空中电波的互相干扰和成堆的信息垃圾。

为了避免不同频道电波之间的相互干扰,确保媒介信息稳定、有序、清晰地传播,联合国和各国政府就应制订出有关法律法规,规定出申请开办广播台、电视台的条件和审核程序,对频道进行科学、合理的分配和严格的审查。例如,美国就在1927年制订了无线电广播法,后来成立了联邦传播委员会(FCC);我国也较早成立了无线电管理委员会,并于1994年通过了《中华人民共和国无线电管理条例》,从而既有了管理电台电视台频道的依据,又有了管理机构。

2. 电波国有论

"无线电波频谱具有不会耗损、不易损坏、不须特别维护即可使用之特性,是一独特天然资源,属覆盖地区之人民公有。但是可用来传递广播与电视讯息的频率有其特定范围,而且频道有电波互相干扰的现象,因此就利用程度来讲又是有限的。目前广播电视利用最多的是 30 至 300 兆赫的部分,但 300 至 3000 兆赫也逐渐被开发。一个收音机调幅(AM)频道需要使用 0.01 兆赫,一个收音机调频(FM)频道则需要 0.2 兆赫,目前我们使用的电视频道则需要 6 兆赫,日后或许会(也可能不会)问世的高画质电视则需要使用 30 兆赫。"(冯建三,1994)

正因为广播电视的无线电波频谱资源有限,同时又能带来很高的经济效益,这就使得世界各国都将其认定为国有资源,不容任何集团、企业或个人独占,而这一资源的分配和使用也由政府的专门机构出面妥善处理。《中华人民共和国无线电管理条例》规定:"无线电频谱属国家所有。国家对无线电频谱实行统一规划、合理开发、科学管理、有偿使用的原则。"电波国有论者认为,在确定电波国有的前提下,政府在经营管理上应遵循五个原则:(1)所有权与使用权分开。电子媒企业欲使用电波,需要向拥有者的主管机构申请,经过对照条件审核之后准许使用某一波段,这时该媒介即取得了该段电波的使用权。但是,使用权并不等于所有权,所有权亦不等于使用权。当该广播台或电视台违反有关法律法规,电波所有权者的代理人——政府有权收回使用权;而所有权者亦不能擅自使用某一波段。(2)使用权与使用期挂钩。就是说放手广播台或电视台获准使用某一波段,并不意味着可以永远使用下去,而是有一定的时间限制的。使用执照制或租约制的国家,通常将有效期或使用期规定为二年或三年,期满应申请换或另定租约,否则使用权即被中止或被改租给其他媒介企业。(3)频道分配的公平性。即频道针对不同省(市)、地区、县和不同集团的分配是公平的,当然其中也将适当考虑人口因素和政治、经济、文化因素。(4)频道使用的有效性。即电波频道的资源应能得到充分开发和利用,以最大限度地发挥其社会效益和经济效益。若某一频道未能得到有效利用,甚至引起消极、负面的效应,那么就应收回使用权;若某地区的现有频道的资源未能充分利用,那么也不能再审批给新的频道。(5)频道使用的社会性。电波为国家所有,媒介为社会公器。广播电视作为大众传播媒介,它在当代社会几乎无处不在、无时不有,直接影响人类的思想、感情、生活与安全。它若不遵循职业道德、不善尽社会责任,就会成为危害社会秩序、引发社会动荡的"电插头毒品"。因此,那种"政府应以规范频道所有权结构为重点,而非控制在频道上传递的讯息内容"的观点,是不对的。其实,就连鼓吹新闻自由的美国,该国联邦传播委员会(FCC)也明确要求广播电视的讯息内容必须符合大众的"利益、便利和需要","必须对所在地区的需要和利益负责",还需要向社区领导征求意见,否则将依法予以吊销执照,或到期不再换发执照。

二、广播电视与经济发展

1. 作为企业的广播电视

斯科尼亚(H. J. Scornia)在《电视与社会》(1965)一书中认为,把广播电视台看作企业,最有利于管理分析。因为,"毕竟40年来,美国广播电视主要是作为企业来办的,目的是赢利,领导它们的公司也培养出了不少具有经营和商业头脑的人。"黑德(S. W. Head,1976)认为,要评价广播电视作为产业的全部重要性,就必须考虑"放手电视业造就或支持的辅助性经济活动:制造、销售、接收机和设备的维修、电子消耗、贸易和消费出版物、广告、人才、市场调研、法律和技术部门。"

作为企业,广播电视台已成了与石油、金融、钢铁等大企业一样的赚钱大户。全国性的大型电视台年收入往往达二三十亿元,地区性的电视台年收入高者也达七八亿元,城市电视台年收入约在二三亿元。在城市的高层建筑中,广播电视大楼与金融大楼一样总是以其独特的外观和豪华的装修格外引人瞩目。

作为企业,广播电视台的生存靠广告。德弗勒和丹尼斯(M. L. Defleur and E. Dennis,1981)写道:美国"地方广播电视台和广播电视网的收入都依靠广告。广播电视台和广播电视网对播送时间的收费,取决于商业广告播出的时间和日期、听众或观念的多少和构成。由于广播电视台是出售听众和观众的注意力,所以它们必须精心地向广告商提供有关收听或收视率调查的充足资料,说明它的节目究竟有多少只眼睛或多少只耳朵在收看或收听。广告商关心的是他们的听众和观众是些什么人、有多少、对广告节目有多大兴趣。一家广播电视台需要做的工作是说服广告商相信:在它们那里做广告比在别的广播电视台或报纸或杂志更有效。"

在大众传媒的发展历程中,广播电视虽是后来者,但却是当今广告媒介的宠儿。广播电视的出现,不仅使广告具有了无处不在、无时不在的影响力和渗透力,而且彻底改变了世界范围内的广告面貌和性质,甚至戏剧般地改变了人们的生活习惯和作息规律。过去,报纸与杂志是负载、传播广告的主角,如今广播电视已不只是与印刷媒介平分秋色,电视实际上已成了"第一传媒"。过去,报纸和杂志的广告主要依赖于文字符号和静态的图像符号,如今广播电视尤其是电视充分调动了文字、声音、图像等各种符号为传播广告信息服务,从而成了引人上瘾的媒介。因此,在过去的几十年中,广播电视广告费的增长速度最为迅猛。在此,我们以美国广播电视广告费的增长为例加以说明(见表15-1)。

美国1982年的广播广告费为1935年的40多倍,1982年的电视广告费为1955年的10多倍。广播电视广告费不仅在纵向比较中显示了较快增长的态势,在横向比较中也显示出较佳的业绩(见表15-2)。

表 15-1　美国广播电视广告费的增长

单位:百万美元

年　份	广播广告		电视广告	
	广播广告费	占总广告费的%	电视广告费	占总广告费的%
1935	113	7%	—	—
1945	424	15%	—	—
1955	545	6%	1 035	11%
1965	917	6%	2 515	17%
1975	1 980	7%	5 263	19%
1980	3 702	7%	11 366	21%
1982	4 670	7%	14 326	21%

资料来源:斯特林,1984。

表 15-2　美国各类广告费的构成

媒　　体	全国性广告费百分比	总广告费百分比
电　　视	37%	24%
杂　　志	14%	7%
报　　纸	11%	33%
商业报纸	7%	4%
广　　播	4%	8%
户外广告	2%	1%
其　　他	23%	—
总　　计	100%	100%

资料来源:萨奇斯,1983。

作为企业,广播电视台也插手第三产业,通过多种经营增加收益。有的投资房地产,有的开办宾馆饭店,有的经营汽车出租,有的经营电脑、电讯器材,有的开办百货公司,有的投资旅游业和游乐业,有的插手报刊业,等等。总之,使尽全身解数,想方设法赚钱。对此,人们断言:"如果一个广播电视台营运有方,处理好投资、成本和收入的关系,那它肯定会赢利。"的确,媒介是棵摇钱树,而广播电视台又是当代绝好的赚钱机器。有许多电视台的年利润超过了

20％,有的甚至达到了 35％。难怪英国新闻业老板路德·汤普逊要嘲讽广播电视业:"广播电视许可证等于印制钞票许可证。"

2. 广播电视推动经济发展

广播电视不仅在现代生活中发挥耳目喉舌的作用和报道、表达、解释、指导等功能,而且在推动国家现代化和经济发展中也担负着十分重要的角色和使命。

(1)广播电视是经济变革的"扩大器"。美国学者冷纳(D. Lerner,1958)认为,大众传播媒介可以为经济发展、社会变革创造所需的合适的气氛和环境,可以提高人们的识字率,进而引起人们观念的更新和操作技术的提高。所以,充分使用广播电视,可使经济和社会发展在更大范围内运作,使新思想、新观念、新产品在极短时间内迅速扩散。

(2)广播电视又是经济发展的"推动者"。威尔伯·施拉姆(W. Schramm)(1964)在《大众媒介与国家发展》一书中认为,在国家发展和经济建设中,大众传播媒介可以提供关于经济发展、社会变革的信息,向人们教导必须的技术,使公众透过媒介有机会"参与决策过程",从而发挥积极作用。在现代社会,没有广播电视的介入,一个国家的经济现代化几乎是不可能的。因此,必须自觉地运用广播电视为国家发展服务,而广播电视也必然会在这种服务中得到社会的馈赠和回报。

(3)广播电视还是国家现代化的"催化剂"。美国传播学家罗杰斯(E. M. Rogers,1969)认为,经济发展不是目标,而是过程;而促使这一过程一步步由农业前社会、农业社会、工业前社会、工业社会向更高级的社会前进的,正是传播和大众媒介在其中起了一定的"催化"作用。对于广播电视来说,抛开负面效果不论,它除了可以促进个人创造性的发挥、文化水平的提高、科学知识的积累外,还可以推广新产品、新技术,宣传新政策、新观念,促进国家整体的现代化。总之,广播电视对于经济发展有着巨大的推动、扩大和催化作用。

三、广播电视的管理体制与要素

1. 广播电视的管理体制

广播台和电视台虽有大小之分,但都有某些相似之处。大型台的机构要复杂些,而小型台也往往是"麻雀虽小,五脏俱全",它们都有同样的部门和同样的功能。通常,在西方,一个中等规模的广播台或电视台会设有一个台长(总经理)和两个副台长(副总经理),由他们对电台和电视台的人、财、物和讯息四大资源进行全面协调和统筹。下面设有五个部门——节目部、新闻部、技术部、经营部、业务部,任命五位部主任或部门经理和若干副职。

节目部主任管辖导演、导播、制片人、录音摄像人员、音乐指导和资料员、主持人等,负责教育节目、服务性节目、文艺性节目和各种专题节目的制作和播出。

新闻部也可以放在节目部。新闻部主任管辖记者、编辑、改写人、制作人、播音员,负责新闻的采访与报道。

技术部由一名总工程师负责,管理音响工程师、播出工程师、照明指导、设计和维修工程师等,全面负责讯息制作、编辑、播出设备和机器正常运作。

经营部由一位经理领导,下设发展科、市场科、广告科、公关科等,管辖全国经营经理、本地经营经理以及各科科长和科员。

业务部由一位经理负责,下设办公室、人事科、财务科、保卫科、物业管理科等,管辖秘书、接待员、人事科长、会计、门卫、采购员、水电工、清洁工等。在中国,这个部下设的办公室、人事科、财务科、保卫科、后勤科往往会上升到与节目部、新闻部等相同级别的位置上去,有时办公室和人事处的实际待遇往往更高。在中国,各家电台和电视台的机构设置不尽相同,其中图 15-1、图 15-2 较有代表性。

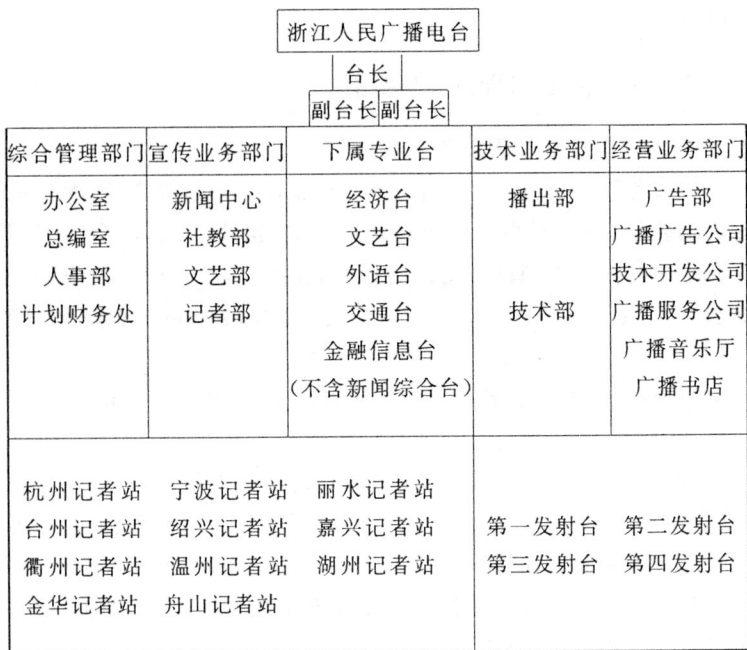

| 浙江人民广播电台 |
| 台长 |
| 副台长 副台长 |

综合管理部门	宣传业务部门	下属专业台	技术业务部门	经营业务部门
办公室	新闻中心	经济台	播出部	广告部
总编室	社教部	文艺台		广播广告公司
人事部	文艺部	外语台		技术开发公司
计划财务处	记者部	交通台	技术部	广播服务公司
		金融信息台		广播音乐厅
		(不含新闻综合台)		广播书店
杭州记者站	宁波记者站	丽水记者站		
台州记者站	绍兴记者站	嘉兴记者站	第一发射台	第二发射台
衢州记者站	温州记者站	湖州记者站	第三发射台	第四发射台
金华记者站	舟山记者站			

图 15-1 浙江人民广播电台机构图

2. 经营管理中的四大要素

欧文和毕比(B. M. Owen and J. H. Beebe)在《电视经济学》(1974)一书中认为,建立科学、合理的管理体制,充分发挥人的积极性,对于广播电视业的有效经营是必不可少的,但是正确处理好四个要素的互动关系则是更为重要的。这四个要素为:广播电视台、广播电视网、受众(听众和观众)、广告客户。

(1)广播电视台。美国的电台和电视台几乎每天 24 小时播出节目,这些节目可能是自己制作的,也可能是由其他机构提供的。大中型电台电视台的多数节目为自己制作。电台电视台可以免费得到的节目或讯息有:①新唱片(音带、CD、VCD)。大多数唱片公

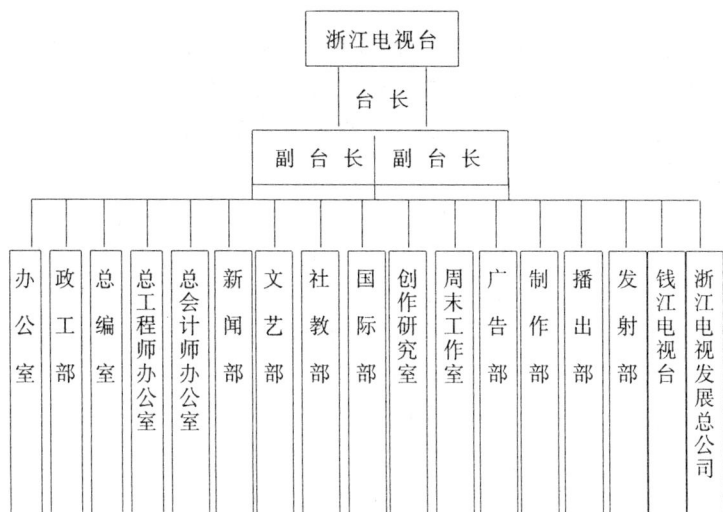

图15-2 浙江电视台机构图

司都急不可待地向电台电视台免费提供他们刚出版的唱片,让更多的人尽快听到新歌,从而激起他们购买的欲望。②新报刊。美国法律规定电台电视台可以自由播放各种报刊上的新闻,而不需破费一分钱,因为新闻属于公众支配——不归个人所有。这意味着雇不起记者的电台也能广播新闻节目。电台电视台也可以通过物物交换的形式得到节目,如以本台节目去换其他台的节目,以向对方提供广告时间去换对方制作的节目。还可以直接以现金交易的方式获得节目,如购买电影故事片、电视娱乐片、卡通片、电视剧等。

(2)广播电视网。美国的许多广播电视台都附属于一个广播电视网,并把它们的大量时间让给广播电视网的节目。广播电视网使美国广播电视具有一种全国性的成份,对多数广播电视台的地域色彩是一种补充。广播电视网既是节目供应者,即向各广播电视台提供节目,又是节目交易商,即各广播电视台制作的节目可以在这里进行交换,或者它将从国外购得的节目再提供给各广播电视台。

广播电视网不仅为地方广播电视台开辟了获得全国乃至全球优秀节目的渠道,铺平了本台的某些节目、服务和广告向全国或全球播出的通道,而且以其优厚的利润和强大的竞争优势滋润并保护着网络成员。

(3)受众。广播电视台的"工作就是生产观众或听众。这些观众或听众,可以称之为它们的赢利工具,又被出售给广告商。"(欧文和毕比,1974)没有受众,就没有广告商,就没有大众传播。广播电视台的生存与发展,由受众的多少和成分决定。因此,广播电视台成功的关键应在于如何吸引受众、稳住受众。

广播电视节目的收听收看由于可以跳过识字的障碍,受众量特别大。在中国,广播听众约在 8.5 亿,电视观众约在 7 亿。在美国,据"全国广播电视协会"(1985)提供的数据:99%的家庭拥有收音机,每户人家平均拥有 5.5 个收音机,80.7%的 12 岁以上的人每天收听广播,12 岁以上的人每天收听时间平均为 3 小时 12 分钟,1200 万人收听随身携带的收音机。在电视方面,98%的家庭拥有电视机,55%的家庭拥有 2 台以上电视台,95%的家庭收看 5 个或更多的频道,平均每户电视机家庭一天看 6 小时 55 分,成年人每天收看电视的平均时间是 3 小时 16 分。可见,广播电视受众不仅面广量大,而且收听收看的时间也较长。

作为广播电视台,要成功地经营,取得传播效果,获得利润,其节目不仅要吸收和稳住受众,使其欲罢不能,舍不得转换频道或关机,还要吸引和稳住广告客户。通常,大多数广告客户的主要广告对象是 18～49 岁之间的人,这些人不能太土、太穷、太保守。因此,广播电视节目的制作与传播应该针对并瞄准这些受众,只有这些受众欢迎并喜爱的节目,才能有效地吸引和稳住广告客户,为媒介带来效益。

(4)广告客户。经济史学家戴维·波特(David Potter,1969)认为:"论社会影响,广告可以同由来已久的机构(如学校和教堂)相

比。它统治了媒介,对大众标准的形式有巨大的影响,它是很有限的几个起社会控制作用的机构中货真价实的一个。"英国作家托马斯·麦考利也认为"广告对于商业如同蒸汽机对于工业,是唯一的推动力。除造币厂之外,没有人能够不靠广告赚钱。"同样,广播电视作为商业所具有的偿付能力在很大程度上也依赖广告,而广告业又深深地依赖大众媒介作为自己的传播工具。没有广告业,广播电视业是不可想像的。事实上,在当今世界,广告业已成为大众传媒赖以生存的经济支柱。据美国《广告时代》周报1991年的统计,在该年美国十大广告客户的总计广告费占了全美广告费的9%。这些公司分别是宝洁公司、通用汽车公司、百事可乐公司、强生公司、麦当劳公司、福特汽车公司和伊斯曼·柯达公司等。也在1991年,日本最大的广告主松下电器的广告支出为4.03亿美元,英国的万尼莱佛公司的广告支出为3.17亿美元,法国的雪铁龙公司的广告费为2.34亿美元。"你必须花钱去保住钱",这已是商品经济中的铁则。世界各国许许多多的大企业自踏入市场之日起,就一直没有停止过广告活动。而大众传媒其中自然包括广播电视台,为了保证广告来源,与对手竞争,也总是不断地讨好广告客户,给他们提供能说明该台优势或该台是有效的广告媒介的资料。可以说,广告业的发展对媒介的生存、对商业的扩张,甚至对社会进步和人类文明,都是至关重要的。

四、电台电视台的时间销售

如果说报社杂志社出售给广告客户的是空间(版面),那么电台电视台出售给广告客户的则是时间。前者以厘米计价,后者以秒收费。

电台电视台销售给广告客户的时间有长有短,短者2秒,长者2分钟,甚至有10分钟的广告短剧,而帝威斯电视购物广告其时间更长,但大多数为30秒和60秒的插在节目之间的简短广告。

在广告价格上,本地广告客户与外地广告客户、本国广告客户与外国广告客户、国内商标与国外商标执行的往往不是一个价目表,后者往往要高出前者 15％到 40％。其理由是:(1)外地广告客户常通过广告代理公司购买时间,而代理费就得付出 10％以上;(2)后者广告从洽谈到播出花费的时间和精力更多;(3)在本地做广告即意味着在本地赚钱和挤压本地广告客户。另外,广播台与电视台的广告价格也不一样,电视台的价格总是比广播台的高。

广告价格不仅内外有别、高低不同,而且在某个广播台或电视台每天的价格、每个时段的价格也不一样,这些都是由供求关系和受众的多寡决定的。周一到周五的广告价格与周六、星期日(双休日)的不一样;早中晚上下班的时间与工作时间广播台和电视台的收费标准不同;中央电视台最贵的时间段是早晚的“新闻联播”节目前后,最便宜的是人们的工作时间和睡觉时间。

广告时间的长短、条数和购买时间的方式也影响广告的价格。通常,购买的广告时间越长,其单位(秒)价格越低。比如购 30 秒的广告时间每条 6000 元,那么购买 15 秒的每条可能为 4200 元,前者每秒 200 元,后者每秒则为 280 元。购买的条数越多,其价格也越低。在同一个时段,广告客户购买了 366 条(全年),每条可能只有 3800 元,但若只购 90 条(一季),每条可能得付出 5000 元。如果广告时间是依价目表的预定价购买,当另一广告客户以高出预定价的新定价购买时,广播台或电视台就有权把这一广告时间转售给这一客户,而后退钱给原买主,迫使预定价服从新定价,除非你在事前已同该台签订了在规定时间内以预定价格播出的合同。但是,这一“规定时间”若是广告客户挑选、指定,那么广播台或电视台通常不会答应以预定价售出这一时间,而必须加价。也就是说,由广告主指定的最佳时间和媒介视播出情况而定的广告时间,前者的价格要比后者高出许多。有的单条广告又指定某个特定时间(如厂庆日、六一儿童节、带“8”字的某天),其收费应该更高。此外,

广告价格的高低还往往根据节目受欢迎的程度以及受众的多少来制定,特别受欢迎的节目,其间插入的和节目前后插播的广告,其价格也最高,效果也最好。

正是基于上述情况,广播台和电视台广告费一般只有参考价目表而没有固定价目表,在具体的洽谈中,也不乐意接受低于内定价的交易。但是,当整个市场呈疲软状态时,或本台生意不景气、收听率和收视率下降,或竞争对手也降低价格,也可以考虑适当降低售价。相反,若某些节目打响,受众量迅速上升,广告时间供不应求,竞争对手遇上倒霉的事,更换新设备扩大了覆盖面等,也可以考虑提高售价。总之,广告时间的销售和价格的确定要依据市场和媒介的行情而定,要有一定灵活性,以争取及时售出。因为,就像施天权等人(1991)所说的那样:"时间是不能保存的商品,一旦过去了,就无法出售给广告客户,就不再具有价值,这一事实使得销售部的工作难度加大,销售部必须想方设法,为电台电视台获得最大利润。"

表 15-3　浙江人民广播电台 1998 年广告价目表

时间	节目	时段	标价(元)	限长(秒)
5:30	开始曲、之江晨曲	D	200	30
6:00	浙广快讯	C+	400	20
6:30	转播中央台新闻	/	/	/
7:00	浙广早新闻	A	680	15
7:30		B	500	20
8:00	新闻	C	350	20
8:10	金融市场 周六日 假日麦克风	C	350	30
9:00	新闻	C	350	20
9:10	生活空间 周六日 假日麦克风	C	350	30
10:00	新闻	C	350	20

时间	节目	时段	标价（元）	限长（秒）
10:10	医药顾问	C+	350	30
11:00	新闻	C+	400	20
11:10	歌声与笑声 周六日 可听可乐	C+	400	30
11:30	农村大市场	B	500	30
12:00	浙广大视野	B	500	20
13:00	新闻	C	350	20
13:10	长篇连播	C	350	30
13:40	好歌天天听	C	350	30
14:00	新闻	C	350	20
14:10	戏迷乐园 周六日 15:00	D	200	30
14:40	理论园地	D	200	30
15:00	新闻	D	200	20
15:10	康乐园	D	200	30
16:00	新闻	D	200	20
16:10	就业服务网	D	200	30
17:00	新闻	D	200	20
17:10	社会广角	C	350	30
18:00	全省新闻联播	B	500	20
18:30	体坛经纬	C	350	30
19:00	新闻	C	350	20
19:10	保健热线	D	200	30
19:30	广播书场	D	200	30
20:00	全国新闻联播	/	/	/
20:30	环球音乐	D	200	30
21:00	新闻	D	200	20
21:10	空中夜门诊	C	350	30
22:00	新闻	D	200	20
22:10	精神家园	D	200	30
00:00	结束曲			

说明:

①整点报时 8 秒特约　　半点报时前后 10 秒　　半点报时 10 秒特约

全天 18 个整点报时 4.375 万元/月，　　全天 17 次(除早 7:30 外)2.5 万元/月，　　全天 17 次(除早 7:30 外)2.75 万元/月。

②整点报时后、整点新闻前 8 秒，　　整点新闻后 10 秒。

全天 16 次·(除早 7 点,晚 8 点,限 2 条)2.75 万元/月,全天 16 次(除早 7 点,晚 20:00 外)2.5 万元/月。

③整点新闻气象后，　　整点报时前 10 秒，　　C/D 类时段 15 秒。

全天 16 次(除早 7 点,晚 20:001 上,限 1 条)，　　全天 17 次(除早 7 点外,限 3 条)2.75 万元/月，　　每天播满 10 次 2.1 万元/月。10 秒广告 2.5 万元/月,15 秒广告 3.5 万元/月,20 秒广告 4.5 万元/月。

表 15-4　浙江电视台 1998 年广告价格表

时间＼长度＼价格	30″	20″	15″	10″	5″	时段
20:30	16888	12000	9000	7500	4000	电视剧后《黄金时间》新闻栏目之前
19:30	16000	11500	8500	6500	3800	《新闻联播》后 电视剧前
20:55	15000	11000	8000	6000	3500	新闻专栏《黄金时间》之后专题栏目之前
18:55	13000	10000	7000	5000	3000	《浙江卫视新闻》之后《新闻联播》之前
21:30	12000	9200	6500	4500	2600	专题栏目之后
18:20	9000	7500	6000	4000	2300	《浙江卫视新闻》之前
22:20	8000	6500	5000	3800	2000	电视剧之前
23:00	5000	3000	2700	2000	1200	电视剧中间
0:00	3000	2500	2000	1500	800	电视剧结束 午夜影院之前
轮播	12000	9200	6500	4500	2600	

说明:

①浙江电视台广告全部实行代理制,所有广告都必须通过广告公司。

②在我台播出广告必须符合《广告法》,并具备以下说明:

营业执照,生产许可证和商标注册证明。其中药品、化妆品、医疗器械等应按国家有关政策法令提供各种批准件,并在广告片上显示"宣字号"。广告播出后,凡发生与广告法相悖的法律责任,由广告提供者负责。

③国定节假日及其前后,广告费加收 50%(连续播出 20 天以上不加价)。指定位置加价 20%,电视剧前挂牌加收 10%。

④由于电视台临时节目变动或其他不可抗拒的原因,导致广告播出时间大幅度变动造成损失者,由我部负责给客户在原合同段同等补给。

⑤加急广告(五天内)按各类价格增收 25%,广告片的长度不符合规定的标准,按高一等级收费。

⑥外商广告享受与国内产品一样的收费服务。

⑦凡与我部已签订的播出合同,原则上不能更改或停播,否则按合同数扣除违约金。

⑧本广告部发出播出记录,即为播出证明,广告提供者应有监播系统,对广告播出情况如有异议必须在播出后七天内提出。

第二节　广播台:从衰落到复兴的经营对策

广播台在其不长的历史上,曾创下过辉煌业绩。它在不到 20 年的时间里,由一种试验性的小作坊一跃而成为万众瞩目的大众传媒,由"赔钱货"变成了"赚钱机器",这大大超越了它的发明者最大胆的梦想。它以其生动逼真的手段记录下人类的声音,并穿越时间的隧道,让子孙后代聆听祖先在二百年前的教诲;它以其生动活泼的特点进入娱乐天地,并不断推出自己的明星,让听众兴奋不已;它播放音乐,可以使乐队闻名;它抨击丑恶,可以使坏人臭名远扬。但是,随着电视的闪亮登台,广播的听众溜走了,广告价格下跌,利润下降,生存危机步步进逼。对此,德弗勒和丹尼斯(M. L. Defleur and Dennis,1981)写道:"对于电视的挑战,假如没有足智多谋的经营对策,广播也许已经完蛋了。"那么,广播业是如何由衰落走向复兴之路的呢?下面的分析也许可以作为回答。

一、广播东山再起的主要因素

虽然"广播是传播界的灰姑娘","它的黄金时代已成为历史",但它有自己的长处和贡献,它的卷土重来涉及媒介、受众、文化和经济等多种因素。

1. 媒介因素

当电视夺走了大部分人之后,广播仍以无处不有、无时不在、无远不及的优势发挥作用。不论你是生活在偏僻遥远的山村,居住在与世隔绝的海岛,还是身陷入人迹罕至的原始森林或广阔无垠的沙漠之中,你都能听到它。它与你如影相随,招之即来。

2. 受众因素

广播是一种个人的传播媒介。它可以让人戴上耳塞独自静静地收听,慢慢地咀嚼,自由地想像;它是"幻想者的乐园",精神世界的天使。就像美国作家弗朗克·布雷迪(Frank Brady)在《赶上去,电视——广播的飞跃发展》(1979)一文中所说的那样:广播是一种"迷人的媒介"和"一种离不开想像力的媒介"。"广播的根本魅力永远在于,为了欣赏它,人们不能仅限于听,而是要聚精会神地去倾听。这一精神兴奋过程,对许多人是具有吸引力的。多年来,他们一直把电视看作是消极、固定的精神食粮,如今希望寻求一种自己能更多参与的娱乐活动。"

3. 收听因素

广播还是一个"从不妨碍我们的朋友"。收音机便于携带,听众可以一边做事一边收听,所以它成为海滩、汽车、自行车、厨房和后院的媒介。据调查,当今96%的汽车上使用收音机,97%的公共汽车上装有收音机,75％的乘客在车里听广播,86％的出租车司机开车时听广播,62％的大学生拥有随身听,许多人在骑车上下班、做家务、早晨锻炼身体时听广播。甚至有许多专家、学者、青年学生将广播当作"背景媒介",边读书边收听,边做作业边收听。广播中的电话点歌、电话交谈、交友热线、钱江夜话等双向交流形式也拉近了与听众的距离。正是电视那种坐着不动的架势和必须用专门时间陪着它的那个坏脾气,把日益忙碌的受众推回给了广播。换句话说,广播可以在充分考虑听众的接收方便和对抗电视的反作用中得到好处、获得繁荣。

4. 经济因素

弗朗克·布雷迪(1979)指出:广告客户的小算盘在某种意义上也帮助了广播。因为"做广告的人发现,在电视上做广告化钱多;对比之下,通过广播做广告可以少花钱,听众还多。"报纸、电视由于纸张和设备涨价导致广告费居高不下,而广播电台的设备少、人员少、投资少、成本低,因此广告费可以保持在很低的价位上,这对广告主很有吸引力。从收入看,尽管广播的广告收入只有电视的1/5,不到报纸的1/4,但它却可以稳定的赚钱,其效益常比杂志好得多。

二、提高广播节目质量的四个途径

节目是广播的灵魂,没有节目即没有听众、没有广播、没有广告。广播节目有四大要素:信息、语言、音乐和音响。要提高广播节目质量,增强广播的竞争力,其途径也可以从这四大要素入手作出分析和认定。

1. 信息

广播的信息传播应以快、新、短、多取胜。这既是广播的自身优势,也是挑战电视的法宝。在许多情况下,受众都是先从广播里获得最新消息的概要,接着再通过电视获得具体形象、情景,并通过报纸得知详情、背景及价值判断等。以最快的速度提供最新的信息,这是广播的生命线。因此,广播业就必须首先确立时效观念和拼抢意识,致力于工作效率的提高,一切都要快采、快写、快编、快播,或者干脆采用现场直播和以移动通讯工具(大哥大)传播新闻。几乎所有的广播电台都把新闻的时效性放在首位,都力争新闻报道与事件发生同步,并且不断更新内容,告诉听众事件发展的最新动态。新闻大多为直接播出,播出时还随时插入刚刚收到的重要新闻。同时电脑昼夜不停地接收和处理世界各国主要通讯社的电讯和记者采写的新闻,并摘抄各种报纸上的重要新闻,信息搜集面很广,真正做到国内外大事都可最先从广播中听到。除了"快"和"新"之外,当今新闻还以"短"和"多"见长。对于每条新闻,他们都尽量缩短其长度,从而在规定的节目时间内能播出更多的新闻(30秒到1分钟1条新闻,通讯播出不超过4分钟),以增加信息量,满足听众对新闻永无止境的渴求。例如中央人民广播电台早晨30分钟的《新闻和报纸摘要》节目,一般都要播出30多条新闻,这正是该节目多年来一直保持最高收听率的原因所在。

2. 语言

广播语言一定要规范、动听、易懂。报刊是看的媒介,广播是听的媒介,电视是既看且听的媒介。作为听的媒介,广播的语言必须符合规范:一要符合语言规范(讲标准普通话),二要符合逻辑规范,三要符合语法规范,四要符合修辞规范,五要符合情境规范。只有符合规范,才能传而能通,通而有效。因为,上述五种规范不是私人的,而是播音者与听众双方所共有的。谁不严肃认真地对待它,谁就是传播活动的破坏者,听众就会离他而去。播音不同于朗读和说话,朗读是书面化的,显得"雅";说话是生活化的,有点"俗";播音语言应是介于书面语言与口头语言、雅与俗之间的一种既动听又易懂的语言。现在,有的广播台的主持人语言表现出轻、柔、甜、绵、软的特点,对听众极具吸引力和诱惑力,大概也是在追求一种动听的效果。以广播台的"台主"、"台柱子"著称的一些"铁嘴",则以语言善辩赢得某种动听的效果。

一般来说,广播语言在新闻传播中要做到动听、易懂,应从以下几个方面去努力(邵培仁、叶亚东,1995):(1)在语言韵律上,要做到字正腔圆,铿锵响亮,抑扬顿挫,节奏协调,念起来朗朗上口,自然流畅,听起来和谐悦耳,动人心弦。(2)在构词用语上,要用一般听众熟知的口语词汇,避免使用冷僻的词语、典故;要用符合规范的普通语,避免采用方言、土语;要用社会通用的名词概念,少用或不用专业性太强的术语、行话;要用大多数人都明白的称谓,避免滥用令人难解的简称、略语;要多用能表现具体动作的动词,少用或不用冗长、复杂的修辞语、附加语。(3)在句式句法上,要多用干净利落的短句,少用或不用拖泥带水的长句;要多用一目了然的简单句,少用或不用句子叠句子的复合句;要多用主动句式,少用或不用被动句、倒装句。(4)在行文表达上,要多叙事实,少发议论;要多描写具体形象,少作抽象概括的介绍;要采用质朴、明了的口头描述,避免使用文绉绉的书面描绘;要坚持客观、公正、全面的表述,避免主观武断的批判、定性。

此外,对广播稿中的人名、地名或关键性词语,要适当重复,少用代词,以方便收听;对文中的顿号、省略号、双引号等标点符号,要改用语言叙述方式加以区别,对新闻中的数字的运用,要注意简明、适量,尽量以通俗、形象、可比的方法来表述。在报道事件时,可带上"现在进行式"的色彩,即使是旧稿也可通过改写、"转换新闻点"的方式增加新鲜感,使听众觉得广播在时效性上总是更胜一筹。还可以使用日常朋友间会话时的言辞与语调,营造一种亲切交谈的气氛,如对听众应抛弃"大家"、"诸位"、"听众同志"的称呼,冠以"您"、"朋友们"、"听众朋友"的称呼。语言是桥也是墙。广播业者的一个重要任务就是拆墙搭桥,与听众约会在语言之桥。

3. 音乐

音乐是广播节目的主要组成部分。没有音乐,广播就缺乏生机与活力,有点死气沉沉。所以,不论在东方国家还是在西方国家,音乐节目都在广播中占有突出的地位。例如,德国的广播中60%的播音时间都是由各种风格的音乐组成,在日本的广播节目中有40%～50%是音乐节目。音乐是一种情感艺术,它虽然不具有语言描述的具体性和视觉形象的直观性,但它最富有感染力和吸引力,具有沁人心脾、撼人心魄的艺术魅力和潜移默化、寓教于乐的教化功能。在音乐的选择和播放中,广播电台也要采用"彩虹策略",即不要总是重放某一种类的音乐,即使它在当前十分流行,而应选择多种音乐将其安排在不同时段中播放,因为不同的音乐有不同的爱好者。当前最流行的通俗歌曲,其主要听众多是18～24岁之间的年轻人,12～34岁之间的听众也常听得如痴如醉。古典音乐,其中包括老唱片以及转播交响乐团、歌剧团的实况演出,其听众的受教育程度一般较高,社会经济条件较好,年龄也偏大。怀旧音乐,其中包括40～50年代的革命歌曲、60年代的颂歌,可以让人回想起那已经逝去的年代和充满激情的日子。这些歌曲可以吸引50岁以上的听众,使他们产生共鸣、精神得到按摩。戏曲、民歌、民族音乐和乡村音乐在中老年人和农村听众中颇受欢迎,年龄一般在30～65岁之间,受教育程度一般不高,社会经济地位也较低,购物不怎么受广告影响,因此不少广播电台往往不重视这类音乐的播放。80年代以来,在世界范围内最为盛行的"当代成人(Adult Comtemporary;A/C)节目",以播放当代各国流行音乐和歌曲为主,内容偏重抒情,主持人的语言柔和甜美,极具吸引力和诱惑力。每首歌曲播放前后,主持人简短播报歌曲名称和演唱者名字,介绍歌曲内容及流行情况,说话夹带外语,不时提及此节目的赞助商及其产品(如雀巢咖啡等),并播放预先录制好的10秒钟产品广告。由于这一节目的听众主要是22～48岁的人,这些人文化程度高,收入可观,有自主支配报酬的权利,故颇受广告客户的青睐,常不惜血本、花巨资买下这一节目时间。

4. 音响

音响是指除了语言、音乐之外的来自于自然环境和社会环境的种种声音。它是一种客观存在，是广播节目的有机组成部分。从早晨的鸡鸣到傍晚的钟声，从大海的涛声到天上的雷声，……音响向人们表明时间的推移、环境的变化、气候的好坏。法国电影理论家马塞尔·马尔丹(1977)认为，音响是一种用途广泛的描述手段，它可以使叙述的事件具有真实感，使观众的感知具有多面性和可信性，同时还可以对许多片断事件起一种串连、整合的作用。他认为音响有两类：一是自然声响，风声、雷声、雨声、波涛声、流水声、动物叫声、鸟叫声等，都是我们可以在自然界听到的各种音响现象；二是人工声响，洗衣声、烧柴声、锅碗声、上楼声等是人的动作引起的声响；火车声、汽车声、飞机声、喇叭声、枪声等都是机器发出的声响。这些都可以赋予广播以"音乐的美感"。在广播中，音响属于时间概念，它可以有效地表明时间的推移，也可以逼真地反映空间的变化，指示声音在空间的距离、方位、移动。因此，广播节目中应十分重视音响的运用。运用音响首先要符合现实，要真实可信。你不可以用卡车声去冒充轿车声，也不可以用市民的脚步声顶替军人的脚步声，虚假的音响一旦被听众听出，整个节目的真实性就会大打折扣。但是，真实并不意味着要录下事件发生中的全部音响，而是有选择地录下有代表性的有特点的音响，而后穿插在节目当中，表达语言所难以陈述的内容，使人如闻其声、如临其境。

总之，要提高广播节目的质量和档次，就要从信息、语言、音乐和音响四个途径入手，并努力使这四者有机组合、相互协调，让节目以一种整体的形象发挥传播功能。

三、节目管理与经营趋势

1. 节目管理

广播节目的管理者(不论是节目部主任、新闻部主任,还是主持人、播报员)必须既懂传播学知识又懂管理学知识,既有专门的专业知识又有广博的文化知识,既有职业敏感(如新闻敏感、政治敏感等)又有市场敏感,亦即必须具有较高的综合素质,而不应该仅仅是能说一口普通话,脸蛋漂亮。

广播节目的管理与编排还必须遵循一定的原则,而不应该主观臆断和随意安排。这些原则主要有:(1)依据党的宣传中心任务;(2)依据电台电波的覆盖范围;(3)依据听众的分布和组成情况;(4)依据听众的作息规律和收听心理、收听习惯、收听时间情况;(5)依据节目内容的不同领域特点和重要性、新鲜性、接近性等价值要素;(6)专业台依据本台的专业特点,力争办出专业特色(参见浙江文艺台和经济台的节目表,表15-5,表15-6)。

表 15-5　浙江文艺广播电台 1998 年节目表

周一～周五	
6:00	晨间节目 600 秒述评、新闻、社会档案、晨间财经报道
8:00	我想有个家
8:30	医药专题
9:00	天天随身听
10:00	汽车与人
10:30	市民热线
11:00	缤纷调频
11:45	600 秒述评
12:00	老唱机
13:00	相声精选
13:30	长篇连播
14:00	平安节拍
15:00	相聚在文广
16:00	音乐频道

周一～周五

17:00	晚报集萃
17:30	社会档案
18:00	文广新闻网 晚餐音乐 600秒述评
19:00	爱心点歌台
20:00	太和圣健康快车
21:00	音乐频道
22:00	伊甸园
23:00	凡人咖啡馆
0:00	江南夜曲
7:00	10:00 12:00 16:00 18:00《文广记者穿梭》
7:00-18:00	整点《文广新闻网》

周六～周日

6:00	晨间节目 假日航班
8:00	我想有个家(六) 医药专题(六)
	硒力专题(日) 医药专题(日)
9:00	教子有方
10:00	漫游世界(六)
	唱片销量榜(日) 原创音乐榜(日)
11:00	相声、名家专访(六) 文广先锋榜
12:00	雀巢咖啡音乐时间
13:00	活力亚洲(六) 强生健康一刻(六)
	活力亚洲、相声(日)
14:00	感恩时刻
15:00	相聚在文广
16:00	走近欧洲
17:00	老唱机
18:00	文广新闻网 晚餐音乐 600秒述评(六)
	中国特快(日)

周六～周日	
19:00	爱心点歌台
20:00	太和圣健康快车
21:00	硒力专题(六)
	顺达音响天地(日)
22:00	安舒专题(六)
	硒力专题(日)
23:00	夜深人静读书时
0:00	江南夜曲
10:00	11:00 14:00 16:00《文广记者穿校》
7:00-18:00	整点《文广新闻网》

电波覆盖范围与听众复杂性是正比例的关系,即范围越大其成分就越复杂,在管理上的难度也越大,而经济效益有时却与此关系不大,如城市广播台与省广播台在广告收入上不相上下即说明了这一问题。

早晨 6:30～7:30 的时间,是听众起床后上班前的在家时间,晚上 6:30～7:30 的时间,是听众下班后干其他事的空挡时间,一般都被用来安排新闻节目。下午 4:30～6:30 的时间,是儿童和中小学生放学后的空闲时间,是安排少年儿童节目的最佳时段。凡是不依据听众的作息规律和听众组成等情况管理节目的电台,其社会效益和经济效益都很难有出色表现。

对于节目还可以依据其内容分为不同部门、小组或专题和级次。比如除了新闻节目和音乐节目两大台柱节目之外,还可以在节目部下设经济节目、服务节目、教育节目和民族节目等。对于新闻节目,可以分为不同的采访小组(如政法、工商、文卫等新闻采访小组)。对于音乐节目,可以采用音乐分级制度,即将中西歌曲和乐曲分为四个以上的级次:如排行榜歌曲,流行歌曲,过去三年内的畅

销歌曲,过去 3～10 年内的上榜歌曲,过去 10 年以上的著名歌曲,
等等。采用分级管理办法,有利于在不同时段针对不同听众安排播
放不同的歌曲,也有利于迅速辨认、提高工作效率和控制歌曲的重
复性。重复播放既不可避免,也是必不可少的。新闻的重复播放不
能太高,而应该不断更新。但音乐的重复播放可适当高些,比如排
行榜歌曲可 4 小时重播一次,流行歌曲可 10 小时播放一次。这样
做可以保持听众对音乐节目的新鲜感,提高听众对频道的忠诚度
和吸引力。

表 15-6　浙江经济广播电台 1998 年节目表

周一～周五		周六～日	
6:00	新闻 5′ 江南你早	6:00	新闻 5′ 江南你早
	生活题版 金融角		生活题板 金融角
	今日报道 经广杂谈		今日报道
7:00	浙江第一线	7:00	浙江第一线
	经广杂谈 商情气象		时事直通车(一周回顾)
			缤纷天地 假日特快
8:00	新闻 5′ 城市早点	8:00	新闻 5′ 流行风暴(精华版)
9:00	新闻 5′	9:00	新闻 5′ 音乐每天(重播)
	证券报刊早读 10′	10:00	新闻 5′ 金点子易拉罐
	音乐每天(重播)	10:30	无线监督哨
10:00	新闻 5′ 商海金桥	11:00	新闻 5′ 赛场内外
10:30	无线监督哨	11:30	强档主打星
11:00	新闻 5′ 赛场内外	12:00	新闻 10′
11:30	对对碰		一马当先
12:00	新闻 10′		娱乐周刊
	阿金系列	13:00	新闻 5′ 飞越天堂
13:00	新闻 5′ 飞越天堂	14:00	新闻 5′ 天天新节拍
14:00	新闻 5′ 天天新节拍		时尚对话
	时尚对话		潮流触觉
	潮流触觉		经广卫星排行榜
	老项茶庄(重播)	15:00	新闻 5′ 流行风暴
15:00	新闻 5′ 流行风暴	16:00	音像星光
16:00	新闻 5′ 社会大参考	16:30	声像天地

周一～周五		周六～日	
16:30	保健天使	17:00	新闻 5′ 股市沙龙
17:00	新闻 5′ 股市黄金档		非常流行
18:00	新闻 5′ 新闻 1998	18:00	新闻 5′ 都市闲话
18:30	老项茶庄(都市生活剧)	18:30	老项茶庄
19:00	新闻 5′ 大手拉小手	19:00	新闻 5′ 大手拉小手
20:00	新闻 5′ 幸福的黄手帕	20:00	新闻 5′ 幸福的黄手帕
21:00	新闻 5′ 电脑玩家	21:00	新闻 5′ 电脑玩家
21:30	时尚对话	21:30	时尚对话
22:00	新闻 10′ 音乐每天	22:00	新闻 10′ 音乐每天
23:00	新闻 5′ 激情午夜	23:00	新闻 5′ 激情午夜
0:00	收台	0:00	收台

2. 经营趋势

(1)广播电台在经营管理上将由"生产导向"向"市场导向"转变和发展。以往中国广播电视业的经营管理是计划性和指令性的，上级叫干什么就干什么，以"生产"为中心，"生产"什么就播放什么，不管该产品的特色与消费，不管听众是欢迎还是拒绝。反正媒介设备的添置与维护、员工的报酬与福利，全由国家包了。因此，他们认为，只要把节目播放了，任务也就完成了。如今，实行市场经济，市场竞争异常残酷，财政拨款也逐年减少，经营不善，收入下降，媒介生存即面临危机。这就迫使广播电台从听众的消费者需求出发，按照目标听众的需要和欲望，比竞争者更有成效地去组织节目的制作和销售，力争长久占领市场阵地。"听众至上"、"听众万岁"、"哪里有听众的需要，哪里就有我们的机会"，这些将是日后"市场导向"下的流行口号。

(2)广播电台由"全国媒介"向"地方媒介"的转变与发展。以往人们总以为广播电台的功率越大越好，覆盖的范围越广越好。随着电视媒介的迅速崛起,许多非常吸引人的广播节目(如广播剧、相声和其他娱乐节目)被电视抢走了,于是远距离的听众首先"叛逃",近距离听众的立场也开始动摇。在这种情况下,若不竭尽全力稳住当地听众,广播台就只有倒闭了。稳住当地听众的办法就是:减少全国性节目,增加地方性节目,随时插播地方现场新闻,向当地听众提供咨询或信息服务,为当地听众的各种大小事务出谋划策,不断播出新面世的唱片音乐和各种流行歌曲,介绍当地歌手和各种娱乐场所。总之,广播业是以一种与听众十分亲近的方式,以一种为特定地域服务的地方媒介的特色,才得以幸存和延续下来的。今后,广播台要生存和发展,还必须以"地方媒介"自居,切切实实地为当地听众服务。

(3)广播电台由"广"播向"窄"播的转变与发展。《未来的震荡》和《第三次浪潮》的作者托夫勒在其著作(1980)中写道:未来将出现一种新的消费者,一种新的市场,同时也将出现一种新型的、可以把两者联系起来的大众媒介,这种媒介将使大众传播的服务分散化、地区化和人格化,亦即非"广"播的"窄"播化,非大众的"小众化"。日本学者竹内启在《信息化带来的产业、经济的变革》(1992)一文中将信息技术的"小众化"看成为信息内容的"多样化",认为多样化的信息是服务于"小众化"的受者。他说:就像人和服装,为了适应个人体形、爱好而搞的手工"定做"服装,就是个人化的。这种多样化的特点反映在信息传播与交流上,正说明了不同的个人有不同的需要,而不同需要又由不同的媒介和信息内容来满足,从而使小众化媒介和窄播成为必须。当今,各种新闻台、文艺台、交通台、经济台、教育台等"专业电台"或"类型电台"的迅速兴起,在不同时间段播出固定节目和吸引固定听众的"时钟型节目"的纷纷出台,都说明了"广"播向"窄"播的转变与发展趋势。

第三节　电视台:居安思危的经营筹划

论及电视的传播范围和社会影响,保罗·法斯(Paula Fass,1976)不无偏激和夸张地写道:"电视定时地出现在我们多数人面前,就像晚宴上的不速之客,像睡魔;它常常是导师,而对许多人来说,又是天天相处的伙伴。它是一种习惯,一剂镇静药,当它让我们熟悉美国社会的事实和幻想时,又是一位社会调解者。"把电视看作是不受欢迎的害人精,估计98%以上的观众不会赞同,但若说它"是天天相处的伙伴",则是不可否认的事实。作为电视台的领导者和管理者,一个最基本管理准则就是:让电视成为人类的"伙伴",而不是"睡魔"。

一、电视节目与制片人

对受众产生影响的,其实不是电视——传播媒介,而是节目——传播内容。因此,最需要加强管理的是电视所传播的内容——节目。

从传播效果来看,同一个电视节目放在不同的时段播放,其传播效果是不同的。因为,在不同时段,观众的量和质往往有较大的区别,于是节目安排和广告价格亦随之变动。黄金时间(通常为晚上 7 时到 10 时)的观众最多(广州有 51.8%的观众,北京有 66.4%,上海有 60.2%,深圳有 44.9%),广告价格最高,适宜安排新闻和较好的娱乐节目。白天时间(通常为早晨 6 时 30 分到晚上 6 时 30 分)的观众较多,广告价格较高,适宜安排新闻和一般节目。期间,可视为白银时间的是 6 时 30 分到 9 时。在这时看电视的北京人为 17.9%,上海人 19.8%,广州人为 23.6%,深圳人为 35%(柯惠新,1996)。有限观众时间(通常为晚上 10 时 30 分到早晨 6 时)的节目传播效果最差,尤其是深夜的节目,看的人更少,这时的广告收费也很低。

为了安排好电视节目,电视台管理者一定要亲自调查或委托媒介研究机构调查清楚受众在不同时段的收看情况,其中特别要搞清的问题有:谁在早晨醒来打开电视机?谁在 8 点钟以后还呆在家里?谁在中午下班之后和下午上班之前这一时间看电视?白天上班时间的观众是些什么人?谁可能深夜看电视?他们与其他人有何不同?这些人对哪些节目有兴趣?他们的兴趣和爱好有无特别之处?在某段时间里,观众最想看的电视节目是什么?观众对双休日的节目有何期望?然后,根据调查结果,再有目的、有针对性的安排电视节目,即可获得较好的社会效益和经济效益。

电视节目种类繁多,依据不同的标准可以分为不同类别,比如依据年龄分类,有儿童节目、少年节目、青年节目、老人节目等;依据内容划分,有新闻节目、经济节目、教育节目、服务节目、音乐节目、戏剧节目等。不论电视节目的类别如何区分,在今天的电视节目中,娱乐类节目总是占有绝对的比重,有的电视台可能有 3/4 是娱乐类节目,其余节目只占 1/4。

通常,娱乐类节目的制作要难一些,过程要复杂一些,因而往往需要有专门的制片人来主持这一工作,以确保电视节目的质量。

所谓制片人,可能是指一个人,也可能是指一家制作公司或一个工作小组(室)。这里主要是指一个节目或电视系列片在制作上的负责人。这个人不论他是电视台的员工还是临时聘请来的台外人员,他都全面负责从预算到聘用人员和安排拍摄现场的设施等一切事务,并保证在规定时间内将电视台所交代的节目完完整整地制作出来。蔡念中(1996)根据制片人与电视台、传播公司的关系,将其分为三种:(1)专职制片人。他属于电视台节目制播系统的工作人员,其编制、人事档案、组织关系、工资福利都在该台,并专司节目制作。(2)特约制片人。该人不属于电视台编制内的职员,他是电视台根据节目情况从外单位临时聘请来的制片人,某一节目或某系列节目完成后即终止聘用合同。(3)基本制片人。这是指被电视台长期聘用但编制又不在该台的制片人。

制片人必须具有很高的综合素质。他不仅要有较高的电视节目制作编辑能力,还要有市场意识、受众观念、行政领导能力和人际关系协调能力。他要能当好班长,尤其要与编剧、导演、主持人搞好关系。没有好剧本,制片人的创意就会落空;但有了好剧本,没有好导演、好演员和优秀主持人,也难拍出好节目。所以,精明的电视台领导人,总是对手下优秀的制片人、编剧、导演、主持人给予特别关照,捧为台宝,惟恐失去。

二、电视节目的制作与播出管理

与其他工作不同,电视节目的制作与播出是一项依靠包括制片人、编剧、导演、主持人等在内的各种优秀人才共同协作完成的综合艺术。为了从纷纭复杂的现象中理出头绪、探寻规律,我们依据节目制作、播出的整个流程,将其分为五个阶段加以分析。

1. 前期计划阶段

在这一阶段,制片人是最关键、最繁忙的人。他要将自己的创意向自己看中的编剧解释,有些编剧也会向制片人"推销"好主意;制编双方交换意见后,由编剧写成剧本或节目文字稿;接着再由制片人召集已挑选好的导演、主持人或演员讨论文稿,向编剧提出建议或意见;最后编剧修改定型。

与此同时,制片人还要写出节目摄制意向书和节目经费预算计划。意向书的内容应包括陈述节目的基本设想、意义和评价,观众的要求和所选择的摄制方式,以及播出的有利因素和可能产生的良好效果。预算计划,一要考虑摄制这一节目估计要花多少钱,二要考虑摄制这一节目能够得到多少经费。制作节目的经费可以分成三类:(1)节目创作人员(导演、编剧、演员等)费;(2)一般摄制人员(摄像师、灯光师、音响师、美工师等)费;(3)设备、场地、交通、住宿、物耗等费用;(4)备用费(没有预料到的支出,通常在上述预算总额上加 10%～15%)。如果意向书和预算计划得到批准,或者制片人自己筹集到了经费,接下来就可以进入第二阶段。

2. 排演和布置阶段

制片人开始分工,并对各方面工作予以总调度、总协调。导演负责对剧本或文稿加以进一步修改、润色,而后改写成分镜头剧本,使每一个动作、场景、人物能够得到形象化呈现。同时,导演要求每位演员熟悉剧本内容、熟记自己的台词,并进行拍摄前的排演和准备工作。音响师负责按设计布置音响的采集、录制;场景设计师监督场景布置的建造;灯光师负责按灯光设计布置灯光;摄像师调试机器;制片人则以苛刻的眼光来审视他们的排演,并随时提出建议,但要注意方法,因为,这时的核心人物是导演。

3. 摄制阶段

电视节目摄制犹如打仗,既紧张热烈,又严肃认真,不允许马马虎虎、随随便便。这个阶段,摄像师、灯光师、音响师、美工师、服装师、舞台和场景设计等一般摄制人员的工作都服务于演员和主持人的表演,并要求听从导演指挥,互相配合。制片人在监视器上观看节目摄制时,还应注意控制节目摄制的时间,因为导演和演员常常会对某个问题过分专注而大大超出节目所规定的时间长度,这就要求制片人注意提醒他们保证在规定时间内完成。特别是现场直播的娱乐节目,合理地控制时间更是必不可少的。当然,大多数娱乐节目要至少在正式播出前一周完成,但各个镜头乃至整个节目的时间仍要予以合理控制。

4. 后期编辑阶段

这一阶段是对几台摄像机拍摄的胶片或磁带进行一些适当的组接、拼合、调整和修改,以便从拍摄的内容中获得最佳的制作和播出效果。同时,除了在摄制时的道具广告、布景广告之外,编辑时往往还要插入商业广告和打出赞助、协助拍摄的单位名字。尽管有些广告的内容和风格与该节目有点格格不入，但这是没有办法的事，因为没有广告，哪来节目？不过，为了避免引起观众的不满或换台，电视台总是尽量减少插播广告的次数，而增加每次播放广告的条数。当然，这又会引起广告客户的抱怨，认为它的广告被淹埋在一连串的广告之中，效果有限。

5. 播出与销售阶段

任何电视节目的制作，都是为了播出和销售。任何电视节目的成功，在某种程度上又都取决于选择适宜的播出时间和销售渠道。把儿童娱乐节目放在晚上10点钟以后播出，不会有什么好效果，因为这时孩子们都已经上床睡觉。有些节目没到特定的季节或过了特定的季节也不适宜播出，播出了效果也不佳。电视节目的销售除了要选择适宜的渠道组合之外，也要注意时间因素。只有在适宜的时间（季节和时段），才能卖到好价钱，收到好效果。

三、电视节目的编排及策略

我们在本章已介绍过节目的管理和编排所应遵循的六个原则。除此之外，电视节目的编排，其关键是时段的选择和策略的运用。

1. 时段选择的要领

（1）时段的选择要依循受众的"收视流向"。收视流向犹如股市，是有涨有落、不断变化的。收视率和收视流向的数据可向央视·索福瑞媒介研究有限公司购买，也可以直接委托当地收视率调查公司调查。当受众持续收视该台节目时，人们称之为"顺流"；反之，当受众离开该台转向他台的时候，则称之为"溢流"。但是，当受众从他台转向本台时，又称之为"入流"。高明的媒介管理者总是想方设法以优良的节目、较低的价格、良好的公关和各种渠道努力争取"入流"，尽力保持"顺流"，竭力避免"溢流"。通常，"顺流"之后的

"人流"是媒介经营管理的最佳表现,其时段销价也最高;"溢流"之后的"人流",也是有竞争力有希望的表现,好好经营,效益也应不俗;但是,若"顺流"之后出现"溢流",或一再出现"溢流",这就应该迅速查找原因,制订对策,采取措施。

(2)要清楚每个时段的受众是些什么人?有多少?这些受众可以分别"卖"给谁?例如,"夕阳红"节目和时段与"七巧板"节目和时段的受众是不同的,前者可以卖给生产、销售保健养生用品的广告主,后者则可以卖给生产、销售儿童食品、玩具的广告主。当然,也不是受众越多,价钱越高。如果某个节目和时段的受众是广告主所期望的那种理想受众,那么人数越多价钱越高。但是,如果该节目或时段的受众是广告主所不需要的,那么它的受众再多也难卖到好价钱。

(3)时段的选择还须具有一点"天生的直觉"。"天生的直觉虽然没有科学依据,但那是一种经验的累积与判断,有时也相当具有准确度。"(蔡念中,1996)例如,中央电视台新闻评论部在上午7:00"新闻联播"之后选择安排的"东方时空"(含东方之子、生活空间、焦点访谈)节目,就是一种未经充分市场调查、近乎"天生的直觉"的判断与选择,但事实证明,受众和广告主是十分喜欢这档节目和时段的。

(4)最佳时段应有最佳剧目相配合。电视台要得到好片,就要不惜"巨资"制片或以高价"收购"。面对日益激烈的荧屏竞争,浙江电视台除了科学地选择时段、安排节目、投资制作富有特色的节目之外,就是作出不惜"高价"收购优秀电视剧的举措,力求在竞争中站稳脚跟。该台在1997年底为此专门成立了节目购销指导小组,以制订购片计划,把握片子导向,决定购片价格。以每集1.2万元高价购入的24集电视剧《梦幻天使》,取得了理想的收视率,并在北京地区获得收视调查排行榜第一名;随后高价购进的电视剧《婆婆媳妇和小姑》在播出时尽管受到了电视剧《水浒传》的冲击,其收视率仍位居第二。最近高价购进并安排黄金档时间播出的片子有：20 集电视剧《刑警八〇三》、30 集电视剧《千秋家国梦》以及《新七十二家房客》、《新乱世佳人》、《闯上海》等连续剧。

2. 时段与节目编排的策略

节目的选择与编排除了要有收视率、开机率、人口统计和市场调查等资源作为依据之外，还应灵活运用各种编排策略：

（1）反向策略。即在同一时段中安排与竞争对手完全不同的节目类型和特色节目，以示区别。

（2）提前策略。即在某个强大竞争对手已在某一时段安排了与本台相同的节目时，将自己节目的播出时间提前一点，以吸引受众，保持收视流向。比如，中央电视台的"新闻联播"节目安排在晚上 7:00 播出，各省电视台则多将本台的这档节目提前 30 分钟播出，从而造成双赢。

（3）针锋相对策略。自己认为可以与竞争对手一拼高下，于是在同一时段安排与对手相同的节目，以争夺同类受众和同类广告主。

（4）带状（Striping）策略。即将同一节目在周一至周五的时间内作带状性的播出。

（5）西洋棋策略。在一周中，每天的节目在每个时段都不同。

（6）区间策略。就是将性质相同的节目安排在一个区间时段，以养成受众的阅听习惯。中央电视台在上午 7:00～8:00 的区间时段安排的四个节目就都是新闻性节目。

（7）特别策略。即在正常的节目中，安排高知名度或特别节目来吸引受众。

（8）吊床策略。即在两个强势节目中，安排一个较弱的节目，使整段区间节目有张有弛、有起有伏。这类策略还有多角策略、迎合策略、聚焦策略、发散策略，等等。但是，不论选择和使用哪一种策略，都应该把党的利益、国家利益和人民的利益放在首位，不 忘媒

表 15-7 浙江电视台每日节目串联单

1998 年 3 月 22 日　　　星期日

1	* 06:00	节目预告	40		16:55	MTV
2	06:05	《健美操》第九讲	41		17:00	浙江少儿电视
3	06:34	英语视听教程《新起点》	42		18:00	节目预告
4	06:59	递减式预告(1)	43		18:05	节目预告
5	07:00	时事圈点(节目预告)	44		18:20	栏目宣传
6	07:55	广告(挂牌赠送)＋MTV	45		18:25	广告
7	08:00	每周关注	46	*	18:30	浙江卫视新闻　气象
8	08:08	双休剧场:天山行　(上)	47		18:55	广告
9	08:53	广告(1)	48	*	19:00	中央台新闻联播
10	08:56	双休剧场:天山行　(下)	49		19:30	广告
11	09:52	商务专递	50		19:31	今晚影视
12	09:58	广告(2)	51		19:33	广告
13	10:01	目击	52		19:39	递减式预告　(2)
14	10:08	广告　(3)＋MTV	53		19:39	《电视剧场》片头
15	10:13	时事圈点	54		19:41	电视剧《刑警八〇三》(6)
16	11:08	广告(4)	55		20:27	广告
17	11:11	商海风云	56		30:33	递减式预告　(3)
18	11:21	MTV＋片头＋拳击广告	57		30:34	山河篇
19	* 11:30	世界拳王争霸赛	58	*	20:35	黄金时间
20	12:35	人生 AB 剧	59		20:55	广告
21	13:25	广告(5)＋MTV	60		21:00	收视间歌
22	13:30	每周关注	61		21:05	[生活]
23	13:38	广告(6)	62		21:35	广告
24	13:41	女性世界	63		21:40	中国东部经济
25	13:51	目击	64		21:50	浙江卫视体育《新闻视线》
26	13:58	江南好	65		22:00	递减式预告(4)
27	14:21	广告(7)	66		22:00	今日新闻要览
28	14:24	艺苑投票站	67		22:20	广告
29	14:45	周末集萃	68		22:25	递减式预告(5)
30	15:15	广告　(8)	69		22:26	电视剧《晰蜴岛的阴谋》(47)
31	15:18	人生 AB 剧	70		23:09	广告欣赏
32	16:08	商务专递＋MTV	71		23:14	电视剧《晰蜴岛的阴谋》(48)
33	16:17	目击	72		23:54	递减式预告(6)
34	16:24	广告　(9)	73		23:54	英语新闻
35	16:27	福利彩票	74		00:04	直效每天
36	16:31	每周关注	75		00:34	结绳篇
37	16:39	广告(挂牌赠送)	76		00:35	午夜影院世界电影展播《卡车司机之歌》
38	16:42	名医门诊周末特辑	77		02:05	
39	16:52	广告(10)	78		02:21	结束语

介宗旨和传者责任,而不可不顾一切地一味地迎合市场消极需求,尤其不应迎合某些庸俗受众的低级趣味。

第四节　电影:是艺术亦是工业

琼·迪戴恩(Joan Didion)在《好莱坞:开玩笑》(1973)一文中认为,电影与其说是一种艺术形式,还不如说是一种工业。人们不应拒绝承认电影的经济现实。尽管我们还没有精确的等式可以用来说明电影的工业成分多还是艺术形式的成分多,但是可以肯定的是,电影是两者兼而有之。

作为艺术,电影包括艺术形式的全部范畴。"它像戏剧和舞蹈,是表演艺术;它像绘画和文学,是表现艺术;它又像音乐,是录音艺术。"(Defleur & Dennis,1981)但是,评价电影的艺术价值和社会功能不是本书的任务,我们所关心的是作为工业的电影。

一、一部娱乐和赚钱的机器

电影是一种大众媒介,是一种社会力量。根据国家统计局公报,1997年,我国生产电影故事片88部,向国内销售影片(含复映片)373部,向国外销售126部;全国有各类电影放映单位6.9万个。"然而,纵观历史,美国电影,尽管不是所有的,一直主要是一种娱乐的媒介。它们一直是幻想作品,使观众脱离世间日常的琐碎生活。不管市场命运如何,也不管电视等其他媒介怎样激烈地与它争夺观众,电影媒介仍然保持其娱乐功能,并以此作为其存在的主要原因。"(Defleur & Dennis,1981)法国著名电影史学家乔治·萨杜尔(George Sadonl)在《世界电影史》(1979)一书中有这样一段记载:1905年,戏院老板兼房产经纪人哈莱·戴维斯和约翰·P·哈利斯,在宾夕法尼亚州的矿业中心匹兹堡一条热闹街道上租了一所小屋,在那里放映影片《火车大动案》。这一小小的影院很快挤满了工人观众,以致不得不作连续放映,从早上八点钟起,一直到午夜,不停地放映 30 分钟一场的电影。他说:"匹兹堡的这家小影院对美国电影来说,其实和 1847 年约翰·塞特在旧金山附近发现金沙具有同样重要的意义。它所掀起的虽不是淘金的浪潮,却是一个争夺镍币(钱币)的浪潮。"人们发现,电影不仅具有魔术、马戏、音乐等艺术的娱乐功能,而且具有杂耍场、游戏场的赚钱功能。

在中国电影史上,投资电影业的人也大多是将电影当作娱乐和赚钱的工具。1922 年 3 月,一度繁荣的上海 140 多家交易所在短短几个月时间内就倒闭得只剩下 12 家。手持亏损剩余资本的投资家们看中了有利可图的电影,于是纷纷投资开设电影公司。据1927 年初出版的《中华影业年鉴》统计,1925 年前后,在上海、北京、天津、镇江、无锡、杭州、成都、汉口、厦门、汕头、广州、香港、九龙等地,共开设有 175 家电影公司,仅上海一地就有 141 家。因此,电影也许给演员和导演提供了一种表现的途径、施展身手的机会,给观众提供了一种逃避现实的形式、消遣娱乐的时尚,但对投资者来说,它主要是一种谋生的手段、赚钱的工具。对此,詹姆斯·英纳科在《如何看电影》(1977)一书中一针见血地说道:"电影,像爆玉米花一样,是供消费用的,你必须花钱到电影院才能看到它。"电影,几乎拥有一般商品的全部特性,而最重要的特性就是赚钱。搞笑大师、以扮演流浪汉出名的查利·卓别林 1972 年直截了当地说:"我进入这个行业是为了挣钱,而艺术即产生于斯。如果人们听了这句话不高兴,也没办法。事实就是这样。"

从媒介发生学的角度分析,报刊起源于书籍,广播起源于电话,电视起源于广播,它们的起源都与以提供信息和左右言论为重要功能的媒介有关。但是,电影与杂耍、马戏、戏剧、魔术等娱乐活动有密切关系。就是说,电影天生就与信息和言论媒介关系甚微,而与娱乐活动关系甚大。电影刚问世就不是作为通讯工具来使用,而是作为一种新鲜有趣的玩物供少数人消费的。后来，它向大众媒介转化，但结果只是使它"成为世界上前所未有的最大的和最普及的商业性娱乐形式"(Garth Jowett,1976)，尽管它在战时和革命中也会发挥宣传功能。

电影引发了一场波及全球的"娱乐运动"和"消遣革命"。它集声光电于一身、聚编导演于一体，让观众眼耳并用、视听共振。它与歌舞、戏剧、小说和相声一样，已成了人们娱乐生活的一部分。当人们富足起来，寻求娱乐形式也加速发展起来，渗透到生活的方方面面。但是，电影占有特殊地位，因为它除了集中了其他娱乐形式的优势之外，还为人们提供可梦想的途径。电影厂是典型的梦幻制造厂。霍利斯·阿尔伯特(Hollis Alpert,1956)就是这样批评电影的，他说："历史上从未有过像电影那样毫不掩饰、直截了当地产生于人们梦幻的行业。白天或晚上的任何时候你可以步入黑暗的电影院，……随着宽大银幕上人物的移动，你也在风暴激荡的性、行动、暴力、犯罪和死亡的海洋上扬帆航行；……当你回家睡觉时，你就会进入由象征符号编织的梦幻境界，而这些象征符号就是由你的梦想编织的：因为电影上的东西是美国人做梦的主要内容。"于是，电影一方面填补了人们的空余时间，丰富了人们的闲暇生活，另一方面也可能刺激人们在物质上的攀比欲望，不切实际地去追求电影中的物质享受和阔绰富裕的生活方式，进而产生某种精神危机。因此，对于电影业过分着眼于金钱和声色之娱的操作行为，应予适当控制，并促使其全面发挥电影的社会功能。

二、电影生产的三种制度

在世界电影史上，电影生产曾有过三种制度，即明星制度、导演制度、制片人制度。三种制度各有千秋，都曾给电影业带来过辉煌的业绩。

1. 明星制度

所谓明星制度,就是把最优秀的电影明星当作电影生产中的核心要素,制片人和导演只在幕后指挥一切。在很多情况下,电影明星自己挑选剧本、演员,决定摄制进程,参与生产事务。乔治·萨杜尔(George Sadonl,1979)曾这样描述美国早期的明星制度:"在好莱坞露面的乃是电影明星,而明星制度也成为好莱坞征服世界的基础。观众对电影明星的崇拜是用几百万张签名的照片来维系的,广告和宣传在这些偶像周围创造一种传奇的气氛。明星的恋爱、离婚以及他们所使用的化妆品、住宅、他们所喜爱的动物,在某些国家成了一般人关心和津津乐道的题材。明星制度甚至使鲁道尔夫·范伦铁诺、玛丽·璧克馥、道格拉斯·范朋克、格洛丽亚·史璜逊、华莱士·雷德、约翰·基尔勃特、梅·茂莱、瑙尔玛·塔尔麦琦、克拉拉·宝·伦·强内等人变成了真正被崇拜的偶像。"明星制度不仅使演员的知名度具有一种可以用某些特色来讨价还价的商品价值,而且推动了电影业的发展,而电影则变成了一种颂扬美国生活方式及其主要工业产品的工具。用威廉·海斯(1959)的话说,电影变成了旅行商人,"商品跟在电影后面,凡是美国影片深入的地方,我们一定能够销售更多的美国货物"。

2. 导演制度

导演制度,是指把最优秀的导演当作电影生产中的指挥者和管理者,由他挑选剧本、演员,决定如何拍摄和销售。在本世纪 70 年代,由于一批实力派导演的崛起和他们对生产过程的严格控制,以及他们对导演风格的突出强调,人们曾把导演看作电影之王。在世界电影史上,美国著名导演 D. W. 格里菲斯(1875～1948)、斯图亚特·勃拉克顿(1875～1941)、阿尔弗莱德·希区柯克(1899～?),苏联的 C. 爱森斯坦(1898～1948)、普多夫金(1893～1953),日本的黑泽明(1910～1998),我国的蔡楚生(1906～1968),等等,都曾在电影的制作、生产中担当总协调、总指挥的重任。法国达尼埃尔·鲁瓦约在《好莱坞》(1992)一书中写道:"导演们都是了不起的魔术师。他们善于表达感情、利用戏剧的对白和优美的形象。"在投资者的眼里,明星制度下的著名演员是制片公司的一种商标、一块招牌,导演制度下的著名导演则是制片公司的生产厂长和艺术上的总工程师。其实,他们都不过是投资者的赚钱工具,当某一种工具不太灵应或作用不大时,他就会再换一种工具。但是,不管怎样换来换去,著名演员和导演始终是生产优秀影片、保证票房收入的关键因素。

3. 制片人制度

制片人制度是随着格里菲斯(D. W. Griffith)等著名导演失势之后,首先在美国电影业出现的生产制度。在这种制度下,"影片的真正主人是制片人,也就是那些被华尔街的银行家所赏识与选定的企业家。电影导演和照明技师、摄影师、布景设计师一样,只不过是每周领取一定报酬的受雇者而已。制片人利用解除合同这种暗中威胁的办法,把导演过去所掌握的大部分实权,如对主题、明星和技师的选择、剧本和蒙太奇的仔细推敲、布景和服装的监督等等,全部夺取过去。这样一来,制片人便成了决定艺术成败的一切因素的主人。他最关切的乃是怎样多赚钱,他的董事会也只根据影片的利润率来估量他的价值。因此摄制影片完全以票房收入为指导原则。他们对独立的影评家的评论,根本不放在眼里。"(George Sadonl,1979)但是,制片人同导演一样,都比较重视电影明星在影片生产和销售中的"名人效应",拒绝让明星发挥某种特殊作用的制片人为数极少。制片人的责任就是监督从剧本到推出影片的所有生产阶段的工作,了解市场行情,承担各种风险。

实际上,在当代影片生产和销售中,这三种制度已形成了以一种科学的方式组合在一起的"三角"制度。"三角"制度,有时是"正三角",即以制片人为统帅,以导演和明星为辅佐,制片人既抓资金的筹集、影片的生产和销售,又抓剧本、人员的选择和摄制中的业务;有时是"倒三角",即以制片人和导演为主体,以优秀演员相配合,制片人作为企业家着重抓电影的经营管理,保证赢利,导演作为艺术家着重抓电影的艺术质量,争取获奖。不过,这里的"三角"并非"等腰三角",当导演兼制片人时,或者当导演、明星形成强势时,"三角"的"边"就不是等长了,但仍是一个"三角",并且是一个稳定的相互依赖的"三角"。

三、电影的制作与销售过程

电影制作与销售的过程,是一个集体行为过程。电影不是一个人而是许多人的智慧结晶和工作成果。对此,约翰·费尔在《电影概论》(1975)一书中论述道:"任何一种电影的制作,实质上从初期设想阶段到影片的最后发行都可能发生变化。这些变化可能取决于某个人的眼力,根据他推断的电影内涵去安排,但事实完全不是那样愉快的情形……即使在多数情况下也有某人名义上在总管。"在电影生产和销售的漫长流水线上,编剧、制片、导演、演员、摄影、照明、布景、服装、作词、作曲、发行等各种艺术、技术和组织人员,都在其"工种"上发挥了自己的创造性劳动,并起到了某种把关的作用。

约翰·费尔(1975)将电影的制作过程分为七个阶段;(1)构思;(2)编导;(3)拍摄;(4)表演;(5)剪辑;(6)特技;(7)制作。蔡念中(1996)将销售纳入了过程之中,将其分四个阶段(见图15-3)。

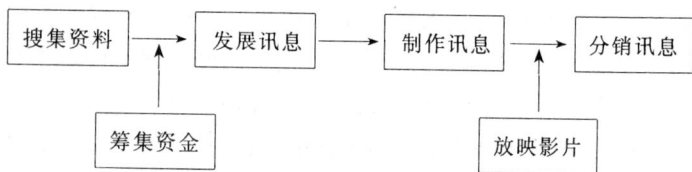

图15-3　电影产销流程图

1. 搜集资料

在这一阶段,编剧、制片人或导演根据国家的方针政策和市场行情、观众需要构思剧本、提出拍片的想法或故事情节,而后经过初步论证拿出预案和剧本。电影剧本的构思可以来自各种各样的人。剧本写作,早期的导演常自己动手,现在往往有专门的编剧。其题材,有的来自历史传说,有的来自畅销小说,有的来自新闻报道,有的来自街谈巷议。其主题也是五花八门,但在西方电影中,根据本世纪 30 年代埃德加·戴尔对 1500 部电影内容的研究,其中 75％为犯罪、性和爱情的主题。

2. 发展讯息

电影厂制片人根据预案和剧本向投资人和广告主推销,说服他们提供资金,以保证影片的生产和顺利完成。如果资金充足,方案可行,又能根据合同安排合适的演员,于是就物色一个导演,调集影片制作组中的摄影、照明、美工、音响、服装等人员,组成拍摄班子,由导演主持拍摄过程。

制片人推销前或推销后,通常要搞一个影片拍摄的经费预算。为了避免因经费太多吓跑投资者,制片人可以预先搞两个拍摄方案,比如一个方案可以搞实地拍摄,聘请不很著名的演员(有人估计,布置和道具费用占预算 35％,演员酬金占 20％,推销和宣传费用占 25％),这就可以省去制作各种布景的开支和付出较少的酬金。据说美国著名演员马龙·布兰多拍《教父》的片酬是 160 万美元,拍《密苏里的黎明》125 万美元,在电影《超人》中露面几分钟得片酬 350 万美元。没钱,别谈拍电影。筹集到足够的资金并用好它,这是作为制片人的最基本的条件。

3. 制作影片

导演根据文学剧本写成分镜头剧本,对其进行再创造。然后,将演员、摄影、照明、美工等有关人员组织起来,把剧本中简明生动的故事在规定的时间和经费内变成两盘或多盘的电影胶片,以满足投资者赚钱的欲望和观众对艺术的需求。

影片拍摄必须争分夺秒、讲究效率。因为,时间拉得越长,开销越大,成本越高。当然,过分追求效率,也会导致影片长度的固定化和标准化,导致故事情节的程式化和模型化,导致演员表演、布景设计以及影片拍摄的马虎草率。

4. 影片营销

观众是影片营销中的决定性因素。首先,电影观众在年龄层次上已发生变化。根据美国普林斯顿舆论研究所的最新调查结果,今天大约有76％的电影观众年龄在30周岁以下,不到6％为50岁以上的观众,31％是十几岁的少年。其次,观众所喜爱的电影内容也在逐步变化。这些变化主要受道德时尚、流行爱好、当前事件以及各种风格和标准的影响。例如,在美国,30年代盛行现实主义影片、大萧条题材影片和帮助观众摆脱烦恼的音乐片;二战期间及以后又流行历史片、爱国片和战争片;50年代,喜剧片、西部片、性题材影片行情看好;60年代,反社会行为(吸毒、暴力、同性恋等)影片、荒诞片、轻音乐片受欢迎;70年代,警匪片、间谍片、恐怖片、灾难片、科幻片的票房收入较高。从1939年至1978年,创下美国票房收入最高纪录的十部影片为:《乱世佳人》(1939)、《音乐之声》(1965)、《教父》(1972)、《降妖人》(1973)、《刺》(1973)、《鲨颚》(1975)、《星球大战》(1977)、《秘密冲突》(1977)、《超人》(1978)、《贿赂》(1978)。由上可知,科学幻想、冒险、强盗、间谍、爱情、音乐、喜剧等电影片,多年来一直深受美国观众喜爱和欢迎。

发行方式和放映形式也是影片营销中的重要因素。一般来说,电影制片厂不宜直接从事发行。它可以将影片交给专门从事影片发行的公司;也可以委托某个中介机构从事发行;还可以与多家制片厂和几百家影剧院订立"成批预订"制度,使本协议内各制片厂生产的所有影片(不论质量好孬)全部得到放映,从而既保证销路,又能从票房收入中提成。

四、电影生产与销售的走向及对策

自从电视介入娱乐业,它就成了电影的死敌,因为它把许多热情的观众从电影院拉回家中,使看电影的人越来越少。预计,电视与电影的敌对关系还将继续下去,那么电影如何在这种敌对关系中扩大自己的生存空间呢?

1. 以最新科技推进电影生产

电影生产或制作可以积极采取最新科技和摄制手段。法国达尼埃尔·鲁瓦约在《好莱坞》(1992)一书中论述好莱坞对付这种危机的办法就是:"大屏幕展现出宏伟的古代或《圣经》的历史画卷(例如《圣袍》,1953 年)";采用"全息摄影"(例如《星球大战》,1979年)和"场景跟踪自动配准技术,并用计算机把动作、动画和合成形象合在一起";"致力于特殊效果,使用光学手法在银幕上呈现逼真幻象。"此外,还可以拍成香味电影、立体电影、环形电影等。

2. 投巨资拍摄能风行一时的超级畅销片

在美国,一部这样的影片能带来 4000 万美元的国内收入。不过,这项投资风险很大,它可能赚大钱,也可能严重亏损。

3. 与电视台联合经营

上海电视台与上海电影制片厂的合并与联营,就不仅成功地化解了电视与电影两者之间的长期敌对关系,而且实现了两者间的优势互补。当然,即使两者不合并在一起,电影厂也可以把一些经典影片、新老影片卖给电视台和有线电视台播放,或者直接生产供电视台播放的"电视影片",好莱坞甚至拍摄了专为有线电视台播放的"特别影片"。这样既满足了观众对电影的专门需要,又收回了生产成本和获得了可观利润。

4. 营造"小众化"观赏环境

在电影发行量下降、电影和电影院逐渐减少的趋势之下,电影院应设计得小一些,或将原电影院分隔为三四个放映室,观众席分

隔成一个个包厢,并供应咖啡、饮料和点心,要尽力营造一种亲切、舒适、甜蜜的气氛,使观众犹如置身于茶室和咖啡厅之中。

5. 改革电影院的售票方式

比如,适当提高电影票的窗口零售价,而后大幅度降低集体票价格,或者推出针对大、中、小学学生的假期特别优惠的联号票(如从 7 月 15～8 月 15 日),或者推出针对离退休人员和有闲阶层人员的月票,或者针对城市市民搞观众金卡(IC 卡,本市通用,一卡用一年)。集体票、联号票、月票、年票(IC 卡)的定价应该有竞争力和吸引力,推销应通过组织部门(如工会)有序进行。事实上,就像购买旅游金卡的人一年难得光顾公园一次一样,购联号票、月票、年票的观众是不可能天天看电影的,很多人购它仅仅是为了在必要时看一次。

6. 电影经营者永远不要忘记年轻人

许多调查表明,电影观众中有很大一部分是年轻人,因为年轻人希望在电影放映厅里看到一个更符合他们所期望的形象,同时也希望在视听接受中展示他们这一代年轻人的合群本能和原始野性。这就要求电影生产者更多地了解青年观众,使影片的内容与形式都能适应年轻人的需求。

7. 要加大电影宣传、推销费用的投入

在美国,电影的宣传、推销费用往往占到总费用的 1/4 左右。没有强有力的宣传,要观众摆脱电视的诱惑自觉地去电影院看电影是很难的。

电影业曾经拥有过辉煌鼎盛的过去,也曾经历过艰难曲折的年代,如今又面临着电视、VCD、CVD、SVCD 和电脑的激烈竞争,我们深信电影业者的智慧可以使它时来运转、再铸辉煌。无论如何,电影永远是一种生动的、有意义的媒介。

五、当代电影业界的行销绝招

"一部电影打出一个市场。"这是人们对福克斯电影公司推出《泰坦尼克号》电影,引起惊天动地的市场效应的高度评价。

通过一部电影的行销,带动一大批周边产品跟着发烧、火爆,这是历年来少见的。那么,这其中的行销奥秘是什么呢?

1. 制造事件,引诱媒体炒作

早在1992年,世界级导演詹姆斯·卡梅伦为了拍一部创世纪的电影,在经过多次筛选后,决定以泰坦尼克号沉没这一历史性题材来拍摄创作,并说服了福克斯公司投入了几达天价的巨资。接着,这位导演大师力邀两位俄籍专家,一起向俄罗斯租借两艘特级潜水艇,亲征北大西洋冰河区,冒着深海底超大水压随时危及生命的风险,完成了水下25天的模拟、探测工作。这些事件极具引爆力、诱惑力和新闻价值,各种媒体一一上钩,参与炒作,泰坦尼克号一时间成为世界性的热门话题。

2. 激活市场,选准行销时机

媒体的炒作,刺激和带动了市场需求。自1996年始,各种媒介公司纷纷推出与泰坦尼克号灾难事件有关的文章、书籍、音乐、电视专题片、历史档案、光盘等。其中,光是回忆、叙述(含杜撰)泰坦尼克号灾难事件的书籍、录像带,就超过100种。在音乐出版物上,泰坦尼克号热更是盛况空前,不但各种音乐磁带、CD、VCD狂潮一波又一波涌入美国各州,连百老汇舞台剧也场场爆满,似乎所有的人都为往日这艘豪华游轮着了魔。一些脑筋转得快的商人则推出了"泰坦尼克号之旅"展览会,以当年该游轮的灾难事件为主题,首次公开所有有关历史档案,结果吸引了至少70万美国人前往参观。经过一二年的炒作,消费者的胃口被吊得老高,斥巨资精心拍摄、制作的电影已到了发行、销售的最佳时机,于是福克斯电影公司立即采用整合式行销策略迅速占领全球市场。

3. 整合营销,全面抢夺市场

以往拍电影的不管行销,搞行销的不管电影,各拉各的曲,各唱各的调,两者搞不到一起,大大影响了电影的经济效益。詹姆斯·卡梅伦一身二任:既是导演,又是品牌经理;既抓电影拍摄,又抓电影行销。在决定拍摄之初,他已看出了该片巨大的市场需求和经济效益。当然,《侏罗纪公园》以整合传播手法打开浩瀚的授权商品市场,也给了他们许多启迪。所以,他们同时授权各音像和电脑公司,迅速制成 CD、VCD、DVD、软件,疏通各种销售渠道和营销网络,作全方位的联合促销,作全面的商品抢滩,结果这种整合式行销犹如掀起了一股行销狂潮,进行了一次商品地毯式轰炸,整个世界为之心动。

4. 借助获奖,加强抢滩火力

奥斯卡奖,是电影业界的皇冠,人人梦寐以求。一部电影若获得此项殊荣,其经济效益和社会效益一定看好。正是基于这一考虑,这部电影的导演及相关业者早已锁定这项大奖的"基本精神"和"评审标准"进行联合攻关、严格把握,并大造舆论。结果,得奖与提名纪录均创新高,福克斯公司如愿以偿。有了超级大奖加身,宣传的攻势自然更猛,各大媒体的报道也接连不断,电影的商品附加值亦随之大幅提升,从而大大加强了抢滩市场的压力,为拓展国际市场提供了有力支持。

5. 俊男美女,票房收入的保证

挑选俊男美女担任影片主角,这是电影赢得受众市场、房获人心的基本条件。《泰坦尼克号》的导演詹姆斯·卡梅伦对受众心理肯定有很深了解,自然不会放弃这一选择。他独具慧眼挑选的俊男莱昂纳多·迪卡普里奥和美女凯特·温丝莱特作为虚构爱情故事的男女主角,的确抢人眼目、撩人心扉,极易成为少男少女们心目中的偶像。相反,如果福克斯公司只是忠实地传达这场发生于1912 年的大灾难事件,或者只挑选容貌一般的演员充当主角,恐怕这部电影的吸引力就有限了。

6. 爱情诉求,虏获人心的秘诀

爱情,历来是艺术传播中的永恒主题。爱情小说、爱情诗、爱情片,从来就是全球人士一致爱看的媒介作品。福克斯公司不打灾难牌,却改以虚构的柔性的恋爱"符号"传播,其征服人心的技巧是令人折服的。詹姆斯·卡梅伦曾经说过:"为了要让全世界观众内心感动,我必须自己先感动。"有人说,人类最易在观赏灾难事件中表达出真诚的感受,那么在观赏美好的爱情之花在灾难事件中被揉成碎片时的感受将会更加深入心灵,让人难以忘怀。

近年来,我国国产影片的行销也有许多成功的策略等待总结。影片《离开雷锋的日子》,瞄准市场档期,采用倒计时的制片运作方式,并由新影联代理该片在全国发行,获得了 3000 多万的票房收入。《离婚了,就别再来找我》,抓住市场热点,尝试用拍卖首映权的方式进行市场运作,也获得了成功。紫禁城和北影拍摄的《甲方乙方》,找准卖点,经新影联的成功运作,推出一个月北京票房就超过千万元。所以,只要主题向上、质量上乘、瞄准市场、运作恰当的国产影片,也一定能受到观众的认同和欢迎,获得丰厚的市场回报。

第十六章　当代媒介产业与经营趋势展望

　　媒介产业和媒介经济是当今最有活力、发展速度最为迅猛的新兴产业和新的经济增长点。信息产业被称之为第四产业，是21世纪的朝阳产业。媒介产业正是其中的核心内容。当今社会发展已形成了以知识经济为基础的主导趋势，整个社会对媒介的消费量越来越大，形式也越来越多样化。媒介消费已成为现代生活方式的不可或缺的一部分。这正是当代媒介产业迅猛发展的社会基础和市场条件。从媒介产业内部构成的特征来看，所有权的集中、产业规模化经济、多元化经营模式、生产与销售的一体化、交叉媒体的混合化经营，已成为当今媒介产业经营的重要走向。在经营策略上，媒介组织更注重媒介产品的大众化与专业化相结合，广播与窄播相结合、定位市场营销与全面市场营销相结合。这种趋向标志着媒介产业的经营理论和实践日趋成熟。

第一节　媒介产业的形成与发展

　　作为具有大众传播意义上的媒介的产生，是社会进步和经济发展的必然结果。传播媒介从产生之日起，就与社会生活和经济活动发生了密切的关系。

一、报业经济的回顾与总结

世界上最早的印刷报纸《威尼斯新闻》于 1566 年诞生于意大利的威尼斯。位于地中海之滨的威尼斯有着航海贸易的传统,成为欧洲与北非及亚洲经济和文化交流的中心,这一客观的经济和文化环境,要求有传播经济和社会文化信息的传播媒介。在这种环境的推动下,报纸这一最早的大众媒介的雏形就应运而生了。

报纸的真正发展还是在资产阶级工业革命以后。资本主义的最显著标志之一就是以货币、货物和人员的自由流动为标志的。这种流动客观地需要以信息的交流为手段,来提高其流动的效率。没有高效、迅速、大规模的信息交流,货币、货物和人员的自由流动是难以想像的。通过流动,各种资源实现了优化配置。这一背景促使了报纸的进一步发展,使之在 17 世纪的欧洲逐渐成为一个专门的行业。当时的欧洲,英国有《每日新闻》、法国有《报纸》、德国有《报道或新闻报》、荷兰有《新闻报》等。18 世纪是报业发展的一个重要转折点。资产阶级在政治生活中的壮大和经济上的发展,需要报纸的有力支持。报业作为一种重要的政治力量在社会和经济生活中发挥了其他手段所无法取代的作用。18 世纪末到 19 世纪中期,欧美主要资本主义国家已经完成了资产阶级工业革命。经济和社会的进一步发展,以及印刷技术的改进,使得报纸的大规模、高质量的印刷成为可能。报纸的成本大幅度降低,读者人数激增,以城市为中心的受众市场已经形成,广告主对报纸的广告投入大量增加,使报纸终于走上了产业化的发展道路。报纸与其他工业一样,作为一种新兴的产业出现在社会生活中,完成了它成为一种独立的产业的历史任务。19 世纪 30 年代,美国就先后出版了一系列有影响的报纸,如《纽约太阳报》、《纽约先驱报》、《纽约论坛报》等。由于其价格低廉,人们称之为"便士报"。19 世纪末以后,报纸改变了以往"政党报纸"的倾向,主要是作为商业报纸来经营。报业被作为一种重要的经营领域受到了投资者和商业界的重视。报业经营者更关注报纸经营的经济效益。各种经营理论和经营手段被引进了报业,以提高报业的经营管理水平。报业的发展走上了科学管理的轨道,报业经营管理的理论发挥了重要的作用,一批经营业绩突出的报纸脱颖而出。如 1896 年由英国哈姆斯渥斯爵士创办的《每日邮报》,发行量高达 190 多万份,在报坛独领风骚,成为真正具有"大众"传播意义上的报纸,而不是"小众"传媒。1883 年美国的普利策以 34 万美元收购了创办于 1860 年的《纽约世界报》,从接手时的发行量 1.5 万份,发展到 1887 年的发行量 25 万份,成为报业经营管理中一个成功的范例。此外,在法国创办于 1865 年的《小日报》和创办于 1888 年的《小巴黎人报》,当时的发行量也都超过了百万份,成为 19 世纪末欧洲报业经营中的佼佼者。可见,19 世纪末,报业已经作为一种商业行为进入了市场,经过报业经营者们的不懈努力和探索,已经成为具有良好投资前景的一种新兴产业,并受到了人们的关注,从而为投资者对报业的进一步的大规模投资,为报业市场的进一步发展奠定了重要的基础。

虽然 19 世纪以后,以报业为标志的媒介产业的雏形已经基本形成,但是作为一种产业,还远未成熟,仍面临着来自各方面的严峻挑战。其主要原因是,媒介产业在整个经济生活中的所占比例微不足道,对于国民经济还不能产生举足轻重的影响,媒介产业的经济增长速度也比较缓慢;媒介组织作为一种产业结构而言,无论从数量上看还是从规模上看,都比较小,即使是最著名的媒介组织,与其他产业的大公司,其经济实力不可同日而语;媒介产业的资本集中化程度很低,大多数媒介组织仍处于小规模、分散化经营,经营上难以取得重大突破,没有形成集团化、规模化经营,因而无法进行大规模的市场和资本扩张,也难以实现媒介产品的低成本运作;媒介组织经营管理水平普遍较低,缺乏既懂媒介又懂经营的复合性人才,媒介组织的经营管理者对媒介产品的商业特性和经营运作过程认识和把握还比较肤浅,从生产、营销、促销,到人员管理、财务监控,还没有形成完整的媒介产业经营管理的理论和方法,这在很大程度上限制了媒介产业的进一步发展和媒介市场的形成,也导致媒介产业中产品经营单一化,营销手段滞后,缺乏灵活的、全方位的经营策略。尤其是对受众市场的研究还很不深入,对受众的动机、兴趣、需要缺乏真正的了解,导致媒介产品的经营常常无的放矢。同时,媒介产业尚未形成一个稳固的、庞大的受众市场,整个社会对媒介产品的平均消费水平还很低,报纸还没有进入大多数的普通家庭,受众市场的局限性反过来又决定了媒介产业作为一种经济行为的投资,其回报率还不可能很高。因此,媒介产业还不可能成为新的经济增长点和具有投资价值的新兴产业。

二、电子媒介激活了新的市场

20 世纪 30 年代以后,媒介产业有了长足的发展。但是媒介产业成为具有经济意义上的产业,主要还是在第二次世界大战以后。二战后,媒介产业之所以能够作为一种新兴的产业迅速崛起,其原因是多方面的。首先,电子媒介的出现改变了印刷媒介一统天下的局面,给整个传播事业带来了生机和活力,也刺激了新的受众市场的形成。1920 年美国威斯汀纽豪斯公司在匹兹堡建立了第一家商业广播电台。1922 年法国的无线电台和英国广播公司也先后开播。这一切标志着电子媒介时代已经到来。广播媒介的出现,不仅是增加了一种全新的信息传播方式,而且从某种意义上说,改变了人们的生活方式,形成了新型的媒介消费方式。1922 年美国电话电报公司在纽约开始出售广播时间做广告,由此开创了美国商业性广播的先河,为媒介产业开辟了一条新的重要的收入渠道。此后广告收入几乎成了广播事业财政收入的全部来源。1925 年 10 月 2 日,一种更先进的电子媒介——电视诞生。1936 年 11 月 2 日,英国广播公司在伦敦北区亚历山大宫设立电视台,播出电视节目,开始了电子媒介的一个新纪元。随后,法国、日本、美国等国也相继试播电视节目。但是这一时期的电视还不具有商业意义,主要原因是电视机还未能普及,电视技术本身也还不够完善。二战后的1946年,美国第一次播出全电子扫描电视。电视由机械扫描改进为电子扫描。1948年CBS创办由道格拉斯·爱德华主持的简要式新闻节目《电视新闻》,每晚播出15分钟,从而标志着电视作为第一传媒的时代即将到来。50年代初,联邦德国和日本也开办了电视广播。1954年美国试验成功彩色电视广播,1962年,美国用同步卫星"电星一号"转播电视节目,实现了电视节目的洲际传送。这一系列的技术革命把电子媒介发展推到了一个新的高度。从此,形成了新兴的电子媒介和传统的印刷媒介各领风骚的局面。电子媒介的加盟,对于媒介产业来说意义是巨大的,是一个划时代的里程碑。电子媒介传播速度快、时效性强、覆盖面广、制作成本低、表现力丰富,大大增加了媒介产品对社会的影响力,提供了更多的服务内容和服务主式,吸引了越来越多的受众,使媒介产品形式多样,丰富多彩,受众也有了较大的挑选余地,从而为开辟新的受众市场提供了可能。电子媒介的巨大市场潜力,刺激了投资者对媒介产业投资的增加,并推动了媒介产业步入了良性的商业运行的轨道。其次,随着二战后世界经济的高速度发展,人们对媒介产品的消费水平和使用时间在不断提高,媒介产品消费已成为现代社会生活方式的一项重要内容,人们已经形成了对媒介产品使用的强烈的依赖习惯和心理。据美国鲁宾逊(Robinson,1987)的研究,美国成年人平均每周有37个小时的闲暇活动时间,其中有19个小时是花费在媒介使用活动上的。可见,媒介消费是现代生活的不可或缺的部分,因而受众市场迅速扩张,使媒介产业出现了前所未有的的良好发展势头。媒介产业已成为赢利最为丰厚的产业。就美国的情况而言,据维罗尼斯和苏勒(Venonis & Suhler,1986)的调查,1984年美国媒介产业各行业的平均税前利润超过了同期许多主导性产业的利润水平,而且整个80年代始终保持着这一态势。1984年媒介产业各行业的利润水平分别如下:报纸18%,广播电视18.5%,商业杂志14%,消费者杂志11.5%,广告业10%。媒介产业如此诱人的经济效益,吸引了许多大财团纷纷涉足这一领域,形成了一股强大的媒介产业投资热,导致了资本的急剧扩张,投资的大量增长,也促成了媒介组织的合并与重组。由此媒介产业成为经济增长的热点。电子媒介的兴起,带动了媒介产品向多元化方向的发展。媒介产品的不断开发,带动了媒介产业向技术密集型、资本密集型和人才密集型产业的转化,也推动了迅速向其他行业的渗透和扩张,进一步挖掘了媒介产品市场的巨大潜力。比尔·盖茨在谈到录像磁带市场形成时说:1983年VHS(家用录像系统)出现后,录像带的销量达950多万盒,比上一年增长了50%。而1984年,录像带的销量则又翻了一倍多,达2200万盒。紧接着又达到5200万盒,8400万盒,到1987年更达到1.1亿盒。租看电影录像带已成为家庭娱乐的最流行的形式。从这里可以看出,电子媒介产品的市场潜力是惊人的,它的增长速度常常是以几何级数的方式成倍递增。这是印刷媒介不可同日而语的。可以说,电子媒介把整个媒介产业推向了一个新的高度和起点。同时,电子媒介技术也完全改变了印刷媒介的技术水平,电脑排版、远程图文传递等大大提高了印刷媒介的时效性,降低了生产成本,改善了工作条件。这也为媒介产业的现代化创造了有利的条件。

三、广告业对媒介产业的促进

媒介产业的迅速发展与广告主对媒介产业的巨大广告投入是分不开的。二次世界大战以后,许多国家,尤其是欧美各国的经济高速发展,消费市场空前活跃。生产水平的提高必然要求有相应的消费市场与之相适应,以消费来刺激生产。因此,生产商和经销商纷纷增加广告投入来吸引消费者,扩大销售量。在美国70年代,每个超级市场供应的商品多达 9 千多种,到了 1985 年则更上升到 2.2 万余种,每一个月超级市场就要增加 235 种新产品。而每种新产品的上市,都需要广告来为之开辟道路,扫清障碍。广告投入的大量增加,给媒介产业无疑是注入了催化剂,提供了源源不断的经济来源。以美国为例,1867 年美国全国的广告支出仅有 5 千万美元,占国民生产总值的 0.68%,1989 年,美国全国的广告费支出为 1239.30 亿美元,占国民总产值的 2.37%,人均广告费达 499 美元。广告费的增加从媒介各行业的财政收入上也可以得到充分的反映。仍以美国为例,美国报业收入的 75% 来自于广告,杂志收入的 60% 来自于广告,而广播电视几乎所有收入都来自广告。广告成了媒介产业生存和发展的支柱和动力。从总的情况来看,美国的广告费的增长速度始终高于国民生产总值的增长速度。即使是在 80 年代初美国经济的不景气时期,广告费的增长率仍然超过了 10%。不断增长的巨额广告投入,不仅刺激了媒介产业的快速增长,而且加速了媒介产业向规模化发展的势头。同时,对广告主市场的争夺成为媒介组织市场竞争的一个新的热点,也成为媒介组织在新的市场环境下生存与发展的关键。不同的媒介机构都针对广告主开展了一系列的促销策略。所有的媒介组织都很清楚,广告收入是媒介组织的经济命脉。谁拥有了更多的广告主,谁就拥有了更大的竞争优势。对于报业来说,许多报纸的售价连纸张的成本都无法收回,但通过广告版面的增加,广告收入给报纸创造了巨大的经济效益。广播和无线电视也是无法向受众收费的,其收入只能依靠广告。所以广告费的大量投入促进了媒介产业的繁荣。

四、媒介经营管理理论的产生与发展

媒介产业的发展在很在程度上还得益于媒介经营管理理论的建立和完善,得益于对媒介经营管理实践经验的认真总结。媒介产品被当作一种商品来认识,这是建立媒介产业的一个重要的前提。

虽然媒介产品出现的时间已经很长,但是对媒介产品的市场特性的把握,即媒介产品与其他商品的本质差异是什么,它又是在市场运作中如何得到表现的,人们并不是很清楚。而且许多人并没有真正从市场学意义上把媒介产品作为商品为看待。这在很大程度上限制了对媒介产品的市场开发和媒介产业的发展。19世纪末到20世纪初,媒介产业(当时的报业)在相当长的一段时期内,发展具有很大的盲目性,不懂得如何去开发产品、发展市场,媒介产业究竟何去何从,人们并不清楚,迫切需要从理论上给予明确的回答。媒介产业因而首先借用了管理科学的基本理论和市场学的理论,把它们移植和借用到媒介管理过程中去,并结合媒介产业的自身特点,逐步形成了媒介经营管理和媒介经济学的系统理论,对媒介产业的实践给予理论上的指导。另一方面,本世纪20年代以后,民意调查方法的兴起,以及随后的大众传播学理论的建立,媒介组织运用上述的理论和方法,把受众市场调查和受众特质的概念引入到了媒介市场分析之中,使媒介产业的市场分析有了具体的可操作性的完整的理论和方法。受众市场问题的研究,大大加强了对媒介产品市场开发的力度,对迅速拓展媒介产业的市场起到了很大的推动作用。从此,媒介产业把媒介产品和受众市场这两个最关键的要素紧紧地连在了一起。媒介产业经营的运作也形成了一个完整的既有理论又有实践的产业结构体系。这成为了媒介产业走向成熟的一个重要标志。

第二节　当代媒介经营管理的主要特征

二次世界大战以后,在全球范围内,是新兴产业蓬勃发展的时期。经济发展的中心逐步由制造工业的第二产业,向服务领域的第三产业转移。人们的消费也开始从以物质消费为中心向以精神消费为中心的方向转移。第三产业的崛起,信息经济的勃兴,客观上要求有更多的可供支配和利用的信息资源。这为媒介产业的迅速发展提供了重要的社会基础。同时,现代生活方式和工作条件为人们提供了越来越多的闲暇时间。人们在文化、教育、娱乐和休闲等方面需要更为丰富的媒介资源。此外,经济的高速发展,政府间和民间的文化交流,以及各种社会组织的政治、宗教、管理和学术活动也都对媒介资源的开发利用提出了迫切的要求。这些因素有力地推动了媒介产业向多功能、全方位、大规模的产业化方向的发展。

从媒介产业本身的情况来看,媒介组织也开始从理论和实践上总结和完善媒介经营管理的思路,改进经营管理的方式,吸收其他产业的先进的管理经验,引入新的经营管理的理念。这些举措给媒介产业的发展带来了新的生机与活力,也带来了巨大的变化。这些变化构成了媒介产业的新的特征,即所有权的集中、多元化经营和生产经营的一体化。

一、所有权集中

所有权的集中是现代经济发展的一个带来普遍性的现象。尤其是在二次世界大战以后,欧美发达国家所有权集中的趋势不断加强。虽然媒介产业所有权集中的步伐稍稍慢了一些,但也没有能例外。这是整个经济环境发展的客观要求。在整个经济形势发展的推动下,媒介产业逐步加快了所有权集中的进程。所有权的集中之所以在现代经济发展的进程中成为一种必然趋势,有其深刻的经济和社会原因。首先,所有权的集中有利于实现集约化的规模经营。集约化规模经营是现代产业发展的一个主导方向。它有助于充分挖掘资源的潜力,实现各种资源的优化配置,大幅度降低生产成本,提高生产效率。在许多重要的产业中,如汽车、电子、电信、航空和商业等,都在不断地进行资本的重新组合,以提高所有权集中化的程度。媒介产业走所有权集中化之路是当今世界经济发展的客观规律的必然要求。其次,所有权的集中是市场竞争的必然结果。市场竞争是优胜劣汰的过程。竞争总是要导致一些媒介组织破产,或是被收购与兼并。另一方面,为了确保竞争的优势,防患于未然,降低不必要的竞争所带来的损失,一些有实力的媒介组织主动进行联合,实现资本集中化经营策略,提高整体的抗御风险的能力。它们往往组成由若干系列媒介公司,包括各种媒介行业的大型媒介产业集团。这些集团对整个媒介市场有牵一发而动全身的影响力。所有权的集中还带来了资本的集约化经营。资本的集中和扩张,便于媒介组织集中人力、物力和财力去开发新的产品和市场,扩大现有媒介市品的市场占有率,改进媒介产品质量,最大程度地提高资本运行效率,利用媒介产品的营销网络,形成统一的经营策略。所有权的集中还有利于一些媒介组织形成新形式的市场垄断。垄断是经营者们都期望达到的目标,因为垄断可以获得高额利润,减少竞争的风险。本世纪以来,在许多发达国家的诸多行业都出现过程度不同的垄断,各国政府为了防止垄断所造成的严重的负面影响,纷纷出台了反垄断的法律法规,使得经济活动中的垄断行为有所收敛。为了对抗政府的反垄断法律法规等措施,经营者通过所有权的集中化提高产品的市场份额,来达到最终操纵市场的目的,实现新形式下的垄断。如美国最著名的三大广播公司全国广播公司(NBC)、美国广播公司(ABC)和哥伦比亚广播公司(CBS)的所有权即被摩根财团和洛克菲勒两大财团所控制。此外,摩根财团还拥有和控制了包括《纽约时报》、《北美评论》、《时代》周刊等在内的一批在美国乃至世界知名的报刊。本世纪以来,美国媒介产业所有权集中化的现象,始终贯穿在媒介产业发展的全过程中,只是在不同时期程度有所不同而已。1910 年 13 家报业公司占有全国报纸的 2% 的份额,平均每个公司有 4.7 份报纸。1930 年55 家报业公司占有全国报纸的 16% 的份额,平均每年公司有 5.6

份报纸,并控制着 43% 报纸的发行。二次世界大战以后是媒介产业发展的一个重要的转折点,媒介产业所有权集中化的趋势愈演愈烈。五六十年代,报纸集团的数量翻了一番,每个报业公司拥有的报纸数量比较稳定,保持在 5 种左右。到了 1970 年,每个报业集团已占有 50% 的份额,并控制着 63% 报纸的发行。进入 70 年代后,虽然报业集团的总量没有明显的上升,但规模有所扩大。现有的报业集团收购和兼并了更多的报业公司,使每个报业集团所拥有的报纸数量大幅度提高,达到了每个集团拥有 7.4 份的水平。1980 上,美国的报业集团已拥有三分之二的全国报纸的份额,控制了 73% 报纸的发行。至此,报业集团垄断和控制全美报业的格局已完全形成。从美国报业所有权集中的历史走向来看,有三个显著特征:一是报业公司间的相互收购和兼并,导致了报业集团的数量的不断上升,规模不断扩大,实力不断增强,最终实现大资本、规模化经营;二是报业集团所占有的市场份额和发行量持续提高,在整个报业市场中起到了举足轻重的作用,形成了报业集团在全国报业生产经营中的一统天下的局面;三是报业集团由最初的以生产为主导,到生产与经营并重,再到以经营为龙头带动报业生产的转变。这种转变是报业从生产型向经营型的质的突破。报业集团不仅牢牢控制着报业的生产权,更牢牢控制着报业的经营权,对发行权控制的市场份额比重要高于报业生产权控制的市场份额比重。这不仅说明了发行权对于媒介组织来说,比生产过程更重要,而且也说明了在报业经营管理中,以经营为中心的理念已经取代了以生产为中心的思想,这是一个重要的转变。

二、多元化经营

多元化经营作为现代经济的一种新的经营方式,在很多产业都得到了广泛的运用。多元化经营在媒介产业中也受到了充分的重视,并被普遍应用于媒介经营管理的实践中。多元化经营方式的优越性在于能够有效地均衡市场风险,通过不同行业、不同产业对市场的渗透,可以争取赢得更多的市场机遇。同时,多元化经营能够加强不同产业和产品之间的联系,扩大收入渠道,增强媒介组织的整体经济实力,提高对市场的应变能力和竞争能力。其中最主要的目的还是在于扩大收入的渠道,全面提高收入水平。当今的媒介产业,由于新产品的不断开发,受众市场的不断变化,市场竞争的日趋激烈,以及非市场因素的影响,媒介产业的经营风险和经营难度都在不断加大,经营中的高投入、低效益,甚至亏损已屡见不鲜,如何化解经营风险,开辟新的收入渠道,全面提高经济效益,已成为许多媒介组织的当务之急。因此,实行多元化的经营策略是现实的市场环境迫使媒介产业所必须作出的选择。媒介产业的多元化经营主要有两种模式,一种是在媒介产业内的多行业或多品种经营,如经营报业的同时,又经营影视、广告、杂志等其他行业或类型的媒介产品。因为各种不同行业的媒介产品在生产和营销中都有一定的联系性,即产品有一定的共性,对于媒介组织来说,常常不需要增加新的人员、设备和投资,就可以开发新的产品,可以利用现有的营销网络,提高它的利用率,这样能够有效地发挥人才资源和设备资源的潜力,在不投入或少投入的情况下,形成新的经济增长点。大多数媒介组织采用的是这一种形式的多元化经营策略。另一种模式是突破媒介产业的经营范围,把经营的触角延伸到其他产业中开展经营。如经营房地产、旅游业、宾馆业,有的甚至经营制造业。这种经营模式关键要具有一批懂得这一行业专有技术和经营管理的人才,缺乏这一条件,很容易造成盲目投资,最终导致失败。国内外许多著名的媒介组织都采取了多元化经营的方式并取得了成功。它们的经验为媒介产业树立了成功的典范。中国第一家报业集团广州日报集团的成功经验之一就是在于实施了多元化经营的策略,并取得了世人瞩目的成功,成为我国媒介产业中的一个突出的代表。1990年《广州日报》的年收入只有2000多万元。广州日报社首先以报业为基础开发了一系列的媒介产品,利用《广州日报》体育版的人力资源优势,创办了《足球报》。《足球报》发行后,市场看好,广州日报社迅速加强了《足球报》的力量,强化了市场销售,使之成为广州日报集团中的又一个"龙头"产品,年创利润800多万元。接着又创办了《广州文摘报》、《现代育儿报》等一系列媒介产品。利用报业积累的雄厚的资金实力,广州日报集团跳出了报业经营的圈子,在媒介产业之外开展了多元化经营。这是多元化经营策略的又一次转移,也是进一步的深化。它投入巨资启动了广州日报集团的房地产经营的市场,先后开发了旭日广场、红日广场、韶日大厦、怡日花园、华日花园、东日花园等18个大型房地产项目,并在广州市区储备了30多万平方米的土地。同时还在从化市、花都市建立了旅游基地度假村等。美国在本世纪20年代曾有一个叫赫斯特报业集团,它拥有25家日报、17家星期日报、24种杂志,同时还经营电影公司、矿山、牧场和其他许多工商企业,在当时声名远播、称雄一方,它所采取的也是多元化的经营方式。1996年上半年,黑龙江省的哈尔滨日报社针对哈尔滨电表仪器厂有市场而无资金的情况,联合了哈尔滨电表厂、上海电力局表计厂、宁波申勇玻璃钢制品公司联合成立了电度表有限责任公司,并投资1400万元,控股该公司,成为我国新闻界投资最大的工业生产项目。哈尔滨日报社这一举措,主要是为了适应当今媒介产业多元化经营的形势。这说明媒介产业的多元化经营已成为人们的一种共识。目前,广州日报集团在原有的多元化经营的基础上,进一步加快了多元化经营的步伐,并向一个新的深度发展。它现在又开始向影视业进军,力求在影视业的市场中再开辟一块沃土。

三、生产与经营一体化

在媒介产业中,最初的媒介生产与经营基本上是分离的。媒介产品生产出来以后,由专门的经销商进行营销。如电影业中,电影厂主要负责电影的拍摄、制作,电影的发行主要由发行公司来承担,由发行公司把影片销售给放映公司,放映公司利用自己的院线再把影片推向受众市场。在报业中,情况大体相似,报社负责编辑出版,报纸的发行由专门的发行公司来实施。从我国的报业的情况来看,建国后的30多年中,报纸的发行一度完全是由邮局所负责的。直到80年代以后,一些报纸开始了自办发行,才打破了邮发一统天下的局面。图书出版业的生产与经营的分离较之与其他的行业,情况更为突出。出版商只管出版,发行商负责销售发行。生产与经营的分离,人为地设置了许多中间环节,给媒介产业的进一步发展造成了很大的障碍。尤其是媒介产业实行了规模化、多元化的经营以后,市场行情的变化也越来越快,竞争的激烈程度也越来越高,生产与经营的分离,使媒介组织无法全面地掌握市场动态,无法对产品市场进行预测和判断,生产必然会出现很大的盲目性和随意性,很难生出适销对路的媒介产品。从我国的媒介产业的情况来看,电影和图书出版的产业化和市场化的步伐相对比较滞后。电影业仍然在计划经济经营模式的阴影笼罩下实行的是生产与经营相分离的方式。电影生产厂不了解电影市场的行情,不研究受众市场需求和特征,没有自己的发行渠道,更没有自己的院线。所以它所生产出的电影难以组织起有效的市场销售,只能听从发行公司的摆布。而发行公司与各个基层的放映公司或影院中间又存在着许多隔阂,运作机制上有一定程度的脱节,也难以把电影市场的真实情况反映上去,最终反馈到电影厂。再加上利益分配、管理体制的不同,形成了无法缝合到一起的"三张皮",比如对电影广告的投入,电影厂认为这是发行公司和放映公司的事,而发行公司和放映公司则认为这是电影厂应该做的份内事,结果谁都不愿在广告上进行投入,造成了许多优秀的影片因缺乏有效的广告促销而束之高阁。中国电影业生产与经营分离的直接后果是导致了整个电影市场的全面萎缩,观众大量流失,电影厂、发行公司和放映公司经营效益每况愈下,电影正面临着逐步退出媒介产业的大市场的危险。所以,目前我国生产的影片大多数连成本都难以收回,各电影厂负债累累,难以为继,国家电影局不得不采取压缩电影生产规模的措施,从总量上进行控制,力求减少电影投资的损失和风险。但是这种消极的做法是无法从根本上解决问题的,只有真正地转换经营机制才是唯一的出路。谢晋执导并个人参与投资拍摄的历史巨片《鸦片战争》为何能取得成功,并赢利达7500多万,原因正在于采用了新的经营运作机制。可见,并不是电影没有市场,也不是电影业已到了穷途末路,关键还在于如何经营管理。近年来,欧美电影市场并没有因为电视的崛起而一蹶不振,而是通过对市场的研究,寻找受众新的市场需求点,开发出一批诸如《星球大战》、《狮子王》、《魔鬼大帝》等一批科幻片、动画片和动作片,同样赢得了市场,取得了良好的经济效益。问题在于如何对电影进行经营运作。当前,我国电影业已经意识到了摆脱电影业困境的唯一选择就是走生产经营一体化之路。1997年5月28日上海电影制片厂成立了集策划、创作、制作、广告宣传、发行和营销于一体的上海电影电视剧制作公司。其他一些电影生产厂与发行公司或放映公司以合作、参股等形式也走上了生产经营一体化的轨道。我国电影业在生产经营一体化的道路上迈出了可喜的第一步。我国的报业开始生产经营一体化的尝试比较早,这在很大程度上是客观形势的逼迫把报业推向了市场。我国的报业过去完全依赖邮发,不仅发行费用高,使报业生产无利可图。而且邮发速度慢,难以满足读者对报纸阅读的时效性需要。尤其对于中小媒介组织来说,高昂的邮发费用使之生产经营难以维系,更无法积累资金,扩充媒介组织实力。在这一情况下,地处中原的洛阳日报社于1985年率先开始自办发行,从报纸的生产到发行完全由报社自己来承担,从而开创了中国报业生产经营一体化的先河。这一行动对于洛阳日报社而言,所创造的经济效益并不是十分巨大的,但对于整个媒介产业尤其是报业来说,无异于平地惊雷,开启了中国媒介产业的全新的思路,推动了媒介产业加速了市场化的进程。到 1987 年短短两年,已有 50 多家报纸先后开始了自办发行,走出了报业自主经营、自我积累、自行发展的一条新路,也彻底打破了报刊由邮发一统天下的局面,把市场竞争的机制引入了报业发行中,促使邮发自觉纠正发行中的官商作风。由于长期以来邮发的费率统一规定在 40% 左右,改为自办发行后,报社大大降低了发行成本,增加了经济效益。同时,发行费用的降低,还使报社利用价格的优势和资金优势实行更加灵活具有竞争力的定价策略和促销手段,提高媒介产品的市场竞争力和市场占有率。实行自办发行还大大缩短了报纸的投递时间,提高了报纸新闻的时效性,改善了报纸的质量,吸引了更多的读者,挖掘了受众市场的潜力,增加了报纸的发行量,也为报纸和其他新闻媒介如广播电视的竞争创造了有利条件。广州日报集团要求发行公司每天要确保《广州日报》在第一时间,即早晨八点之前送到订户手中,使他们能及时地阅读到当天的最新信息。浙江省的《杭州日报》在自办发行的同时,把《杭州日报》分为上午版和下午版分别印刷和发行,提高了报纸的新闻动态性报道的效果。这在过去的邮发体制下是无法实现的。我国的报业组织为进一步提高生产经营一体化的经济效益,利用报纸这一媒介的优势,加强了开发广告市场的力度。广告收入是报业的主要经济来源,但由于我国的市场经济起步较晚,广告市场的启动很迟,直到 70 年代末,电视广告才第一次在我国亮相,所以报业的发展过去从广告中得益甚少,几乎是空白。这是制约我国报业难以实行生产经营一体化并走向市场的最根本的原因。建国初期,我国也有一些广告活动,但媒体单一、数量很少,影响也微乎其微。在大众传媒中,广告传播的媒体主要是广播,报纸经营广告业务还较少。70 年代末,中国实行了改革开放,广告业才开始真正起步。因此,对大众传媒来说,广告市场的发展空间很大,前景也极其诱人。1979 年 1 月 4 日,《天津日报》

率先刊登了报纸广告,同年1月23日《文汇报》刊登了第一条外商广告。1月28日,上海电视台播出了我国建国以来的第一条电视广告。3月5日,上海广播电台在全国恢复播出广播广告。自此我国媒介组织开始全面进入广告市场,介入广告经营,把广告资源开发作为媒介组织创收的一个重要渠道。80年代是中国广告的培育期。这一时期,广告的发展比较稳定、均衡。广告营业额从1981年的1.18亿元发展到1989年的19.99亿元,增长了近17倍。由于各个媒介组织都把广告作为新的经济增长点纳入了媒介经营的轨道,因而从广告经营中得到的收益也十分明显。尤其是报纸在经营广告中效益突出,1985年,报纸广告经营额已占据全国广告营业额的36.3%,高居榜首。90年代是我国广告的成长期,这一时期广告发展突飞猛进。各个媒介组织已开始把广告作为企业来经营,从广告中获得的利润更多,并用经营广告积累的资金,向其他行业投资,从而推动了媒介组织多元化经营的进一步发展。我国的广告业收入从1990年的25亿多元发展到1996年的366.6亿元,六年增长了近15倍。90年代出现了一批媒介组织广告创收的大户。从1994年的统计来看,《羊城晚报》、《广州日报》的广告收入均超过了3亿元;杂志中《中华英才》广告收入达505万元;广播电台中,中央人民广播电台广告收入达4150万元;在电视台,中央电视台始终占鳌头,1998年仅黄金段位广告拍卖收入就达28亿多元,是其他省级电视台望尘莫及的。广告市场的积极开发,不仅提高了媒介组织生产经营一体化的综合经济效益和整体实力,而且培养和造就了一批媒介经营管理的优秀人才,为实施多元化经营积累了雄厚的资金实力。生产经营一体化的推进还有效地改善了媒介组织的经营管理机制和水平。许多媒介组织实行了不同形式的经济责任制、多级法人制、股份制等,把各个部门或子公司的经营业绩与个人收入挂起钩来,实行自负盈亏、亏损包干、超亏不补、增收分成等形式,这些措施使媒介组织的每个员工树立起了强烈的经营观念和效益观念,充分调动了各方面的积极性,促进了媒介组织经营水平和经济效益的稳步提高。

第三节　媒介产业的发展趋势

现代社会进步和经济发展的一个重要标志就是信息产业的兴起。信息在当今的社会管理和经济活动中发挥着桥梁和纽带的作用,也构成人们消费的一个重要内容。美国著名哲学家、联合国科教文组织科学顾问拉兹洛在 1992 年提交给罗马俱乐部的一份报告中指出:"人类在 20 世纪进入一次伟大的转变中。这一转变的标志是逐步信息化和全球化;尽管这次转变像有文字记载的历史上任何一次转变一样深刻,但是要比任何一次转变快得多。"他进一步指出:"在 20 世纪末和 21 世纪初,规定世界上权力与财富性质的游戏规则已经改变,权力不再以诸如某个办公室或某个组织的权威之类的传统标准为基础,财富的含义正在从诸如黄金、货币和土地之类有形的东西转移开去。一个比黄金、货币和土地更灵活的无形的财富和权力基础正在形成。这个新基础以思想、技术和通讯占优势为标志,一句话,以'信息'为标志"。信息化社会的形成,为以信息生产为内容的大众传播业创造了有利的条件,为形形色色的信息产品走向市场化提供了广阔的发展空间。社会对媒介产品的需求与日俱增,受众市场逐步扩大。媒介产品的消费不再是少数知识阶层拥有的特权,而是普通的老百姓的生活内容的一个不可或缺的组成部分。媒介产品也不断从城市向农村扩散。媒介产业逐步成为新兴的支柱性产业。美国的媒介产业 1986 年经营额已达 140 亿美元之巨。其中的电影和录像制品继航天工业之后,成为美国对外出口的第二大产业。我国的媒介产业发展虽然产业化进程起步较晚,但发展极为迅速。以广告业为例,广告经营额从 1981 年的 1.18 亿元,上升到 1996 年的 366.6 亿元。15 年增长了 310 倍,平均年增长幅度在 30％以上。这种发展速度大大超过了同期的经济发展增长速度,显示出了媒介产业强劲的超前发展态势。

媒介产业的迅猛发展,使媒介经营出现了一些新的变化。这些变化预示了媒介产业发展的未来走向。

一、媒介产业结构的新变化

印刷媒介在传统的大众传媒中一直占据着绝对的主导地位,也是媒介产品市场的主力军。最初的媒介产业就是从印刷媒介开始起步的。印刷媒介中传统的三大行业报纸、杂志和图书在相当长的一段时期内,在媒介产生中独领风骚。本世纪二三十年代以后,随着电影、广播电视进入媒介产品市场,传统的印刷媒介受到了巨大的冲击,在媒介产业中的主导地位已经开始动摇。从媒介产业最为发达的美国来看,这种情形表现得最为充分。本世纪 40 年代,美国有日报 1750 种,到了 1984 年不仅没有增长,反而下降到了1688 种。周报从 1960 年的 8100 种,下降到 1980 年的 7704 种,虽然这种下降的幅度不是太大,但是与电子媒介的迅速增长却形成了鲜明的对照。印刷媒介与电子媒介这一升一降,还说明了这两大行业截然不同的发展趋势。美国的商业广播电台和教育广播电台从 1950 年的 2800 家,发展到 1985 年的 10500 家。商业电视台从二战后开始起步,发展到 1985 年的 982 家。如果再加上非商业性的广播电台和电视台,数量更是惊人。可见,电子媒介在整个媒介产业中,其优势是印刷媒介所难以抗衡的。我国建国以来,电子媒介的发展从小到大、从单一到多元化,稳步发展,影响越来越大,创造的经济效益也越来越高。我国的广播电台形成了省地(市)、县、乡的多级网络。中央人民广播电台是我国的国家台。到 1995 年止开办了七套节目,每天向全国播出 128 小时的节目。我国的电视台开始从 1958 年 5 月 1 日起试播,9 月 2 日正式播出。到 1997 年止,已开办了八套节目,并通过卫星向世界部分地区播出节目,覆盖亚、欧、非等地区。中央电视台的一、二套节目覆盖全国人口的88.2%,观众超过九亿人,成为名副其实的世界上观众最多的电视台。另外,省级电视台中有江西、山东、浙江、广东、广西、云南、四川、贵州、河南、湖南、新疆、西藏、内蒙、青海、辽宁等通过卫星播出节目,江苏电视台也于1997年12月20日上星试播。近两年,有线电视又开始大步走进市场,从而形成了更丰富而又完整的电子媒介传播体系。随着电子技术的不断创新,各种新的电子媒介产品不断出现,对印刷媒介不断地形成新的威胁和冲击。目前,电子图书,网上报刊已经开始形成了一定的市场规模,在未来的发展中,势必将争得更多的印刷媒介产品的市场份额。电子媒介产品的继续扩张和印刷媒介产品的进一步萎缩,在今后相当长的一个时期内,将成为媒介产业中的主导趋势。

二、媒介产品的专业化程度提高

当今媒介产业在进行数量扩张的同时,也越来越趋向于专业化,不同媒介产品的分工越来越细,产品定位也越来越明确。许多媒介产品都在为特定的受众和特定的市场进行生产,有时这一市场对媒介产品的需求甚至是很有限的。尽管人们都习惯地称媒介产品或大众媒介产品,但是由于受众的兴趣、职业、信仰、文化程度和民族的不同,更由于各个细分市场的地域、经济水平和生活方式的不同,人们不仅仅需要的是"大路货"产品,如日报、周报、晚报,而且更需要适合自己特殊需要的产品,如体育报、证券报、花卉报等。受众市场的这一客观的需要,使得媒介组织必须要根据受众市场的不同要求来组织生产针对性强的媒介产品,能够使媒介产品有更充分的市场适应性。这种转变也是媒介组织走向产业化的内在要求。它促进了媒介组织以市场为导向,以受众为主体、以经营为龙头的新的观念的形成。近年来,我国媒介组织的产业化进程不断加快,出现了第一家报业集团——广州日报集团,媒介产品也越来越多样化,适应了不同层次的受众市场对媒介产品的需求。就报纸而言,过去我国是机关报的一统天下,文革中所有的晚报一律停刊。改革开放以后,首先是以晚报为代表的媒介产品改变了报纸中机关报一枝独秀的局面,并很快与之分庭抗礼,平分秋色,出现了一批像《新民晚报》、《羊城晚报》、《扬子晚报》这样发行量超过百万份的晚报。接着文摘报又异军突起,出现了像《报刊文摘》这样发行量超过两百万份的报纸。其后,周末报不仅走俏媒介产品市场,还出现了以《华西都市报》为代表的介于机关报和晚报之间的报纸新品种——都市报。可以说,近20年来的中国报坛,真是品种繁多,目不暇接。其中有相当一部分报纸品种是中国报业机构的新创造、新发明,是过去从未有过的。这既反映出了社会生活的日新月异、人们文化生活的丰富多彩,也反映出了报业能紧紧追随时代的步伐,在市场开拓中具有很强的超前意识。当今的报纸,可以说覆盖了人们生活、学习、工作的各个方面,从党和国家大政方针的传达,到集邮、军事、气功、体育、教育、就业指导等方面,可谓是无所不包、无所不有。电视台也为具有特殊需要的受众开设了专门的频道和栏目,如戏曲、音乐、体育、保健、军事等,中央电视台的八个频道大多数都是有专题定向的,如四频道的国际节目、五频道的体育节目,六频道的电影节目,七频道的军事节目,都是为专门的受众服务的。北京电视台是甚至把征婚这一"电视红娘"也作为一档栏目搬上了电视。这些栏目被现代传播学界称之为"窄"播。有人说,现在的大众传媒越来越"小众化"。这主要是针对媒介产品的专业化程度越来越高,市场越来越细分化而言的。根据这一市场趋势,中国人民大学创办了"复印报刊资料",把人文社会科学和哲学等学科分为若干类别,归类集结,定期出版,种类多达数十种,如新闻学、社会学、美学、哲学、心理学等,不仅极大地方便了读者检索资料,而且开辟了一个庞大的媒介产品市场的新领域。现在,中国人民大学的"复印资料"已成为各大图书馆、研究机构和专业研究者的必备资料,也成为文科领域最具权威性的报刊资料汇集。美国的媒介组织的情况与中国有很大的不同,它走上专业化的时间比较早。这主要是由美国的媒介组织以赢利为目的,并由私人或私营组织来经营的性质所决定的。它必须要适应受众市场的需要才能生存下去,在媒介产业的市场中站稳脚跟。从广播电台来看,虽然近50年来广播电台的发展很快,数量增长了好几倍,但是很多都是专业化的广播电台,如音乐台、交通台、宗教台、教育台、经济台等等,它们都有特定的服务对象,所以尽管电视对广播市场的冲击很大,由于广播电台采取了专业化的发展方向的策略,所以仍然有相当大的市场。媒介产业的专业化发展也是媒介产品市场激烈竞争的必然结果。媒介产品数量的迅速发展,给受众提供了广阔的选择的空间,受众对媒介产品的需求也越来越趋于个性化、专门化,这使得"大路货"的媒介产品市场空间越来越小。尤其对于实力较强的中小媒介组织来说,参与通用型的媒介产品市场竞争的风险太大,而且其现有的经济实力也无法与大型媒介组织相抗衡。在这种情况下,采取差别化的产品定位策略是唯一明智的选择。这一策略要求媒介产品避开大众化的媒介产品的特征,也不要求媒介产品有较大的受众市场覆盖面,而是去抓住受众市场中的某个特殊的目标市场,力求全面占领这一市场层面,从而建立起稳定的产品销售渠道。媒介产品的专业化程度的提高,导致了媒介市场的进一步分化,各个细分市场的差别越来越大,媒介产品的市场定位也越来越窄。许多媒介组织和媒介产品都是在为"小众",而不再是为"大众"进行生产,提供服务。从这个意义上可以说,大众传媒中的"大众"涵义已经在逐步地退化。

三、交叉媒介的混合化经营兴起

电子媒介的出现从根本上改变了大众传媒的产品格局,形成了更大的受众市场,推动了媒介组织的产业化进程。电子媒介的兴起,对传统的印刷媒介的受众市场也是一个沉重的打击。印刷媒介失去了很大一部分受众市场,其经济效益受到了很大的影响。同时,电子媒介还带来了技术的不断创新,新的媒介产品不断涌现,对现有的媒介产业形成了持续的冲击。丰富多彩的媒介产品使受众市场出现了多元化的发展趋势。在整个媒介产业中,由哪一种媒介产品绝对控制着受众市场的时代已不复存在。许多媒介组织为了确保已占领的媒介产品市场的稳定性,提高市场竞争优势,采取了以现有的媒介产品为基础、逐步向其他领域的媒介产品渗透和发展的策略,实施交叉媒介的混合化经营,即同一媒介组织经营分属不同行业的媒介产品。如前面我们已经介绍的我国著名的出版机构商务印书馆收购国内最大的电子出版公司北京联科,就是典型的交叉媒介的混合化经营。这样商务印书馆在出版一些读物时,在发行印刷版的同时,还可以发行电子版。广州日报集团采取的经营策略也是交叉媒介的混合化经营,它在办报的同时,还办杂志,并投资拍摄影视产品。交叉媒介的混合化经营使媒介组织具有了更强的市场应变能力和适应能力。但是应当清醒地看到,我国目前的媒介组织中交叉媒介混合化经营的程度还很低,才是刚刚起步阶段,与发达国家还有很大的差距。其主要原因是缺乏媒介经营管理人才和媒介经营管理经验。这对我国媒介产业化进程的深层次发展不能不产生一定的消极影响。也可以说,交叉媒介的混合化经营水平是检验当今媒介产业的经营管理水平的一个重要标志。美国早在 80 年代初,就形成了媒介产业交叉媒介的混合化经营的气候,并达到了相当的规模。据本杰明·康巴尼(Benjamin Compane,1982)对 80 年代初美国的六大媒介行业(报纸、有线电视、杂志、图书、广播和电影)的主要公司的分析,美国 64 家主要媒介公司中,有 33% 的公司至少拥有两种媒介行业的媒介产品,有 26% 的公司至少涉足于三种媒介行业,有近 60% 的公司是混合型媒介公司(multimedia firms)。通过对不同行业媒介产品的混合经营,媒介组织可以优化媒介产品的结构,实现不同行业媒介产品的优势互补,对不同类型的受众市场进行全方位的渗透,形成媒介产品的系列化、多层次的群体优势,从而达到对市场的动态的最优化控制的目的。

四、受众市场形成新的格局

受众市场是媒介产业赖以生存和发展的基础。受众市场的任何变化都会对媒介产业产生直接的影响,并决定着媒介经济的发展走向。因此,大多数媒介组织对受众市场的变化都给予了特别的关注。有的媒介组织专门成立了研究受众的情报和信息机构,以及时了解和掌握受众市场变动的最新趋势。一方面,受众是媒介产品市场的主体,他们的兴趣、爱好、媒介使用习惯都直接关系到媒介的生存和发展。另一方面,由于媒介技术的不断革新和新媒介的不断出现,又不断地改变着受众的媒介使用习惯,并由此影响了媒介产品的市场价格。近二三十年来,在世界范围内,媒介市场的受众构成特征都发生了很大的变化。受众构成特征的变化决定了媒介产业结构的调整方向和现代媒介经济的基本特征。本世纪初,大众传媒是印刷媒介的一统天下,主要只有三种传媒,即报纸、图书和杂志。二三十年代以后,电影和广播成为了新的大众传媒,尤其是广播极大地提高了大众传媒在社会中的影响,由于广播是免费使用的媒介产品,所以它改变了中、低收入阶层很少使用媒介产品的习惯,成了名副其实的大众传媒。随后到了50年代,电视又成为更有吸引力的大众传媒,它综合了其他媒介的许多优点,集画面、声音于一身,扩大了大众传媒的服务功能,特别是在娱乐、休闲、文化方面吸引了更多的受众。此外,还有录音带、录像带、数据库、CD、VCD以及自由媒介等,可谓是日新月异、层出不穷。有线电视、家用录像机、激光视听系统和多媒体电脑,为人们对媒介的使用和选择创造了充分的个性化空间。现代化的媒介在逐步取代传统的媒介的同时,更使受众对媒介的使用习惯和使用频率发生了很大的变化,进而带来了媒介产业中受众构成状况的改变。报纸曾在相当长的时期内以"第一传媒"的角色,在媒介产业中占据着统治地位。广播出现后,仍未能从根本上动摇报纸在媒介产业中的霸主地位。但是电视这一新的媒介出现后,完全改变了媒介产业的原有格局。媒介产业内部出现了激烈的动荡,各个媒介行业之间开始分化和调整,对受众市场的影响力有的媒介上升了,有的媒介下降了。1986 年,我国的电视观众数量首次超过了报纸,取代报纸成为了第一传媒。到 1996 年为止,我国已有电视 1.4 亿台,观众近 10 亿人,在世界均名列前茅。据中国人民大学舆论研究所 1997 年对北京市受众的调查表明,北京地区 6 岁以上非文盲的居民为 1013 万人,仅有 56.8% 的居民读报,有 43.2% 的人不读报或基本不读报,其中有 25.6% 的人认为"听了广播,看了电视;没有必要再读报",36.5% 的人是因为"工作学习太紧张,没时间读报",还有 15.1%的人"对现在报纸上刊登的内容不感兴趣"。可见,报纸的受众的分化和转移已成为一个主导趋势,虽然原因是多种多样的,但广播电视的冲击是根本原因之一。为了本书写作中对受众构成状况的分析,我们专门组织了在江苏省范围内的受众调查,共发放问卷1100 份,收回有效问卷 531 份,回收率达 48.27%,在 531 份有效问卷中,回答新闻和信息来源的媒介类型如下:日报 192 人,占36.16%;晚报 271 人,占 51%;广播 135 人,占 25.42%;电视 371人,占 69.87%。广播电视的受众要明显多于报纸的受众,显示出了竞争的优势,尤其是电视的使用率要远远高于其他的媒介使用率。这充分说明了电子媒介的出现,使媒介产业中受众构成的状况发生了根本的改变,新的受众市场的格局已经形成。在美国,受众构成状况的变化也同样很明显。据鲁宾逊(Robinson,1967)的研究,在美国平均每个人的 36 小时的闲暇时间中,有 19 个小时用于媒介活动,但对这19个小时的媒介活动时间的分配上差异很大,多数人花在电视上的时间较多。据美国洛普尔机构(Roper Organization,1991)的研究表明,1959年有57%的受众喜欢从报纸上获得新闻,到了1980年,这一比率下降到了44%。与此同时,受众对电视新闻的使用率从1959年的51%上升到1980年的64%。受众对广播新闻的使用率,则从1959年的43%,下降到1980年的18%。受众对媒介使用率的变化,意味着媒介市场的新格局的形成,同时也决定了各种媒介组织在行业内的调整。二战以后,美国报纸在广播电视竞争的压力下,一直呈萎缩态势。从1950年的千人拥有量478份,下降到1980年的千人360份。报纸阅读率则从五六十年的80%,下降到1970年的56%。同期,广播的收听率稳步上升,全美现有三分之二的成年人每天收听广播。特别是调频广播开办后,广播听众的人数又有了进一步的提高,从1973年的28%,上升到90年代初的70%。虽然听众对广播新闻的使用率有所下降。但广播电台通过开办音乐台和其他娱乐性节目,吸引了听众,因而从总的方面来看,广播电台的受众市场没有受到电视太大的影响。当然,电视作为"第一媒介"其使用率一直是稳居榜首,始终保持在85%左右。此外,由于受众需求的变化,除了在使用不同类型的媒介产品的习惯有所改变之外,受众在使用同一类型的媒介产品要求也有了很大的变化。比如报纸,近十几年来,我国的受众对机关报逐渐冷落了,对以文化、娱乐、休闲为目的的晚报、文摘报却情有独钟。这也正是《人民日报》发行量从600多万份下降到100多万份的主要原因之一。据中国人民大学舆论研究所于1994年11月至1995年1月进行的全国报纸读者调查的结果:"人们接触率最高的报纸是地方省市报,文摘类报纸","在个人自费订阅的报纸中,自费订阅最多的是文摘类报纸、晨报、周末报(或娱乐类报纸)","就报纸的可读性而言,报载内容受读比最高的报纸是文摘类报纸、晚报、地方省市报、周末报(或娱乐类报纸)"。这一调查结果表明了读者的读报动机从对政治、经济信息的关注,转向对文化娱乐的兴趣,这个转变带动了整个报业市场媒介产品品种的变化和转换。对于媒介组织而言,能否适应市场的变化,顺从读者的需要,对现有的报业媒介产品的结构和内容作适时的调整,直接关系到媒介组织的前途和命运。因此,只有抓住媒介产品结构性调整的机遇,不断开发新的媒介产品,勇敢地面对报业走向市场经济的挑战,才是我国的媒介组织生存和发展的唯一选择。

参考书目

1. 邵培仁:《传播学导论》,杭州:浙江大学出版社,1997 年。
2. 邵培仁主编:《经济传播学》,南京:江苏人民出版社,1990 年。
3. 邵培仁、叶亚东:《新闻传播学》,南京:江苏人民出版社,1995 年。
4. [美]德弗勒、丹尼斯:《大众传播通论》,北京:华夏出版社,1989 年。
5. [美]巴格迪坎:《传播媒介的垄断》,北京:新华出版社,1986 年。
6. [美]阿特休尔:《权力的媒介》,北京:华夏出版社,1989 年。
7. 徐宝璜:《新闻学》,北京:中国人民大学出版社,1994 年。
8. [法]贝尔纳·瓦耶纳:《当代新闻学》,北京:新华出版社,1986 年。
9. [日]前川良博等:《经营信息管理》,北京:北京科学技术出版社,1988 年。
10. [美]马克·波拉特:《信息经济论》,长沙:湖南人民出版社,1987 年。
11. [日]堺屋太一:《知识价值革命:工业社会的终结和知识价值社会的开始》,北京:东方出版社,1986 年。
12. [美]尼葛洛庞帝:《数字化生存》,海口:海南出版社,1996 年。
13. 罗文坤:《行销传播学》,台北:三民书局,1982 年。
14. [美]彼得·德鲁克:《新现实:走向 21 世纪》,北京:中国经济出版社,1993 年。

15. [美]约翰·托夫勒:《第四次浪潮》,北京:华龄出版社,1996年。

16. [英]约翰·皮克、弗朗西斯·里德:《艺术管理与剧院管理》,北京:中国戏剧出版社,1988年。

17. 虞有澄:《我看英特尔》,北京:三联书店,1995年。

18. [法]达尼埃尔·鲁瓦纳:《好莱坞》,北京:商务印书馆,1996年。

19. 达菲、阿萨德:《信息管理》,北京:科学技术文献出版社,1988年。

20. [美]汤玛斯·麦尔:《媒体帝王:美国最富有的传媒大亨纽豪斯传》,海口:海南出版社,1996年。

21. [美]约翰·海登瑞:《读者文摘传奇》,海口:海南出版社,1996年。

22. [美]波特·比布:《出奇制胜:媒体天才特德·特纳传奇》,上海:上海译文出版社,1996年。

23. [美]汤姆·福里斯特:《硅海武士:日本信息技术产业称雄世界的故事》,北京:新华出版社,1996年。

24. 俞大庆:《影视巨富:邵逸夫传》,广州:广州出版社,1995年。

25. [美]列维斯·J·培帕:《广播业大王——威廉·S·佩利》,太原:山西经济出版社,1993年。

26. 陈韬文、朱立、潘忠党主编:《大众传播与市场经济》,香港:铮峰学会出版,1997年。

27. [美]索恩、奥根、鲍里奇:《报业管理艺术》,北京:中国人民大学出版社,1991年。

28. 上海市报业协会等编:《中国报业现状与趋势》,上海:百家出版社,1996年。

29. 袁道之、白莉:《网络,席卷全球的风暴》,北京:经济日报出版社,1997年。

30. 傅慧芳:《西方广告世界》,北京:人民出版社,1993 年。

31. 屠忠俊:《报业经营管理》,北京:新华出版社,1992 年。

32. 张宏源:《媒体经营规划与管理实务》,台北:风云论坛出版社,1995 年。

33. 蔡念中、张宏源、庄克仁:《传播媒介经营与管理》,台北:亚太图书出版社,1996 年。

34. [日]稻叶三千男、新井直知主编:《日本报业的理论与实践》,北京:新华出版社,1985 年。

35. 吴江江等:《中国出版业的发展与经济政策研究》,武汉:湖北人民出版社,1994 年。

36. 张守文、周庆山:《信息法学》,北京:法律出版社,1995 年。

37. 张允若、高宁远:《外国新闻事业史新编》,成都:四川人民出版社,1996 年。

38. [美]大卫·奥格威:《一个广告人的自白》,北京:中国友谊出版公司,1991 年。

39. 何海明:《广告公司的经营与管理》,北京:中国物资出版社,1997 年。

40. 胡锐:《现代广告学》,杭州:浙江大学出版社,1996 年。

41. 潘向光:《现代广告学》,杭州:杭州大学出版社,1996 年。

42. [美]彼德·F·杜拉克:《有效的管理者》,台北:企业管理发展中心,1978 年。

43. 梁衡:《新闻原理的思考》,北京:人民出版社,1996 年。

44. [法]皮埃尔·阿尔贝、费尔南·泰鲁:《世界新闻简史》,北京:中国新闻出版社,1985 年。

45. 陈立:《工业心理学概述》,杭州:浙江人民出版社,1983 年。

46. [美]托马斯等:《探索企业成功之路》,上海:上海翻译出版公司,1985 年。

47. [美]享利·艾伯斯:《现代管理原理》,北京:商务印书馆,1980

年。

48.[美]F.泰勒:《科学管理原理》,上海:上海科学技术出版社,
1982年。

49.[美]小詹姆斯·H·唐纳利等:《管理学基础》,北京:中国人民
大学出版社,1982年。

50.樊志育:《促销策略》,上海人民出版社,1995年。

51.李天印主编:《国际广告巨人经营秘诀与名言》,北京:中国广
播电视出版社,1995年。

52.许小君主编:《广告法律与案例》,北京:中国广播电视出版社,
1995年。

53.宿迟主编:《知识产权名案评析》,北京:人民法院出版社,1996
年。

54.高言、周正文主编:《著作权法理解与适用评析》,北京:人民法
院出版社,1996年。

55.文硕、吴兴文:《图书营销》,北京:企业管理出版社,1997年。

56.屈云波、李海洋编:《营销企划实务》,北京:中国商业出版社,
1994年。

57.牛海鹏、郭晓凌等编:《营销大师》,上海:中国商业出版社,
1994年。

58.金润圭等:《国际市场营销战略与过程》,上海:华东师范大学
出版社,1992年。

59.[美]劳伦斯·R·奎特、南希·C·波雷兹拉:《产品竞争的优
势:质量、功能、发展》,上海:上海人民出版社,1995年。

60.海闻、林双林:《管理中的经济学》,上海:上海人民出版社,
1995年版。

61.[英]杜德尔·厄威克编:《管理备要》,北京:中国社会科学出版
社,1994年版。

62.[英]C.鲍曼:《战略管理》,北京:中信出版社,1997年版。

63. 〔英〕D. 福克纳等:《竞争战略》,北京:中信出版社,1997 年。

64. 〔英〕L. 查德威支:《管理会计》,北京:中信出版社,1997 年。

65. 〔英〕D. 水德尔顿:《财务管理》,北京:中信出版社,1997 年。

66. 〔英〕T. 希尔《经营管理》,北京:中信出版社,1997 年。

67. 吴娟、林慧玲等:《台湾地区大众传播事业概况》,台北:光华传播事业总公司,1997 年。

68. 〔美〕巴顿·卡特:《大众传播法概要》,北京:中国社会科学出版社,1997 年。

69. Raymond Kent. Measuring Media Audiences. Routledge, 1984.

70. Jach Lyle,Douglas. B. Mclead. Communication : Media and Change. Mayfield Publishing Company,1993.

71. Stephen lacy, Hrclyth B. Sohn. Media Management : A Casebook Hproach. Lawrence Erlbaum Associates Publishers,1993.

72. John M. Lavine, Panel B. Wackman. Managing Media Organizations . Lorgman,1988.

73. Barry L. Sherman. Telecomminications Management. New York:Mcgraw-Hill Inc,1995.

74. John M. Lavin, and Daniel B. Wackmam. Managing Media Organizations:Effective Leadership of the Media. New York:Longman,1988.

75. Hilliard, R. Television Station Operations and Management. Boston:Focal Press, 1989.

76. Sherman, B. L. Telecomminications Management The Broadcast & Cable Industries. New York:Mcgraw-Hill Books Company, 1987.

图书在版编目（CIP）数据

媒介经营管理学 / 邵培仁，刘强著. —杭州：浙江大学
出版社，1998（2020.1 重印）
（跨世纪传播研究丛书）
ISBN 978-7-308-02075-6

Ⅰ.媒… Ⅱ.①邵…②刘… Ⅲ.①传播媒介－经济管理－
管理学②新闻组织机构－经济管理－管理学 Ⅳ.G206.2-05
G211

中国版本图书馆 CIP 数据核字（2008）第 013972 号

媒介经营管理学

邵培仁　刘　强　著

责任编辑	傅百荣	
出版发行	浙江大学出版社	
	（杭州市天目山路 148 号　邮政编码 310007）	
	（网址：http://www.zjupress.com）	
排　　版	杭州中大图文设计有限公司	
印　　刷	杭州杭新印务有限公司	
开　　本	850mm×1168mm　1/32	
印　　张	17.25	
字　　数	433 千	
版 印 次	1998 年 12 月第 1 版　2020 年 1 月第 16 次印刷	
书　　号	ISBN 978-7-308-02075-6	
定　　价	39.00 元	